관광객의 철학

관광객의 철학

증보판

아즈마 히로키 지음

안천 옮김

리시올

차례

들어가며

이 책은 2017년에 간행한 『겐론 0: 관광객의 철학』의 증보판이다.

　이 책 초판 출간에는 복잡한 경위가 있어 제목에 '겐론 0'이라는 문구를 병기했었다.[1] 이번 증보판에서는 이를 삭제했다. 책 제목이 깔끔하게 『관광객의 철학』이 되어 만족한다. 복잡한 경위에 관해서는 이 글에 이어지는 「들어가며(초판)」를 참조하기 바란다.

　증보하면서 초판에서는 '보론'이었던 「2차 창작」 장을 본론 장으로 변경했다. 따라서 3장 이후로는 초판과 비교해 장 번호가 하나씩 뒤로 밀렸다. 참조 시에 주의하길 바란다. 또 2부 제목을 '가족의 철학(서론)'에서 '가족의 철학(도입)'으로 변경했다. 1부와 2부는 위와 같은 차례 변경에 따른 불가피한 조정, 최소한의 오탈자 수정 등을 제외하고는 내용에 전혀 손을 대지 않았다.

　본문에 앞서 「들어가며(초판)」와 함께 「들어가며(중국

1　〔옮긴이〕 한국어판에서는 지은이의 허락을 얻어 초판 제목에서도 '겐론 0'을 생략했다.

어 번체자판)」와 「들어가며(영어판)」를 추가했다. 이 책 초판은 한국어, 영어, 중국어 번체자, 중국어 간체자의 네 개 언어 출판사로부터 번역 제안이 있었다. 한국어판과 영어판은 이미 출간되었고, 「들어가며(한국어판)」는 따로 없다. 영어판에 새로 쓴 「들어가며(영어판)」를 이 책에 추가했다. 원래 2021년 가을에 간행될 예정이었던 번체자판을 위해 「들어가며(중국어 번체자판)」를 썼지만 번체자판은 출판사 사정으로 간행 자체가 중단되고 말았다. 그래서 간행되지 않은 「들어가며(중국어 번체자판)」를 여기에 추가했다. 간체자판은 지금 번역이 진행 중이다.

말미에 '보론' 부를 새로 만들어 두 개 장을 수록했다. 이 두 개 장은 초판 출간 후 따로 쓴 논고를 재구성한 글이다. 내용상 이 책과 깊은 관련이 있어 이해를 높이는 데 도움이 된다고 판단했다.

마지막으로 초판에는 없던 '찾아보기'를 추가했다.[2]

이 책은 한마디로 '관광객적 존재'를 긍정하는 철학서다. 풀어 말하자면 대충대충, 흐지부지, '느슨하게' 생각하고 '느슨하게' 연결되는 것을 긍정하는 책이기도 하다.

철학은 줄곧 논의의 쟁점을 뚜렷하게 하고 친구/적의 관계를 명확히 해 세계 속에 근본적인 선을 긋는 것만을 추구해 왔다. 하지만 그로 말미암아 잃게 되는 것이 있다. 더 나은 세계를 위해서는, 특히 분단과 양극화가 여러 방면에서 대두하고 있는 21세기에 있어서는 잃게 되는 것이 더 중요

---

2 〔옮긴이〕 한국어판은 초판에도 '찾아보기'가 있다.

하다. 이것이 이 책의 문제 제기다.

이를 위해 이 책은 서술 방식에도 궁리를 했다. 이 책은 철학서다. 기존 철학자의 이름이 등장하고 어려운 외래어도 나온다. 하지만 에세이집처럼 느껴지기도 한다. 학술적인 참조나 논증만이 아니라 가벼운 아이디어도 배제하지 않고 같이 적어 간다. 이 책의 '나'는 서술상 필요한 추상적인 기호가 아니라 아즈마 히로키라는 현실에 존재하는 구체적인 인간을 가리킨다. '나'는 때때로 개인적인 추억을 얘기하거나 근거 없는 착상을 논하곤 한다.

이는 별 생각 없이 적은 산물이 아니다. 내 나름대로 궁리한 결과이며 도전이기도 하다. 결과적으로 많은 독자가 이 책을 읽어 주었고 큰 상까지 받았다. 성공했다고 본다.

하지만 받아들여지지 않은 경우도 있다. 초판 간행 직전에 나는 오랫동안 신세를 진 분께 교정본을 보냈다. 그때 받은 '재미있다. 다만 더 본격적인 글을 읽고 싶었다'는 답신은 지금도 쓸쓸함과 함께 마음에 남아 있다. 책을 어떻게 받아들일지는 그 사람의 자유고 내가 부족한 점도 있었을 것이다. 그러나 만약 그분이 말한 '더 본격적'이라는 표현이 고유 명사나 전문 용어로 가득하고 쾌도난마처럼 모든 현상을 명확히 정리하는 (것처럼 보이는) 한 시절의 사상서 스타일을 의미하는 것이라면, 나는 다름 아닌 그 한계를 통감했기에 이 책과 같은 문체를 지향했음을 밝혀 두고 싶다.

나는 원래 포스트모더니즘이라 불리는 외국 사상을 연구했다. 그로부터 사반세기 동안 여러 일을 겪어 대학과 논단을 멀리하게 되었고, 지금처럼 재야 문필가 겸 중소 기업 경영자라는 기묘한 자리에 서게 되었다. 주변 사람들도 바뀌어 철학의 의의를 더 일상적인 말로 생각하게 되었다.

그 자리에서 지금의 '사상' 세계를 보면 과거에 내가 몸담 았던 포스트모더니즘이나 포스트구조주의, 또는 그 주변 의 문화 연구나 젠더 연구, 탈식민주의 연구 등과 같은 새 학문이 어느새 논쟁의 무기로 변질되어 사람이 사람을 비 난하고 헐뜯기 위한 도구가 되고 만 것에 큰 당혹감을 느낀 다. 진보적이던 포스트모더니즘은 어느새 가장 편협하고 가장 공격적인 담론 중 하나로 바뀌고 말았다. 그리고 그 기 원은 아마도 앞서 지적한 '독자를 낯선 고유 명사와 난해한 전문 용어로 압도해 세계 전부를 이론으로 반듯하게 정리 할 수 있는 것처럼 착각하게 하는' 특정 시기의 사상서가 갖 는 남성적이고 나르시시즘적인 억압적 스타일에 있다.

그래서 나는 일부러 '느슨하게' 글을 쓰는 쪽을 택했다. 이 선택이야말로 지금 철학의 가능성에 '본격적으로' 마주하 는 것이 아닐까?

나는 스스로 진보적인 포스트모더니스트라고 생각한다. 그러나 현재의 진보적 포스트모더니즘은 내가 생각하는 진보주의나 포스트모더니즘과 너무도 다르다. 초판 출간 후 6년이 지난 지금, 팬데믹과 전쟁을 겪으며 이 생각은 더 욱 강해졌다.

이 증보판은 일본에서 2023년 6월에 간행된다. 몇 달 뒤 에는 후 『정정 가능성의 철학』이라는 속편이 간행될 예정이 다. 이 「들어가며」를 쓰고 있는 지금은 집필 최종 단계에 접 어들었다.[3]

그 책에서는 이후의 과제로 미루었던 여러 문제에 대해

'정정 가능성'이라는 새 개념으로 해답을 내놓았다. 이 책 2부의 제목을 「가족의 철학(도입)」으로 바꾼 것은 『정정 가능성의 철학』 1부에서 「가족의 철학」을 완성된 형태로 제시했기 때문이다. 그 책에서는 진보적인 포스트모더니즘 정신을 현대 세계에서 어떻게 계승하고 새로 생명을 불어넣을지에 대해서도 더 중심적으로 논의했다.

나는 오랫동안 철학을 해 왔다. 나처럼 한번 문과 학부에서 철학을 배운 인간은 과거의 철학자를 참조하며 타자의 말을 인용하거나 비판하는 방식으로만 자기의 사상을 논할 수 있는 골치 아픈 습관이 몸에 배는 법이다. 칸트가 말한 바와 같이, 슈미트가 말한 바와 같이, 아렌트가 말한 바와 같이… 하는 식으로 인용을 이어 가며 모든 논의를 전개하게 된다. 다른 분야의 사람은 이해가 잘 안 될 수도 있는데 이는 문과의 고질병 같은 것이다.

그 습관은 이 책에도 남아 있다. 이 책에는 참조가 많고 속편 또한 그렇다. 이런 점은 아카데미즘 언저리에 있는 독자에게 안심감을 줄지도 모른다. 하지만 나는 이제 이 습관과도 결별하고 싶다.

철학은 더 자유롭고 더 '느슨해야' 한다. 『관광객의 철학』과 『정정 가능성의 철학』은 내가 전통적인 방식으로 쓰는 마지막 '철학서'일지도 모른다. 함께 읽어 주길 바란다.

2023년 4월 14일

---

3 『정정 가능성의 철학』 일본어판은 2023년 8월, 한국어판은 2024년 9월에 간행됐다.

들어가며(초판)

이 책은 철학서다.[1] 나는 비평가지만 철학을 한다. 1993년 출간된 내 첫 글은 소련의 반체제 작가 알렉산드르 솔제니친을 다룬 평론이었다. 그 이래 사반세기에 걸쳐 다양한 주제를 사고했다. 특히 인터넷, 테러 그리고 증오로 뒤덮인 21세기 세계에 진정 필요한 철학은 어떤 것일지 생각해 왔다. 그리고 지금 시점에 내가 내린 결론을 이 책에 담았다.

이 사반세기 동안의 내 작업은 철학 및 사회 분석부터 서브컬처 평론 및 소설 집필까지 다양한 분야에 걸쳐 있다. 그러다 보니 수용되는 방식도 다양했고, 무의미한 오해를 받기도 했다. 이런 상황을 바꾸려는 것도 이 책을 쓴 이유 중

1 〔옮긴이〕 일본어판의 「들어가며」는 다음과 같은 문단으로 시작되는데 한국어 독자에게는 직접적인 관련이 없을 것 같아 여기 옮겨 둔다(또한 이 문단 마지막 문장에서 언급하는 "광고와 편집 후기"도 마찬가지 이유로 한국어판에서는 제외했다). "이 책은 출판사 겐론ゲンロン이 2015년 12월에 창간한 비평지 『겐론』의 뒤늦은 창간 준비호(0호)고, 또한 겐론이 무크지 『사상 지도 β』를 2011년 1월에 창간한 뒤 3년 반 만에 내놓는 종간호(5호)며, 아울러 나 아즈마 히로키가 2016년에서 2017년으로 넘어가는 겨울 동안 쓴 철학서기도 하다. 이 책을 잡지로 볼지 단행본으로 볼지는 유통 형식상의 문제이므로 그다지 본질적이지 않다. 어쨌든 나는 광고와 편집 후기를 제외한 이 책의 모든 문장을 처음부터 끝까지 직접 썼다."

하나다. 그러므로 이 책은 지금까지의 내 작업을 연결시키는 형식으로 구성되었다. 이 책을『존재론적, 우편적』의 속편으로도,『동물화하는 포스트모던』의 속편으로도,『일반의지 2.0』의 속편으로도, 그리고『약한 연결』의 속편으로도 읽을 수 있을 것이다. 어쩌면『퀀텀 패밀리즈』의 속편으로 읽을 수 있을지도 모른다.

나는 이 책을 쓰면서 근 20년 만에 처음으로 내 '비평' 스타일을 아무런 거북함 없이 순수하게 긍정하는 마음을 갖게 되었다. 나는 지금까지 비평가라는 사실에 부채감을 안고 있었다. 비평 따위를 써 봤자 누구에게도 도움이 되지 않고 누구도 기뻐하지 않는다고 생각했다. 그런 망설임이 사라졌다. 이 책의 집필을 마친 지금, 나는 그 어느 때보다 글쓰기의 자유를 실감하고 있다.

이 책의 완성 경위는 복잡하다. 원래는 이 책을『사상 지도 β』5호로 2013년에 간행해 겐론[2] 회원(4기)에게 배포할 계획이었다. 그때는 여러 필자가 쓰는 무크지 형식으로 기획했고 이렇게 단독 저서로 만들 생각이 전혀 없었다.

그런데 이 책의 간행이 여러 사정으로 불가능해졌다. 하지만 이미 회비를 받았으니 같은 가치의 서적이나 잡지를 배포해야 했다. 그래서 나는『겐론』의 창간에 맞추어 특별히 내가 구술한 내용으로 구성된 준비호를 간행하기로 했다. 이 기획이 지금 여러분이 읽고 있는 이 책의 출발점이

---

2 〔옮긴이〕아즈마 히로키가 대표로 재직했던 독립 출판사로, 지금은 그가 편집장을 맡고 있다.

되었다. 이 책의 제작은 빠르면 2015년 가을, 늦어도 2015년 내에 간행하는 것을 목표로 진행되었다. 여름에는 구술 수록을 마치고 편집 작업에 들어갔다. 구성 원고는 곧 완성되었고 내 수정도 반 이상이 끝났다.

그러나 정말 험난했던 것은 그 후부터다. 2015년 12월, 창간 준비호가 될 터였던 이 책 출판에 앞서 『겐론』이 창간되었고 호평과 함께 환영을 받았다. 또한 겐론 카페와 스쿨 등을 운영하는 과정에서 회사의 인지도도 높아졌다. 이런 변화 속에서 나 자신이 이 책의 기획에 의문을 품기 시작했다. 무엇보다 구술한 내용이라는 점이 마음에 들지 않았다. 지금 일본에 나온 평론과 논픽션 가운데 상당 부분이 구술을 바탕으로 한 것이고, 그런 흐름이 바뀔 것 같지도 않다. 그러나 『겐론』을 창간한 지금 내가 이 흐름을 따라야 할 이유는 없다고 생각했다. 그래서 나는 2016년 겨울에 기존의 원고를 전부 버리고 새로운 책을 처음부터 쓰기로 마음먹었다. 이 책의 원고는 그로부터 3개월간 쓴 것이다.

이 책은 '오배'誤配를 핵심 개념으로 한다. 이 개념을 선취해 말하자면 이 책 자체가 오배의 산물이다.

만약 우리 회사에서 『사상 지도 β』 최종호를 위해 미리 회비를 걷은 후 출판할 수 없게 되는 사고가 일어나지 않았다면 결코 이 책을 구상하지 않았을 것이다. 또한 지금으로부터 7년 전에 뜬금없이 창업을 결의해 그 전과는 전혀 다른 인생을 살기 시작하지 않았다면 역시 이런 책을 쓰는 일은 없었을 것이다. 그리고 아마 나는 지금쯤 비평의 자유를 다시 느끼는 일 없이 책 쓰는 것 자체를 그만두고 말았을 것이다. 실제로 나는 최근 10년간 더는 책을 쓸 생각이 없다고 거듭 말해 왔다. 처음부터 책을 쓰려고 했다면 결코 다 쓰지 못했을 것이다.

오배야말로 사회를 만들고 연대를 형성한다. 따라서 우리는 적극적으로 오배에 자신을 노출해야 한다. 이는 4장(증보판에서는 5장)에서 주장하는 테제인데, 이 책의 존재 자체가 바로 그 사례기도 하다.

그러나 당연히 전제해야 할 사실은 오배가 큰 민폐라는 점이다. 이 책의 제작 과정에서 많은 사람이 부담을 떠안아야 했다. 출판까지 1년 넘게 기다려야 했던 4~5기 회원 여러분, 그리고 거듭되는 계획 변경과 무리한 일정 탓에 고생했을 인쇄 회사 및 서점 관계자 여러분에게 이 자리를 빌려 진심으로 사과의 말씀을 드린다. 사원들도 고생을 많이 했다. 이 책으로 그 부채를 조금이나마 갚을 수 있기를 바란다.

비평은 아직 큰일을 할 수 있다. 적어도 큰 이야기를 제시할 수 있다. 이런 메시지가 될 수 있는 한 많은 독자에게 오배되었으면 한다.

2017년 3월 1일

들어가며(중국어 번체자판)

「들어가며(초판)」에 쓴 것처럼 이 책은 꽤 복잡한 경위를 거쳐 간행되었다. 이 책은 내가 2010년에 창업해 지금도 경영하고 있는 회사 '겐론'이 지원자 회원을 위해 발행한 잡지 1호임과 동시에 독립된 단행본이기도 하다. 같은 책이지만 전자로서의 제목이 『겐론 0』이고, 후자로서의 제목이 『관광객의 철학』이다.

겐론이라는 회사가 타이완에는 잘 알려져 있지 않다. 이 책도 『관광객의 철학』이라는 제목으로만 출간될 예정이다. 따라서 이렇게 써 봤자 독자는 별 흥미를 느끼지 못할 것이다. 그럼에도 왜 굳이 언급하느냐면, 지은이로서는 이 책의 철학적 의도를 이해하기 위해서는 언뜻 철학과 무관해 보이는 이런 사정을 이해할 필요가 있다고 느끼기 때문이다.

일본 바깥에서 나는 여전히 대중 문화나 정보 사회를 다루는 포스트모던 사상가로 알려져 있다. 한마디로 슬라보예 지젝의 축소판 같은 저자로, 이 시대의 문화와 정치를 '최첨단 이론'으로 '분석'해 주는 편리한 이론가 정도로 여겨지는 듯하다.

하지만 이런 이미지는 실제의 나와는 꽤 다르다. 나는

1993년에 비평 활동을 시작했다. 당시는 포스트모더니즘의 영향이 강해 나도 그 조류 속에서 글을 쓰기 시작했다. 따라서 초기에는 지젝을 연상시키는 현학적인 글도 발표했고 그 이미지는 일본에도 남아 있다. 하지만『동물화하는 포스트모던』처럼 대중 문화를 다룬 저작에서도 결코 기호나 이미지 '분석'에 만족한 적은 없다. 나는 항상 그 배후에 있는 인간에게 관심을 가졌다.

포스트모던 시대에 교육을 받은 만큼 포스트모던의 용어를 지금도 자주 쓴다. 참조하는 대상도 유럽이나 미국 철학자가 많다. 그러나 이는 어디까지나 지식의 한계 때문이지 주장이나 관심 자체는 일반적인 포스트모더니즘으로부터 멀리 떨어져 있다. 내가 지금 계속 철학을 하는 이유는 스스로가 잘 살기 위해, 그리고 내 일에 관심을 가져 주는 여러 사람이 잘 살아가는 데 도움을 주기 위해서다. 철학은 더 잘 살기 위한 도구일 뿐이다. 포스트모더니스트는 결코 이런 말을 하지 못할 것이다. 나도 예전에는 하지 못했다. 하지만 이제 그런 망설임은 전혀 없다.

나는 원래 아카데미즘 근방에서 일을 했다. 하지만 겐론 창업 후 최근 약 10년 동안 내 위치도 지지층도 많이 변했다. 지금은 오히려 대학 밖에서 읽힌다. 그리고 그들의 기대에 부응하고자 책을 쓴다.『관광객의 철학』도 그중 하나다. 일본의 독자는 이와 같은 변화를 어느 정도 알고 있으나 해외에는 잘 알려지지 않았다. 타이완에서도 이 책을 읽는 독자의 대부분은 철학서와 인문서를 즐겨 읽는 연구자나 학생일 것이다.

이는 내 역부족 때문이니 할 수 없다. 그래도 마음속으로는 이 책도 일본어판과 마찬가지로 포스트모던 같은 단어는 들어 본 적도 없는 일반 독서층이 읽어 주었으면 한다. 이 책의 내용은 이들을 향해 쓴 것이다. 분명 이 책은 철학서이고 어렵고 복잡한 논의도 다룬다. 하지만 제시하는 주제는 결코 '최첨단'의 '이론'이 아니다. 실제로 이 책에서는 2010년대 사상 분야에서 유행한 인류세니 특이점이니 하는 전문 용어는 전혀 언급하지 않는다. '관광'에 주안점을 둔 것은 21세기적일지도 모르나 문제 제기 자체는 매우 고전적이다. 실은 논의 전개도 인용한 철학자의 주장보다 나 자신이 자금을 모아 회사를 차리고 직원을 고용해 일반 시민에게 철학을 전하고자 한 최근 10년 동안의 현실적 고투와 훨씬 밀접하게 관계된다. 그런 점에서 이 책에서 제시한 '관광객' 개념은 그 무엇보다 실천적인 요청이 낳은 것이며 이론은 사후적으로 발견한 것일 뿐이다. 이렇게 쓰면 학계 근방의 사람들은 실망하겠지만, 철학이란 원래 그런 것이었다고 나는 생각한다.

나는 살아간다. 따라서 글을 쓰는 것 외에도 여러 일을 한다. 그 활동은 내 철학과 불가분의 관계에 있다. 일본에서는 이 일체성에 대한 이해도가 점점 높아지고 있다. 겐론이 성공하고 사업도 확대되고 있기 때문이다. 하지만 해외에서는 좀처럼 이해를 구하기 어렵다. 내가 펼치고 있는 활동은 알기 쉬운 계몽이나 정치 운동이 아니다. 일상적으로 일본어를 쓰는 사람이 아니면 겐론의 실천이 이 책과 어떤 점에서 일치하고, 무슨 의미를 갖는지 체감할 수 없으리라. 이 한계를 어떻게 극복할지는 나 자신이 앞으로 풀어야 할 과제다.

그럼에도 이 책의 간행을 계기로 만약 타이완의 독자가 내 저서 외의 활동에도 조금이나마 관심을 가져 준다면 지은이로서 매우 기쁠 것 같다. 『관광객의 철학』은 읽는 것만을 목적으로 하는 책이 아니다. 살아가기 위한 책이다. 나는 살아가면서, 즉 생활하면서 이 책을 썼다. 철학은 사는 것과 이어지지 않으면 의미가 없다. 이 가장 근본적인 기초를 많은 철학자가 잊고 있다.

이 책은 『관광객의 철학』의 두 번째 외국어판이다. 한국어판은 2020년 8월에 이미 간행되었고 영어판은 간행 준비 중이다. 세상에 나오고 4년 만에 두 외국어로 번역되는 것은 일본어로 쓰인 사상서로서는 꽤 빠른 편이지만, 그럼에도 그 사이에 많은 변화가 있었다. 이 책과 관련해 특히 중요한 것은 코로나19 팬데믹이다.

이 책의 핵심 개념은 '관광객'과 '가족'이다. 그런데 팬데믹이 시작되고 1년 반이 지난 지금, 두 개념을 둘러싼 환경이 극적으로 바뀌고 말았다. 한마디로 '관광객'은 존재감을 잃었고 반대로 '가족'은 존재감이 커졌다.

코로나19 전에는 전 세계가 관광 산업이 성장할 것이라며 큰 기대를 하고 있었다. 하지만 이제 관광객은 시민의 안전을 위협하는 전염병의 근원으로 여겨져 전 세계에서 경계 대상으로 취급받는다. 팬데믹은 머지않아 수습되겠지만, 예전처럼 관광객이 가벼운 마음으로 국경을 넘나들게 되기까지는 시간이 더 걸릴 것이다.

아울러 가족과 관련된 관점도 크게 바뀌었다. 코로나19 이전, 지식인은 가족의 역할에 (적어도 일본에서는) 긍정적이지 않았다. 예를 들어 교육이나 돌봄의 부담은 될 수 있는 한 가정에서 공적 영역으로 옮겨야 한다는 주장이 강했다. 그런데 갑자기 전 세계에서 '사람은 자기 집에 머물러야 하고 접촉은 동거 가족에 국한해야 한다'는 주장을 하게 됐다. 그리고 지식인도 여기에 이의를 제기할 수 없었다. 최근 1년 반 동안 일본어에는 '스테이 홈'이나 '집밥'(오우치고항) 과 같은 새로운 말이 연이어 생겨나 일상 어휘로 자리 잡았다. 아마 중국어에도 유사한 신조어가 생겼을 것 같은데, '홈'이나 '집'이라는 말은 예전에는 차별적인 함의를 지닌 표현으로 경계해야 할 대상이었다. 그런데 지금은 모두가 긍정하는 말이 되었다.

이 같은 변화 때문에 '관광객'과 '가족'을 사유하는 것은 일본어판을 간행했을 때는 상상하지도 못했던 실천적 힘을 갖게 되었다. 사람들은 관광객적인 개방성을 배제하고 가족적인 폐쇄성을 신뢰함으로써 '감염증에 강한' 새로운 사회를 만들려 한다. 하지만 이것이 정말 가능한 일일까? 개방성과 폐쇄성, '관광객적인 것'과 '가족적인 것'은 과연 그처럼 선명하게 대립할까? 이 책의 문제 제기는 이러한 큰 의문과 맞닿아 있다.

솔직히 고백해 어쩌면 이런 측면은 여기에 번역된 내용을 읽는 것만으로는 충분히 전달되지 않을지도 모른다. 번역에 문제가 있어서가 아니라 애초에 일본어판에 결함이 있다. 차례를 보면 알 수 있듯 2부 제목인 '가족의 철학'에는 '(서론)'이라는 유보 사항이 덧붙여져 있다. 즉 4년 전의 시점에는 관광객을 논한 부분과 가족을 논한 부분이 내 머릿속에서 아직 명료한 형태로 연결되지 않아 '(서론)'이라고

만 적고 앞으로의 전개를 예고하는 데 그쳤다.

이 결함을 어느 정도 메워 『관광객의 철학』의 구상을 완성해야 한다고 생각하면서도 좀처럼 시간을 만들지 못해 보완할 글을 쓰지 못하고 있었다. 그런데 팬데믹 국면에 접어들어 방금 말한 것처럼 이 책의 논의에 새로운 중요성이 가미되었다고 느꼈다.

이에 나는 최근 이 책에서 제기한 문제를 계승해 개방성과 폐쇄성, '관광객적인 것'과 '가족적인 것', 나아가 개혁과 보수의 관계를 되묻는 새 논고를 썼다. 「정정 가능성의 철학, 또는 새로운 공공성에 대하여」라는 제목의 글로, 이 번체자판이 간행될 즈음에는 일본어로 발표할 예정이다(『겐론 12』, 2021년 9월). 이 논고에서는 '관광객'과 '가족'을 비트겐슈타인과 크립키의 언어 철학을 참조해 연결하고, 나아가 이를 정치 사상에 응용함으로써 로티의 '연대' 논의와 아렌트의 '제작(일)'에 대한 고찰을 새로운 공공성＝가족의 기초로 위치 짓는 논의를 펼쳤다. 로티와 아렌트는 이 책에서도 다루었으나 새 논고에서 본격적으로 다시 논했다.

이 글은 어디까지나 『관광객의 철학』 번체자판을 위한 「들어가며」다. 이 책에 결함이 있다는 말은 하지 않는 것이 좋을 것이며, 애초에 대부분의 독자가 읽을 수 없는 일본어 논고를 소개하는 것이 적절하지 않을지도 모르겠다. 하지만 만약 이 책을 읽고 '친구'와 '적'의 대립을 무너뜨리는 '관광객의 철학' 제안이 너무 추상적이고 애초부터 현실 정치와는 관계가 없다고 느낀 독자가 있다면 위의 논고를 읽으며 그런 오해를 풀 수 있을 것이다.

관광객의 철학은 정치와 무관하지 않다. 정치를 대하는

자세 자체를 되묻는 철학이기 때문이다. 우리는 언뜻 보았을 때 정치가 모습을 드러내지 않는 국면에서도 다양한 형태로 정치적 행동을 한다. 그리고 그곳에는 항상 '친구'와 '적'이 도사리고 있다. 관광객을 받아들이는 것은 위험하고 가족과 함께 닫힌 공간에 머물면 안심할 수 있다는 식의 비정치적인 분할이야말로 실은 진정한 정치인 것이다. 이는 겐론의 경영과 같은 비철학적인 활동이 진정한 철학이라는 점과 일맥상통한다.

2021년 6월 21일

초출

중국어 번체자판을 위해 쓴 글이다. 2021년에 간행될 예정이었으나 그 후 출판사 사정으로 간행이 중단되었다. 시사적인 언급이 많아 앞으로 또 번체자판을 간행하게 되어「들어가며」를 다시 쓰게 되더라도 다른 내용으로 쓸 것이기 때문에 여기에 수록했다. 수록하는 과정에서 일부 내용을 삭제했다.

들어가며 (영어판)

「들어가며(초판)」에 쓴 것처럼 이 책은 꽤 복잡한 경위를 거쳐 간행되었다. 이 책은 내가 2010년에 창업해 지금도 경영하고 있는 회사 '겐론'이 지원자 회원을 위해 발행한 잡지의 1호임과 동시에 독립된 단행본이기도 하다.

같은 책이지만 전자로서의 제목이 『겐론 0』이고, 후자로서의 제목이 『관광객의 철학』이다.

겐론이라는 회사가 영어권에는 잘 알려져 있지 않다. 이 책도 『관광객의 철학』이라는 제목으로만 출간된다. 따라서 이렇게 써 봤자 독자는 별 흥미를 느끼지 못할 것이다. 하지만 내 철학을 이해하려면 그 배경에 대한 이해가 반드시 필요하다.

일본 바깥에서 나는 여전히 대중 문화나 정보 사회를 다루는 포스트모던 사상가로 알려져 있다. 한마디로 슬라보예 지젝의 축소판 같은 저자로, 이 시대의 문화와 정치를 '최첨단 이론'으로 '분석'해 주는 편리한 이론가 정도로 여겨지는 듯하다.

하지만 이런 이미지는 실제와 꽤 거리가 있다. 나는 1993년 도쿄에서 비평 활동을 시작했다. 당시는 포스트모더니즘의 영향이 강해 나도 그 조류 속에서 글을 쓰기 시작했다. 따라서 초기에는 지젝을 연상시키는 현학적인 글도 발표했고 그 이미지는 일본에도 남아 있다. 하지만 『동물화하는 포스트모던』(이 책은 영어판도 있다)처럼 대중 문화를 다룬 저작에서도 결코 기호나 이미지 분석에 만족한 적은 없었다. 나는 항상 그 배후에 있는 인간에 관심을 가졌다.

포스트모던 시대에 교육을 받은 만큼 포스트모던의 용어를 지금도 자주 쓴다. 참조하는 대상도 유럽이나 미국 철학자가 많다. 그러나 이는 어디까지나 지식의 한계 때문이지 주장이나 관심 자체는 일반적인 포스트모더니즘으로부터 멀리 떨어져 있다. 내가 지금 계속 철학을 하는 이유는 스스로가 잘 살기 위해, 그리고 내 일에 관심을 가져 주는 여러 사람이 잘 살아가는 데 도움을 주기 위해서다. 철학은 더 잘 살기 위한 도구일 뿐이다. 포스트모더니스트는 결코 이런 말을 하지 못할 것이다. 나도 예전에는 하지 못했다. 하지만 그런 망설임은 이제 없다.

나는 원래 아카데미즘 근방에서 일을 했다. 자크 데리다 연구로 도쿄 대학교에서 박사 학위를 받았지만 지금은 학계에 소속되어 있지 않다. 대학을 떠나 겐론을 창업한 후 최근 10여 년 동안 내 위치도 지지층도 많이 변했다. 지금은 오히려 대학 밖에서 읽힌다. 그리고 그들의 기대에 부응하기 위해 책을 쓴다. 『관광객의 철학』도 그중 하나다. 일본의 독자는 이와 같은 변화를 알고 있는데 해외에는 잘 알려지지 않았다. 이 책을 읽는 독자 대부분도 철학서와 인문서를 즐겨 읽는 연구자나 학생일 것이다.

이는 내 역부족 때문이니 할 수 없다. 그래도 마음속으로는 이 책도 일본어판과 마찬가지로 포스트모던 같은 단어는 들어 본 적도 없는 일반 독서층이 읽어 주었으면 한다.

분명 이 책은 철학서이고 어렵고 복잡한 용어도 등장하곤 한다. 하지만 제시하는 주제는 결코 '최첨단'의 '이론'이 아니다. 실제로 이 책에서는 2010년대에 사상 분야에서 유행한 인류세니 특이점이니 하는 전문 용어는 전혀 언급하지 않는다. '관광'에 주안점을 둔 것은 21세기적일지도 모르나 문제 제기 자체는 매우 고전적이다. 실은 논의 전개도 인용한 철학자의 주장보다 나 자신이 자금을 모아 회사를 차리고 직원을 고용해 일반 시민에게 철학을 전하고자 한 최근 10년 동안의 현실적 고투와 훨씬 밀접하게 관계된다. 그런 점에서 이 책에서 제시한 '관광객' 개념은 그 무엇보다 실천적인 요청이 낳은 것이며 이론은 사후적으로 발견한 것일 뿐이다. 이렇게 쓰면 학계 근방의 사람들은 실망할지도 모르나, 철학이란 원래 그런 것이었다고 나는 생각한다.

이 책은 『관광객의 철학』의 두 번째 외국어판이다. 한국어판은 2020년 8월에 이미 간행되었고, 지금은 간체자 중국어판도 간행 준비 중이다. 세상에 나오고 5년 만에 두 외국어로 번역되는 것은 일본어로 쓰인 인문서로서는 꽤 빠른 편이지만, 그사이에 두 가지 큰 변화가 있었다. 코로나19 팬데믹과 러시아의 우크라이나 침공이다.

두 사태는 세계를 순식간에 바꾸었을 뿐만 아니라 이 책을 읽는 방식도 크게 바꾸고 말았다. 애초에 이 책의 주제는 '관광객'이다. 팬데믹 전에 관광객이라는 말은 희망으로 가득했다. 연간 10억 명이 넘는 사람이 국경을 넘어 이동했고 관광 산업이 성장할 것으로 전 세계가 기대했다. 물론 문화적 착취와 오버투어리즘, 환경 문제에 대한 비판은 있었다. 하지만 이를 감안하더라도, 언어도 문화도 종교도 다른 몇 십억 명의 사람들이 각자의 사적인 목적에 따라 국경을 손쉽게 넘나들며 지구를 돌아다니게 되었다는 단순한 사실만으로 새로운 글로벌 사회의 출현을 예감하게 했다. 이에 이 책에서는 관광객의 대두를 카를 슈미트가 설정한 친구와 적의 분할, 즉 전통적인 정치 영역을 탈구축하는 현상으로 재해석하려 시도한 것이다.

그러나 이제 상황이 너무나 바뀌고 말았다. 2020년에 팬데믹이 발생하자 소위 자유 민주주의 국가를 필두로 전 세계 국가는 이데올로기와 상관없이 곧바로 국경을 봉쇄하기 시작했다. 도시가 봉쇄되고 감시 기술이 동원되었다. 시민과 비시민, 비감염자와 감염자, 공공 공간에 나올 자격이 있는 자와 없는 자, 즉 친구와 적의 분할이 다시 사회 질서의 기초로 자리 잡았다. 해외 항공편은 일제히 운행이 중지되고 관광 산업은 괴멸적인 타격을 입었다. 관광객은 이제 지구적인 연대의 희망은커녕 시민의 건강을 위협하는 감염원으로서 경계와 배제의 대상이 되고 말았다. 그런 상황도 2021년 후반에는 조금 누그러져 다시 관광의 시대가 돌아오는 것 같았지만, 이번에는 전쟁이 일어났다. 세계는 우크라이나라는 정의와 러시아라는 악으로 분단되었다. SNS에 온갖 정보가 올라왔고 핵 전쟁 가능성까지 일상적으로 회자된다. 예전처럼 가벼운 마음으로 많은 관광객이 국경을 넘나들게 되기까지는 시간이 더 걸릴 것이다. 그리고 예전과 거의 같아진다 하더라도 몇 개 국가나 지역은 관광지가 되지 못할지도 모른다.

따라서 이 책을 읽는 독자 중에는 이 책의 내용이 너무도 낙관적이고 낡은 것이라고 느끼는 사람도 있을 것 같다. 이제 세계는 친구와 적의 대립이 넘쳐 나고 관광객이 설 자리는 한정적이다. 그런 시대에 관광객에서 친구와 적의 탈구축을 찾는 철학이 무슨 도움이 될까?

이 인상의 절반은 맞다. 나는 이 책을 2010년대에 썼고 일정 정도 이 당시의 낙관적인 시대 정신에 영향을 받았을 것이다. 2020년대에는 환영받기 힘들지도 모른다. 하지만 나머지 절반은 틀렸다고 본다. 2020년대가 영원히 계속되지는 않는다. 팬데믹도 전쟁도 언젠가는 끝난다. 친구와 적의 대립은 절대적인 것이 아니며 세계는 다시 글로벌한 사회를 향해 움직일 것이다. 그때 나는 이 책의 내용이 새로운 가치를 띨 것이라 확신한다. 2010년대의 관광객은 감염증과의 전쟁에 패배했을지도 모른다. 하지만 이는 관광객의 철학이 필요 없음을 의미하지 않는다. 우리는 오히려 이 폭풍이 지나간 후 감염증과 전쟁에 지지 않는, 더 강인한 관광객의 철학을 다시 만들어야 한다.

마지막으로, 이 책의 논의는 완결되지 않았다. 2부 제목인 '가족의 철학'에는 '(서론)'이라는 유보 사항을 덧붙여 놓았다. 이 책을 집필했을 때는 2부의 논의가 미완성 상태였고, 나아가 1부와의 유기적인 연결도 부족했다는 말이다. 이 책의 결점이다.

나는 이 결점을 메우고 이 책에서 펼친 논의를 발전시킴과 동시에 『일반 의지 2.0』이라는 다른 저작(이 책도 영어판이 있다)과 접맥시키는 속편을 집필 중이다. 그 전반부는 「정정 가능성의 철학, 또는 새로운 공공성에 대하여」라는 제목으로 이미 독립된 논문을 발표했다(『겐론 12』). 나는 여기서 관광객의 개념과 가족의 논의를 비트겐슈타인과 크립키를 참조해 연결 짓고, 나아가 로티와 아렌트에 대한 새로운 해석을 제시했다. 후반부는 지금 집필 중으로 내년 초에는 간행할 수 있을 것이다.

지은이로서는 이 속편도 바로 읽어 주었으면 한다. 아카데믹한 테마를 강화했고, 무엇보다 새로 나올 책을 읽으면 이 책의 취지도 훨씬 이해하기 쉬울 것이기 때문이다. 하지만 일본어로 쓴 철학서가 영어로 번역되는 경우는 그 반대에 비해 압도적으로 적다. 영어판이 나올지 여부는 이 책의 평판에 좌우될 터이고 시간도 걸릴 것이다. 새 책의 영어판 얘기가 나올 즈음에는 조금이나마 관광의 시대에 가까워졌기를 기대해 본다.

옮긴이 존 퍼슨, 출판사 어버노믹의 로빈 매케이, 그리고 로빈을 내게 소개해 준 철학자 육 후이에게 사의를 표한다.

『일반 의지 2.0』영어판의 옮긴이이기도 한 존은 내가 가장 신뢰하는 번역자 중 한 사람이다. 내 문체는 복잡하지 않다. 그럼에도 철학적인 내용을 논하면서 정해진 전문 용어를 별로 사용하지 않는 내 일본어 문장을 번역하는 것은 의외로 까다로운 일일 것이다. 항상 감사하다.

육 후이는 2016년 가을에 중국 항저우의 심포지엄에서 만났다. 그때부터 친구 사이가 되어 큰 자극을 받아 왔다. 어버노믹에서 책을 간행한 그가 내게 로빈을 소개해 주었다. 어버노믹은 현대 철학을 견인하는 개성적인 출판사로 일본에도 알려져 있다. 내 영어판 서적도 간행해 주어 큰 영광이다.

이 영어판을 간행하는 데 산토리 문화 재단 해외 출판 지원 사업의 도움을 받았다. 실은 1999년에 내 첫 번째 저서 『존재론적, 우편적』(이 책은 영어판이 없다)이 산토리 문화 재단의 상을 받은 적이 있다. 또 한 번 지원해 준 것에 감사한다.

2022년 4월 18일

초출

Hiroki Azuma, *Philosophy of the Tourist*, tr. John Person, Urbanomic, 2023을 위해 씀.『겐론 β 76 + 77』, 2022.

일러두기

1   이 책은 2020년에 출간된 『관광객의 철학』의 증
    보판입니다. 2023년 출간된 원서 증보판에는 새
    로운 「들어가며」, 중국어 번체자판(2021)과 영어
    판(2022)을 위한 「들어가며」, '보론' 두 개 장이 추
    가 수록되었습니다. 한국어 증보판에도 이 글들
    을 번역해 실었으며, 그 외에 본문 번역과 디자인
    을 소폭 손질했습니다.

2   옮긴이가 추가한 각주는 '옮긴이'라고 표시했으
    며, 본문에서 옮긴이가 첨가한 내용은 대괄호로
    묶어 표시했습니다.

3   인용문은 한국어판이 있는 경우 참고해 옮기고
    각주에 한국어판 서지 정보를 밝혀 주었습니다.

4   원서에서 드러냄표로 강조한 표현은 고딕체로 표
    시했습니다.

5   단행본에는 겹낫표를, 논문, 애니메이션, 영화 등
    에는 낫표를 사용했습니다.

1부

관광객의 철학

1장
관광

1

나는 2014년에 『약한 연결』이라는 작은 책을 펴냈다.[1] 그 책에서 나는 마을 사람, 나그네, 관광객이라는 삼분법을 제시했다. 풍요로운 삶을 위해서는 특정 공동체에만 소속된 '마을 사람'도 어느 공동체에도 소속되지 않은 '나그네'도 아닌, 기본적으로 특정 공동체에 속하면서 때때로 다른 공동체에도 들르는 '관광객' 같은 존재가 되는 것이 중요하다고 주장했다.

이에 예상 밖의 반향이 있었다. '안'도 '밖'도 아닌 제3의 존재 양식을 말하는 관광객 개념이 인생론이나 자기 계발로 해석될 여지가 있었기 때문일 것이다. 사실 출판사도 그런 광고를 했다.

사상이나 비평을 조금이라도 접한 독자라면 이런 이야기는 넘쳐 난다고 느꼈을 것이다. 사실 『약한 연결』에서 다루지는 않았지만 내 관광객론은 야마구치 마사오[2]의 유명한

---

1 아즈마 히로키, 『약한 연결』弱いつながり, 幻冬舎, 2014〔안천 옮김, 북노마드, 2016〕.

2 〔옮긴이〕야마구치 마사오山口昌男, 1931~2013. 일본의 문화인류학자. 1970년대 일본에 구조주의 인류학을 소개해 1980년대 뉴아카

'중심-주변' 도식을 비롯해 사상사나 비평사의 여러 지식에서 영감을 얻었다.

내게 큰 영향을 준 비평가 가라타니 고진도 비슷한 주장을 했다. 한때 그는 '공동체'가 닫혀 있다는 사실이 문제이므로 '외부'에서 오는 '타자'가 필요하다고 꾸준히 주장했다. 내 주장은 이런 주장을 갱신하는 것이기도 했고 그런 점에서 『약한 연결』은 본질적으로 새롭지 않았다.

그러나 본질을 따지자면 고대 그리스 이래 철학에 새로운 것은 없다. 오히려 철학서로서 『약한 연결』의 본질은 새롭지 않은 주제를 새로운 스타일로 논했다는 측면, 즉 본질이 아닌 외양에 있었는지도 모른다. 약간의 탈선을 각오하고 첨언하자면, 사실 철학은 예부터 본질이 비본질이고 비본질이 본질인 뒤틀린 관계를 중요한 문제로 다루어 왔다. 그러므로 본질과 비본질 사이의 결정 불가능성이 바로 철학의 '본질'이라고도 할 수 있다. 이는 내가 대학 시절 연구한 프랑스 철학자 자크 데리다의 주장이다.

『약한 연결』에서 논한 관광객론의 본질은 얼마간 그 비본질적인 스타일에 있었다. 내가 그 책에서 시도한 것은 간단히 말해 지금까지 '타자'나 '유목민' 같은 좌익적이고 문학적이자 정치적이며 어쩐지 낭만적인 말로 쓰였던 개념을 '관광'이라는 극히 상업적이고 즉물적이며 세속적인 말과 연결 짓는 것이었기 때문이다. 내가 아는 한 그런 시도를 한 것은 『약한 연결』이 처음이다. 관광객론과 타자론은 본질

데미즘(현대 사상의 대중적 유행)의 기틀을 마련한 지식인 중 한 명이다. 한국에는 『문화와 양의성』, 김무곤 옮김, 마음산책, 2014 등이 번역되어 있다.

적으로 같은 것일지도 모른다. 그럼에도 '타자가 중요하다'
는 주장과 '관광객이 중요하다'는 주장의 뉘앙스는 매우 다
르다. 그리고 이 책은 바로 그 뉘앙스의 차이가 중요하다는
생각에서 차이의 의미를 이론적으로 기초 짓고자 한다.

우리는 지금부터 여러 철학자와 사상가의 이름을 접할
것이다. 여기서 다루는 사람은 물론 그렇지 않은 사람도 포
함해 최근 70여 년 동안 인문계의 소위 '진보적[3] 지식인'에
게는 공통적인 특징이 하나 있다. 표현은 다르더라도 모두
'타자를 소중히 하라'고 호소했다는 점이다. 물론 자세히 들
여다보면 '타자'에 대한 관점에 여러 차이가 있다. 프랑스
인 데리다의 타자 개념이 너무 추상적이라고 독일인 위르
겐 하버마스가 비판했는가 하면 이런 논쟁 자체가 진정한
타자를 보지 못하게 한다고 미국인 리처드 로티가 비판하
기도 했다.[4] 그럼에도 어느 정도 영향력이 있는 사상가들은

---

3 〔옮긴이〕여기서는 일본어 '리버럴'リベラル을 '진보적'으로 번역
했는데, 일본에서 '리버럴'은 '진보적', '자유주의적', '좌파적', '자유
로운' 등 다양한 의미로 쓰인다. 따라서 문맥에 따라 달리 번역한 경
우도 있지만 특별히 어색하지 않다면 이러한 다양한 함의를 포괄해
'리버럴' 그대로 옮겼다.

4 하버마스의 데리다 비판은 위르겐 하버마스Jürgen Habermas,
「시간화된 근원 철학을 넘어서」時間化された根源性哲学の凌駕,『근대
의 철학적 담론』近代の哲学的ディスクルス 1권, 미시마 겐이치三島憲一 외
옮김, 岩波書店, 1999〔『현대성의 철학적 담론』, 이진우 옮김, 문예출판
사, 1994〕를 참조. 원서 출판 연도는 1985년. 하버마스의 프랑스 철
학 비판을 극복하려는 로티의 시도에 관해서는 리처드 로티Richard
Rorty,『우연성, 아이러니, 연대』偶然性・アイロニー・連帯, 사이토 준이
치齋藤純一 외 옮김, 岩波書店, 2000〔김동식・이유선 외 옮김, 민음사,
1996〕을 참조. 이 책에서 로티는 주로 하버마스와 푸코의 대립을 다
루지만 이를 하버마스와 데리다의 대립으로 치환해도 문제는 없다.

우리 모두가 공동체 바깥과 타자를 존중해야 한다는 데서 의견이 일치했다고 할 수 있다. 이는 아마 20세기 전반에 내셔널리즘이 극도로 고양된 결과 잇달아 세계 대전을 겪고 막대한 사상자를 낳은 인류가 도달한 최소한의 공통 윤리였을 것이다. 자기 나라만 생각해서는 안 된다―이것이 최근까지 인류 사회의 (적어도 공적 공간에서의 발화인 한) 기본 원리였던 것이다.

그러나 지금은 상황이 급속히 바뀌고 있다. '타자를 소중히 하라'는 단순한 명제에 누구도 귀 기울이지 않게 되었다. 이 책에서 자세한 정치 상황을 논하는 일은 별로 없을 것이다. 그러나 가능하다면 이 책이 2016년에서 2017년에 걸친 시기, 즉 영국이 유럽연합을 탈퇴했고 미국에서 '미국 우선'을 내세운 도널드 트럼프가 대통령이 되었으며 세계 각지에서 테러가 일어나고 일본에서는 혐오 발화가 만연해진 그런 시대에 쓰였다는 사실을 기억해 주기 바란다. 2017년 현재 전 세계 사람들은 '타자와 함께하는 데 지쳤다'고 외치기 시작했다. 자신과 자신의 나라를 우선하고 싶다고 호소하기 시작했다. 더는 누구도 타자가 소중하다는 진보적 주장을 귀담아듣지 않는다.

따라서 나는 이 책에서 의도적으로 타자론이 아니라 '관

셋의 '타자'관 차이를 아주 간략히 요약하면 이성을 통해 타자와 서로 이해할 수 있다고 주장하는 것이 하버마스(근대주의자)고, 타자란 서로 알 수 없는 존재기 때문에 타자라고 주장하는 것이 데리다(포스트모더니스트)며, 애초에 타자의 정의를 심화해 봤자 의미가 없으니 각 국면마다 다른 뜻으로 사용하자고 주장하는 것이 로티(실용주의)다. 로티의 이 책에 관해서는 5장에서 다룬다.

광객론'을 말하려 한다. 이제부터 '타자'라는 말을 가능한한 쓰지 않겠다. 이 말이 너무도 오래 쓰여 온 용어기 때문이다. 타자라고 말하는 순간 이 책의 논의는 특정 이데올로기에 편입되어 적지 않은 독자를 잃고 말 것이다.

그럼에도 내가 계속 생각하고 있는 것은 결국 타자의 문제다. 이는 내 나름의 전략이기도 하다. 타자 대신 관광객이라는 용어를 사용함으로써 '타자와 함께하는 데 지쳤다, 동지만 있으면 된다, 타자를 소중히 하라는 말은 지겹다'는 이들에게 '그래도 관광은 좋아하지 않습니까?'라고 되묻고 이물음을 계기 삼아 '타자를 소중히 하라'는 진보적 명제로 말하자면 뒷문을 통해 다시 들어가게 하고 싶은 것이다.

관광객에서 시작하는 새로운 (타자의) 철학을 구상하는것, 이것이 이 책의 목적이다.

오해를 피하기 위해 한 가지 주의할 점을 적어 둔다. 나는관광객이지만(긴 휴가 때는 가족과 관광 여행을 간다) 관광학자는 아니다. 또한 관광업에 몸담은 사람도 아니다(단 뒤에서 설명하겠지만 내가 경영하는 회사에서 1년에 한 번 우크라이나 체르노빌에 가는 투어를 실시하고는 있다). 관광객을대상으로 필드워크를 하고 있지도 않다. 이 책에서 논하는관광은 어디까지나 철학적인, 달리 말해 '개념'으로서 다루어지는 관광이다.

따라서 '관광객의 철학'을 제목으로 내세우지만 이 책은실제 관광 산업과는 별로 관계가 없다. 관광업의 실태 소개와는 전혀 무관하며 관광객의 심리 분석도 하지 않는다.

이 책은 어디까지나 철학서다. 더구나 읽어 보면 알겠지만 상당히 추상적인 내용을 다루는 철학서다. 데리다가 '우편'이라는 말을 썼다고 우체국이나 우표 이야기를 하는 것이 아니듯, 또는 가라타니가 '교통'이라는 말을 썼다고 철도나 고속도로 이야기를 하는 것이 아니듯, 이 책 또한 '관광'이라는 말을 쓴다고 호텔이나 카지노 이야기를 하는 것이 아니다. 이것이 이 책의 스타일이다.

그러니 경영이나 관광 연구에 도움이 되는 이야기를 기대하는 독자라면 이 책을 덮는 것이 좋을지도 모른다. 이 책의 '관광객'은 어디까지나 특정 유형의 철학적 전통을 진보시키기 위한 새로운 개념이다.

다만 또 하나 주의할 점이 있는데, 내가 현실의 구체적인 관광에 관심이 아예 없지는 않다는 것이다.

오히려 나는 현실의 관광 이야기를 하고 싶다. 두바이의 인공성, 카리브해 크루즈의 대중성, 디즈니 월드의 완성도에 대해, 제프리 바와가 만든 스리랑카 리조트의 매력에 대해 즐겁게 떠들고 싶다(최근 몇 년 동안 우연히 들른 곳들이다). 그러나 기존 철학이나 사상의 어휘에는 관광 체험을 적극적으로 다루려 하면 곧장 부딪히게 되는 커다란 벽이 존재한다. 어느 정도 인문서에 익숙한 독자라면 두바이, 디즈니 월드를 적극적으로 다룬다는 말에 어색함을 느끼지 않을까? '리조트, 테마 파크에 관해 말할 수는 있지만 이를 사상과 연관 짓는 것은 이상하지 않나?', '비즈니스, 사회학 혹은 저널리즘이면 몰라도 철학과는 상관없지 않을까?' 하는 생각이 들 것이다. 그런 감각이 바로 벽이다.

우리는 관광을 구체적으로 논하기 전에 우선 이 벽의 정체를 파악해야 한다. 그리고 필요하다면 이를 부숴야 한다.

이런 제약이 있기 때문에 이 책의 관광 개념 논의는 추상적인 수준에 그칠 것이다.

그렇다면 이 책은 정확히 말해 관광객의 철학 자체보다는 관광객의 철학에 대한 사유를 가능하게 하기 위한 개념적 준비 작업, '관광객의 철학 서론'이라고 부르는 편이 적절할지도 모른다. 어쨌든 관광에 관한 철학적 사유에는 이런 준비 작업이 필요하다.

2

이제 본격적으로 시작해 보자. 이런저런 유보 사항을 덧붙였지만 내가 관광객의 철학이 필요하다고 제안하는 배경에는 물론 지금 관광이 세계적으로 붐이라는 단순한 사실이 자리하고 있다.

일본은 최근 사반세기 동안 가난해졌다. 일본인은 이제 돈을 쓰지 않는다. 일본에서 관광이 붐이었던 것은 먼 옛날이다. 그러니 지금 관광이 붐이라는 말에 고개를 갸웃하는 독자가 있을지 모른다. 그러나 그런 독자도 '바쿠가이'[5]는 들어 본 적이 있을 것이다. 2014년부터 2016년에 걸쳐 중국 관광객의 왕성한 소비가 일본 전국의 관광지를 살려 냈다. 중국인뿐 아니라 일본에 오는 외국인 관광객 수는 눈에 띄게 늘고 있다.

---

5 〔옮긴이〕 일본에 온 중국 관광객이 물건을 잔뜩 사 가는 것을 가리키는 말이다.

단위: 만 명

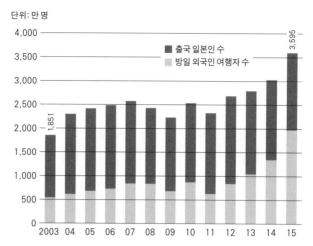

<그림 1> 일본 정부관광국JNTO의 조사. 2015년은 추계.
관광청 웹사이트를 바탕으로 제작.
https://www.mlit.go.jp/kankocho/siryou/toukei/in_out.html.

<그림 1>은 관광청의 통계다. 이 그림을 보면 한눈에 알
수 있듯 일본에서는 국내 관광객의 부진을 보완하는 형태
로 외국인 관광객 수가 급증하고 있다. 2015년 방일 외국인
여행자 수는 1,974만 명에 이르고, 2016년에는 2,400만 명
까지 증가할 것으로 예상된다. 대지진 직전인 2010년에 861
만 명이었므로 6년 사이 세 배 가까이 늘었다. 일본 정부는
가까운 장래에 이를 4,000만 명까지 늘리기 위해 관광 산업
을 적극 지원하고 있다.

중요한 것은 이런 추세가 일본만의 현상이 아니라는 점
이다. 일본은 최근 몇 년간 민관이 함께 관광객 유치에 힘쓰
고 있다. '쿨저팬'도 올림픽도 그 일환이라 할 수 있다. 그러
나 관광객의 증가, 특히 국경을 넘는 관광객의 증가는 전 세

단위: 억 명

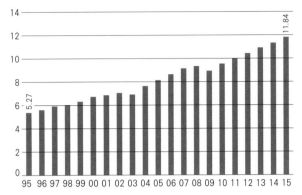

〈그림 2〉 유엔 세계관광기구의 2015년 백서를 바탕으로 제작.
https://www.e-unwto.org/doi/pdf/10.18111/9789284418039, p.15.

계적인 추세다.

　통계를 하나 더 보자. 〈그림 2〉는 유엔 세계관광기구의 조사 결과다. 이는 각국의 외국인 관광객(인바운드), 즉 국경을 넘은 관광객 수를 보여 준다.

　이 그래프를 보면 최근 20년간 인바운드 합계가 두 배 이상 증가했음을 알 수 있다. 1995년에 5억 2,700만 명이었는데 2015년에는 11억 8,400만 명에 이른다. 더구나 9·11과 리먼브러더스 쇼크의 영향을 제외하면 꾸준히 증가하고 있다. 이 숫자는 어디까지나 국경을 넘은 관광객 수이므로 같은 시기 급성장했을 중국 국내 관광객 등은 포함하지 않는다. 이를 감안하면 성장 추세가 더 급격하다고 할 수 있다. 일본에서 관광이라고 하면 고도 경제 성장기부터 버블기에 걸친 구시대적 소비 활동이라는 인상이 강하다. 그러나 실제로는 21세기의 가장 유망한 성장 산업 중 하나다. 일본

정부가 지금 관광에 주력하는 배경에는 이런 사정이 있다.

세계는 지금 전례 없이 많은 관광객으로 가득 차기 시작했다. 20세기가 전쟁의 시대였다면 21세기는 관광의 시대가 될지도 모른다.

21세기는 관광의 시대가 될지도 모른다. 그러니 철학은 관광을 고찰해야 한다. 이 책은 이런 당연한 감각에서 출발한다.

그렇다면 관광의 시대는 어떤 시대가 될까? 이 질문에 답하려면 우선 관광이 무엇인지 정의해야 한다.

그런데 관광을 정의하기가 의외로 어렵다. 일본의 관광학 교과서는 관광을 "즐기기 위한 여행"이라고만 정의하고 있다.[6] 이는 너무 막연해 거의 도움이 안 된다. 방금 통계를 인용한 유엔 세계관광기구는 관광을 "1년을 넘지 않는 기간 동안 지속하는 레저나 비즈니스 혹은 기타 목적으로 일상 생활권 밖에서 여행을 하거나 체류하는 사람의 활동을 가리키며, 방문지에서 보수를 받는 활동을 하는 것과 무관한 모든 활동"으로 정의하고 있다.[7] 이것은 명확하기 그지없는 정의이나 반면 너무 형식적이어서 오히려 내용에 관한 규정을 빠뜨렸다. 오늘날 많은 사람이 일자리를 찾아 국

6　오카모토 노부유키岡本伸之 엮음,『관광학 입문』観光学入門, 有斐閣アルマ, 2001, 2쪽.

7　사타케 신이치佐竹真一,「투어리즘과 관광의 정의」ツーリズムと観光の定義,『오사카관광대학 개요』大阪観光大学紀要, 개학 20주년 기념호開学一〇周年記念号, 2010에 실린 일본어 번역. 표기는 일부 변경. URL=http://library.tourism.ac.jp/no.10SinichiSatake.pdf.

경을 넘고 있으며(이민) 전쟁이나 재해를 피해 다른 나라로 떠나는 사람(난민)도 증가하고 있다. 이 지표는 그런 사람과 관광객을 구별하기 위해 도입된 것으로, 통계를 내는 데는 도움이 되지만 관광을 사유하는 디딤돌이 될 것 같지는 않다.

이럴 때 철학은 어원으로 거슬러 올라가곤 한다. 일단 일본어부터 찾아보면 '관광'이라는 숙어는 영어 'tourism' 및 같은 어원을 가진 유럽어의 번역어로서 메이지 시기부터 쓰이기 시작했다고 한다. 이 숙어는 『역경』에서 유래하는데, 원래는 지금과 달리 '국가의 위광을 구경한다'는 의미로 쓰였다고도 한다. 따라서 이 어원은 관광 개념을 사유하는 데 별로 참고가 되지 않는다.

그럼 tourism의 어원을 찾아보자. tourism은 tour에 ism이 붙어 만들어진 말이다. 전자 tour는 현재 단독으로도 여행을 의미한다. 그러나 사전을 찾아보면[8] 사실 이 용법 자체가 그다지 오래된 것이 아님을 알 수 있다. tour는 고대 프랑스어 tor 등을 어원으로 가지며 '여행'이라는 의미로 쓰인 것은 17세기 중반부터라고 한다. 당시 영국 귀족에게는 젊은 시절에 유럽 대륙, 특히 이탈리아 반도를 방문하는 풍습이 있었다. 유럽 문화의 계승자임을 자각하는 교양 여행을 한 셈이다. 이를 '그랜드 투어'라 불렀다.[9] 19세기 초에 비로소 이 tour에 ism이 붙은 tourism이 등장한다.

이 역사를 통해 관광이 상당히 새로운 말, 근대에 태어난

---

8 *Oxford English Dictionary*. URL=http://www.oed.com.

9 그랜드 투어에 대한 자세한 설명은 오카다 아쓰시岡田温司, 『그랜드 투어』グランドツアー, 岩波書店, 2010이 참고할 만하다.

말임을 알 수 있다.

　관광은 근대 이후에 출현했다. 이는 많은 학자의 일치된 견해기도 하다. 앞서 관광학에 관광의 명확한 정의가 없다고 했는데, 물론 개별 연구에는 참조할 만한 내용이 있다. 그중 하나인 존 어리와 요나스 라르센의 저서 『관광객의 시선』은 "관광객이 된다는 것은 '근대'를 몸에 걸치는 행위의 일환"이라고 했다.[10] 여행은 예부터 존재했다. 순례와 모험 모두 오래전부터 존재했다. 그러나 관광은 근대 이후 사회에만 존재한다. 2세기 로마 귀족이 유프라테스강으로 '관광'을 가거나 15세기 베니스인이 팔레스타인에 '관광'을 갔다는 표현은, 비유로 사용할 수는 있겠으나 결코 정확한 표현이 아니다.

　그럼 근대의 관광을 근대 이전의 여행과 구별하는 특징은 무엇일까?

　어리와 라르센에 따르면 그것은 대중성이다.[11] 대중성은 산업 혁명과 불가분의 관계에 있다. 두 사람에 따르면 로마나 베니스에도 근대 관광과 유사한 여러 제도가 있었다. 로

10　존 어리John Urry·요나스 라르센Jonas Larsen, 『관광객의 시선』観光のまなざし(증보 개정판), 가다 히로쿠니加太宏邦 옮김, 法政大学出版局, 2014, 8쪽. 이 증보 개정판은 추후 본문에서 다룰 원서의 3판에 해당한다.
11　"대중적 관광의 시선은 잉글랜드 북부 공업 지대의 뒷동네에서 싹텄다. 여기서는 생활권에서 벗어나 잠시 다른 곳에 가 보고 싶다는 공업 도시 노동자 계급의 욕망이 어떻게 당시 사회 상황과 들어맞았는지에 초점을 맞춘다. 관광객의 시선은 왜 잉글랜드 북부의 노동자 계급에게서 탄생했는가? …이 관광의 발전은 일종의 '여행의 민주화'를 의미한다." 같은 책, 46쪽.

마 제국에는 여행 관련 시설이 있었고, 베니스에는 팔레스타인으로 가는 정기 투어가 있었다. 그러나 로마인과 베니스인의 여행은 어디까지나 일부 부유층의 것이었다. 한편 근대에 등장한 관광은 결코 일부 부유층의 것이 아니다(무엇보다 조금 전 통계의 10억이라는 숫자가 그 대중성을 증명한다). 둘은 그 점에서 다르다.

　관광이 성립하려면 산업 혁명이 진전되어 노동자 계급이 힘을 갖고 이들의 생활 양식에 여가가 포함되는 큰 변화가 필요하다. 달리 말해 대중 사회와 소비 사회가 형성되어야 한다. 대중 사회와 소비 사회라는 말은 일반적으로 20세기 사회를 지칭할 때 쓰이지만 그 맹아는 19세기 중반에 나타났다. 그리고 여기서 관광이 태어났다. 어리와 라르센은 이렇게 말한다. "19세기 도시에서 일어난 경제, 인구, 공간의 변화가 가져온 효과 중 하나는 스스로를 규율하는 노동자 계급 공동체가 탄생했다는 것이다. 이 공동체는 자신을 둘러싼 사회의 신구 어느 제도에서도 비교적 자립적이었다. 이런 공동체가 노동자 계급의 여가 형태를 형성하는 데 기여했다."[12] 이 새로운 여가에서 새로운 산업, 즉 관광이 탄생했다. 어리와 라르센은 구체적으로는 1840년대에 시작된 잉글랜드의 해변 리조트 개발을 그 시초로 본다. 19세기에는 노동자 사이에 해수욕이 유행해 해안의 한적한 마을이 급격히 도시화하는 현상이 나타났다. 그리고 이는 귀족이 독점하고 있던 18세기적인 온천욕 치료를 대체하는 것이기도 했다. 당시 해수욕은 순수한 오락이 아니라 온천

12　같은 책, 51~52쪽.

욕 치료에 가까운 것으로 인식되었다.

21세기 현재 관광은 다양화해 대중 관광 외의 다양한 형태로도 등장하고 있다. 예를 들어 생태 관광이나 스터디 투어 등으로 불리는 관광이 그렇다. 이로 인해 오히려 잘 인지되지 않게 되었으나 사실 대중 관광이 관광의 본모습이다.

이와 같은 관광의 대중성은 한 개인의 역사를 통해서도 확인할 수 있다. 토머스 쿡은 관광의 역사를 논할 때 빠트릴 수 없는 인물이다. 오래전에 유럽을 개인 여행한 적 있는 독자라면 빨간 표지의 '토머스 쿡 국제 시각표'를 기억할지도 모르겠는데 바로 그 쿡이다.

토머스 쿡은 1808년에 태어나 1892년에 사망한 실업가다. 그의 생애는 빅토리아 시대와 거의 겹친다. 쿡은 철도를 이용한 최초의 단체 여행(대중 관광)을 기획한 사람으로 유람 승차권, 호텔 쿠폰, 여행자 수표, 가이드북 등 현재 관광업의 기반이 되는 수단을 대부분 개발했다고 한다. 그의 단체 여행 사업은 1841년에 갓 개통된 철도를 이용한 10마일 정도의 여행 알선에서 시작되어 19세기 후반 동안 급성장했다. 1850년대부터는 해외 여행에도 진출해 1872년에는 최초로 세계 일주 투어를 실현했다. 1880년대에는 영국의 이집트 점령을 배후에서 지원해(당시 경영권은 아들에게 물려준 상태였지만) 정치적인 영향력도 있었다. 1890년대에는 세계 각지에 84개 지점, 85개 대리점을 보유한 명실공히 대영 제국을 대표하는 거대 기업으로 성장했다. 그의 이름을 딴 토머스 쿡 그룹은 지금도 세계를 대표하는 여행사다.

쿡은 산업 혁명의 중심 산업이었던 석탄업과 직물 공업

을 지탱한 잉글랜드 북부에서 사업을 시작했다. 사업 대상
은 귀족이나 지식 계급이 아닌 산업 혁명을 배경으로 급속
히 대두한 중산 계급과 노동자 계급이었다. 즉 그는 어리와
라르센이 지적한 사회 변화에 걸맞은 대응을 한 실업가였
다고 할 수 있다. 실제로 쿡의 초기 사업 중 하나는 바로 어
리와 라르센이 주목한 저가의 당일치기 해수욕장 여행을
제공하는 것이었다.

여기서 중요한 것은 쿡의 이런 사업이 계몽 및 사회 개량
을 향한 그의 정열과 불가분의 관계에 있었다는 점이다. 그
는 이익만을 위해 일한 적이 없다고 공언했다.[13] 예를 들어
쿡은 당시 아직 정치적으로 복잡한 관계에 있었던 스코틀
랜드 투어를 기획하고 지방 귀족의 저택인 '컨트리 하우스'
견학을 사업화하는 등의 일을 진행했다. 또한 그는 경건한
기독교도로서 금주 운동에 힘을 쏟았다. 그가 최초로 맡은
여행 알선 사업은 금주 운동 대회를 위한 것이었다. 더불어
쿡의 사업이 새로운 교통 기술(철도)과 밀접한 관계가 있
었다는 점도 놓칠 수 없다. 그가 활약한 시대는 영국 전역이
철도망으로 연결된 시대와 일치한다. 실제로 그의 관광 사
업은 철도 회사와 연계해 철도가 연장될 때마다 투어의 행
선지도 늘어났다. 관광과 계몽 그리고 기술의 이와 같은 연
계는 1851년에 런던에서 개최된 제1회 만국박람회에서 정
점에 달했다. 뒤에서 다시 설명하겠지만 런던 만국박람회
는 19세기 중반의 대중 사회화와 산업주의화를 상징하는

---

13   히루카와 히사야스蛭川久康, 『토머스 쿡의 초상』トマス・クックの肖
像, 丸善ブックス, 1998, 180쪽 이하.

매우 중요한 행사였는데, 쿡은 여기에 무려 16만 명의 관광객을 보냈다.

쿡은 관광으로 대중을 계몽하고 사회를 개선할 수 있다고 진지하게 믿었다. 근대 관광의 역사는 그런 신념과 함께 시작했다.

때문에 쿡의 사업은 귀족과 지식인 등 기존 기득권층의 비난을 받았다. 한 전기는 이 충돌을 다음과 같이 설명한다. "컨트리 하우스를 공개하려 했을 때도〔귀족은―아즈마〕좀처럼 이에 응하지 않았고…쿡이 이끄는 단체의 교양 없음, 조야함을 힐난했다.…떼 지어 다니는 '대중'에 대해 거의 생리적인 거부 반응을 보였다.…쿡은 오히려 이런 반응을 목표로 삼았다." 1860년대에 쿡은 18세기까지 귀족이 독점했던 그랜드 투어의 목적지인 이탈리아 단체 여행을 실현했다. 이 자체가 쿡의 가치 전도적 의도를 증명하는데, 이 또한 자국(현지가 아니라) 정부 고관에게 강한 비판을 받았다. 정부 고관은 관광객이 매너를 지키지 않아 영국인의 평판을 떨어뜨릴 뿐인 '추악한 무리'라고 비난했다.[14] 실제로 당시에는 보수적인 매체가 파리와 로마 등을 다녀간 영국인 관광객의 모습을 비웃는 기사를 신곤 했다. 이 구도는

---

14 같은 책, 146~147, 152쪽 이하. 히루카와는 쿡의 가장 큰 적이 정부 고관 등 영국인이 가지고 있던 '스노비즘'이었다고 말한다(153쪽). 나는 예전에『동물화하는 포스트모던』이라는 책에서 알렉상드르 코제브를 인용하며 이 '스노비즘'이라는 말과 '동물'을 대비시킨 바 있다. '동물'은 3장에서 다시 다룰 것인데, 이 대비를 떠올리면 히루카와의 지적은 흥미롭다. 관광객은 동물이었고 관광은 이 동물을 지원하는 산업이었다. 스노비즘은 동물에 대립하는 삶의 방식이었기 때문에 관광의 최대 적이 된 것이다.

150년이 지난 지금 일본에서 중국인 관광객을 웃음거리로 삼는 것과 다를 바가 없다.

이제까지의 논의를 정리하자. 관광은 우선 "즐기기 위한 여행"이고, "방문지에서 보수를 받는 활동을 하는 것과 무관한" "일상 생활권 밖으로 여행을 하거나 체류하는" 것을 뜻했다. 그러나 이는 본질적으로 대중 사회와 소비 사회의 탄생과 연관되어 있었다. 관광은 새로운 산업과 새로운 교통이 낳은 새로운 생활 양식과 연관된 행위였고 낡은 기득권층과 충돌하는 행위기도 했다.

그렇다면 이런 관광이라는 활동이 전 세계에 더욱 널리 퍼지는 것이 우리 문명에 어떤 의미를 줄까? 관광은 세계를 어떻게 바꿀까? 관광객의 철학을 구상하면서 우선 머리에 떠오른 것은 이런 물음이다.

그러나 이런 물음에 대해 생각하면 우리는 곧바로 벽에 부딪히게 된다. 기성 학문이 이 물음에 거의 아무런 답도 내놓지 않았기 때문이다. 또는 답했다 하더라도 부정적인 답만 했기 때문이다.

기존 연구를 간략히 살펴보자. 우선 일본의 관광학은 실용주의 중심이다. 앞서 언급했듯이 교과서는 관광을 "즐기기 위한 여행"이라고만 정의하고 있다. 실용적으로는 이것으로 충분할 것이며 나도 이를 부정할 생각은 없다. 그러나 이 정의가 어떤 사유도 자극하지 않는 것은 분명하다.[15]

관광학 이외의 분야는 어떨까? 또 영어권은 어떨까?

그런 예로는 1962년 대니얼 부어스틴이 『이미지의 시대』

에서 한 지적이 잘 알려져 있다. 이 책 3장 제목은「여행자에서 관광객으로」다. 여기서 그는 유명한 관광객 비판을 전개했다.『이미지의 시대』는 '가짜 이벤트'(매스컴이 만들어낸 가짜 현상)를 키워드 삼아 현대 사회를 비판한 것으로 알려진 책인데, 부어스틴에 따르면 관광 또한 전형적인 '가짜 이벤트'다. "여행은 가짜 이벤트가 되고 말았다.…우리는 창 너머로 밖을 보는 대신 거울 속을 들여다본다. 거기 비치는 것은 우리 자신의 모습이다."[16] 즉 여행은 진짜와 만날 수 있어서 좋지만 관광은 진짜를 만나는 것이 아니므로 나쁘다는 말이다. 이 비판은 너무나도 단순한 것이었기에 훗날 관광학 내에서도 딘 매캐널의『관광객』(1976) 등 여러 재비판이 등장했다. 그러나 이것이 지금도 남아 있는 지적 경시의 전형이 된 것은 분명하다. 부어스틴이 도입한 여행travel과 관광tourism의 대치 구도는 여전히 쓰이고 있다.[17]

---

15 일본에서는 최근에 관광학술학회라는 새로운 학회가 만들어졌다. 설립 취지서에는 다음과 같은 글귀가 있다. "일본의 관광 연구에 이론적인 학술 연구의 진전이 요구되고 있습니다. 지금까지 일본에서 이루어져 온 관광 연구는 실용주의적 성격이 강해 학술적 고찰과 분석 면에서 허약했다는 사실을 부정할 수 없습니다." 관광학술학회,「학회 기록」学会の記録, 2012. URL=http://jsts.sc/archive.

16 대니얼 부어스틴Daniel Boorstin,『이미지의 시대』幻影の時代, 호시노 이쿠미星野郁美・고토 가즈히코後藤和彦 옮김, 東京創元社, 1964, 128쪽〔『이미지와 환상』, 정태철 옮김, 사계절, 2004, 169~170쪽〕.

17 딘 매캐널Dean MacCannell,『관광의 윤리학』The Ethics of Sightseeing, University of California Press, 2011, Appendix를 참조. 짧게만 짚어 두자면, 미국 역사학자 에릭 리드의『여행의 사상사』도 이러한 '여행'과 '관광'의 대치 구도를 도입해 후자를 부정한다. 그리고 이 책(3장 이후)의 문맥에서 리드의 책이 특히 흥미로운 것은 그가 헤겔주의 및 '타자' 개념의 죽음을 관광의 탄생과 중첩해 생각하

관광학은 관광의 본질을 숙고하지 않는다. 관광학 바깥에서는 관광을 표층적인 현상으로만 인식한다. 따라서 누구도 관광의 본질을 생각하지 않는다. 관광 연구사를 간략히 요약하면 이런 상황이었다. 그러다가 1990년대부터 변화가 보이기 시작했다.

그 발단이 앞서 논한『관광객의 시선』이다. 이 책은 1990년 어리의 단독 저서로 간행되었고 2011년 라르센을 공저자로 추가하며 내용을 대폭 증보해 3판을 간행했다(1판에 대한 반론이나 인터넷의 출현을 고려한 새로운 고찰 등을 추가했다). 미셸 푸코를 참고해 관광의 탄생을 '시선'의 탄생으로 파악한 이 책은 포스트모더니즘이나 문화연구의 성과도 활용해 후속 세대에 큰 영향을 미쳤다.

그렇지만 이런 책조차 앞머리에 다음과 같은 주의를 주고 있다. "관광과 행락 그리고 여행은 일반 평론가의 생각 이상으로 중요한 사회 현상이다. 언뜻 이런 사소한 주제로 책을 쓸 필요는 없어 보인다. 실제로 노동이나 정치 등 중후한 주제에 관해 고민을 거듭해 온 사회과학자들에게 행락 같은 쓸데없는 현상을 설명하라고 하면 매우 곤혹스러워할 것이다."[18] 3판에도 이 문구가 있다. 즉 관광은 1990년대

고 있다는 점이다. "우리 시대는 변증법의 종말을 맞은 시대고 자기 동일성을 외부에 있는 타자의 적대적 세계에 비추어 획정하던 사람에게 슬픈 시대다.…헤겔은 죽음을 맞이하고 매장되어 현대 의식, 현대 여행자의 마음속에 편입된다." 에릭 리드Eric Leed,『여행의 사상사』旅の思想史, 이토 지카이伊藤誓 옮김, 法政大学出版局, 1993, 375쪽. 관광은 헤겔의 죽음 후에 태어난다. 거꾸로 생각하면 헤겔을 죽이지 않으면 관광을 이해할 수 없다. 우리는 다음 장에서 이 문제를 본격적으로 다룰 것이다.

에 들어서도 (혹은 2011년이 되어서도!) 여전히 학문적으로 "사소하고" "쓸데없는" 것으로 치부되고 있었다. 실용주의적이지 않은 관광 연구자는 그런 시선에 대해 사전에 방어선을 쳐야 했던 것이다.

더욱 비극적(희극적?)인 것은 이런 상황을 뒤엎고 관광학의 이론적인 기초를 구축한 어리와 라르센이 현재의 지구화하는 관광에는 부정적인 견해를 표명하고 있다는 점이다. 『관광객의 시선』 3판 마지막 장의 제목은 「위험과 미래」인데, 테러리즘과 관광의 관계 및 생태계의 파괴 등을 거론한 뒤 급성장하는 두바이 관광 산업을 신랄하게 비판하며 끝맺는다. "관광객의 시선이 갖는 의의라는 관점에서 볼 때, 아랍에미리트의 쇠퇴는 더 넓은 의미의 쇠퇴가 시작된다는 것을 의미할까? 2050년 이후에도 '관광객의 시선'은 여전히 비교적 폭넓고 일반적인 형태로 기능하고 있을까?"[19] 의문문으로 마치고 있지만 어리와 라르센의 전망이 부정적이라는 것은 분명하다. 이들은 21세기가 관광의 시대가 되더라도 그것은 변질된 관광일 뿐이리라고 여긴다.

부어스틴의 것과 같은 단순한 관광 비판은 이제 통용되지 않는다. 관광의 다양한 기능을 한층 섬세하게 고찰하는 연구들이 진행되고 있다. 그럼에도 자본주의와 밀접하게 관련되는 관광의 역동성 자체에서는 관광학자들조차 좋은 점을 찾아내지 못하고 있다.

그렇다면 왜 지금 세계는 관광객으로 뒤덮이기 시작했을

---

18 어리·라르센, 『관광객의 시선』, 5쪽.
19 같은 책, 371~372쪽.

까? 인류가 우둔해서일까? 인류는 이대로 포스트모던의 자궁 속에서 경박하게 관광과 쇼핑몰 그리고 놀이 공원에 둘러싸인 채 역사의 종언이라는 꿈결 속을 표류하게 될까?

나는 그리 생각하지 않는다. 그래서 관광객의 철학을 사유하는 것이다.

3

관광은 19세기에 탄생해 20세기에 꽃피었다. 21세기는 관광의 시대가 될지 모른다. 그러므로 이제 관광의 의미를 철학적으로 고찰할 필요가 있다. 이 책은 여기서 출발한다.

그러나 조사를 하다 보면 관광을 철학적으로, 그것도 부정적이지 않은 관점에서 다루기가 어렵다는 것을 알게 된다. 이것이 우리가 직면해 있는 벽이다. 관광객의 철학을 구상하려면 우선 이 벽을 부숴야 한다. 이 책의 논의는 여기서 시작한다.

이 책은 그 벽을 정면으로 돌파한다. 3장에서 벽의 정체를 명확히 하고 4장에서 이 벽에 구멍을 낸다. 그리고 5장에서 구멍 너머로 보이는 도래할 관광객의 모습을 분명히 하며 1부를 마무리한다. 2부에서는 또 다른 논의를 하게 될 것이다.

3장과 4장은 내 글치고는 '진지'하고 딱딱한 철학 논문풍 문체로 썼다. 여기서는 볼테르, 칸트, 슈미트, 코제브, 아렌트, 노직, 네그리 등의 사상가를 소환해 한 사람씩 텍스트를 검토할 것이다. 이 책이 철학서를 자처하는 이상 이런 구성을 취할 수밖에 없었다. 그러나 동시에 이런 구성은 철학서의 복잡한 논의에 익숙하지 않은 독자가 전체 흐름이나 의도를 파악하기 어렵게 할지도 모른다.

여기서는 1장을 마무리하기에 앞서 내가 관광객의 철학을 사유하는 목적을 보다 넓은 문맥 속에서 간명하게 논하고자 한다. 의도하는 바는 세 가지다.

하나는 지구화를 사유하는 새로운 틀을 만드는 것이다.

관광은 지구화와 분리해서 논할 수 없다. 달리 말해 국경을 넘는 것과 분리해서 논할 수 없다. 토머스 쿡은 사업을 시작했을 때부터 해외 여행을 목표로 삼았다.

따라서 관광의 시시비비에 관한 논의는 지구화의 시시비비에 관한 논의와 분리할 수 없다. 지구화의 시시비비는 2017년 지금 전 세계가 마주한 질문이다. 그 가운데 쓰인 이 책은 지구화에 대해 어떤 입장을 취하는가? 관광객의 철학을 구상한다는 사실에서 알 수 있듯 이 책은 결코 지구화가 곧 악이라고 생각하지 않는다. 오히려 지구화를 악으로만 여겼던 것이 기존 인문학의 한계라고 본다.

이론적인 논의는 3장부터 하게 되니 여기서는 지구화가 가져온 사실에 대해 단순한 견해를 내놓겠다. 지구화는 선인가 악인가? 나는 이 문제를 생각할 때 2010년 BBC에서 제작한(현재 인터넷에 공개되어 있는) 동영상을 하나 떠올리곤 한다. <그림 3>은 그중 한 장면을 모사한 것이다. 알아보기 어려울지도 모르겠으나 이 동영상에서는 화면상 세로축에 평균 수명, 가로축에 1인당 국민 소득을 넣은 그래프를 그리고 그 위에 선진국부터 개발도상국까지 여러 국가의 상황을 인구에 비례한 면적의 원으로 배치했다. 즉 국민

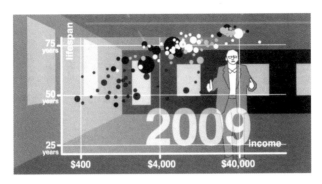

<그림 3> "The Joy of Stats: Hans Rosling's 200 Countries, 200 Years, 4Minutes"(BBC Four) 동영상에 나온 장면을 바탕으로 제작. https://www.youtube.com/watch?v=jbkSRLYSojo.

소득이 높고(풍요롭고) 평균 수명이 긴(건강한) 국가일수록 오른쪽 위에 놓이게 된다. 그리고 시간 변수를 넣어 움직이면 그래프 전체가 변해 간다.

흥미 있는 독자는 꼭 실제 동영상을 보기 바란다. 놀랍게도 20세기 초반을 기점으로 시간 축을 움직이면 국가 간 격차가 눈에 띄게 줄어들고 모든 국가가 오른쪽 위로, 즉 풍요롭고 건강한 위치로 이동해 간다. 물론 그 사이에 제1~2차 세계 대전 같은 예외가 있다. 오른쪽 아래로 굴러떨어지는 나라도 있다. 예를 들어 패전 직후의 일본이 그랬다. 그러나 이는 예외일 뿐이다. 특히 1970년대 이후 평균 수명의 격차 감소는 감동적일 만큼 극적이다. 인류는 분명히 더 풍요롭고 건강해지고 있다.

물론 이는 단순화된 '프레젠테이션' 동영상에 불과하다. '풍요롭다'고 해도 애초에 국민 소득이 진정한 풍요를 반영하는 것인지 의문의 여지도 있다. 그럼에도 이 동영상은 확실히 세상에서, 특히 좌익 미디어에서 유통되는 지구화 비판 일변도의 담론과는 상당히 다른 세계상을 부각시킨다.

지구화는 부의 집중을 심화시켰을 것이다. 선진국 내부에서 빈부 격차를 확대시켰을 것이다. 그러나 동시에 국가 간의 빈부 격차를 줄이고 있기도 하다. 이를 어떻게 받아들일 것인가? 자국민의 희생으로 타국민이 풍요로워지고 있으니 문제라고 받아들일 것인가, 아니면 인류 전체가 풍요로워졌으니 좋은 일이라고 받아들일 것인가?

부정적으로 보든 긍정적으로 보든 지금 세계가 급속히 균질화되고 있는 것은 분명하다. 조금 전의 동영상을 보면 알 수 있듯이(각 국가에서 선택된 도시를 그 국가처럼 배치했다) 현대 세계에서 국가 간 경제 격차는 각국 국내의 도시와 지방 간 격차보다 작아지고 있다. 10년 전쯤 토머스 프리드먼의 『세계는 평평하다』가 베스트셀러가 된 일이 있는데,[20] 그 표현을 빌리면 세계는 지금 '평평해지고' 있다. 우리는 미국, 유럽, 아시아, 구공산권, 중동 등 어느 나라에 가도 같은 광고를 보고 같은 음악을 들으며, 같은 브랜드의 상점이 들어선 쇼핑몰에 가 같은 옷을 산다. 그런 생활이 가능

20　토머스 프리드먼Thomas Friedman, 『세계는 평평하다』フラット化する世界, 후시미 이완伏見威蕃 옮김, 日本経済新聞社, 2006〔이건식 옮김, 21세기북스, 2013〕. 3장에서 다룰 실업가 스즈키 겐은 세계가 '평평해졌다'기보다는 '매끈해졌다'고 말한다. 경계는 사라졌으나 모든 것이 균질해진 것이 아니라 정치든 경제든 이어져 있는 것으로 파악해야 하는 상태로 바뀌었다는 의미. 나도 이 인식에 동의하나 여기서는 알기 쉽게 인구에 회자된 '평평함'이라는 표현을 쓰도록 하겠다. 스즈키 겐鈴木健, 『매끄러운 사회와 그 적』なめらかな社会とその敵, 勁草書房, 2013 참조.

한 시대를 살고 있다. 관광객의 급증은 이런 변화와 따로 생각할 수 없다. 관광객의 철학적 의미를 묻는 것은 이런 '평평해짐'의 철학적 의미를 묻는 것과 같다.

이렇게 쓰면 '자본의 폭력을 긍정하는 거냐'며 화내는 독자가 있을지도 모른다. 그러나 이 책을 끝까지 읽으면 알 수 있듯이 나는 소박하게 자본주의를 긍정하려는 것이 아니다. 관광객에 관한 사유가 어떻게 '저항'의 주춧돌이 될 수 있을지, 앞으로의 내용을 읽어 주기 바란다.

둘째 목적은 첫째에 비해 다소 추상적인데, 인간과 사회에 관해 필요성(필연성)이 아닌 불필요성(우연성)의 관점에서 생각하는 틀을 제시하고자 한다.

애초에 관광은 필요해서 하는 것이 아니다. 이는 앞서 언급한 교과서의 정의("즐기기 위한 여행")나 유엔 세계관광기구의 통계 기준(방문지에서 보수를 받지 않는다)에 이미 쓰여 있다. 생활이나 직업상의 필요로 하는 여행은 관광이 아니다. 관광은 원래 갈 필요가 없는 장소에 기분에 따라 가서, 볼 필요가 없는 것을 보고, 만날 필요가 없는 사람을 만나는 행위다. 따라서 이는 일부 부유층만이 아니라 중산 계급이나 노동자 계급도 생존을 위한 필수품이 아닌 것에 어느 정도 돈을 쓸 수 있게 된 산업 혁명 이후의, 생산력이 향상된 풍요로운 사회에서만 산업으로 성립한다.

관광의 이 불필요성(우연성)은 도시 문화의 문제와 밀접한 관계가 있다. 어리와 라르센은 관광이 독일 비평가 발터 벤야민이 주목한 '산책자'의 출현과 같은 시기에 탄생했다는 사실에 주목한다.[21]

19세기 전반 파리에서는 '파사주'라 불리는 유리 지붕으로 덮인 상점가 건축(아케이드)이 유행했다. 파사주는 실외지만 지붕으로 덮여 있다. 산책자는 상점 창문을 쳐다보며 들뜬 기분으로 이 실내이자 실외인 공간을 목적 없이 걸어다니는 사람을 가리킨다. 이런 인간형은 파사주가 출현하기 전까지는 존재하지 않았다. 사회학자 와카바야시 미키오가 지적하듯[22] 파사주는 쇼핑몰의 머나먼 기원이며(보통 1950년대 미국을 몰의 건축적 기원으로 여기지만) 산책자는 몰을 걸어다니는 사람의 머나먼 기원이다. 그리고 관광객은 방문지의 풍경 속으로 마치 산책자처럼 들어가는 사람이다. 관광객은 생활에 필요해 그곳에 들른 것이 아니다. 사야 할 것이나 가야 할 곳이 있지도 않다. 관광객에게는 방문한 곳의 모든 사물이 상품이고 전시물이며, 중립적이고 무위적인, 즉 우연히 시선 안에 들어온 대상이다. 관광객의 시선이란 세계 전체를 파사주=쇼핑몰로 여기는 시선이다.

나는 앞서 쿡이 참가한 런던 만국박람회를 언급했다. 실은 이 만국박람회도 파사주와 깊은 관련이 있다.

1851년에 열린 런던 만국박람회는 당시 영국에서 사회의

---

21 어리·라르센,『관광객의 시선』, 242쪽 이하. 이 글에서는 다루지 못했으나 어리와 라르센은 관광이 사진과 같은 시기에 탄생했다는 사실도 지적한다(이는 그들 책의 주요 주제다). 사진 또한 벤야민의 주요 주제 중 하나였다. 관광, 사진, 산책자는 모두 같은 시기에 탄생했고 내적으로 연결되어 있다. 관광은 지극히 벤야민적인 주제인 것이다.

22 와카바야시 미키오若林幹夫,「다양성, 균질성, 거대성, 투과성」多様性·均質性·巨大性·透過性, 와카바야시 미키오 엮음,『쇼핑몰화하는 도시와 사회』モール化する都市と社会, NTT出版, 2013, 213쪽 이하.

중심이 귀족에서 중산 계급으로 옮겨 갔고 시대가 요구하는 가치관도 미美에서 산업으로 바뀌었음을 상징하는 매우 중요한 역사적 사건으로 알려져 있다. 간단히만 소개하자면 박람회에서는 특히 '수정궁'이라는 거대한 유리 건축물이 인기를 끌었다.[23] 철골과 유리로 지어 내부에 세계 각국 공업 생산물을 전시한 이 거대 건축물은(그 내부 구성 자체가 가상의 세계 여행이기도 했다) 벤야민이 시사한 것처럼[24] 파사주의 이상적인 형태라 할 수 있다. 런던 만국박람회는 관광객＝산책자의 천국이었던 것이다.

관광객은 방문한 곳을 산책자처럼 들뜬 마음으로 돌아다닌다. 그리고 세계의 모습을 우연적 시선으로 파악한다. 윈도 쇼핑을 하는 소비자처럼 우연히 만난 물건에 매료되고 어쩌다 만난 사람과 교류한다. 따라서 때로는 방문한 곳의 주민이 보이고 싶어 하지 않는 것을 발견하기도 한다. 이 책에서 나는 관광과 도시, 관광과 시각, 관광과 복제 기술의 관계 등을 비롯한 표상 문화론적 문제 계열에 속하는 고찰을 거의 하지 못했으나, 사실 관광객의 본질을 인식하는 데는 이 '들뜸'(우연성)이 매우 중요하다. 바로 여기에 관광객의 한계가 있고 또 가능성이 있다. 5장에서 같은 문제를 다른 각도에서 다루겠다.

---

23   이 건축의 문화사적 의의에 대해서는 마쓰무라 마사이에松村昌家, 『수정궁 이야기』水晶宮物語, ちくま学芸文庫, 2000 참조.

24   발터 벤야민Walter Benjamin, 『파사주론』パサージュ論 2권, 이마무라 히토시今村仁司·미시마 겐이치 외 옮김, 岩波現代文庫, 2003, 404쪽〔『아케이드 프로젝트』 2권, 조형준 옮김, 새물결, 2005, 839쪽〕 등.

덧붙이자면 이 파사주 또는 수정궁의 이미지는 19세기 정치 사상과도 깊이 관련된다. 유명한 공상적 사회주의자 샤를 푸리에는 자신이 생각한 이상적 공동체 '팔랑주'(협동조합)를 위한 건축물을 설계할 때 파사주를 모델로 삼았다고 알려져 있다. 즉 푸리에는 쇼핑몰이야말로 유토피아라고, 혹은 적어도 그 기초가 된다고 생각했던 것이다. 새로운 산업과 기술의 지원을 받은 새로운 계급이 모이는 새로운 소비 공간＝파사주의 출현은 당시 사회주의자에게 유토피아의 새 이미지를 제공했다. 나는 8장에서 도스토옙스키가 바로 이 이미지를 표적 삼아 『지하 생활자의 수기』를 썼다고 논하고 이를 바탕으로 새로운 관광객적 주체를 논할 것이다.

마지막으로 또 하나. 셋째 목적은 둘째보다 더 추상적인데, '진지함'과 '경박함'의 경계를 넘어서는 새로운 지적 담론을 구축하는 것이다.[25]

기본적으로 진지한 생각만 하는 게 학자라는 인간들이다. 그리고 관광은 '경박한' 행위기 때문에 학자가 이를 '진지한' 연구 대상으로 삼기는 매우 어렵다. 나는 3장부터 관광객의 철학을 논하는 것의 어려움을 사상사적으로 검증

---

25 무엇을 '진지하게' 논하고 무엇을 그러지 않아야 하는가? 이 구별은 매우 정치적이고, 어떤 유형의 문제는 이 '진지함' 자체를 재설정해야 비로소 논할 수 있게 될 수도 있다. 예전에 나는 이 어려움을 가토 노리히로加藤典洋와 다카하시 데쓰야高橋哲哉의 논쟁을 언급하며 말한 적이 있다. 아즈마 히로키 엮음, 『겐론』ゲンロン 3호, ゲンロン, 2016, 22쪽 이하.

하려 하는데, 그것은 쉽게 말해 이런 어려움이기도 하다. 이는 또한 앞머리에서 말한 본질과 비본질의 뒤틀림과도 관계된다.

그러나 나는 바로 지금 인문계 학자들이 '진지함'과 '경박함'의 이항 대립을 넘어서야 한다고 생각한다.

예를 들어 테러는 '진지하게' 논해야 할 문제의 대표 격이다. 그리고 관광과 같은 '경박한' 문제의 대극에 있는 것처럼 보인다. 그러나 정말 양자가 그토록 멀리 떨어져 있을까?

사실 이 둘은 의외로 가깝다. 어리와 라르센은 『관광객의 시선』 마지막 장에서 관광 산업의 발전은 곧 테러 위험성의 증가를 의미한다고 경고한다. "관광지는 관광객뿐 아니라 테러리스트도 불러들이고 만다."[26] 테러리스트는 관광객으로 위장하고, 때로는 관광지를 노린다. 그러나 그뿐이 아니다. 2010년대 중반인 지금, 테러가 갖는 가장 큰 문제는 오히려 테러리스트 자신이 관광객적인 존재가 되었다는 것이다.

여기서 내가 염두에 두고 있는 것은 홈그로운homegrown 테러리스트나 외로운 늑대lonewolf라고 불리는, 선진국 내부에서 조직적 배경 없이 고독하게 범죄를 준비하는 새로운 유형의 테러리스트다. 그들에게는 이데올로기가 없다. 표적도 정치인이나 경제 요인에 한정되지 않는다. 그들은 오히려 이 21세기 세계에서 행복하게 살아가는 일반 대중 자체를 공격한다. 런던 만국박람회에 대중 요금으로 입장

---

26 어리·라르센, 『관광객의 시선』, 341쪽. 강조 표시는 삭제.

하고(런던 만국박람회에는 특정일에 입장료를 할인해 주는 제도가 있었다), 돈 한 푼 쓰지 않고 산책하며 파리의 파사주를 즐기던 노동자 계급의 후손을 표적으로 삼는 것이다.

현실에서는 이런 사건이 빈번히 일어나고 있다. 이 책의 집필 시기 전후를 살펴보자. 2015년 11월 파리 라이브 하우스와 레스토랑에서 총격 테러가 있었다. 2016년 6월에는 플로리다의 나이트클럽이 공격당했고 이스탄불 공항 로비에서 폭발 사고가 있었으며, 같은 해 7월 니스에서는 불꽃놀이 축제로 관광객이 가득한 길에 트럭이 돌진했다. 12월 연말 베를린에서도 비슷하게 트럭이 크리스마스 시장에 돌진했고, 새해가 밝은 2017년 1월 1일에는 다시 이스탄불의 나이트클럽에서 총기 난사 사건이 일어났다. 모두 딱히 정치적인 행사가 열린 곳이 아니었고 표적이 될 만한 중요 인물도 없었다. 분쟁지도 아니었다. 범인이 밝혀지면(대부분 이미 죽었지만) 일단 동기를 파악하려 지하디즘(이슬람 과격주의)이나 난민 문제 등과의 관련성을 추적하지만, 알고 보면 인터넷으로 동영상을 열심히 본 정도에 지나지 않는 경우도 꽤 있다.

이런 이들의 동기를 '진지하게' 고찰하면 고찰할수록 헛돌게 된다. 이들은 실제로 사람을 죽이고 때로는 자살까지 하니 이루 말할 수 없이 '진지'하다. 사람의 생사만큼 진지한 것은 없다. 그러나 그 동기를 파헤치면 도무지 '진지하다'고 할 수 없는 천박함에 당도하게 된다. IS(이슬람국가)가 인터넷에 공개한 할리우드 영화 뺨칠 정도로 과도한 편집을 거친 처형 동영상을 본 적 있는 사람이라면 '진지함'과 '경박함' 사이에서 맴도는 이 감각이 무엇인지 알 것이다.

그리고 지금 전 세계에서 그런 동영상의 영향을 받은 테러리스트가 탄생하고 있다.

문제는 '진지하다'고도 '경박하다'고도 할 수 없는 이런 행위에 정치적 사유가 원리적으로 대처하지 못한다는 것이다. 3장에서 카를 슈미트의 저서를 다루며 자세히 살펴볼 텐데, 정치적인 것의 본질은 친구(자국민)와 적(테러리스트)을 공적인 기준으로 구분하는 데 있기 때문이다. 공적이라는 말은 결국 '진지하다'는 것이다. 정치란 원리적으로 '진지한' 행위라는 것이 슈미트의 지적이었다.

그러나 여기서 다룬 부류의 테러리스트는 애초부터 '진지한', 즉 공적이고 정치적인 목적을 가지고 있지 않다. 앞으로 각국 정부가 적극적으로 첩보 활동을 펼쳐도 이들의 계획을 사전에 파악하기는 극히 어려울 것이다. 이들은 애초부터 '진지한' 목적을 갖고 있지 않으므로 그 의도를 파악할 수도 없다. 테러리스트의 동기를 '진지하게' 찾아내려는 것 자체가 그들의 행동을 볼 수 없게 만든다. 따라서 그들의 행동 원리를 언어화하기 위해서는 일단 '진지함'과 '경박함'의 경계를 무시할 필요가 있다. 그리고 관광객적인 것과 정치의 관계를 근본부터 다시 생각할 필요가 있다. 관광객의 철학에 관한 책을 쓰게 된 배경에는 이런 문제 의식도 존재한다.

조금 앞질러 말하면 아마 이들 '진지한지 경박한지 알 수 없는 테러리스트'를 더 정확하게 표상할 수 있는 것은 슈미트적인 '적'이 아니라 오히려 도스토옙스키가 그린 '지하 생활자'의 이미지일 것이다. 21세기의 테러리스트는 슈미트적이기보다는 도스토옙스키적인, 달리 말해 정치적이기보다는 문학적인 존재인 것이다.

　정치는 '진지함'과 '경박함'의 구분 없이 성립할 수 없지만 문학은 그 경계를 사유할 수 있다. 이런 의미에서 이 책은 문학적 사유를 정치 사상에 다시 도입할 필요를 호소하는 책이기도 하다. 관광객이란 정치와 문학 어느 쪽에도 없는 동시에 어느 쪽에도 있는 존재를 지칭한다.

2장

2차 창작

1

이번 장은 보조적인 논의다. 사실은 1장에서 3장으로 바로 논의를 이어 가고 싶다.

그러나 아무래도 이 책의 독자 가운데는 이제까지 내 저작을 읽어 온 이들이 적잖을 것이고, 그중에는 내가 2010년대에 들어와 '관광객'을 논하기 시작한 것에 당혹한 독자, 또 최근 몇 년간의 내 실천과 이 책의 관계에 의문을 품은 독자도 있으리라.

여기서는 그런 독자를 위해 이 책의 구상을 과거의 작업과 연결 짓는 두 가지 보조 설명을 하려고 한다. 내가 해 온 작업에 관심이 없는 독자는 이 장을 그냥 넘어가도 된다. 여기서 언급한 내용이 뒤 몇 군데서 등장하지만 이에 대한 지식이 없어도 책을 이해하는 데는 기본적으로 무리가 없을 것이다.

보조 설명은 간략히 마치도록 하자. 첫째는 이론적 배경과 관련된다.

나는 최근까지 '관광'이라는 말을 쓰지 않았다. 그러나 관광객처럼 '경박한 존재'에 대해서는 꽤 이전부터 생각하고 있었다. 실은 유사한 현상을 '2차 창작'이라는 개념으로 사유했던 것이다.

나는 지금도 일정 세대의 독자에게 오타쿠 계열 서브컬처를 잘 아는 비평가로 인지된다(실제로는 몇 년간 애니메이션을 거의 보지 않았고 게임도 거의 하지 않아 최근 상황을 잘 모른다). 그런 인식이 널리 퍼진 계기가 약 15년 전인 2001년에 펴낸 저서 『동물화하는 포스트모던』이다.

그 책에서 나는 오타쿠의 '2차 창작'이라는 행위에 주목했다. 2차 창작이란 만화나 애니메이션 중에서 일부 캐릭터나 설정만 가져와, 오로지 자신이 즐기기 위해 '원작'과 상관없는 다른 이야기를 만드는 창작 활동을 뜻한다. 예를 들어 소년 만화를 좋아하는 (주로 여성) 독자가 마음에 드는 캐릭터의 성적 행위를 묘사한 포르노를 창작하는 등의 활동이 이에 해당한다(이런 작품은 실제로 무수히 존재한다). 2차 창작은 어디까지나 아마추어의 출판물로 유통 경로도 즉석 판매회나 전문 서점에 한정되나 그 영향은 매우 크다. 일정 시기 이후의 오타쿠 문화는 2차 창작을 무시하고 논할 수 없다. 흥미가 있는 독자는 『동물화하는 포스트모던』을 읽어 보기 바란다. 사례는 과거의 것이지만 본질은 지금도 변하지 않았다.

이 책의 문맥에서 말하면 2차 창작은 '관광'과 비슷한 성격을 갖는다. 특정 작품의 일부를 가져와 원작자가 기대한 것과는 전혀 다르게 해석하는, 그것도 원작자의 허락 없이 '경박하게' 창작하는 행위기 때문이다. 이는 관광객이 관광지를 방문해 주민이 기대한 방식과는 전혀 다른 방식으로 즐기고 일방적으로 만족해 돌아가는 상황과 구조적으로 유사하다.

양자의 공통점은 무책임함이다. 관광객은 주민에게 책임을 지지 않는다. 마찬가지로 2차 창작자도 원작에 책임을 지지 않는다. 관광객은 관광지에서 주민의 현실이나 생활상의 고민 등과는 전혀 상관없이 자기가 좋아하는 부분만 소비하고 돌아간다. 2차 창작자 또한 원작자의 의도나 고민과는 전혀 상관없이 자기가 좋아하는 부분만 소비한다.

따라서 관광객이 관광지 주민에게 미움을 받는 것처럼 2차 창작도 원작자나 원작 애독자에게 미움받을 때가 있다. 최근에는 2차 창작에 대한 사회적 인지도가 높아져 원작자와의 갈등이 줄었지만 예전에는 원작자가 자기 작품을 포르노로 재해석하는 2차 창작에 분노를 표하는 경우도 있었다고 한다. 이는 주민이 관광객에게 분노를 표하는 것과 비슷하다. 나아가 관광과 2차 창작 모두 처음에는 미움받지만 시간이 지나면서 차츰 받아들여지게 되고, 어느새 주민이나 원작자의 경제 활동이 이들 없이는 성립할 수 없게 되는 아이러니한 과정을 거치는 것도 공통점이다. 앞서 말했듯이 지금 오타쿠 문화는 2차 창작 없이 성립할 수 없다. 아무리 2차 창작이 싫고 부정하고 싶다 해도 이제 원작의 시장자체가 2차 창작 없이는 경제적으로 성립되지 않는다. 마찬가지로 지금은 적지 않은 지방자치 단체의 경제가 관광에 의존하고 있다.

인터넷상에는 '원작충'原作厨이라는 흥미로운 속어가 있다. 작품의 영상화에서 원작 세계관에 대한 충실성을 다른 무엇보다 중요하게 여기는 사람을 가리키는 말이다. 애니메이션은 경우가 조금 다르지만 소설이나 만화를 실사 드라마 또는 실사 영화로 만들 때 얼마간 2차 창작적인, 즉 원작을 변경하는 부분이 생긴다. 예를 들어 등장 인물의 성격이나 스토리 결말이 바뀐다. 원작충이라 불리는 사람은 이것이 '원작과 다르다'며 불평하는 것이다.

이런 원작충의 이의 제기는 관광객이 품는 상상에 대해 관광지 주민이 갖는 위화감과 구조가 같다. 예를 들어 일본에 짧게 체류한 외국인이 '게이샤', '후지산', '아키하바라'에만 관심을 갖고 사진에 담아 돌아간다고 하자. 일본에 사는 사람이 보기에 그의 사진은 다양한 현실 중 자신이 좋아하는 이미지만을 오려 낸, 이를테면 '일본의 2차 창작'에 불과하다. 이에 일본 거주자는 '일본에 대해 아무것도 모른다'며 비웃는다. 이것이 원작충의 태도다. 주민이 관광객을 인정하지 않는 것처럼 원작충은 2차 창작을 인정하지 않는다. 그러나 주민의 경제가 관광객 없이 유지될 수 없듯 사실 원작충의 기쁨도 2차 창작(2차 창작적인 실사 드라마나 실사 영화) 없이는 존재할 수 없다. 왜냐하면 그 덕분에 원작자가 윤택해질 수 있기 때문이다. 아무리 '원작과 다르다'고 할지라도 실사 드라마나 실사 영화가 나오면 원작이 잘 팔려 더 많은 독자를 얻게 된다.

나는 『동물화하는 포스트모던』에서 이런 현실에 주목해 현대 사회와 문화를 사유하기 위해서는 '2차 창작을 하는 오타쿠'의 존재를 무시해서는 안 된다고 호소했다. 이때 제시한 개념이 '데이터베이스 소비'다. '원작자와 2차 창작자의 관계'를 '주민과 관광객의 관계'에 겹쳐서 파악하는 이러한 병행 관계에 비추어 보면 내 서브컬처론이 어렵지 않게 관광객론과 연결된다는 사실을 알 수 있을 것이다.

조금 더 자세히 설명하겠다. 나는 2007년에『동물화하는 포스트모던』의 속편에 해당하는『게임적 리얼리즘의 탄생』이라는 책을 펴냈다.

『동물화하는 포스트모던』은 사회 분석서였으나 속편에서는 작품 분석을 시도했다. 내 생각에 어느 시기(대략 1995년 이후)부터 오타쿠 계열 콘텐츠는 정도의 차이는 있어도 모두 처음부터 2차 창작의 상상력을 내면화하게 되었다. 2차 창작 시장이 일정 규모를 넘으면 모든 작가가 2차 창작을 통해 재해석될 가능성을 미리 고려하게 되고, 그런 고려를 바탕에 두고서 캐릭터를 만들면 상업적 성공 가능성도 높아진다고 판단하게 되기 때문이다. 그 결과 시장에서 유통되는 스토리나 캐릭터가 독특한 방향성을 갖게 된다. 캐릭터 설정이나 디자인은 손쉽게 2차 창작할 수 있게 '모에'화하고, 스토리도 처음부터 스핀 오프〔파생 작품〕를 만들기 쉽게 부품화되는 데이터베이스화가 진행된다.[1] 특정 게임 장르에서는 스토리의 2차 창작(재해석)을 미리 고려한 결과, 같은 사건이 몇 번이고 되풀이되는 루프(시간 반복) 모티프가 유행했다.

이는 포스트모던 사회에서 지극히 일반적인 현상이라 할 수 있다. 오타쿠 문화만 그런 것이 아니다. 현대 사회에서 한 작품이 오로지 그 자체의 가치만으로 평가받고 유통되는 경우는 거의 없다. 모든 작품은 '다른 소비자가 어떻게

---

1 〔옮긴이〕모에萌え는 만화, 애니메이션, 게임 등에 등장하는 특정 캐릭터에 각별한 애정을 갖는 것을 가리키는 은어고, 모에화는 그 캐릭터의 특징을 과장해 그림으로 그리는 것을 가리킨다.

평가하느냐' 그리고 '다른 소비자는 내 평가를 어떻게 여기느냐' 등과 같은 '타자의 시선'을 내포한 형태로 소비된다.

이론적으로 이는 과거 존 메이너드 케인스가 '미인 투표'를 예로 들어 논했고, 르네 지라르가 '욕망의 삼각형'이라는 말로 표현했으며, 사회 체계 이론이 '이중의 우연성'이라고 이름 붙인 현상이다. 이들의 용어를 모른다 해도 페이스북의 '좋아요' 기능을 생각해 보면 그 본질을 쉽게 이해할 수 있다. 우리는 마음에 드는 게시물을 보고 소박하게 '좋아요'를 누르는 것이 아니다. 오히려 '좋아요'를 누르면 다른 사람에게 높이 평가받을 게시물에 적극적으로 '좋아요'를 누른다. 그래서 네트워크 전체로 보면 정치처럼 사람에 따라 찬반이 나뉘는 골치 아픈 화제를 피해 고양이 사진이나 요리 사진처럼 '무해'한 콘텐츠에 '좋아요'가 몰리게 된다. 우리는 지금 '타인의 욕망을 욕망하는'(다른 사람의 '좋아요'를 '좋아요'하는) 메커니즘이 전례 없이 맹위를 떨치는 세계에서 살고 있다.

나는 『게임적 리얼리즘의 탄생』에서 이런 상황이 새로운 비평적 시점을 요청한다고 주장했다. 이 시점에서는 작품을 분석할 때 먼저 작품 자체를 평가하고 그런 다음 작품의 소비 환경을 살피는 상식적인 순서를 적용할 수 없다. 작품 자체가 이미 소비 환경을 감안해 제작되었으므로 분석자도 이를 고려하며 작품을 다루어야 한다. 소위 '메타 작품'을 분석하는 '메타 시선'이 필요하다. 2차 창작을 상정해 원작을 창작하는 것이 바로 이런 상황의 좋은 사례다.

철학계에서는 1970년대에 장 보드리야르가 이런 '메타 비평'의 필요성을 주장한 것으로 알려져 있다(시뮬라크르론). 단 구체적인 방법론을 제시하지는 않았다. 보드리야르 등 포스트모더니스트의 지적은 이후 영어권에서 제도화되어 문화연구를 낳았다. 일본에서는 이에 해당하는 '메타 시선' 분석을 비평이나 현대 사상이 아니라 오히려 그 외부에서 시작했다. 오쓰카 에이지가 1989년에 펴낸 『이야기 소비론』과 미야다이 신지 등이 1993년에 펴낸 『서브컬처 신화 해체』 두 권이 그 선구적인 예다.[2] 내 작업은 이들의 연장선상에 있다.

소설, 영화, 만화 등 장르를 막론하고 작품을 사랑하는 사람은 대체로 작품 자체의 독해를 중시하고 소비 환경의 분석은 '사회학적인 것'이라며 배제하는 경향이 있다(지금도 문예지에는 그런 시대착오적인 비평이 넘쳐 난다). 그러나 현대 사회에서는 작품의 내부(작품 자체)와 외부(소비 환경)를 분리해 전자만을 대상으로 삼아 '순수하게' 비평하거나 연구하는 태도 자체가 성립할 수 없다. 외부가 내부에 어떤 형태로 포함되는지 그 역동성을 이해하지 못하면 비평도 연구도 존재할 수 없다. 나는 『게임적 리얼리즘의 탄생』에서 이 역동성에 대한 주목을 '환경 분석'적 독해라고 불렀다.[3]

이를 이 책의 용어로 표현하면 오늘날 커뮤니티 분석이

---

2 〔옮긴이〕 오쓰카 에이지大塚英志, 『이야기 소비론』物語消費論, 新曜社, 1989; 미야다이 신지宮台真司 외, 『서브컬처 신화 해체』サブカルチャー神話解体, PARCO出版, 1993.

3 아즈마 히로키, 『게임적 리얼리즘의 탄생』ゲーム的リアリズムの誕生, 講談社現代新書, 2007, 154쪽 이하〔장이지 옮김, 현실문화, 2012, 120쪽 이하〕.

나 지역 연구를 할 때는 처음부터 관광객의 시점에 입각한 분석이 필요함을 의미한다. 주민이 자각 없이 살아가는 '소박한 토지'가 먼저 존재하고, 나중에 관광객이 그곳을 발견해 경제적 이익이 생겨나면 대신 소박함이 상실된다—이것이 사람들이 보통 생각하는 변화의 순서다. 하지만 정말 그럴까? 현대 소비 환경 속에서는 원작이 먼저 존재하고 나중에 2차 창작이 만들어지는 것이 아니다. 원작자는 처음부터 2차 창작을 철저히 염두에 두고 있다. 그렇다면 마찬가지로 처음에 '소박'한 주민이 있고 뒤이어 관광객이 오게 된다는 순서도 실은 전도된 것이 아닐까? 아니, 오히려 지금은 모든 장소가 관광객의 시선을 이미 내면화해 시가지나 커뮤니티를 만드는 쪽으로 바뀌고 만 것이 아닐까? 달리 말해 모든 것이 테마 파크화하고 있는 것이 아닐까? 이 문제는 신중히 검토할 가치가 있다.

한편 조금 전부터 쓰고 있는 '포스트모던'이라는 말에 관해 짧게 보조 설명을 해 두고 싶다.

포스트모던이라는 말은 한때 프랑스 사상 분야에서 자주 쓰였다. 일본에서는 프랑스 사상이 묘한 형태로 유행한 적이 있는데(뉴아카데미즘), 그 뒤 유행이 급속히 사그라졌기에 이 말을 긍정적으로 생각하지 않는 사람이 적지 않다. 그들은 포스트모던이라는 말만 들어도 비웃고 시대착오적인 주장이라고 재단하는 경향이 있다.

그러나 그런 사람 대부분이 실제로는 포스트모던에 관한 논의를 자세히 모른 채 이 말을 유행어로 치부해 반응했을 뿐이다. 나는 앞으로도 가끔씩 이 말을 사용할 텐데, 이런 일본에서의 유행과는 무관한 것으로 여겨 주기 바란다.

원래 포스트모던 또는 포스트모더니즘이라는 말은 1970년대 이후의 시대를 가리키는 문화사적 개념일 뿐이다. 이 시기에 현대 사회가 크게 변화한 것은 사실이고(7장에서 다시 다루겠다), 그 후의 시대를 그 전과 구분하기 위해 다른 용어가 필요했다. 프랑스에서는 이를 포스트모던이라 불렀던 것이다. 따라서 표현은 달라도 비슷한 개념을 사용하는 학자가 많다. 예를 들어 울리히 벡이나 앤서니 기든스 같은 비프랑스어권 사회학자는 거의 같은 상황을 '재귀적 근대화'[4]라고 부른다.[5] '재귀성'이란 자신의 행동이 타인에게 어떻게 보이는지를 항상 의식하면서 행동을 결정하는 메타적 태도를 가리키는 개념으로, '타자의 욕망을 욕망하는 것'을 뜻한다. 우리는 '타자의 욕망을 욕망하는 것'이 전면화한 사회를 살고 있다. 이 점에서 포스트모던은 전혀 끝나지 않았고 우리는 오히려 더욱 심화된 포스트모던 사회를 살고 있다.

---

4 〔옮긴이〕 일본어 '再帰的'을 한자 그대로 '재귀적'으로 옮겼다. 이는 '(자기 자신에게) 다시 돌아온다'는 뜻이다. 철학이나 사회학에서는 '스스로를 대상화한다', '메타적인 시점에서 자신을 바라본다' 등의 함의를 지닌 용어로 자주 쓰인다. 영어의 reflexive에 해당한다. 예를 들면 지은이가 언급한 앤서니 기든스의 '성찰적 근대화'reflexive modernization라는 개념을 일본에서는 '재귀적 근대화' 혹은 '자기 내성적 근대화'라고 번역한다. reflexive는 한국에서 '반사적', '반성적', '성찰적', '재귀적' 등으로 번역되는데, 다른 용어에 비해 '자신과 거리를 두었다가 다시 되돌아오는 과정'을 보다 선명하게 표현하는 용어라고 생각해 '재귀적'으로 번역했다.

5 울리히 벡Ulrich Beck·앤서니 기든스Anthony Giddens·스콧 래시Scott Lash,『재귀적 근대화』再帰的近代化, 마쓰오 기요부미松尾精文 외 옮김, 而立書房, 1997(『성찰적 근대화』, 임현진 옮김, 한울, 2010)을 참조.

21세기의 포스트모던 혹은 재귀적 근대의 세계에서는 2차 창작의 가능성을 미리 도입하지 않고는 누구도 원작을 만들 수 없고, 관광객의 시선을 도입하지 않고는 누구도 커뮤니티를 만들 수 없다. 이런 문제 의식 속에서 이 책의 관광객론을 구상했다.

　2차 창작자는 콘텐츠 세계의 관광객이다. 거꾸로 말하면 관광객은 현실의 2차 창작자인 것이다.

2

둘째 보조 설명은 이 책과 몇 년간 내가 해 온 실천의 관계에 대한 것이다. 나는 2013년『후쿠시마 제1원전 관광지화 계획』이라는 책을 출간했다.[6] 후쿠시마는 2011년 원전 사고로 인해 세계적으로 '유명'해져 버렸다. 이 현실은 바꿀 수 없다. 그렇다면 이 상황을 역으로 이용해 재해 지역을 히로시마나 아우슈비츠처럼 다크 투어리즘의 '성지'로 만들면 어떨까 하는 제안을 담은 책이다.

　다크 투어리즘은 영국의 관광학자가 15년쯤 전에 제안한 개념으로 전쟁이나 재해 등을 겪은 '비극의 땅'을 관광 대상으로 삼는 새로운 실천을 가리킨다.[7] 지진 재해를 겪은 후 일본에서도 주목받아 현재 전문지가 발간되고 있기도 하

　6　아즈마 히로키 엮음,『후쿠시마 제1원전 관광지화 계획』福島第一原発観光地化計画, ゲンロン, 2013. 이 책은『사상 지도 β』4호 하권에 해당한다.

　7　존 레넌John Lennon · 맬컴 폴리Malcolm Foley,『다크 투어리즘』Dark Tourism, International Thomson Business Press, 2001 참조.

다. 나는 같은 해인 2013년에 『체르노빌 다크 투어리즘 가이드』라는 책도 펴내[8] 1986년에 후쿠시마와 마찬가지로 원전 사고가 일어났던 우크라이나의 체르노빌이 지금 관광지화하고 있는 현실을 소개하면서 재해지 재건에 참고가 될 정보를 제공했다. 『후쿠시마 제1원전 관광지화 계획』은 이 문제 의식의 연장선상에서 펴낸 책이다.

일부 독자는 이미 알고 있겠지만 이 책은 격렬한 반발에 부딪혔다. 내용에 앞서 '관광지화 계획'이라는 명칭에 강한 비판이 일었다. 또한 도쿄 출신에 후쿠시마와 인연이 없는 내가 이런 책을 간행한 사실 자체에 대한 반발도 컸다. 결정적으로 후쿠시마현 출신 사회학자인 가이누마 히로시가 이 계획의 참가자이자 필진 중 한 명이었음에도 불구하고 책이 간행되자 태도를 바꾸어 비판자가 되었다. 당시 비판이 매우 격렬했기에 독자 중 일부는 나에 대해 '재해지를 이용해 먹은 인물'이라는 인상을 가지고 있을지도 모른다.

이 책 제목에는 '관광객'이라는 단어가 들어 있다. 따라서 4년 전 마찬가지로 '관광'을 내세웠던 위 책의 존재를 무시할 수 없다. 이에 지난 내 계획과 이 책의 관계를 간단히 보조 설명하겠다.

위의 설명으로 알 수 있듯 『후쿠시마 제1원전 관광지화 계획』에 대한 비판은 대부분 내용을 향한 것이 아니었다. '관광지화'라는 명칭에 대한 단순한 오해, 혹은 그로부터 연

---

8 아즈마 히로키 엮음, 『체르노빌 다크 투어리즘 가이드』チェルノ
ブイリ・ダークツーリズム・ガイド, ゲンロン, 2013〔양지연 옮김, 마티, 2015〕.
이 책은 『사상 지도 β』 4호 상권에 해당한다.

상되는 이미지에 따른 중상이 대부분인 반론할 가치가 없는 비판이었다. 이들 대부분이 근거 없는 중상임은 나와 내 회사가 이 계획을 위한 취재와 출판 과정에서 공적 자금이나 전력 회사의 지원을 전혀 받지 않았다는 사실만 확인해도 충분히 알 수 있다.

따라서 내가 반론의 필요성을 느끼는 것은 가이누마의 비판뿐이다. 단 가이누마는 관광지화 계획의 내용에 대해 거의 언급하지 않아 논점을 명확히 하기가 어렵다. 그렇지만 2015년에 가이누마와 내가『마이니치 신문』지면에서 주고받은 왕복 서간 및 같은 시기 그가 펴낸『최초의 후쿠시마학』을 읽어 보면[9] 쟁점이 하나 떠오를 것이다.

가이누마의 주장은 한마디로 '후쿠시마＝원전 사고'라는 이미지를 강화하는 활동을 하지 말라는 것이다. 후쿠시마에는 원전 사고 외에도 다양한 측면이 있다. 이재민은 원전 사고가 일어나기 전부터 살고 있었고, 이후에도 다수가 원전 사고와 무관하게 살아가고 있다. 재해지와 관련된 일을 하려면 일단 그런 일상 감각을 받아들여야 한다. 따라서 '관광지화' 운운하는 것은 그들의 마음을 짓밟는 짓이다.

이 주장은 이해할 수 있다. 후쿠시마 사람들이 후쿠시마를 원전 사고의 이미지로 뒤덮는 일을 폭력으로 느끼는 것은 당연하다. 원래 후쿠시마현은 면적이 넓기 때문에 사고가 일어난 하마도리 지역은 같은 후쿠시마현인 아이즈에서

---

9 아즈마 히로키·가이누마 히로시開沼博, 「탈'후쿠시마론'」脱「福島論」, 『마이니치 신문』每日新聞(인터넷판), 2015. URL=http://mainichi. jp/correspondence/; 가이누마 히로시, 『최초의 후쿠시마학』はじめての福島学, 이스트·프레스, 2015.

100킬로미터 가까이 떨어져 있다. 후쿠시마현의 많은 지역은 같은 후쿠시마라 해도 원전 사고의 영향을 거의 받지 않았다. 가이누마는 우선 이 사실을 계몽해야 한다고 주장한다. 이에 대해서는 나도 가이누마와 의견이 같다.

내가 갖는 의문은 이렇다. 이런 계몽이 만능은 아니기에 관광지화를 제안할 필요가 있었던 것 아닌가? 달리 말해 제 내안은 애초부터 가이누마가 말하는 계몽 '다음'에 자리 잡고 있는데 왜 이를 무시하고 비판하는가?

관광이 현실의 2차 창작이라는 관점에서 생각해 보자. 후쿠시마가 원전 사고의 이미지로 뒤덮이는 것을 이 책의 표현으로 하면, 후쿠시마의 이미지가 현실(원작)과 달리 사고에서 비롯하는 인상을 중심으로 '2차 창작'되고 마는 것을 의미한다. 후쿠시마의 2차 창작, 즉 'Fukushima화'는 때로 '풍문 피해'라 불린다. 대지진이 일어난 지 6년이 지나고 풍문 피해에 대한 인식도 퍼져 일본 내에서는 후쿠시마라는 말을 듣고 원전 사고를 떠올리는 사람이 꽤 줄었다. 그러나 일본 밖에서는 그렇지 않다. 일본 내에는 '원전 사고 이전의 후쿠시마'(원작)를 기억하는 사람이 많지만 일본 밖은 그렇지 않기 때문이다. 일본 밖에는 후쿠시마라는 지명을 원전 사고(2차 창작) 때 처음 접한 사람이 많다.

이로 인해 발생하는 상황은 일본에서 현재 '체르노빌'이 어떤 의미를 가지고 있는지 떠올리면 바로 상상할 수 있을 것이다. 체르노빌에도 사고 이전의 긴 역사와 풍요로운 자연이 있다. 앞으로 설명하겠지만 실제로 현재 체르노빌은 방사능 오염 피해에서 많이 회복되었다. 체르노빌 사고 이후 벌써 30년 이상 세월이 흘렀으니 말이다. 그러나 일본인

중 몇 명이나 '현실의 체르노빌'을 상상할 수 있을까? 여전히 대부분의 사람은 '방사능으로 오염된 불모지', '기형아가 태어난 저주받은 땅'이라는 이미지에 사로잡혀 있지 않을까? 그렇다면 후쿠시마에 관해서도 같은 상황이 벌어진다고 생각하는 것이 합리적이다. 'Fukushima'는 국제적으로 봤을 때 체르노빌과 견줄 만한 원전 사고 및 방사능 오염의 대명사가 되었다. 이재민이 아무리 불쾌하게 여겨도 후쿠시마가 그런 특별한 지명이 된 것은 사실이다.

이러한 현실에 어떤 태도를 취해야 할까? 물론 나도 우선 Fukushima의 허구성에 저항해야 한다고 생각한다. 실제로 체르노빌에 대해서도 유사한 시도를 하고 있다. 내 회사에서는 『체르노빌 다크 투어리즘 가이드』를 펴낸 후 1년에 한 번씩 희망자를 모아 체르노빌의 옛 출입 금지 구역 및 사고가 발생한 원전 부지로 안내하는 투어를 주최하고 있다. 투어는 이미 네 번 실시했고, 참가자는 합해서 100명을 넘겼다. 참가자들은 입을 모아 체르노빌이 상상보다 훨씬 '평범'했다고 말한다.[10] '평범'하다는 것은 달리 말해 '방사능으로 오염된 불모지'라는 2차 창작과는 관계없는 일상이 그곳에 있다는 말이다. 따라서 나는 후쿠시마를 원전 사고의 이미지로 뒤덮지 말아 달라고 호소하는 가이누마와 거의 같은 입장에서 활동해 온 셈이다.

그러나 나는 후쿠시마에 대해 하나 더 복잡한 전략을 세

---

10   오야마 겐大山顕, 「체르노빌은 '평범'했다」チェルノブイリは「ふつう」だった, 『데일리 포털 Z』デイリーポータルZ, 2016. URL=http://portal.nifty.com/kiji/161118198099_1.htm.

위야 한다고 생각한다. 그래서『후쿠시마 제1원전 관광지화 계획』을 출간한 것이다.

지금 세계에서 유통되고 있는 것은 후쿠시마의 2차 창작인 Fukushima뿐이다. 원작(원래의 후쿠시마)을 소중히 여기는 사람들은 이 현실을 견디기가 힘들 것이다. 그 견디기 힘듦을 호소하는 가이누마는 원작층의 입장에 서 있다. 그 마음은 존중해야 한다. 그러나 동시에 이 포스트모던 세계에서 2차 창작을 결코 없앨 수 없는 것 또한 사실이다. Fukushima에 대한 환상이 앞으로도 계속 재생산되는 것은 불가피하다. 그렇다면 그런 2차 창작=Fukushima의 유통을 역이용해 사람들의 일부라도 원작=원래의 후쿠시마로 인도할 수는 없을까? 즉 원전 사고 이외의 후쿠시마에 대한 정보를 제공하는 데 머물 것이 아니라 반대로 '사고 현장을 보고 싶다', '폐허를 보고 싶다'는 감정을 활용해 후쿠시마의 매력을 세계에 알리는 프로그램을 시도해 볼 수 있지 않을까? 이것이 내 제안이었다.

원작을 소중히 하려면 한번은 2차 창작을 거쳐야 한다. 언뜻 이해가 잘 안 될지도 모르겠다. 논리만 보면 말장난처럼 느껴질지도 모른다. 그러나 구체적으로는 아주 알기 쉬운 이야기다. 예를 들어 내가 체르노빌에 사람들을 안내할 수 있었던 것은 그들이 2차 창작된 체르노빌(방사능으로 오염된 불모지)를 한번 믿었기 때문이다. 원전 사고가 없었다면, 그리고 체르노빌이 '평범하지 않다'고 생각하지 않았다면 누가 굳이 우크라이나 변경의 전원 지역까지 찾아갈까? 마찬가지로 가이누마가『최초의 후쿠시마학』을 출간할 수 있었던 것도 그 사고가 일어났기 때문이다. 원전 사고가 없

있다면, 그리고 괴물화한 Fukushima가 유통되지 않았다면 군이 후쿠시마학을 구상할 필요가 있었겠는가? 2차 창작이 없다면 원작에 접근할 회로도 없을 수 있는 것이다.[11]

나는 앞서 체르노빌 투어 참가자가 모두 체르노빌이 '평범하다'는 감상을 남긴다고 했다. 그러나 이는 그들이 실망했다는 뜻이 아니라 오히려 관심의 폭이 넓어졌다는 뜻이다. 체르노빌은 긴 역사를 간직하고 있다. 기록에 따르면 12세기까지 거슬러 올라가며 예전에는 유대인이 인구의 절반을 점했다고 한다. 체르노빌이 자리한 폴레시아 지방은 아름다운 숲에 둘러싸인 늪지대로, 지금은 폐허가 되고 만 발전소 근처의 도시 프리피야트는 소련을 대표하는 유토피아로 건설된 선진적인 인공 도시였다.

많은 일본인이 이런 사실을 모른다. 관심도 없다(외국인이 후쿠시마의 현실에 관심이 없는 것처럼). 그리고 체르노빌에 대해 유치한 환상을 품고 있다. 그러나 우리는 이를 일방적으로 비난할 것이 아니라 오히려 이용해야 한다. 설령 동기가 유치한 환상이라고 해도 한번 체르노빌까지 발걸음을 옮겨 그곳이 '평범하다'는 사실을 깨달은 투어 참가자는

---

11 앞으로 관광객을 다루면서 프랑스 철학자 자크 데리다의 '오배'
誤配라는 개념을 키워드로 차용할 것이다. 데리다의 철학에는 또 하나, '에크리튀르'(글자)라는 유명한 개념이 있는데 이는 '파롤'(말)이라는 개념과 한 쌍을 이룬다. 데리다에 따르면 글자는 말에서 파생하나 말 또한 글자 없이는 성립하지 않는 굴절된 상호 의존 관계에 있는데, 그는 이런 관계를 범례 삼아 사물의 본질이 비본질에 본질적으로 의존하는 관계를 의미하는 일반적 개념으로 확장해서 에크리튀르를 사용한다. 내가 '후쿠시마'와 'Fukushima'를 통해 제시하려는 것은 이런 굴절된 문제다. 관광지화는 에크리튀르화다.

필연적으로 그 사고 이외의 배경 정보에 관심을 갖게 되고, 이 정보의 다층성 속에서 다시 한번 사고의 의미를 생각하게 되기 때문이다. 이것이 내가 매년 체르노빌 투어를 통해 노리고 있는 효과다. 나 또한 처음 체르노빌에 갈 때는 유치한 환상을 품고 있었다. 사람은 자신이 '평범하지 않다'고 믿고 있던 장소를 찾아가 그곳이 '평범하다'는 것을 알았을 때 비로소 '평범하지 않은' 일이 우연히 그곳에서 일어났다는 '운명'의 무게를 가늠할 수 있다. '평범함'과 '평범하지 않음' 사이의 왕복 운동이 바로 다크 투어리즘의 근간이다.

탁상공론일까? 그럴 수도 있고 아닐 수도 있다. 어쨌든 나는 이런 차원에서 『후쿠시마 제1원전 관광지화 계획』을 통해 관광지화가 필요하다는 제안을 했다. 이것이 실천적인 동시에 이론적이고, 철학적인 동시에 정치적인 도전이라고 생각했다.

그러나 안타깝게도 다른 사람들에게는 그리 이해되지 않았고, 논의가 널리 퍼지지도 않았다. 재건 사업은 실질적인 이익이 얽여 있는 세계이자 그에 관해 쓰는 사람의 이력과도 연관되는 세계다. 내게는 그런 실질성을 극복할 지혜와 담력이 없었고, 결과적으로 관광지화 제안은 받아들여지지 않은 채 공중분해되고 말았다. 이 결과에 대해 나는 지금도 능력 부족을 통감한다.

어찌 되었든 내 제안은 권력이나 자본과 관련된 것이 아니었다. 후쿠시마에 관한 내 제안은 순수하게 지적이고 윤리적인 관심에 따른 것이었다. 이 책에는 그 관심의 핵심이 담겨 있다. 그런 점에서 이 책은 『후쿠시마 제1원전 관광지화 계획』의 속편이기도 하다.

3장
정치와 그 외부

1

나는 2011년에 『일반 의지 2.0』이라는 책을 출간했다.[1] 그 핵심은 루소 재독해였다.

루소는 근대 민주주의의 기틀을 다진 사상가로 알려져 있지만 동시에 낭만주의 문학의 아버지로도 유명하다. 『인간 불평등 기원론』, 『사회 계약론』 등을 지은 사상가 루소의 인간관과 『신엘로이즈』, 『에밀』, 『고백』 등을 지은 문인 루소의 인간관 사이에 상당한 거리가 있다는 것은 철학사적 상식이다.

정치 사상가로서 루소는 개인이 공동체의 의지에 따라야 한다고 주장한, 전체주의에 가까운 입장을 가진 인물로 알려져 있다. "일반 의지는 항상 옳다"(2편 3장)라는 『사회 계약론』의 문구는 너무도 유명하다. 이 문구는 공동체의 의지가 개인의 의지에 우선한다는 주장으로 받아들여져, 실제로 뒤에서 다룰 카를 슈미트 같은 보수적 사상가가 긍정적으로 평가하기도 했다.[2] 한편 문인으로서 루소는 고독을 중

---

1 아즈마 히로키, 『일반 의지 2.0』一般意志 2.0, 講談社, 2011〔안천 옮김, 현실문화, 2012〕.

시하고 위선을 거부하며 공동체의 강압을 부정한 철저한 개인주의자로 알려져 있다.『신엘로이즈』는 관습이나 계층에 속박되지 않은 자유로운 감정을 드러내 연애 표현의 기원으로 평가받는다.『고백』은 사적인 성적 체험과 질투 감정을 적나라하게 그려 많은 독자에게 충격을 안겼다. 문인 루소는 전체주의자와는 정반대인, 오히려 도스토옙스키와 견줄 만한 열정적 실존주의자로 평가받는다. 전체주의냐 개인주의냐? 달리 말해 정치냐 문학이냐? 에른스트 카시러는 이 분열을 "장-자크 루소 문제"라고 불렀다.[3]

하지만 이는 정말 분열일까? 사회와 실존은 대립하는 것일까? 나는 의심스러웠다. 그래서『일반 의지 2.0』에서『사회 계약론』, 특히 거기서 제시된 '일반 의지'라는 유명한 개념을 재해석해 분열의 수수께끼를 푸는 열쇠를 제시하려 했다. 그 책에서 나는 루소의 '일반 의지' 개념을 사회와 교류하고 싶어 하지 않는, 타인과 대화하고 싶어 하지 않는 원래부터 인간을 싫어하는 인간, 요즘 말로 표현하면 '은둔형 외톨이'나 '소통 장애'가 있는 사람을 위해 구상된, 사회성의 매개 없이 사회를 만들어 내는 역설적인 장치로 독해해야 한다고 제안했다. 자세한 내용은『일반 의지 2.0』을 읽어 보기 바란다.

루소는 인간도 사회도 싫어했다.『학문과 예술에 대하

---

2 카를 슈미트Carl Schmitt,『독재』独裁, 다나카 히로시田中浩·하라다 다케오原田武雄 옮김, 未來社, 1991, 133쪽 이하 참조〔『독재론』, 김효전 옮김, 법원사, 1996, 151쪽 이하〕.

3 에른스트 카시러Ernst Cassirer,『장-자크 루소 문제』ジャン=ジャック·ルソー問題, 이키마쓰 게이조生松敬三 옮김, みすず書房, 1974.

여』와『인간 불평등 기원론』에 썼듯 그는 사회를 이루지 않고 따라서 학문도 예술도 없이 가족 단위로 흩어져 살아가는 것이 인간의 본모습이라고 생각했다. 그런데도 인간은 사회를 만들었다. 왜인가? 루소는 인간은 원래 사회를 만들고 싶어 하지 않는다고 믿었기에 이 질문에 답해야 했다. 달리 말해 개인주의적인 문인이 모여 전체주의적인 사회를 만들어 내는 메커니즘을 고안해야 했다. '일반 의지'라는 개념은 그 필요성에서 나온 것이다. 이런 관점에서 보면『신엘로이즈』,『고백』,『사회 계약론』모두 모순 없이 일관되게 이해할 수 있다.

이것이 내가『일반 의지 2.0』을 집필한 이유인데, 여기서 다음과 같은 의문이 생긴다. 루소에게 분열은 없다. 나는 그리 생각한다. 그렇다면 사람들은 왜 여기서 분열을 읽어 왔던 것인가?

사실 이 책의 주제인 '관광객의 철학'은 이 의문과 깊은 관계가 있다. 표면적으로 이 책은『일반 의지 2.0』의 연장선상에 있지 않다. 루소를 독해하지도 사회 계약을 논하지도 않는다. 그러나 이 책의 주제인 '관광객'은 '사회 따위는 만들 생각이 없지만 그럼에도 불구하고 사회를 만들고 마는 존재의 범례'로 이해될 수 있다. 이 점에서 본서는『일반 의지 2.0』의 속편이기도 하다.

인간은 인간을 좋아하지 않는다. 인간은 사회를 만들고 싶어 하지 않는다. 그럼에도 인간은 현실에서 사회를 만든다. 달리 말해 누구도 공공성 따위를 갖고 싶어 하지 않지만 누구나 공공성을 갖는다. 나는 이 역설이 모든 인문학의 근저에 자리 잡고 있어야 할 결정적으로 중요한 인식이라고 생각한다.

사실 조금이라도 사회 사상사를 공부한 적이 있는 독자라면 루소 시대 철학자들이 이런 인식을 공유하고 있었음을 알 것이다. 예를 들어 『사회 계약론』과 거의 같은 시기에 간행된 애덤 스미스의 『도덕 감정론』은 루소와 마찬가지로 사적이고 고독한 개인이 어떻게 사회를 구성하게 되느냐는 메커니즘을 주제로 한다. 이 주장은 지금도 전혀 빛바래지 않았다. 그런데 신기하게도 19세기 이후의 인문계 사회 사상은 이 역설을 사유의 중심에 두지 않았다. 그 대신 인간은 원래 인간을 좋아하고 사회＝국가를 만드는 존재, 사회＝국가 안에서 점진적으로 스스로를 개선해 가는 존재며, 그렇지 않은 인간은 '인간'이라는 호칭에 걸맞지 않다는 부자연스러운 도그마가 중심에 놓이게 되었다. 이는 앞으로 다룰 이른바 헤겔주의의 문제, 내셔널리즘의 문제다. 그 결과 19세기 이후 사회성이 있는 인간과 사회성이 없는 인간, 공공성이 있는 인간과 공공성이 없는 인간, 공적인 인간과 사적인 인간, 정치인과 문인, 앞 장에서 사용한 말로 하면 '진지한' 인간과 '경박한' 인간을 구분하게 되었다. 그리고 1장에서 시사한 바와 같이 관광객이나 테러리스트 또한 그런 구분 틀로 파악하고 있기에 보이지 않게 되는 것이다. 21세기의 사상은 이를 다시 가시화해야 한다.

인간은 인간을 좋아하지 않는다. 인간은 사회를 만들고 싶어 하지 않는다. 그럼에도 불구하고 현실에서 인간은 왜 사회를 만드는가?

이 책은 이 수수께끼를 풀 힌트를 일반 의지의 재독해가 아니라 관광객의 존재 양태에서 찾아내려 한다. 동시에 19

세기 이후 진지한 공적 존재와 경박한 사적 존재를 대치시켜 온 정치 사상에 이의를 제기할 것이다.

3장에서는 관광객의 철학의 기초를 다진다. 우선 루소와 거의 같은 시대에 활동한 두 철학자를 논하면서 관광객을 사유하기 위한 두 가지 단서를 도출할 것이다. 이어서 20세기로 되돌아와 세 명의 철학자를 참조해 이 단서들을 본격적으로 다루려면 사상 자체를 어떻게 바꾸어야 하는지 그 과제를 명확히 하고자 한다.

관광객을 사유하는 것은 근대의 표준적인 인간관을 갱신해 새로운 인간관, 사회관, 정치관을 제시하는 것으로 이어진다.

2

첫째 철학자는 루소와 같은 시기에 활약했고 그의 논적이기도 했던 볼테르다.

사실 논적이라는 소개에는 별 의미가 없다. 루소가 워낙 논적뿐인 인물이었기 때문이다. 루소는 계몽주의가 정점을 맞이해 사교계와 살롱 문화가 꽃핀 18세기 중반의 파리에서 활동했다. 그러나 그는 사람을 싫어하고 사교성이 부족한 피해망상적 인물이었다. 그는 볼테르뿐 아니라 동시대의 많은 사람과 논쟁했다. 그중에서도 디드로 및 흄과의 논쟁이 유명하다. 전자는 루소 스스로 『고백』에 상세한 기록을 남겼고, 후자는 서간집으로 간행되었다.[4] 둘 다 철학적 논의를 기대하고 읽으면 한숨만 나오는 시시한 논쟁이지만, 거꾸로 이런 시시함이 앞서 말한 역설(왜 인간은 인간을 싫어하는데 사회를 만드는가)을 묻는 루소의 원동력이었다고도 할 수 있다. 다만 이 이야기도 본격적으로 하면 길어지므로 다른 기회를 기약하겠다. 어쨌든 볼테르는 루소와 동시대 인물이다.

볼테르의 대표작 중에 『캉디드』라는 기묘한 소설이 있다. 1759년에 출판된(『사회 계약론』에 3년 앞서고 스미스의 『도덕 감정론』과는 같은 해), 현대풍으로 말하면 좌충우돌 모험 소설 속에 군데군데 철학적인 성찰을 담은 상당히 기이한 형태의 소설이다. 현대 독자에게는 낯설지도 모르나 문학사에서는 높은 평가를 받고 있으며 후세 작가에게 미친 영향도 크다. 이를테면 8장에서 독해할 도스토옙스키는 『죄와 벌』이나 『카라마조프가의 형제들』 같은 대표작을 구상할 때 러시아판 『캉디드』를 쓰고 싶다고 거듭 말했다고 한다. 즉 『죄와 벌』과 『카라마조프가의 형제들』이 이 소설의 자손이라고도 할 수 있는 것이다. 러시아 문예 이론가 미하일 바흐친은 이 작품이 소크라테스와 도스토옙스키를 포함하는 '메니페아'menippea 장르(대화적이고 카니발적인

---

4 루소와 디드로의 논쟁은 루소 자신이 만년에 쓴 저작 『고백』 9권을 참조할 것. 장-자크 루소Jean-Jacques Rousseau, 『루소 전집』ルソー全集 2권, 고바야시 요시히코小林善彦 외 옮김, 白水社, 1981〔『고백』 2권, 박아르마 옮김, 책세상, 2015〕. 루소와 흄의 논쟁은 야마자키 세이치山崎正一·구시다 마고이치串田孫一, 『악마와 배신자』悪魔と裏切り者, ちくま学芸文庫, 2014를 참고할 수 있다. 본문에 적은 것처럼 두 논쟁 모두 한숨만 나올 정도로 시시하지만, 근대 민주주의의 초석을 어떤 인물이 만들었는지, 즉 루소의 인격이 어떠했는지를 알고자 한다면 (결코 부정적인 의미로만 그런 것이 아니라) 『인간 불평등 기원론』이나 『사회 계약론』 못지않은 필독서다.

문학)의 대표 걸작이라고 평가한다.[5] 소크라테스는 철학자, 도스토옙스키는 문학가라는 구분은 여기서 별 의미가 없다. 소크라테스, 볼테르, 도스토옙스키 세 사람 모두 강렬한 웃음과 풍자로 온갖 가치를 비판하고 상대화하는 달인이었다.

그러면 볼테르는 무엇을 비판했는가?『캉디드』는 철학사에서도 높은 평가를 받고 있고, 이에 따르면 본 작품의 중요성은 라이프니츠가 주장한 '최선설'(옵티미즘)을 비판한 데 있다.

최선설이란 "세계는 최선이고 악의 존재조차 합목적적이라고 이해하며, 유한한 각 사물의 가치도 보편적인 전체를 실현하는 수단으로서 긍정하는 테제"를 말한다.[6] 한마디로 세계는 전체적으로 잘 굴러가고 있으니 사소한 결점에는 눈감으라는 주장이다. 그 기원은 플라톤이나 아리스토텔레스까지 거슬러 올라가나(일상적으로는 더 흔하게 볼 수 있다), 최선설 철학을 가장 체계적으로 전개한 이는 17세기부터 18세기에 걸쳐 활동한 철학자 라이프니츠다. 그는 『변신론』에서 "모든 존재 가능한 세계 중에 최선의 세계가 없다면 신은 어떤 세계도 만들지 못할 것이다"라고 주장했다.[7] 신은 존재한다. 신은 최선이다. 따라서 신이 만든 이 세

---

5 미하일 바흐친Mikhail Bakhtin,『도스토옙스키의 시학』ドストエフスキーの詩学, 모치즈키 데쓰오望月哲男·스즈키 료이치鈴木淳一 옮김, ちくま学芸文庫, 1995, 269쪽 이하〔『도스또예프스끼 창작론』, 김근식 옮김, 중앙대학교출판부, 2003, 177쪽 이하〕.

6 『이와나미 철학·사상 사전』岩波 哲学·思想事典(1판), 岩波書店, 1998의 '옵티미즘' 항목(사카이 기요시酒井潔 집필).

계 또한 최선일 것이다. 그런 세계에 악이 있는 듯 보이는 것은 우리 인간의 지성이 한정되어 있기 때문이다. 현실에서 전쟁, 재해, 사고가 일어나고 고통받는 사람이 있다 하더라도 이는 신의 헤아릴 수 없는 배려 속에서 반드시 최선에 맞닿아 구원으로 이어진다. 이것이 라이프니츠의 세계관이다.

신의 존재 여부, 세계의 선악이라고 하면 기독교 고유의 문제처럼 들린다. 실제로 이는 신학론이기도 하며, 최선설의 인정 여부는 신의 존재를 인정할지 여부와 직결된다. 도스토옙스키의 독자라면 여기서 『카라마조프가의 형제들』의 유명한 구절을 하나 떠올릴 것이다. 등장 인물 중 한 명(이반)이 다른 한 명(알료샤)에게 설혹 미래에 그리스도가 부활해 구원이 실현되더라도 지금 여기 고통과 슬픔이 존재하는 한 신의 존재를 인정할 수 없다고 열변을 토한다.[8]

7　고트프리트 빌헬름 라이프니츠Gottfried Wilhelm Leibniz, 『라이프니츠 저작집』ライプニッツ著作集 6권, 사사키 요시아키佐々木能章 옮김, 工作舍, 1990, 127쪽〔『변신론』, 이근세 옮김, 아카넷, 2014, 151쪽〕.

8　2부 5편「프로와 콘트라」3절 말미에서 이반은 다음과 같이 말한다. "결국 세계의 종말, 영원한 조화의 시점에 가서는 더없이 고귀한 현상이 나타나서 그것이 모든 사람의 가슴에 넘쳐 모든 분노를 해소시키고, 사람들의 모든 악행과 서로 흘린 피를 보상하며, 사람들에게 일어난 모든 일을 용서할 뿐만 아니라 정당화할 수도 있으리라는 걸 나는 확신해. 그런 일이, 그런 일이 일어날지도 몰라. 하지만 나는 그걸 받아들이지 않을 것이며 또 그러고 싶지도 않아! 두 개의 평행선이 한곳에서 만나는 것을 내 눈으로 직접 목격할지라도, 두 평행선이 만난 것을 목격해 내 입으로 그것을 말하게 될지라도 어쨌든 나는 그것을 받아들이지 않을 거야. 이게 바로 내 본질이란다, 알료샤. 이게 바로 내 명제야." 표도르 도스토옙스키Fyodor Dostoevsky, 『카라마조프가의 형제들』カラマーゾフの兄弟 2권, 가메야마 이쿠오亀

이때 표적이 되는 것이 바로 최선설이다. 러시아판 『캉디드』를 쓰고 싶다던 도스토옙스키의 꿈이 여기서 실현된다.

그러나 그리스 철학까지 거슬러 올라가는 기원에서 알수 있듯 최선설은 기독교와 상관없이 성립한다. 최선설의 본질은 신의 유무 이전에 우리가 살고 있는 지금 여기의 이현실, 그 유일함이나 일회성에 대한 태도기 때문이다. 최선설의 지지자는 이 현실에 '오류'가 없다고 여긴다. 모든 고통과 슬픔에 의미가 있다고 여긴다. 비판자는 그렇지 않다고 본다. 무의미하게 고통받고 죽임당하는 사람도 있다고 본다. 중요한 것은 이 대립이다.

그러면 이 두 입장 중 어느 쪽이 '옳은'가? 사실 이 물음에는 별 의미가 없다. 우리는 원래 하나의 현실만 살 수 있고 누구도 이 현실을 다른 현실과 비교할 수 없으므로, 여기에 '오류'가 있는지 여부를 결정할 수 없기 때문이다. 최선설의 시시비비는 우리가 하나의 현실에 갇혀 있는 한 원리상 결론 내릴 수 없다.

따라서 이는 결국 논쟁이 아니라 한 사람 한 사람의 신념에 맡겨야 하는 문제다. 이 세상에 '오류'가 존재하는가? 존재한다고 생각하는 사람도 있고 존재하지 않는다고 생각하는 사람도 있다. 둘 다 옳다고 할 수밖에 없다. 중요한 것은 그 신념이 실천에 주는 영향이다. 라이프니츠는 '오류'가 없다고 믿어야 행복해질 수 있다고 보았고, 볼테르는 반대로 있다고 믿어야 성실하게 살아갈 수 있다고 보았다. 그리

山郁夫 옮김, 光文社古典新訳文庫, 2006, 219쪽〔『까라마조프 씨네 형제들』상권, 이대우 옮김, 열린책들, 2009, 413쪽〕.

고 이를 증명하기 위해 볼테르는『캉디드』를 집필했다.

한편 이렇게 정리하면 최선설의 시시비비는 결국 신앙의 문제일 뿐 학문, 특히 '이과 계열' 학문(자연과학)과는 관계가 없다고 느낄지도 모르겠다. 그러나 이는 오해다.『어이없는 진화』에서 요시카와 히로미쓰는 볼테르를 참조하며 19세기 중반에 탄생한 진화론의 최선설적 성격을 지적한다.[9] 다윈의『종의 기원』은『캉디드』로부터 딱 100년 후에 간행되었다. 다윈이 주장한 진화론은 일반적으로 역사에서 특정한 목적을 찾아내려 하는 (인문학적인?) 이데올로기를 물리치는, 신앙이 들어설 여지 따위는 없는 완전히 과학적인 세계관으로 간주된다. 하지만 요시카와에 따르면 여기에도 최선설이 숨어들어 있다. 본래 진화론이란 지금 우리가 목격하고 있는 이 생물상生物相, 즉 이 현실이야말로 오랜 도태의 결과 탄생한 '최선'의 생물상이라는 극히 라이프니츠적인 신념 위에 세워진 이론이기 때문이다. 외관만 보면 생물에는 많은 결점이 있다. 그러나 그런 '오류'도 도태 과정에서 타당한 이유가 있어 남겨진 것이라고 보는 것이, 달리 말해 본질적으로는 오류가 '아니'라고 보는 것이 진화생물학자의 공리다. 요시카와에 따르면 이 발상의 옳고 그름은 진화생물학 안에서 여전히 계속 논의되고 있다. 그는 리처드 도킨스에 대해 스티븐 제이 굴드가 제기한 비판(과잉주의 비판)의 본질은—학계에서 충분한 이해를 얻지는 못했지만—바로 이 최선설적 성격에 대한 비판에 있

---

9 요시카와 히로미쓰吉川浩満,『어이없는 진화』理不尽な進化, 朝日出版社, 2014, 205쪽 이하〔양지연 옮김, 목수책방, 2016, 202쪽 이하〕.

었다고 주장한다.

이 세계에 '오류'가 있는가 없는가? 이는 너무도 원리적인 물음이기에 경험 과학의 발견으로는 해결할 수 없다. 오히려 그렇기 때문에 이 선택은 오직 실증을 통해 지탱되어야 하는 과학 깊숙한 곳에도 침투할 수 있다. 볼테르의 라이프니츠 비판은 이 측면에서 지금도 두 세기 반 전과 다름없이 중요하다.

볼테르는 『캉디드』에서 세계가 '오류'투성이라고 호소했다. 어떤 방법으로 호소했는가? 이 책의 문맥에서 흥미로운 것은 그가 여행의 모티프를 도입한 점이다.

1장에서 언급한 것처럼 볼테르가 살았던 시대에는 영국 상류 계급의 자제들 간에 그랜드 투어가 유행했다. 이 관습이 대륙 각국에 퍼져 젊은 시절 루소도 이탈리아를 여행했다. 따라서 당시 소설에서도 주인공이 여행하는 내용을 종종 볼 수 있다. 단 이때 묘사되는 여행이 꼭 현실의 그랜드 투어, 즉 이탈리아 여행만은 아니었다. 이를테면 『신엘로이즈』에서 실연한 주인공은 배에 올라 일단 세계 곳곳을 여행한다. 이런 장치를 도입한 것은 당시, 즉 계몽주의 시대 유럽의 인문 지식이 유럽 바깥에서 유입된 다양한 '경이'를 접하면서 큰 변화를 겪고 있었기 때문이다. 미셸 푸코가 『말과 사물』에서 묘사한 것처럼 당시 지식인은 온갖 학문 영역을 횡단하면서 인간이란 무엇이며 이성이란 무엇인지, 또 문명이란 무엇인지 등의 정의를 뿌리부터 재구성해야 할 상황에 놓여 있었다. 그리고 그런 재고찰을 촉진하는 가장 알기 쉬운 계기가 유럽 바깥을 향하는 여행이었다. 볼테르도 이 장치를 이용한다. 『캉디드』의 주인공 캉디드(작품명과 주인공 이름이 같다)는 여러 곳을 여행한다.

줄거리를 짧게 정리하면 다음과 같다. 베스트팔렌 시골의 순진한 청년 캉디드는 팡글로스라는 가정 교사에게 라이프니츠 철학(최선설)을 배운다. 그리고 그는 아름다운 귀족 아가씨를 사랑하고 있었다.

그러다가 문제에 휘말려 고향에서 쫓겨나 나그네 처지가 된다. 불가리아에서 전쟁에 휘말리고(실제로는 7년 전쟁을 가리킨다고 한다), 리스본에서 대지진을 겪은 후(실제로 대지진이 1755년에 일어났다), 남미로 건너가 보석을 손에 넣는 등 파란만장한 생애를 보낸다. 유럽 북부에서 시작해 지중해와 오스만튀르크 제국, 나아가 아르헨티나와 파라과이 등 신대륙까지 오가는 그의 이동 범위는 그야말로 지구적이다. 캉디드는 그 과정에서 말로 다할 수 없는 고통을 경험하고 전쟁과 재해의 비참한 광경을 여럿 목격하면서 최선설에 의문을 품게 된다. 그러던 중 우연히 그와 마찬가지로 고향에서 쫓겨나 매독에 걸리고 거지 신세가 된 팡글로스와 재회한다. 또 유대인의 첩이 된, 과거의 미모를 잃은 귀족 아가씨와도 재회한다. 팡글로스와 귀족 아가씨는 부조리하게 고통받고 있었다. 그런데도 팡글로스는 최선설이 잘못되었음을 인정하지 않는다. 세계의 '오류'를 인정하지 않는다. 소설 마지막 부분에서 그는 빈곤에 고통받으면서도 세계에 '오류'가 없다고 외친다. "개개의 불행은 전체의 행복을 만들어 낸다. 따라서 개개의 불행이 많을수록 전체는 선하다."[10] 이에 대한 비웃음이 『캉디드』의 핵심이다.

세계에는 '오류'가 있다. 볼테르는 이 인식을 제시하고자 주인공이 세계를 여행하는 소설을 썼다. 나는 여기서 관광이라는 모티프를 효과적으로 활용한 최초의 철학을 본다.

사회학적으로 볼 때 관광은 19세기에 탄생했다. 볼테르의 시대에는 아직 관광이 존재하지 않았다. 사실 『캉디드』에서 주인공의 여행은 관광과는 동떨어진 것이고, 오히려 난민의 피난이나 인신매매에 가깝다.

그럼에도 내가 『캉디드』에 묘사된 여행을 '관광'이라고 부르려는 이유는 그것이 어디까지나 가상의 여행이기 때문이다. 가상이라는 표현이 와닿지 않는다면 사고 실험 혹은 상상력 확장을 위한 가공의 여행이라고 표현할 수도 있겠다. 이미 논한 것처럼 근대의 관광 산업은 쿡의 사회 개량주의와 함께 탄생했고 관광객의 계몽, 즉 상상력의 확장에 그 목적이 있었다. 『캉디드』의 여행도 동일한 목적을 갖고 있다. 『캉디드』에는 세계 각지의 지명이 등장한다. 그러나 볼테르 자신은 유럽 바깥으로 나간 적이 없다. 또한 이 작품은 기행문이나 조사 보고가 아니라 풍자 소설이다. 소설은 대부분 황당무계한 허풍으로 채워져 있어, 이 책의 용어로 하자면 전형적인 '2차 창작물'일 뿐이다. 러시아의 아조프해에서는 인간이 인간을 먹고 남미의 오지에는 길에 굴러다니는 돌까지 금덩이인 황금향이 존재한다. 즉 앞 장의 사례와 연결 짓자면 『캉디드』에 묘사된 것은 모두 '후쿠시

---

10 볼테르Voltaire, 『캉디드 외 5편』カンディード 他五編, 우에다 유지
植田裕次 옮김, 岩波文庫, 2005, 283쪽〔『캉디드 혹은 낙관주의』, 이봉
지 옮김, 열린책들, 2009, 29쪽〕. 이 발언이 이야기의 마지막에 등장하
는 것은 아니나 팡글로스의 철학은 끝까지 변하지 않으므로 그의 철
학을 소개하는 데 도움이 된다.

마'가 아니라 'Fukushima'에 지나지 않는다. 아마도 볼테르는 자신의 목적에는 이것으로 충분하다고 생각했을 것이다. 아니, 이편이 낫다고 생각했을지도 모른다. 그는 최선설을 부정하면서 비참한 개개의 현실을 거론하는 것이 아니라(그런 사례를 열거해 봤자 쉽사리 최선설로 환원되고 말 테니까) 오히려 세계 여행이라는 사고 실험을 도입해 세계에는 항상 우리의 상상을 뛰어넘는 비참한 현실이 있을지도 모른다는 가능성 일반을 제시하려 한 것이다. 나는 여기서 현대의 다크 투어리즘에 가까운 문제 의식을 읽어 낼 수 있다고 본다. 관광은 지식의 확장보다 상상력의 확장과 불가분의 관계에 있다는 것, 이 문제를 1부 마지막에서 다시 다루겠다.[11]

사고 실험으로서의 세계 여행에 해당하는 사례를 하나 더 제시하겠다. 디드로는 루소, 볼테르와 같은 시대의 유명 철학자다. 『백과전서』의 편찬자로 역사에 이름을 남긴 그는 1772년에 『부갱빌 여행기 보유』라는 짧은 글을 썼다.

『부갱빌 여행기 보유』는 루이 앙투안 드 부갱빌이라는 실존 모험가의 세계 여행기에서 착상해 그 가짜 보유로 쓴 작품(즉 부갱빌이 쓴 것이 아니다)으로, 유럽인 목사와 타히티인 사이의 가상 대화인 1부, 그 대화를 둘러싼 두 독자 간의 가상 대화인 2부로 구성된 매우 기이한 책이다. 물론 두 대화 모두 디드로가 썼다. 18세기에 만들어진 이런 텍스트

---

11 여기서 더 다루지는 않지만, 관광과 상상력의 관계를 생각하는데 있어 1872년 토머스 쿡에 의한 최초의 세계 일주 투어와 쥘 베른의 『80일간의 세계 일주』 연재 시기가 겹친다는 사실은 극히 시사적이다. 히루카와 히사야스, 『토머스 쿡의 초상』, 185쪽 이하 참조.

를 읽고 있으면 현재의 철학이 얼마나 딱딱하고 자유롭지 못한지 통감하게 되는데, 어쨌든 여기서 디드로는 미개한 '타히티인'(이부터가 디드로의 공상이다)의 입을 빌려 이렇게 말한다.

당신 나라에서 [근친상간을 했다고—아즈마] 화형을 당하든 말든 내가 상관할 바가 아니오. 그런데 말이오, 당신이 타히티 풍습을 근거 삼아 유럽 풍습을 비난해서는 안 되는 것과 마찬가지로 유럽 풍습을 근거 삼아 타히티 풍습을 비난해서도 안 된다고 보오. 우리는 서로 더 확실한 규칙을 갖고 싶어 하지. 그런데 그 규칙이란 도대체 무엇이란 말이오?[12]

유럽인은 근친상간을 부정한다. 그런데 '타히티인'은 부정하지 않는다. 디드로는 『캉디드』처럼 가상의 세계 여행을 도입해 인간과 사회의 본질에 대한 유럽의 상식에 사로잡히지 않은 보편적인 시점을 얻으려 한다. 현대 사상에 얼마간 관심 있는 독자라면 여기서 20세기를 대표하는 문화인류학자 클로드 레비-스트로스의 사상을 떠올릴지도 모르겠다. 레비-스트로스는 치밀한 필드워크와 대담한 이론으로 유럽인의 상식적인 인간관과 사회관(유럽 중심주의)을 무너뜨린 사상가다. 그의 인류학적 시선은 루소와 볼테르 시대에 이루어진 사고 실험의 직계 자손이기도 하다.[13]

12　드니 디드로Denis Diderot, 『부갱빌 여행기 보유 외 1편』ブーガンヴィル航海記補遺 他一編, 하마다 다이스케浜田泰佑 옮김, 岩波文庫, 1953, 70쪽[『부갱빌 여행기 보유』, 정상현 옮김, 숲, 2003, 85쪽].

둘째 철학자는 임마누엘 칸트다. 근 세 세기에 걸쳐 가장 커다란 영향력을 가진 철학자인 칸트를 따로 소개할 필요는 없을 것이다. 칸트의 영향 속에서 헤겔이 태어났고, 칸트에 반발해 니체와 하이데거가 태어났으며, 이어서 칸트를 부활시키는 분석철학이 태어났다. 칸트는 그만큼 거대한 존재다.

볼테르의 『캉디드』 이후 약 40년이 지나, 프랑스 혁명기인 1795년에 칸트는 『영원한 평화를 위해』라는 제목의 작은 책을 출간한다. 이 책은 만년의 칸트(그는 1804년 79세의 나이에 타계한다)가 쓴 짧은 텍스트로 오랫동안 별로 중요시되지 않았다. 그러나 20세기에 들어와 국제연맹과 유엔이 창설되면서 새로 주목받았고, 지금은 가장 널리 읽히는 칸트의 책 중 하나가 되었다.

---

13   클로드 레비-스트로스Claude Lévi-Strauss, 「인류학의 창시자 루소」人類學の創始者ルソー, 하나와 요시히코塙嘉彦 옮김, 야마구치 마사오 엮음, 『미개와 문명』未開と文明(신장판), 平凡社, 2000 참조. 이 강연 기록에서 레비-스트로스는 "루소는 당시 아직 존재하지 않았던 인류학이라는 과학을 그것의 등장보다 한 세기 먼저 구상하고 원하고 예고했으며, 순식간에 기존 자연과학과 인간과학의 줄에 추가한 사람입니다"라고 썼다(57쪽). 지금 다룰 여유는 없지만 레비-스트로스는 여기서 '연민'의 중요성도 논하고 있다. 루소의 '연민'에 대해서는 5장에서 로티의 철학(실용주의)과 관련지어 다룰 것이다. 관광객의 철학은 오배의 철학이고 따라서 연민의 철학이라는 것이 내 주장인데, 레비-스트로스가 인류학이란 연민의 학문이라고 말한 것과 연결하자면 이는 결국 관광객이란 작은 인류학자여야 한다는 제안이라고 요약할 수 있을지도 모른다.

이 책의 주제는 제목대로 '영원한 평화'를 실현하기 위한 조건을 검토하는 것이다. 일반적인 평화는 일시적인 '휴전'에 불과한 반면, 이 책은 더 강력한 평화 유지 체제의 창설을 노리고 있어 '영원'이 붙는다. 칸트는 앞으로도 당분간 세계에 주권을 가진 여러 국민 국가가 존속할 것이고 이를 뛰어넘는 통일 정부는 탄생하지 않을 것이라고 보았다(이 예측은 220년이 지난 지금까지도 유효하다). 이를 전제로, 대등하게 병존하는 여러 주권이 있는 상황에서 평화를 유지하기 위해서는 무엇이 필요한지 묻는다.

칸트의 주장을 요약하자. 그에 따르면 영원한 평화를 이루는 데는 세 가지 조건이 필요하다.

첫째는 "각 국가의 시민적 체제는 공화적이어야 한다"는 조항이다(제1확정 조항). 이는 각국의 국내 체제에 대한 규정이다. 영원한 평화 체제에 참가하는 국가는 전제적이어서는 안 된다. 국민이 왕에게 맹목적으로 따르는 국가가 아니라 스스로 자신들을 통치하는 국가여야 한다. 이것이 첫째 조건이다.

최근에 일본에서는 '민주주의'라는 말이 편리한 구호로 쓰이는 경향이 있어 이렇게 쓰면 '민주주의적인 사회 말인가?'라고 해석하는 독자가 있을지도 모른다. 그러나 칸트는 '민주주의적이어야 한다'고 쓴 것이 아니다. 공화주의(통치 방법과 관련)와 민주주의(통치자의 수와 관련)는 본질적으로 다른 개념으로, 민주주의적이지 않지만(통치자의 수는 적지만) 공화주의적인(행정권과 입법권이 분리된) 사회도 충분히 있을 수 있다. 칸트가 중시한 것은 어디까지나 공화

주의며, 오히려 그는 민주주의를 부정했다.[14]

둘째는 "국제법은 자유로운 각 국가의 연합 제도에 기초를 두어야 한다"는 조항이다(제2확정 조항). 이는 국제 체제에 대한 규정이다. 우선 각 국가가 시민의 자유를 보장하는 공화국이 되고, 그다음 이들 국가가 합의해 상위의 국가 연합을 만든다. 칸트는 이 순서를 매우 중요시했다. 이는 20세기의 국제연맹과 유엔(그리고 지금 붕괴 위치에 직면한 유럽 연합)의 이론적인 기초가 된다. 여기서 중요한 것은 앞서 말했듯 칸트가 세계 공화국(통일 정부)의 실현 가능성을 부정했다는 점이다. 그는 어느 주권 국가도 세계 공화국을 기꺼워하지 않고 그럴 이유도 없으므로 그 실현이 어렵다고 생각했다. 그래서 그는 세계 공화국 대신 모든 주권 국가가 평화를 원하지는 않더라도 결과적으로 평화를 실현하게 되는 "소극적 대체물"을 고안하려 했다.[15] 그것이 영원한 평화 체제다. 이 발상은 사회를 싫어하는 인간이 그럼에도 사회를 이루게 되는 이유를 탐구하려 했던 루소와 공통적이다.

마지막으로 셋째는 "세계 시민법은 보편적인 우호를 가

---

14 예를 들어 칸트는 이렇게 말한다. "따라서 다음과 같이 말할 수 있다. 국가 권력을 갖는 인원(지배자의 수)이 적을수록, 또 그 적은 수가 국가 권력을 많이 대표할수록 국가 체제는 공화제의 가능성에 합치하고 점진적인 개혁을 통해 결과적으로 공화제까지 도달하리라고. 이런 이유로 이와 같은 유일하고 완전한 법적 체제를 달성하기는 귀족제가 군주제보다 어려우며, 만약 민중제라면 폭력 혁명 이외로는 불가능하다." 임마누엘 칸트Immanuel Kant, 『영원한 평화를 위해』永遠平和のために, 우쓰노미야 요시아키宇都宮芳明 옮김, 岩波文庫, 1985, 36쪽〔『영원한 평화』, 백종현 옮김, 아카넷, 2013, 121~122쪽〕. 강조는 삭제.

15 같은 책, 47쪽〔131쪽〕. 강조는 삭제.

저오는 제반 조건의 제한을 받아야 한다"는 조항이다(제3 확정 조항). 이 조항은 설명하기 쉽지 않다. 왜냐하면 앞의 두 가지가 어디까지나 국가에 대한 것임에 반해 이 셋째 조항은 사회와 개인에 대한 것이기 때문이다.

"보편적인 우호를 가져오는 제반 조건"은 무엇을 가리킬까? 칸트는 흥미로운 말을 한다. 그에 따르면 여기서 "문제가 되는 것은 인간애가 아니라 권리"다. 그는 각 국민이 서로 사랑하고 존중해야 한다는 식으로 우애나 감정의 문제를 다룬 것이 아니라 다만 권리의 문제를 고찰했던 것이다. 그렇다면 구체적으로 어떤 권리를 보장하는 것이 "보편적인 우호를 가져오는 제반 조건"이 될까? 그는 여기서 "방문할 권리"(방문권)를 논한다. 국가 연합에 참가한 국가의 국민은 서로의 국가를 자유롭게 방문할 수 있어야 한다. 이는 "지구의 표면을 공동으로 소유하는 권리에 근거해 서로 교제를 제안할 수 있는, 모든 인간이 갖는 권리"로,[16] 이 권리를 보장하지 않으면 영원한 평화를 이룰 수 없다. 그리고 칸트에 따르면, 이것이 매우 중요한데, 방문권이란 방문할 권리만을 의미하지 손님으로 환대받을 권리는 포함하지 않는다. "우호의 권리, 즉 외국인의 권한은 그곳 주민과의 교류 시도를 가능케 하는 제반 조건을 넘어서는 것까지 확장되지는 않는다"고 칸트는 분명히 선을 긋는다. 외국인이 교류를 "시도"할 수는 있다. 그러나 그 성공은 보장되지 않으며 보장하지 않아도 된다.

이 방문권 관련 규정은 짧지만 기이한 면이 있어 연구자

---

16 같은 책, 49쪽[132~133쪽]. 강조는 삭제.

의 주목을 받아 왔다. 칸트는 여기서 영원한 평화가 제1조항과 제2조항처럼 국가를 대상으로 한 조건만으로는 성립하지 않는다고 하는 것처럼도 보인다. 영원한 평화는 각국이 공화국이 되고 국가 연합이 구성되는 것만으로는 달성되지 않는다. '세계 시민법'이 만들어져 개인이 국경을 넘어 자유롭게 이동할 수 있어야 달성되는 것이다.

이 책의 문맥에서 흥미로운 점은 이 방문권 규정이 현 시점에서 읽으면 관광할 권리를 보장하는 규정처럼 해석된다는 사실이다.

칸트의 시대에는 아직 관광 산업이 존재하지 않았다. 관광하는 대중도 존재하지 않았다. 따라서 학문적으로 칸트가 여기서 관광객을 논했다고는 할 수 없다. 아마 그가 염두에 둔 것은 외교관이나 무역상이었을 테고, 그는 대중이 관광하는 시대를 상상도 못 했을 것이다.

하지만 나는 이렇게 재해석함으로써 칸트 구상의 본질을 더 명확히 할 수 있다고 생각한다.

앞서 말했듯이 제3조항은 그 앞의 제1조항 및 제2조항과 크게 다르다. 『영원한 평화를 위해』의 내적 논리를 보면 제1조항은 국내법, 제2조항은 국제법, 제3조항은 세계 시민법에 속한다. 그러나 이 세계 시민법 자체가 실재하는 국내법 및 국제법과는 달리 가상의 차원에 속한다. 이는 거꾸로 말해 제3조항이 제1~2조항이 갖는 약점을 보완하기 위해 구상된 것임을 시사한다. 그러면 제1~2조항에는 어떤 약점이 있고, 제3조항은 어떻게 이들을 보완하는가?

제1~2조항이 주장하는 영원한 평화의 길은 사실 지극히 단선적이다. 성숙한 시민이 모여 성숙한 국가(공화제)를 만들고 성숙한 국가들이 모여 성숙한 국제 질서(국가 연합)를 만들면 그 결과 영원한 평화가 이루어진다는, 성숙의 연쇄 스토리기 때문이다. 그러나 이런 스토리는 미성숙한 국가(공화적이지 않은 국가)는 국제 질서에서 배제해도 될 뿐 아니라 나아가 배제해야 마땅하다는 발상을 불러일으킬 수밖에 없다. 이는 현실에서 일어나고 있는 일이다. 냉전 붕괴 이후, 특히 2001년 미국에서 일어난 동시 다발 테러 이후 세계 곳곳에서 '불량배 국가'라는 표현이 쓰이게 되었다. 국제 질서에서 배제해야 할 국가를 가리키는 호칭이다. 이라크, 이란, 북한 등이 이렇게 불렸고 IS도 같은 틀 안에서 다뤄지고 있다.

불량배라고 부르더라도 그 존재를 배제하는 것이 쉬운 일은 아니며 오히려 불량배는 점점 늘어나고 있다. 지금 국제 정치의 축이 되는 대립은 국가와 국가의 대립 못지않게 (물론 그것도 있지만) 국제 질서와 그 '외부' = 불량배의 대립이다. 불량배 국가는 '국가로서 성숙하는 것 = 국제 질서에 참여하는 것'을 거부하고, 국제 사회는 그 거부 자체를 거부하며, 결과적으로 불량배 국가는 더욱 분노한다. 우리는 이런 악순환에 직면해 있다. 이 대립은 기존 정치학이 과제로 삼던 국익의 대립과는 위상이 다르다. 이는 오히려 1장에서 논한 테러리스트의 '경박함'과 관련된다.

지금 국제 사회는 이 악순환에 효과적으로 대처하지 못하고 있다. 현실에 대처하지 못할 뿐 아니라 기초가 되는 이론이 존재하지 않는다. 이 책의 서두에서 논했듯 20세기 후반의 인문 사상은 타자에 대한 관용을 적극적으로 주장했다. 그러나 불량배 국가의 대두는 바로 그런 논리의 설득력을 앗아 간다. 타자에 대한 관용은 분명 중요하나 관용의 태도를 취하려면 상대방도 어느 정도 성숙해 있어야 한다는 지극히 정당한 반론에 기존의 타자론은 거의 어떤 대답도 하지 못한다. 실제로 미국의 진보 진영을 대표하는 정치철학자 존 롤스는 걸프전 이후에 "무법 국가"의 배제를 인정했고,[17] 독일 좌익 지식인을 대표하는 사회학자 위르겐 하버마스도 1999년의 코소보 폭격을 지지했다. 두 사람의 발언 다 적지 않은 독자에게 실망을 안겼지만 선진국을 대표하는 책임 있는 지식인으로서 이들이 다른 태도를 표명하기는 어려웠을 것이다. 이 어려움의 원인은 두 세기 전에 쓰인 『영원한 평화를 위해』의 제1~2조항으로 거슬러 올라가 찾을 수 있다. 성숙한 시민이 성숙한 국가를 만들고 성숙한 국가가 성숙한 국제 질서를 만든다는 역사관을 채용하는 한 국제 사회는 미성숙한 존재를 배제할 수밖에 없다. 그리고 배제당한 미성숙은 테러라는 형태로 유령처럼 계속해서 회귀하는 것이다.

제3조항에는 바로 이 딜레마에서 탈출해 다른 방식으로 영원한 평화에 이르는 길을 사유할 힌트가 담겨 있다. 칸트는 방문권이라는 개념을 어디까지나 외교관 등 일부 정부 관계자를 염두에 두고 쓴 듯하나, 그 의도를 넘어 대중 관광

---

17 존 롤스John Rawls, 『만민법』万民の法, 다나카 류이치中山竜一 옮김, 岩波書店, 2006, 116쪽 이하〔장동진·김만권·김기호 옮김, 동명사, 2017, 127쪽 이하〕. 1993년 강연을 원형으로 해 1999년에 원서가 출간되었다.

객의 이동을 염두에 둔 관광의 권리로 재해석할 때 이 힌트의 윤곽은 더욱 뚜렷해진다. 이것이 내 제안이다.

내 생각에 칸트가 제3조항의 추가로 보여 주려 했던 것은 국가와 법을 동인으로 하는 영원한 평화의 길과는 별도로 개인과 '이기심', '상업 정신'이 동인이 되는 영원한 평화의 길이라는 또 하나의 길이 있고, 이 양자를 조합해야 비로소 영원한 평화를 실현할 수 있다는 인식이다.

그는 『영원한 평화를 위해』의 「제1보설」에 이렇게 썼다.

현명하게도 자연은 여러 민족을 분리해, 각 국가의 의지가 국제법을 근거로 활용하면서 실제로는 책략과 힘으로 각 민족을 자기 휘하에 두려는 것을 막고 있으나, 자연은 다른 한편으로 서로의 이기심을 이용해 여러 민족을 결합한다. 사실 세계 시민법이라는 개념만으로는 폭력과 전쟁으로부터 각 민족의 안전을 보장할 수 없을 것이다. 상업 정신은 전쟁과 양립할 수 없으나 이것이 모든 민족을 지배하게 되는 것은 시간 문제다. 즉 국가 권력 밑에 있는 모든 힘(수단) 중에 경제력이 가장 신뢰할 수 있는 힘일 터이니 각 국가는 스스로 (도덕적인 동기에 의한 것은 아니지만) 고귀한 평화를 촉진할 수밖에 없게 될 것이다. 또 세계 어디서든 전쟁이 발발할 위험이 있을 때는 마치 이를 위한 영구적인 연합을 형성한 것처럼 협상을 통해 전쟁을 방지할 수밖에 없게 될 것이라고 본다.[18]

18　칸트, 『영원한 평화를 위해』, 73~74쪽(153쪽). 강조는 삭제.

칸트는 여기서 국가와 법만으로는 영원한 평화를 실현할 수 없다고 분명히 말하고 있다. 여러 민족으로 나뉘어 여러 국가 의지 밑에 놓여 있는 사람들은 '이기심'을 통해서만 결합할 수 있다. '상인 정신'이야말로 각 국가를 국가 연합 설립으로 이끈다. 영원한 평화는 상업 없이 불가능하다. 이 보설과 제3조항을 함께 읽으면 칸트의 방문권 아이디어가 '이기심', '상업 정신'과 불가분이라는 것을 알 수 있다.

따라서 방문권 개념은 국가 의지와 관련된 외교관의 '방문'이 아니라, 상업주의적인 관광의 이미지로 받아들일 때 그 유효 범위를 더 정확히 파악할 수 있으리라. 관광은 시민 사회의 성숙과 무관하다. 관광은 국가의 외교적인 의지와도 무관하다. 달리 말해 공화제와도 국가 연합과도 무관하다. 관광객은 단지 자신의 이기심과 여행업자의 상업 정신에 이끌려 다른 나라를 방문한다. 그럼에도 불구하고 그 방문=관광은 평화의 조건이 된다. 이것이 칸트가 말하려던 바가 아닐까?

이는 또한 21세기 현재 벌어지고 있는 일이기도 하다. 국제 사회가 '불량배 국가'를 지정해 테러리스트를 양산하고 있는 한편, 세계 각국은 엄청난 수의 관광객을 외국으로 내보내고 있다. 관광객들이 꼭 '공화국'에서 오는 것은 아니다. 중국, 러시아, 중동 국가들도 서양의 기준에서는 성숙한 국가라고 할 수 없을지 모르며, 이로 인해 국가 차원에서는 영원한 평화를 위한 국가 연합에 가입하는 것이 허용되지 않을 수도 있다.

하지만 이들 국가의 시민은 관광객으로서 전 세계를 활보하고 있고, 그런 의미에서 **조국의 체제와는 상관없이** 평화에 공헌하고 있다. 실제로 일본과 한국, 일본과 중국은 항상 심각한 정치적 문제를 안고 있지만 서로를 오가는 많은 수의 관광객 덕분에 관계 악화가 상당히 억제되고 있다.

관광의 이런 기능은 그것이 발명되었을 때부터 의식되었다. 쿡은 스코틀랜드행 투어를 최초로 기획하면서 그것이 두 지역의 우호에 긍정적으로 작용할 것을 기대했다.[19] 칸트는 비록 대중 관광의 존재를 몰랐지만 이 제3조항을 통해 개인이 주체가 되는 이동의 이러한 정치적 기능을 선구적으로 예견했다고 할 수 있지 않을까? 그래서 그는 방문=관광의 권리를 세계 시민의 권리로, 즉 조국의 체제와는 상관없이 존중해야 할 권리로 규정한 것이 아닐까? 따라서 우리는 불량배 국가를 거부할 수밖에 없을지도 모르나 불량배 국가에서 오는 관광객을 거부해서는 안 된다. 중국과 아무리 관계가 악화되더라도 중국에서 오는 관광객은 받아들여야 하고, 러시아와 아무리 관계가 악화되더라도 러시아에서 오는 관광객은 받아들여야 한다. 이는 중국이나 러시아를 국가로서 좋게 평가해서가 아니다. 그런 권리를 보편적으로 보장하지 않으면, 그 자체로는 중국이나 러시아와의 관계를 떠나 구축할 수 있는 영원한 평화를 위한 국가 연합의 원리가 근본부터 흔들리기 때문이다.

앞서 말했듯이 칸트는 방문할 권리와 손님이 될 권리를 구별한다. 방문권은 상대 국가에 갈 수 있는 권리만을 보장하며, 친구로서 환영받을 권리는 포함하지 않는다. 마치 관광객의 특징을 그대로 기술한 듯한 규정이다. 여행사는 관

---

19 히루카와 히사야스, 『토머스 쿡의 초상』, 14쪽 이하.

광객에게 상대 국가에 갈 권리를 보장할 뿐 친구로 환영받는 것까지 보장하지는 않는다. 관광을 하는 한 관광객 신변의 안전은 보장되지만 그 이상은 보장되지 않는다. 실제로는 관광객으로 방문한 곳에서 주민에게 비난을 받고 불쾌한 경험을 하게 될지도 모른다. 우호는 방문=관광 없이는 존재할 수 없으나 방문=관광이 반드시 우호를 낳는 것은 아니다. 이처럼 조건을 열거하면 알게 되는 것처럼 칸트의 방문권은 외교관보다 관광객을 모델로 삼을 때 더 이해하기 쉽다. 외교관은 대개 칸트의 규정과 달리 손님이 될 권리(환대받을 권리)를 누리기 마련이다.

성숙한 시민이 성숙한 국가를 만들고 성숙한 국가가 성숙한 국제 질서를 만들어 최종적으로 세계 평화가 달성된다. 칸트는 영원한 평화에 이르는 이러한 단선적인 역사를 제시하는 한편, 이로부터 벗어난 '이기심'과 '상업 정신'을 통한 길도 제시했다. 여기서 방문=관광 개념이 결정적인 역할을 한다.

4

볼테르에 따르면 관광하는 사람은 '오류'를 인식하게 된다. 칸트에 따르면 관광하는 사람들이 영원한 평화를 이룬다.

이 두 테제는 언뜻 관계가 없어 보인다. 그러나 둘 모두 단선적인 역사에 저항할 계기를 내포하고 있다. 성숙한 시민이 성숙한 국가를 만들고 성숙한 국가가 성숙한 국제 질서를 만들어 만인의 행복이 달성된다는 것은 그야말로 최선설의 세계관이다. 사실 칸트는『영원한 평화를 위해』에서 몇 차례 '운명'이나 '섭리' 같은 표현을 썼다. "자연의 기계적인 과정에는 인간의 불화를 통해, 인간의 의지에 거스르더라도 그 융화를 회복시키는 합목적성이 분명히 나타난다. 따라서 이런 합목적성은…〔어느 관점에서 보면―아즈마〕 운명이라고 불리고…〔다른 관점에서 보면―아즈마〕 섭리라고 불릴 것이다."[20] 국가는 전쟁과 같은 '오류'를 범하지만 그 '오류' 또한 자연의 현명함에 의해 최종적으로 영원한 평화라는 선善으로 귀결된다는 신념을 분명히 표명한 문장이다. 볼테르는 바로 이런 신념을 거부하기 위해 『캉디드』를 썼다. 그리고 칸트는 위의 신념이 놓친 부분을 구출하기 위해(칸트 자신은 그 의도를 명확히 자각하지 못했을지도 모르지만) 제3조항을 기재했다는 것이 내 생각이다.

그러면 이와 같은 관광객의 정치적인―이라기보다는 유사 정치적인 가능성, 국가에서 국가 연합으로 향하는 단선적인 이야기에 속하지 않는, 미성숙한 '들뜬 존재'가 만들어내는 우호의 가능성에 대해 철학은 어떤 논의를 해 왔을까?

1장에서 지적한 것처럼 우리는 여기서 철학의 커다란 벽에 부딪히게 된다. 단 이제 어느 정도 철학적 개념을 획득했으니 그 벽의 정체를 최대한 밝혀 보도록 하자.

칸트의 『영원한 평화를 위해』로부터 140년 정도 지난 20세기에, 같은 독일어권에서 카를 슈미트라는 법학자가 등장한다. 슈미트는 19세기 말에 태어났지만 20세기의 사상가라고 할 수 있다. 이 학자는 많은 논쟁을 불러온 인물로,

---

20 칸트, 『영원한 평화를 위해』, 56쪽〔139쪽〕. 강조는 삭제.

제2차 세계 대전 때는 나치 정권의 이론적 지주가 되었고 전후에 전쟁 범죄인으로서 체포되었다. 그러나 다른 한편 독특한 이론을 만든 인물로 유명해 보수와 진보를 막론하고 전후 사회 사상에 커다란 영향을 끼쳤다. 지지자 중에는 극우도 극좌도 있다.

그의 작업 중에서 가장 유명하고도 이론적으로 중요한 것 중 하나가 1927년에 발표하고 1932년에 펴낸 『정치적인 것의 개념』이다.[21] 슈미트는 이 책에서 정치가 정치로 기능하기 위해서는 '친구'와 '적'이 반드시 구별되어야 한다는 매우 대담한 이론을 내놓았다. 흔히 '친구/적 이론'이라 불린다.

『정치적인 것의 개념』은 제목처럼 '정치란 무엇인가'를 주제로 한다. 슈미트에 따르면 추상적인 판단에는 반드시 그 판단의 기초가 되는 고유의 이항 대립이 있다. 예를 들어 미학적인 판단은 미추의 이항 대립(아름다운가 추한가)에, 윤리적인 판단은 선악의 이항 대립(옳은가 그른가)에, 경제적인 판단은 손익의 이항 대립(이득인가 손실인가)에 기반을 둔다. 이들 대립은 모두 원리상 독립되어 있다. 아름답지만 옳지 않거나 옳지만 이득은 안 되는 것 등은 세상에 넘친다. 우리가 이런 판단을 할 수 있는 것은 미학과 윤리와 경제가 독립된 판단 범주를 구성하고 있기 때문이다. 판단의 독립성은 각 범주에 고유한 이항 대립에 근거한다.

그러면 정치를 정치이게 하는, 미학이나 윤리나 경제 등

---

21 〔옮긴이〕슈미트는 1927년에 「정치적인 것의 개념」이라는 논문을 발표했고, 이를 대폭 개정해 1932년에 같은 제목의 단행본을 간행했다.

과 구별할 수 있게 해 주는 고유의 이항 대립은 무엇인가? 슈미트는 이를 친구와 적의 대립으로 보았다.

정치는 친구와 적의 이항 대립을 전제로 성립한다. 그에 따르면 이 대립은 "구체적이고 존재론적인 의미로 해석"되어야 하고, "경제적이거나 도덕적인 혹은 그 밖의 여러 개념을 뒤섞음으로써 약화시켜서는" 안 된다.[22] "구체적이고 존재론적인 의미"란 말은 결국 죽일 것인가 죽임당할 것인가의 문제다.

전쟁과 같은 극한 상황에서 친구를 지키기 위해 적을 섬멸하는 판단을 내리는 것, 이것이 슈미트가 생각하는 정치의 본질이다. 그리고 이 판단에 미추, 선악, 손익 같은 다른 이항 대립이 관여되어서는 안 된다. "경제적이거나 도덕적인 혹은 그 밖의 여러 개념을 뒤섞"으면 전쟁 상황에서 '적의 주장이 옳다' 또는 '적과 손잡는 편이 이득이다' 같은 판단을 할지도 모른다. 그러나 그런 판단은 원리상 정치와는 별도인 기준에 따른 판단이므로 정치적 판단에 관여해서는 안 된다. 즉 설혹 윤리적으로 옳지 않고 경제적으로 손해가 되는 행위라 할지라도 친구의 존재를 지키기 위해 해야할 일이 있다면 단호히 수행해야 하고, 그것이 '정치'라는 것이 슈미트의 생각이다. 이것이 친구/적 이론이다.

슈미트가 말하는 '친구'와 '적'은 이 단어가 연상케 하는 상식적인 의미와는 차이가 있는 다소 독특한 개념이라는 점에 주의해야 한다. 이는 사적인 우정이나 적의와 전혀 무

---

22   슈미트, 『정치적인 것의 개념』政治的なものの概念, 다나카 히로시·하라다 다케오 옮김, 未來社, 1970, 17쪽〔김효전·정태호 옮김, 살림, 2012, 41쪽〕.

관하다.

슈미트가 생각하는 '적'은 어디까지나 '공적인 적', 즉 공동체의 적을 뜻하지 사적인 적, 즉 당신이나 내가 사적인 이유로 적대적인 감정을 품고 있는 개인을 뜻하지 않는다. 따라서 어떤 인물이 사적으로 적이라 하더라도 공적으로는 친구일 수 있다. 실제로 전쟁에서는 사적으로 아무리 싫은 사람일지라도 같은 국민으로서 모르는 '적'을 상대로 함께 싸우게 되곤 한다. 이런 상황은 때로 전쟁의 부조리 또는 비극으로 묘사되는데, 슈미트에 따르면 오히려 그것이 정치 = 전쟁의 본질이다. 친구와 적은 오로지 공적인 잣대로만 구분된다.

친구와 적은 공적인 존재지 사적인 존재가 아니다. 그리고 친구와 적의 구별이 없다면 정치도 없다. 이는 정치에 관한 슈미트의 사유가 우선 공동체의 경계 획정을 전제로 하고 있음을 의미한다.

정치는 우선 세계를 내부(친구)와 외부(적)로 구분해 공동체(친구의 공간)를 확립한다. 그리고 그 구별에 정치적인 이유 이외의 근거는 없어도 된다. 왜냐하면 그 경계 획정 자체가 정치의 고유한 전권 사항이기 때문이다. 사실 '적'에 대한 슈미트의 설명은 거의 동어반복이다. "정치적인 적이 도덕적으로 악일 필요는 없고, 미적으로 추악할 필요도 없다. 경제적인 경쟁자로 등장하지 않을 수 있으며 적과 거래하는 편이 유리한 경우도 충분히 있을 수 있다. 적이란 타자, 이질적인 자이며 그 본질은 특히 강한 의미에서 존재적으로 타자, 이질적인 자라는 점만으로 충분하다."[23] 정치는 근거 없이 적을 규정한다. 이를 바탕으로 정치는 공동체의 존속을 최우선으로 여기고, 필요하다면 그 외의 어떤 고려 사항에 대해서도 판단을 정지한다. 이것이 『정치적인 것의 개념』의 주장이다.

여기서는 짧은 언급에 그치지만 이런 '정치 우선', '공동체 우선'의 사유가 슈미트 사상의 전체를 관통한다. 그는 『정치신학』이라는 다른 저서에서 주권자(정치를 행하는 자)란 '예외 상태'에서 결정을 내리는 자를 가리키며, 그 예외 상태란 모든 법질서가 정지하고 국가 존속이 문제시되는 상황을 말한다고 썼다.[24] 일상은 법으로 지배할 수 있다. 그러나 예외 상태에서는 정치가 필요해진다. 그리고 정치는 윤리나 경제 등 다른 모든 요소를 떠나 오로지 공동체의 존속만을 고려해 초법규적인 판단을 내릴 수 있다. 슈미트는 그렇게 생각했다.

굳이 지적할 필요도 없이 이는 매우 위험한 사상이다. 독재를 긍정하고 적의 섬멸을 긍정하며 이에 대한 일체의 이견을 허용하지 않는다. 앞서 언급했듯 실제로 슈미트는 이 사상에 따라 나치 독재를 지지하고 유대인 배제 정책을 추진하게 된다.

5

친구/적 이론은 극히 위험한 사상이다. 하지만 위험하다는 이유로 배제할 수 있는 것도 아니다. 왜냐하면 이는 '유대인

---

23 같은 책, 15~16쪽〔39쪽〕.

24 슈미트, 『정치신학』政治神学, 다나카 히로시·하라다 다케오 옮김, 未來社, 1971, 19쪽 이하〔김항 옮김, 그린비, 2010, 16쪽 이하〕.

이 싫다'든지 '독일 국가의 위대함을 알리고 싶다' 등의 감정적인 이유로 만들어진 것이 아니라 '국가란 무엇인가', '인간이란 무엇인가'를 철저히 사유한 결과 논리적으로 도출된 이론이기 때문이다.

칸트와 슈미트 사이에 근대 법체계와 정치 이론에 절대적인 영향을 끼친 헤겔이라는 철학자가 있다.

헤겔은 국가를 시민 사회의 '이성'에 해당하는 존재로 보았다. 예를 들어 지금 일본인은 일본 열도라는 지리적 경계 안에서 살아간다. 같은 언어를 사용하고 물건과 돈을 교환하며 하나의 사회를 형성하고 있다. 그러나 헤겔은 그것만으로는 국가가 성립되지 않는다고 보았다. 국가는 그 구성원이 같은 땅에 살고 역사를 공유하며 하나의 사회를 형성하는 단일한 민족의 일원으로서 자기 의식을 가졌을 때(헤겔의 말로 표현하면 "자기 자신을 사유하고, 자기 자신을 알며, 알고 있는 것에 대해 알고 있는 만큼 완전히 성취"[25]하게 되었을 때) 비로소 성립한다. 이것이 헤겔의 생각이었다. 즉 국가는 사실의 산물이기에 앞서 의식의 산물인 것이다. 이 규정은 근대 정치 사상의 기초를 이룬다.

그리고 여기서 결정적으로 중요한 것이 헤겔 철학은 시민 사회에서 국가로의 이행을 단순히 역사적 또는 사회학적인 과정으로 보는 것이 아니라 인간의 정신적 성숙과 연

---

25 게오르크 빌헬름 프리드리히 헤겔Georg Wilhelm Friedrich Hegel, 『법철학』法の哲学 2권, 후지노 와타리藤野渉·아카자와 마사토시赤沢正敏 옮김, 中公クラシックス, 2001, 216쪽(257절)〔임석진 옮김, 한길사, 2008, 441쪽〕.

결 짓고 있다는 점이다.

헤겔에 따르면 먼저 인간은 가족 안에서 "자연적인 윤리적 정신"으로 출현한다. 쉽게 말해 가족의 사랑 속에서 자족하는 존재로 살게 된다. 그러나 곧이어 가족 바깥으로 나가고 시민 사회에 들어간다. 시민 사회란 사람과 사람이 사랑이 아니라 언어나 화폐를 매개로 교류하는 영역을 말한다. 여기서 사람은 모두 타자의 욕망을 매개로 자기 욕망을 채우려 한다. 헤겔의 말로 표현하면 "이기적 목적은 자신을 실현할 때…보편성의 제약을 받게" 된다.[26] 이는 사람이 주관성과 객관성, 특수성과 보편성, 즉 공과 사 사이에서 분열된 존재가 된다는 것을 의미한다. 시민 사회에서 인간은 쉽게 말해 사랑 안에서 자족하는 존재일 수 없게 되고, 자기가 타인에게 어떻게 보이는지, 사회 안에서 무엇을 해야 하는지 따위밖에 생각할 수 없는 존재가 된다.

마지막으로 국가가 바로 이 분열을 통합하는 계기로 등장한다. 헤겔에 따르면 사람은 국가에 속해 국민이 되었을 때 비로소 공적＝국가적인 의지를 사적인 의지로 내면화하고 보편성을 특수성 안에서 경험하게 된다. 더 정확히 말하면 그런 내면화의 실현(특수성과 보편성의 통합)이야말로 국가가 갖는 정신사적인 존재 의의라는 것이 헤겔의 생각이다.『일반 의지 2.0』의 독자를 위해 첨언하자면 특수성과 보편성을 통합하는 '국가 의지'라는 이 기묘한 개념 자체가 루소의 '일반 의지'를 헤겔이 재해석해 도출한 것으로, 즉 루소 문제(개인주의와 전체주의의 분열)에 대한 헤겔적 해

---

26 같은 책, 91쪽(183절)〔357쪽〕.

결책이다.

사람은 가족을 떠나 시민을 거쳐 마지막으로 국민이 될
때 비로소 성숙한 정신에 도달한다. "개개인의 최고 의무는
국가의 성원으로 존재하는 것이다"라고 헤겔은 말한다.[27]

사람은 국가에 속하지 않으면 정신적으로 성숙하지 못한
다. 이는 너무 기이한 주장으로 보인다.

적어도 이 생각은 글로벌리즘이 확산되어 전 세계에서
사물과 사람이 일상적으로 국경을 넘나드는 21세기의 상황
에서 보았을 때 완전히 시대착오로 느껴진다. 실제로 정보
사회론 분야에서 이토 조이치의 '창발 민주제'나 스즈키 겐
의 '매끄러운 사회' 같은 제안이 나오는 것에서 알 수 있듯
이,[28] 국경을 포함한 모든 경계는 환상에 불과하고 정보 기
술의 진전이 이 경계들을 차례로 해체할 것이라는 주장이
일정한 영향력을 갖게 되었다. 이런 주장은 사상적으로는

---

27 같은 책, 217쪽(258절)〔442쪽〕. 강조는 삭제.

28 이토 조이치伊藤穰一, 「창발 민주제」創発民主制, 구몬 순페이公
文俊平 옮김, 国際大学GLOCOM, 2003. URL=http://www.glocom.
ac.jp/publications/glocom_review_lib/75_02.pdf; 스즈키 겐, 『매
끄러운 사회와 그 적』. 전자의 전문과 후자의 일부가 아즈마 히
로키 엮음, 『개방되는 국가』開かれる国家, 角川インターネット講座12,
KADOKAWA, 2015에 수록되어 있다. 이 글에서는 비판적으로 소
개하고 있지만, 우리 사회가 국경을 비롯한 여러 경계를 통해 제어
되고 있다는 담론은 이제 자명성을 잃었고, 경계 짓기를 전제로 하
는 것과는 다른 새로운 정치 과정을 구상할 필요가 있다는 점에서는
나도 이토나 스즈키와 인식을 공유한다. 단 이들이 그 경계 해체가
기술적 수단을 통해 이루어진다고 생각하는 데 반해, 나는 이를 위
한 인문적 발명이 필요하다고 생각한다. '관광객의 철학'은 이 발명
의 명칭이다.

다음 장에서 다룰 '자유지상주의'libertarianism의 일종으로 여겨지며, 주로 경영자나 엔지니어의 지지를 받고 있다.

그러나 헤겔의 국가관은 그런 주장보다 훨씬 철학적인 깊이를 가진 내용이다. 헤겔이 주장한 국가의 필요성은 현실에 존재하는 국가의 필요성뿐 아니라 정신의 진보와 관련된 문제기 때문이다. 인간이 알 수 있는 것은 자기뿐이다(알 수 있는 것은 특수성뿐이다). 그러나 다른 한편 혼자서는 살 수 없다(보편성이 없으면 살 수 없다). 그러면 어떻게 이 양자를 병존시킬 것인가? 헤겔은 이 의문에 답하기 위해 '국민이 될' 필요성을 논한 것이다.

따라서 이는 국가론으로 쓰인 것이지만 결코 정치 사상이나 사회 사상의 틀에 한정된 논의가 아니다. 이는 인간에 대한, 특히 인간의 성숙에 대한 사유와 불가분의 관계에 있다. 인간이 제대로 된 인간이 되기 위해서는 가족의 일원이 되고(즉자) 시민 사회에서 타자와 접하는 것(대자) 외에 더 높은 위상에 있는 공동체에 속할(즉자 및 대자) 절대적 필요성이 있다고 헤겔은 생각했던 것이다.

위의 논의가 이번 장 앞머리에서 던진 질문과 같다는 사실을 떠올린 독자도 있으리라. 나는 "인간은 인간을 좋아하지 않는다. 인간은 사회를 만들고 싶어 하지 않는다. 그럼에도 불구하고 현실에서 인간은 왜 사회를 만드는가?"라는 질문을 던졌다. 19세기의 헤겔은 이 질문에 '인간은 국가를 만들어 국민이 됨으로써 사회를 만들고 싶어 하지 않았던 미성숙한 자신을 극복할 수 있으니까'라고 답한 철학자다.

앞서 소개한 슈미트의 친구/적 이론은 바로 이 헤겔의 인간관을 철저히 밀고 나간 지점에서 출현한다.

인간이 인간이기 위해서는 국가 의지를 내면화해 보편성과 특수성을 통합해야 한다. 이 통합 작용이 없으면 인간이 될 수 없고 따라서 국가가 없는 곳에는 인간도 없다. 고로 인간이 인간이기 위해서는 미, 윤리, 손익 판단과는 전혀 다른 수준에서 소속될 국가가 존재해야 한다. 정치란 바로 이런 국가를 존속시키는 행위다. 슈미트는 이와 같은 논리 안에서 친구와 적을 구별하고 국가의 윤곽을 명확히 하는 '정치'의 중요성을 강조하는 데 성공했다.

따라서 친구/적 이론은 단순히 위험한 사상이 아니며 시대착오적인 이론으로 폄하할 수 있는 것도 아니다. 오히려 앞서 말한 헤겔의 인간관을 극복하지 못하는 한 앞으로 얼마든지 회귀할 가능성이 있는 사상이다.

실제로 바로 지금 그 회귀 가능성이 높아진 사상일 수도 있다. 2017년 시점에 『정치적인 것의 개념』을 읽어 보면 의외로 현재와 밀접한 관련이 있는 내용으로 가득하기 때문이다.

『정치적인 것의 개념』은 바이마르 시대 독일에서 고조되었던 자유주의적이고 개인주의적인 사조에 저항하기 위해 쓰인 책이다. 당시 독일에서는 이미 교통과 교역의 발전으로 국경이 머지않아 소멸하고 국가도 사라져 세계가 하나가 될 것이라는, 작금의 글로벌리즘과 똑같은 주장이 대두했다. 슈미트는 이런 사조에 저항하기 위해 이 책을 내놓았다. 따라서 『정치적인 것은 개념』은 현재의 글로벌리즘 비판과 직결되는 예시와 기술로 가득하다.

이는 역사적으로 볼 때 당연한 일이다. 애초에 현재의 글로벌리즘은 19세기부터 20세기 초에 걸쳐 진행되었던 자유주의와 경제 통합의 움직임이 두 번의 세계 대전과 냉전으로 인해 70년 정도 중단되었다가 다시 부활한 것이기 때문이다. 따라서 1930년대에 슈미트가 가졌던 관심과 2010년대에 우리가 갖는 관심이 유사하다 해도 놀라운 일이 아니다. 글로벌리즘이 진행되고 있는 지금, 슈미트의 친구/적 이론이 부활할 가능성은 충분하다. 게다가 이 이론은 오늘날 전개되고 있는 갖가지 글로벌리즘 비판보다 훨씬 철학적 깊이가 있다.

예나 지금이나 글로벌리즘(20세기 초의 자유주의)을 비판하는 사람은 많다. 그들은 글로벌리즘을 받아들이면 자국 산업이 손해를 입는다거나 자국 문화가 파괴된다는 주장을 한다. 그러나 슈미트는 그런 유형의 비판은 하지 않는다. 그런 비판은 정치적인 판단에 경제적인 또는 미학적인 판단(글로벌리즘이 손해라거나 추하다는 식의 판단)을 도입하는 것일 뿐이라 결국 정치의 가치를 훼손하기 때문이다.

슈미트가 글로벌리즘을 거부하는 이유는 단적으로 그것이 친구/적의 구별을 없애고 정치 자체를 없애기 때문이다. 그는 당시 활약하던 자유주의 논객의 이름을 거론하며 그의 주장 속에서 "투쟁이라는 정치적 개념은…경제적 측면에서는 경쟁으로, 다른 한편 '정신적' 측면에서는 토의로 변하고 만다"고, 달리 말해 자유주의는 "국가 및 정치를 한편으로는 개인주의적인 따라서 사법私法적인 도덕으로, 다른 한편으로는 경제적인 각 범주에 종속시켜 그 독자적인 의미를 박탈한다"고 썼다.[29] 자유주의는 국가의 필요성을 경제나 도덕으로 환원한다. 그러나 친구/적의 구별은 개인에게 이득이 되기(경제적으로 이익이 되기) 때문에 하는 것이 아니며, 마음을 기댈 수 있는 기준이라서(윤리적으로 옳아서) 하는 것도 아니다. 그것은 인간 정신의 구조적 필연으로 요청된다. 자유주의자는 그 근본을 이해하지 못하고 있다. 슈미트는 이 무지를 비판한 것이다.

따라서 슈미트는 국가의 소멸을 기도하는 글로벌리즘은 설혹 그것이 경제적인 이익을 가져오더라도 또는 자국 문화의 확대를 가져오더라도 거부해야 한다고 본다. 국가 없이는 정치도 존재할 수 없다. 정치 없이는 인간이 인간일 수 없게 된다. 슈미트는 인간의 인간됨을 위해 글로벌리즘을 거부한 것이다. 이보다 더 강한 비판의 논리가 있을까?

슈미트는 국경 없는 세계라는 이상을 다음과 같이 우울하게 묘사한다.

국가가 존재하는 한 항상 여러 국가가 동시에 지상에 존재하지 전 지구, 전 인류를 포괄하는 세계 '국가' 따위는 있을 수 없다.…만약 지상의 여러 민족, 종교, 계급, 기타 인간 집단이 모두 하나가 되어 상호 간의 투쟁이 사실상 그리고 이론상 불가능해진다면…그곳에 존재하는 것은 오로지 정치적으로 무색무취한 세계관, 문화, 문명, 경제, 도덕, 법, 예술, 오락 등등에 불과할 것이다. 정치도 국가도 존재하지 않는 것이다. 지구와 인류가 그렇게 되는 상황이 과연 도래할지, 또 도래한다면 언제 도래할지 나는 모르겠다.…

---

29 슈미트, 『정치적인 것의 개념』, 91~92쪽〔96~97쪽〕. 강조는 삭제.

그러므로 '세계 국가'가 전 지구, 전 인류를 포괄할 경우, 그 것은 정치적 단위가 아니라 그저 습관적으로 국가라고 불리는 것일 뿐이다. 또한 만약 실제로 단지 경제적인 또는 교통 기술적인 단위를 기초로 전 인류, 전 지구가 통일된다면 그 또한 같은 아파트의 거주자, 같은 가스 회사에 가입한 가스 이용자, 같은 버스의 승객이 하나의 사회적 '단위'인 것과 같은 차원에서 '사회적 단위'일 뿐이다.[30]

인간은 인간인 한 국가를 만들고 친구와 적을 만든다. 따라서 국가는 반드시 복수로 존재해야 한다. 거꾸로 말해 만약 이 지구상에 오로지 하나의 세계 국가만 존재하게 되어 공적인 적이 사라진다면 철학적으로는 그 세계에 더 이상 국가도 정치도 없다고, 따라서 인간이 없다고 보아야 한다. 이것이 슈미트의 주장이다.

사람은 보편적인 의지를 특수한 의지로 내면화했을 때 비로소 정신적으로 성숙해 '인간'이 된다. 그 계기는 가족도 시민 사회도 아닌 국가만이 제공할 수 있다. 국민이 되지 못하는 사람은 인간도 되지 못한다. 친구/적의 구별이 없으면 인간이 될 수 없다. 글로벌리즘을 공격할 논리를 구성하는 과정에서 슈미트는 이런 이론에 도달했다.

새삼스레 확인할 필요도 없이 이는 이 책의 주제인 관광객의 철학을 논하는 데 커다란 장애가 되는 이론이다.

친구/적의 대립을 거치지 않으면 사람은 인간이 될 수 없

---

30 같은 책, 61~62, 68쪽(71~72, 76쪽). 강조는 삭제.

다. 이 논리를 따른다면 '마을 사람도 나그네도 아닌 관광객'은 애초에 인간 미만의 미숙한 존재인 셈이다. 단순한 개인의 집합은 "같은 아파트의 거주자, 같은 가스 회사에 가입한 가스 이용자, 같은 버스의 승객"과 같은 차원의 존재이기에 정치적으로 검토할 가치가 없다. 그러면 조국의 체제를 떠나 개인의 사적 동기에 따라 국경을 넘나드는 관광객 집단은 원리상 정치적 사유의 대상이 되지 않는다는 말이 된다. 나는 앞서 관광객의 철학을 사유하는 것은 "국가에서 국가 연합으로 향하는 단선적인 이야기에 속하지 않는, 미성숙한 '들뜬 존재'가 만들어 내는 우호의 가능성"을 사유하는 것이라고 썼다. 그런데 지금까지 살펴본 것처럼 친구/적 이론의 존재, 그리고 그 배후에 있는 헤겔의 패러다임은 그러한 사유의 가능성을 처음부터 차단하고 있다. 근대 인문 사상은 인간을 깊이 고민하면 할수록 관광객을 깊이 고민할 수 없게 만드는 구조를 가지고 있다.

　그러나 장애는 동시에 가능성이기도 하다. 관광객의 철학을 가로막는 헤겔과 슈미트의 패러다임은 역으로 관광객의 철학이 어떠해야 하는지 그 모습을 반대편에서 비추는 역할을 할 것이다.

　근대 사상은 인간이 친구/적의 대립을 거치지 않으면 성숙하지 않는다고 했다. 따라서 우리는 관광객의 철학을 구축하기 위해 이 대립을 거치지 않는 다른 형태의 성숙 메커니즘을 찾아내야 한다. 달리 말해 국가에 속하지 않고 보편과 특수를 매개하는 메커니즘을 사유해야 한다. 또 근대 사상은 시민 사회에서 국가로, 나아가 국가 연합으로 향하는 단선적인 정신사를 가정했다. 그렇다면 우리는 이 단선을 복선화하기 위해 가족과 시민 사회를 거친 후 국가에 이르지 않는, 다른 형태의 정치 조직의 가능성을 사유해야 한다.

너무 추상적으로 들릴지도 모르겠다. 그러나 내가 하고자 하는 말은 매우 구체적이다. 인간이 만약 특정한 국가에 속해 그 가치관을 확고히 내면화함으로써, 즉 국민임을 자각하면서 신문을 읽고 투표를 하고 데모를 한 다음 세계 시민이 되는 것이 아니라 다른 방법으로 보편성을 손에 넣을 수 있다면 그것은 어떤 방법인가? 나는 이 가능성을 모색하고 싶다.[31]

6

지금까지의 논의를 통해 관광객의 철학이 풀어야 할 과제가 상당히 분명해진 것 같다.

가족에서 시민으로, 국민으로, 그리고 세계 시민으로 향

---

31 국민(성숙한 어른)으로서의 자각을 거치지 않은 미성숙한 개인이 곧장 보편과 연결되는 회로를 모색하는 것, 서브컬처 평론의 용어로 옮기면 이는 '세카이계'セカイ系의 문제다. '세카이계'란 국가와 사회 등 현실적 무대 설정 없이 주인공의 사소한 연애를 세계의 파멸 같은 거대 사건에 직결시키는 것과 같은 서사 유형의 총칭으로, 일본의 오타쿠 계열 콘텐츠에서 2000년대에 어느 정도 유행했다. 나는 이 용어를 서브컬처적 용법에 한정하지 않고 확대 적용해 새로운 유형의 문예 비평을 쓰려고 시도한 바 있다. 관심 있는 사람은 아즈마 히로키, 『세카이로부터 더 가까이』セカイからもっと近くに, 東京創元社, 2013을 참조하기 바란다. 나는 2부에서 '가족의 철학'을 주제로 다룰 것인데, 이는 이 책에 실린 아라이 모토코新井素子론과 깊이 관련된다. 아라이는 '섬뜩한 존재로서의 가족'을 고안한 작가다. 그녀가 사랑했던 봉제 완구는 섬뜩한 존재를 가리킨다.

하는 단선적인 이야기를 벗어나는 것. 이는 근대 사상의 틀에서 보면 원리상 정치의 외부로 취급되겠지만 나는 오히려 여기서 새로운 정치의 회로를 모색하고 싶다. 이 가능성을 언어화하는 것이 바로 관광객의 철학이며 이 책의 목적이다.

이어질 4장에서 본격적으로 이 과제를 풀어 보려 하는데, 그 전에 이번 장 후반에서는 친구/적 이론과 관광객의 철학간의 대립 관계를 다각적으로 파악하기 위해 슈미트와 같은 시대에 활동한 두 사상가를 참조해 새로운 용어를 두 개도입하려 한다. 관광객의 철학이 갖는 가능성은 다양한 문제와 연관되어 있다.

하나는 '동물'이다. 나는 앞 장에서 2차 창작이라는 개념을 소개하며 내 전작인『동물화하는 포스트모던』을 언급했다. 이 책은 제목에서 알 수 있듯이 '동물'을 키워드로 한다.

나는 이 동물이라는 개념을 알렉상드르 코제브라는 프랑스 사상가에게서 빌려 왔다. 코제브는 슈미트보다 한 세대젊은 인물로 슈미트와도 교류가 있었다(슈미트는 1888년에 태어났고 코제브는 1902년에 태어났다). 모스크바에서 태어나 러시아 혁명 후 독일로 망명했으며, 2차 대전 후에는 프랑스의 외교관으로도 활약한 특이한 경력의 철학자다.

코제브는 1930년대의 강의 기록을 모아 1947년에 출간한『헤겔 독해 입문』이라는 책에서(정확히는 1968년에 펴낸 2판에 추가한 긴 주석에서) 다음과 같이 말한다. "헤겔과 마르크스가 말하는 역사의 종언은 도래해야 할 미래가 아닌현실이다.…내 주변에서 일어나고 있는 사태를 관찰하고,

예나 전투 이후 세계에서 벌어진 일을 숙고하고 난 다음 예나 전투에서 역사의 종언을 읽어 낸 헤겔이 옳았음을 알게 되었다."[32] 코제브는 인간이 인간으로 살아가는 '역사'는 본질적으로 1806년의 예나 전투(나폴레옹 전쟁)에서 끝났고, 20세기의 두 대전은 현재가 이미 '포스트역사'(역사가 종언한 후의 시대)에 돌입했음을 확인해 줄 뿐이라고 말한다. 세월이 지나 20세기 말에 미국 정치학자 프랜시스 후쿠야마가 이 도식을 원용해 '역사의 종언'론을 주장했고 같은 제목의 책(『역사의 종언』)이 세계적인 베스트셀러가 되었기에, 이를 경유해 이 테제를 알고 있는 독자도 많을 것이다. 단 후쿠야마는 역사의 종언을 확인하는 계기를 냉전 종식으로 보고 있다.

인간의 역사가 끝났다니 기묘한 주장으로 들릴 수 있겠으나 이 배경에는 슈미트 사상과 마찬가지로 헤겔의 독특한 인간관이 스며들어 있다. (코제브가 해석하고 요약한) 헤겔에 따르면 인간은 자기 존재를 걸고 타인에게 인정받고자 하는, 환경을 변혁해 가는 존재다. "인간은 자신의 인간적 욕망, 즉 타자의 욕망을 향한 자신의 욕망을 채우기 위해 자기 생명을 위험에 빠트리고, 이를 통해 자신이 인간임을 '증명'한다.…이 진정한 존엄을 얻기 위한 생사를 건 투쟁이 없었다면 인간적 존재자는 지상에 존재할 수 없었을 것이

---

32 알렉상드르 코제브Alexandre Kojève, 『헤겔 독해 입문』ヘーゲル 読解入門, 고즈마 다다시上妻精·곤노 마사카타今野雅方 옮김, 国文社, 1987, 245~246쪽〔한국어판인 『역사와 현실 변증법』, 설헌영 옮김, 한벗, 1981에는 이 주석이 포함되지 않았다〕. 강조는 삭제.

다."[33] 거꾸로 보면 존엄을 잃고 타인에게 인정받으려 하지 않으며 주어진 환경에 자족하는 존재는 생물학적으로 인간이라 해도 정신적으로는 더 이상 인간이 아니라는 것이 코제브와 헤겔의 생각이다. 따라서 모든 인류가 그런 자족하는 존재가 되면 인간의 역사는—생물로서의 인류 자체는 존속한다 해도—끝난다. 코제브는 이와 같은 인간관에 따라 2차 대전 후의 세계를 '포스트역사'라고 지칭한 것이다. 전후 냉전 상황에 직면해 그는 인류가 나폴레옹 전쟁 이후 본질적으로 어떤 새로운 이념도 발명하지 못했다는 절망에 가까운 감정을 느꼈던 것이다.

그리고 '동물'이라는 말은 바로 이 '포스트역사'를 논하는 부분에 등장한다.

> 역사의 종언 이후, 인간이 자신의 기념비, 다리, 터널을 건설한다 해도 이는 새가 둥지를, 거미가 거미집을 짓는 것과 진배없으며, 개구리나 매미가 콘서트를 여는 것과, 동물의 새끼가 노는 것과, 성장한 동물이 하는 것처럼 성욕을 발산하는 것과 다르지 않을 것이다. 이때 이 모든 것이 '인간을 행복하게 한다'고 말할 수 없게 된다. 오히려 **포스트역사**의 동물인 호모사피엔스라는 종(이들은 매우 풍요롭고 안전한 생활을 하게 되겠으나)은 자신의 예술, 사랑, 놀이와 관련된 행동에 따라 만족을 느끼게 될 것이라고 표현해야 하리라.[34]

---

33 같은 책, 16쪽(32쪽). 강조는 삭제.
34 같은 책, 245쪽. 강조는 인용자.

포스트역사의 세계에서도 인간은 사회 활동을 한다. 도시를 만들고 문화를 창조한다. 그러나 더는 '인간'의 활동이라고 할 수 없다. 오히려 동물이 하는 유희에 가깝다.

코제브는 이 인상 깊은 문장 바로 다음에 '포스트역사적 동물'의 사례로 미국의 소비자를 든다. "미국적 생활 양식은 포스트역사 시대 고유의 생활 양식으로, 합중국이 실제로 세계에 현전하고 있다는 사실은 인류 전체가 놓이게 될 '영원히 현재하는' 미래를 예시한다.…인간의 동물로의 회귀는 훗날 도래할 가능성이 아니라 이미 현전하는 확실성으로 자리 잡았다."[35] 전후 미국에서 살아간다는 것은 존엄을 잃고 타인의 인정도 필요로 하지 않으며 주어진 환경에 자족하면서 쾌락을 얻기 위해 상품을 살 뿐인 동물적 소비자의 무리에 동참하는 것을 의미한다. 거기에는 더 이상 '인간'이 존재하지 않고 역사도 없으며 따라서 영원한 현재만 있을 뿐이다. 코제브는 이렇게 생각했다.

코제브는 미국의 소비자를 '동물'로 규정했다. 덧붙이자면 그는 같은 주석에서 전후 일본도 언급하면서 일본인은 어떤 이유로 인해 동물은 되지 않는다고 논했다. 그러나 나는 『동물화하는 포스트모던』에서 '동물'과 '포스트역사'라는 그의 개념이 특정 시대 이후의 일본 오타쿠를 설명하는 데 딱 들어맞는 개념이라 주장했다. 그리고 앞서도 다룬 2차 창작의 역동성에 주목해 최종적으로 '데이터베이스적 동물'이라는 독특한 개념을 제안했으나 여기서 이를 자세히 다루지는 않겠다. 어쨌든 정크 푸드와 오락에 에워싸여

---

35 같은 책, 246쪽. 강조는 삭제. 원어 삽입을 삭제.

정치도 예술도 필요로 하지 않고 쉼 없이 제공되는 신상품이 주는 쾌락에 자족하는 미국 소비자란 '동물'에 불과하다는 지적이 헤겔의 패러다임을 모르더라도 직감적으로 이해되는 독자가 많을 것이다. 그런 의미에서 코제브의 주장에 과격한 측면은 있으나 결코 기묘한 것은 아니다.

그리고 여기서 주의할 사실은 코제브가 이런 역사관을 내놓은 것이 바로 슈미트가 『정치적인 것의 개념』을 펴낸 1930년대였다는 점이다. 앞에서 말했듯이 1930년대의 강의 기록을 모은 『헤겔 독해 입문』은 1940년대에 처음 출판되었고, 1960년대에 주석이 추가되는 등 복잡한 경위를 가진 책이다. 방금 인용한 부분은 이 마지막 주석의 일부다. 따라서 문장 자체는 1960년대에 쓴 것이지만 '인간', '역사', '동물'에 관한 논의 구도가 1930년대에 만들어진 것은 분명하다. 따라서 코제브의 문제 의식은 슈미트의 그것과 깊이 공명하고 있다. 실제로 방금 인용한 '포스트역사'에 관한 문장을 앞서 인용한 슈미트의 '세계 국가'에 관한 논의와 비교하면 둘이 놀랄 만큼 비슷한 비유로 구성되어 있음을 알 수 있다. 슈미트와 코제브 모두 인간과 인간의 생사를 건 투쟁이 사라지고 국가와 국가의 이념을 건 전쟁이 사라져 세계가 하나가 되고 소비 활동만 존재하게 된 시대의 인간 소멸을 문제 삼고 있다. 슈미트는 이를 정치의 소멸(자유주의화)이라 지칭했고 코제브는 역사의 종언(동물화)이라 지칭했다.

슈미트와 코제브 모두 글로벌리즘에 저항했다. 이들에게 국경을 넘나들며 균질적인 소비 사회로 세계를 뒤덮는 글로벌리즘은 헤겔적 인간관에 대한 심각한 도전으로 보였다. 슈미트의 친구/적 이론과 코제브의 포스트역사론을 접목시켜 우리는 글로벌리즘이 초래할 인간의 모습을 형용하는 '동물'이라는 개념을 손에 넣었다. 인간에게는 반드시 친구와 적이 있다. 그리고 국가가 있다. 그러나 동물에게는 친구나 적이 없고 국가도 없다.

국가나 민족과 상관없이, 타자의 인정도 환영도 원하지 않으며 오로지 개인의 관심만을 기준 삼아 들떠서 다니는 관광객은 바로 위와 같은 이유로 '동물'이라 할 수 있다. 여기서 자세히 다루지는 않겠지만 실제로 관광의 역사는 글로벌리즘의 역사와 깊이 관련된다. 초기 글로벌리즘이 2차 대전으로 인해 일시적인 좌절을 맛보았을 때 토머스 쿡이 19세기에 설립한 회사(토머스 쿡 앤드 선)도 큰 위기를 겪었고 일시적으로 국유화되기까지 했다. 이 회사가 부활한 것은 1970년대 이후, '포스트역사'의 동물화가 전면적으로 진행되어 포스트모던이라 불리는 고도 소비 사회가 실현된 시대다. 관광은 역사의 종언이 낳은 부산물이다. 관광객의 사상적 의미를 사유하는 것은 포스트역사에 있어 동물의 사상적 의미를 사유하는 것과 같다.

7

둘째 개념은 '소비'다. 이와 더불어 '노동'과 '익명'도 중요한 개념이 된다. 이와 관련해 한나 아렌트를 읽어 보자.

아렌트 또한 특이한 경력을 가진 철학자다. 그녀는 1906년생으로 코제브와 거의 같은 세대다. 독일 출신 유대인으로 훗날 미국으로 망명해 전후에는 주로 영어로 집필 활동을 했다. 『전체주의의 기원』이나 『예루살렘의 아이히만』 등의 저작이 유명하고, 나치 범죄를 날카롭게 파헤친 정치철학자라는 인상이 강하지만 다른 한편으로 젊었을 때는 나치와 가까웠던 저명한 철학자 하이데거와 연인 관계였다는 가십도 널리 알려져 있다. 원래 20세기를 대표하는 철학자 중 한 명으로 평가받아 왔는데 최근 20년 동안 평가가 더욱 높아졌다.

아렌트는 1958년에 『인간의 조건』을 펴냈다. 제목에서 상상할 수 있듯이 이 책도 슈미트, 코제브와 마찬가지로 인간의 소멸을 문제 삼는다. 아렌트 역시 인간이 생물학적 인간(호모사피엔스)으로 존재하는 것과 다른 차원에서 '인간'으로 살아가기 위한 독특한 철학적 조건이 있다고 보았다. 그리고 현대의 인간은 그 조건을 잃어버렸다고 생각했다. 『인간의 조건』은 그 회복을 호소하는 책이다.

아렌트는 무엇을 인간의 조건으로 여겼을까? 그는 인간이 행하는 사회적 행위(액티비티)를 활동action, 일work, 노동labor 세 가지로 분류한다.[36] 이 가운데 '활동'과 '일'은 인간의 삶에 의미를 부여하지만 '노동'은 그렇지 않다고 주장하고, 현대 사회에서 노동이 우위를 점하는 것이 문제라고 비판했다.

---

36 이하 인용은 한나 아렌트Hannah Arendt, 『인간의 조건』人間の条件, 시미즈 하야오志水速雄 옮김, ちくま学芸文庫, 1994〔이진우 옮김, 한길사, 2017〕를 참조했다. 단 나는 이 책에서 '활동력'으로 번역한 activities를 '행위'로 고쳐 번역했다. activities만 번역한다면 '활동력'이 적절하나 일본어 어감상 '활동력'과 '활동'을 다른 개념으로 구별하기는 어렵다고 보았기 때문이다.

무슨 말일까? 쉽게 이해하기 위해 '활동'과 '노동'의 대립에 초점을 맞춰 설명하겠다.[37]

아렌트는 고대 그리스의 폴리스를 공공성의 이상 중 하나로 여겼다. '활동'은 그리스 시민의 정치적(폴리스적) 행위를 모델로 고안된 이념형이다. 구체적으로는 광장＝공적 공간(아고라)에 나서서 연설하고 타인과 토론하는 언어적이고 신체적인 행위를 뜻한다. 21세기 현재에 적용하면 의회에서 일하기 위해 입후보하거나 정치 집회에서 연설하는 것, 그리고 시민 운동에 참가하거나 비영리 단체에서 사회 봉사를 하는 것 등의 행위를 가리킨다고 보면 된다.

이에 비해 '노동'은 "인간 육체의 생물학적 과정에 대응하

---

37 여기서 생략한 '일'은 "모든 자연 환경과 매우 다른 '인공적' 세계를 만들어 내는" 행위로 규정된다(같은 책, 19~20쪽[73쪽]). 즉 '노동'이 돈벌이를 위한 편의점 아르바이트, '활동'이 사회 공헌을 목적으로 한 자원 봉사나 정치 운동에 해당한다면, '일'은 업무상 또는 취미상의 제작에 해당한다. 여기서는 전체적인 논의 구조의 구성상(정치와 경제의 2층 구조) 이 셋째 항을 간단히 위치 지을 수 없어 설명을 생략했으나 사실 이 '일'은 현대 사회를 생각할 때 중요한 개념이다. 현대는 오타쿠와 엔지니어의 시대다. 즉 '일'의 시대라고 할 수 있다. 아렌트는 『인간의 조건』에서 근대에는 활동이 일로 대체되었으나 이 승리가 곧바로 노동으로 대체되었다고 썼다(464쪽 이하[411쪽 이하]). 산업 혁명은 일하는 인간＝제작인의 승리가 가져온 결과였다. 이 관점에서 보면 7장에서 검토할 정보 기술 혁명이란 바로 인터넷을 무대로 업무＝제작인의 부활을 시도한 운동이었다고 할 수 있다. 이상주의자들은 이 운동이 활동의 부활(정치의 부활)을 가속할 것이라 예측했다. 그러나 실제로는 노동의 만연, 즉 가짜 뉴스와 성과 보수형 광고에 이끌려 모여든 익명의 인터넷 유저들이 있을 뿐이다.

는 행위"다.[38] 생물학적 과정에 대응한다는 것은 달리 말해 신체적 힘만 의미를 갖는다는 뜻이다. 현대에 적용하면 편의점이나 패스트푸드점의 아르바이트처럼 누가 해도 똑같은, 인원과 시간으로만 환산되는 임노동을 가리킨다.

그리고 여기서 중요한 점은 아렌트가 이 두 개념을 행위자의 고유명성/익명성에 주목해 대비시키고 있다는 것이다. 고유명성/익명성이란 쉽게 말해 '얼굴'이나 '이름'이 드러나는지 여부다. 아렌트는 활동의 경우 행위자의 고유명성이 결정적으로 중요하다고 보았다. 실제로 정치인의 연설에서는 '무슨 말을 하는가' 즉 내용보다는 오히려 '누가 그 연설을 하고 있는가' 즉 '얼굴'이 더 중요하다. 다른 한편 노동의 경우에는 얼굴이나 이름이 전혀 중요하지 않다. 공장노동자나 아르바이트 점원은 익명의 숫자에 불과하다. 편의점에 상품을 사러 갈 때 누가 점원인지를 중요하게 여기는 소비자는 거의 없을 것이다. 어느 가게에 갈지조차 신경 쓰지 않을지도 모른다. 아렌트의 말을 빌리면 노동이란 얼굴 없는 '생명력'을 매매하는 것일 뿐이다.

아렌트는 이 대립을 '타자' 또는 '공공성' 유무의 대립과 포갠다. 아렌트에 따르면 활동의 장에는 반드시 '타자'가 있다. 청중이 없는 연설은 없으며 봉사 대상과 면식이 없는 봉사자도 없다. 활동의 본질은 서로 얼굴을 마주하고 차이를 인식한 후에 언어적으로 소통하는 데 있으므로 반드시 타자의 존재를 전제로 한다. 이는 공공 의식과도 관련이 있다.

대조적으로 노동하는 공간에는 타자가 없다. 노동의 본

---

38 같은 책, 19쪽[73쪽].

질은 인간의 얼굴이 나타나지 않게 하고 인원과 시간으로 수치화할 수 있는 '생명력'을 제공하는 데 있다. 따라서 거기에는 타자가 있을 수 없다고 아렌트는 생각한다. '아니, 편의점 점원은 고객이라는 타자를 접하잖아? 거기에 인간 사이의 관계가 있지 않나?'라는 의문을 가질 수도 있겠다.

그러나 아렌트라면 편의점 고객은 '생명력'을 받는 상대일 뿐 타자는 아니라고 답할 것이다. 편의점 점원과 고객의 관계는 인간과 인간의 관계보다는 기계와 인간의 관계에 가깝다. 구체적으로 생각해 봐도 편의점 점원의 일은 로봇이나 자동 계산대로 대체 가능하며 실제로 조금씩 그렇게 변하고 있다. 노동에는 타자가 존재하지 않고, 노동자는 임금만을 위해 일한다. 이는 노동이 본질적으로 '사적'(자기를 위한) 경험이며 공공 의식으로 연결되지 않는다는 것을 의미한다. 아르바이트는 시급을 받기 위한 업무지 더 좋은 편의점을 만들겠다거나 사회를 더 좋게 만들겠다는 뜻이 담겨 있는 것은 아니다.

이와 같이 정리한 다음 아렌트는 인간은 '활동'에 종사할 때만 인간으로서 살아가며 '노동'의 장에서는 인간의 조건이 상실되었다고 주장한다. 이것이 『인간의 조건』의 핵심이다.

아렌트는 다음과 같이 말한다. "'노동하는 동물'은 자기 육체라는 사적인 공간에 갇혀 누구와도 공유하지 못하고 누구에게도 완전히 전달할 수 없는 욕구를 실현하기 위해 애쓰고 있다." 노동은 동물적인 욕구(식욕 등)를 고독하게 채우기 위한 수단에 불과하다. 따라서 노동으로 인간과 인간의 관계가 형성되는 일은 없다. 내 만족(임금)은 당신의 만족과 분리되어 있다. 이에 비해 "활동이란 어떤 사물 등이 개입하는 일 없이 직접 사람과 사람 간에 이루어지는 유일한 행위로, 이는 다수성이라는 인간의 조건, 즉 지구상에서 살고 있는 것이 한 인간이 아니라 여러 인간이라는 사실과 대응한다". 사물에 대한 욕구는 사람을 고독한 만족에 가두지만 활동＝언어적 소통은 사람과 사람을 연결한다. 사람은 이를 통해 비로소 "자기가 누구인지를 알리고 자기 고유의 인격적 정체성을 적극적으로 표현함으로써 인간 세계에 그 모습을 드러낸다".[39]

인간은 현명顯名(이름을 드러낸) 상태에서 타자와 토론하며 공공 의식을 가졌을 때 비로소 인간일 수 있다. 그러나 익명 상태에서 타자와 토론하지 않으며 생명력을 자기 자신의 임금과 교환하고 있을 때는 인간일 수 없다. 이것이 『인간의 조건』의 기초가 되는 대립 개념이다. 현명적이고 공적인 존재만이 '인간'으로 불릴 가치가 있다. 익명적이고 사적인 존재는 그리 불릴 가치가 없다. 따라서 코제브의 말을 빌려 '동물'로 불러야 할 것이다. 실제로 아렌트는 "노동하는 동물"이라는 표현도 쓴다.

아렌트의 이 정리는 철학적 지식 없이도 쉽게 이해할 수 있다. 편의점에서 아르바이트를 할 때는 인간의 조건을 박탈당하고 있다는 말을 듣고 '그런 것 같다'고 수긍하는 독자도 많을 것이다.

그러나 이 아렌트의 철학이 큰 이론적 약점을 지니고 있

---

39 같은 책, 177, 20, 291쪽〔200, 73~74, 268쪽〕. 인용 일부 변경.

다는 것도 널리 알려져 있다. 그녀가 모델로 참조한 고대 그리스의 도시 국가가 노예제 위에 형성되었다는 것이다.

고대 그리스에서는 현명적이고 공적인 '인간'과 익명적이고 사적인 '노동하는 동물'을 명확히 구별했을지도 모르겠다. 아렌트는 이 구별을 현대에 부활시킬 것을 제안했다. 그러나 실제로는 현명적 시민의 활동＝정치＝폴리스를 이들 시민이 각자 소유한 노예들의 익명적 노동＝가정＝오이코스가 지탱했다. 실로 잔혹하고 단순한 하부 구조가 존재했던 것이다. 과연 이 구별을 그대로 가져와 현대에 적용하는 것이 적절하다고 할 수 있을까? 정치 활동이나 자원 봉사의 공적인 가치를 강조한 나머지 오히려 노동 현장에서 생성되는 다양한 사유를 정치의 장에서 배제할 여지가 있는 것은 아닐까? 쉽게 말해 아렌트야말로 편의점 아르바이트를 가장 인간 취급하지 않고 있는 것 아닐까? 정치학자 사이토 준이치는 아렌트의 철학을 높이 평가하면서도 『인간의 조건』은 "생명과 연관된 모든 물음을 공적 공간에서 배제"하고 "신체의 필요성이나 고통을 호소하는 목소리를 적절치 않고 온당치 않은 것으로 간주"하므로 "뿌리부터 비판해야 한다"고 단호히 주장한다.[40]

이 약점을 어떻게 극복해야 할까? '노동하는 동물'이 만드는 공공성을 사유해야 한다면 이는 어떤 인간관과 정치관을 필요로 하는가? 이 물음의 답은 전문가에게 맡겨도 되겠으나 이 책의 문맥에서 중요한 다음 문제는 풀고 넘어가자.

40 사이토 준이치, 『공공성』公共性, 岩波書店, 2000, 56~57쪽〔『민주적 공공성』, 윤대석·류수연·윤미란 옮김, 이음, 2009, 74~75쪽〕.

『인간의 조건』의 약점은 바로 슈미트의 친구/적 이론이나 코제브의 포스트역사론의 약점과 동일한 원인에서 비롯하는 것 아닐까?

여기서 내가 아렌트를 사례로 든 이유는 일반적으로 그녀가 슈미트와 코제브, 특히 슈미트와 대조적인 사상가로 평가받기 때문이다. 사실 나치에 협력했던 슈미트와 나치의 박해를 피해 망명한 유대인 아렌트는 정치적으로 대극에 위치한다. 아렌트는 좌익이고 슈미트는 우익이다. 그러나 그런 이데올로기적 표면을 벗겨 내고 보면 이들의 사상은 놀랍도록 구조가 비슷하다.

슈미트, 코제브, 아렌트 모두 19세기부터 20세기에 걸쳐 커다란 사회 변화 속에서 인간이란 무엇인지를 근본부터 되물은 사상가다. 슈미트는 친구와 적을 구분 짓고 정치를 행하는 자가 바로 인간이라고 답했고, 코제브는 타자의 인정을 추구하며 투쟁하는 자가 인간이라고 답했으며, 아렌트는 광장에서 토론하며 공공성을 만드는 자가 인간이라고 답했다. 언뜻 제각각인 답처럼 보이지만 이들이 인간을 무엇과 대비시켰는지를 보면 공통된 문제 의식이 부각된다. 슈미트가 친구/적 이론을 구축한 것은 친구와 적의 구분에 신경 쓰지 않고 경제적인 이익만을 추구하는 인간(자유주의자)이 출현했기 때문이다. 코제브가 투쟁 정신으로 무장하고 역사를 만드는 이가 바로 인간이라고 주장했던 것은 투쟁도 역사도 필요로 하지 않고 쾌락에 자족하는 인간(동물적 소비자)이 출현했기 때문이다. 그리고 아렌트가 『인간의 조건』을 집필한 것은 다시 인용하면 "자기 육체라는 사적인 공간에 갇힌", 타자를 필요로 하지 않는 '노동하는 동물'이 출현했기 때문이다.

코제브는 동물적인 소비자를 비판했고 아렌트는 '노동하
는 동물'을 비판했다. 근대 대중 사회에서는 노동자가 바로
소비자다. 따라서 노동 문제와 소비 문제는 표리일체다.

실제로 아렌트는 소비 또한 노동과 동일한 논리로 비판
했다. 그녀에 따르면 노동은 생명력을 화폐로 바꾸고 소비
는 그 화폐로 동물적 욕구를 채우는 행위일 뿐이다. 노동이
공공성과 관련이 없는 것처럼 소비도 공공성과 관련이 없
다. 그녀는 다음과 같이 썼다. "'노동하는 동물'의 여가 시간
은 소비 이외로는 쓰이지 않고, 시간이 남으면 남을수록 그
식욕은 탐욕스러워지고 갈망이 커진다." 따라서 "고통과
노력의 족쇄에서 완전히 '해방된' 인류는 세계 전체를 자유
롭게 '소비'하게 되고, 인류가 소비하고 싶다고 생각한 모든
것을 매일 자유롭게 재생산하게 될 것"이나, 그런 "유토피
아"에서 탄생하는 것은 "행복"을 추구하는 "대중 문화"일
뿐이어서 인간의 삶에 어떤 의미도 부여해 주지 않을 것이
다.[41] 이 문장은 앞서 인용했던 세계 국가의 이상을 비판한
슈미트의 문장, 포스트역사의 '동물'적인 삶을 비아냥 섞어
묘사한 코제브의 문장과 놀랄 만큼 닮았다.

슈미트와 코제브 그리고 아렌트는 같은 패러다임을 살
았다. 이들은 모두 경제적 합리성을 원동력으로 삼으며 정
치를 배제하는, 친구/적의 구분이 없는 평면적인 대중 소비
사회를 비판하기 위해 고전적인 '인간'의 정의를 부활시키
려 했다. 달리 말해 그들은 모두 글로벌리즘이 실현하게 될 쾌

---

41 아렌트, 『인간의 조건』, 193~196쪽 (216~218쪽).

락과 행복의 유토피아를 거부하기 위해 인문학 전통을 활용하려 했다.

이 책이 '관광객'을 사유함으로써 극복하려는 대상이 바로 이 무의식적 욕망이다. 20세기의 인문학은 대중 사회의 실현과 동물적 소비자의 출현을 '인간이 아닌 것'의 도래로 받아들이고 거부하려 했다. 그러나 이 거부가 글로벌리즘이 진행된 21세기에 통할 리 없다. 실제로 인문학의 영향력은 이번 세기 들어 급속히 쇠퇴하고 있다. 따라서 우리는 인문학 자체를 변혁할 필요가 있다. 이것이 이 책의 바탕에 있는 위기 의식이다.

마지막으로 덧붙이자. 슈미트와 아렌트 이후 20세기 후반 들어 겉보기에 대중 사회나 소비 사회를 분석하는 학파가 여기저기서 등장했다. 프랑스어권의 장 보드리야르나 롤랑 바르트 같은 기호론적인 소비 사회 분석, 문화연구라 불리는 영어권의 문화사회학 흐름, 혹은 독일어권의 프리드리히 키틀러나 노르베르트 볼츠 등이 그렇다. 포스트모더니즘이라 불리는 것은 대체로 이들과 겹치며 소위 '현대 사상' 업계에서 자주 참조 대상이 되는 것은 오히려 이런 부류다. 따라서 이들을 아는 독자는 인문 사상이 대중 사회를 배제해 왔다니 언제 이야기냐는 의문을 가질지도 모르겠다. 애초에 이 업계에서는 헤겔의 정치관이나 인간관은 이미 극복된 것으로 여긴다.

그러나 사실 이런 어설픈 지식을 갖고 있으면 함정에 빠지기 쉽다. 현실을 보면 지금 거론한 포스트모더니스트의 사회 분석이나 문화 분석이—개별 현상이나 작품 해석에서는 일정한 성과를 올렸으나―공공성과 그 외부, 인간과 그 외부, 정치와 그 외부를 분할하는 이항 대립을 전혀 해체하지 못했고, 또한 현실 정치에도 거의 영향을 미치지 못한 것이 분명하기 때문이다.

포스트모더니스트가 정치와 그 외부를 '해체'한다고 주장한 것은 사실이다. 그리고 학회와 일부 독자층에서 유행하기는 했다. 그러나 현실 사회에서는 그런 그들의 주장 자체가 비정치적인 것으로 취급받고 정치 외부로 배제되었다고 할 수 있다. 이들 포스트모더니스트의 활동은 때때로 '문화 좌익'이라 불리는데, 이 명명(문화) 자체가 그들의 활동이 정치적인 것으로 간주되지 않았다는 것을 증명한다. 실제로 2017년 현재, 국내외에서 이른바 '현대 사상'을 논해 온 자들은 문화 좌익으로서 대학 안에서 문학이나 예술 비평 강의를 하거나, 또는 모든 이론을 내던지고 (즉 포스트모더니스트의 긍지를 버리고 모더니스트로 돌아가) 고전적인 '정치' 스타일을 계승해 가두 데모에 참가하고 있다. 여기서 전형적으로 재생산된 정치와 그 외부의 대립을 볼 수 있다. 무엇 하나 해체되지 않았고, 무엇 하나 바뀌지 않았다. 나는 이 상황에서 사상의 패배를 본다. 과거 텍스트의 어쭙잖은 재해석에 의존할 것이 아니라 다시 한번 기초 중의 기초로 돌아가 근대 사상의 인간관과 정치관을 근본부터 되물어야 한다.

관광객은 이 물음을 던지기에 적합한 주제다. 관광객은 대중이다. 노동자이자 소비자다. 관광객은 사적인 존재고 공적인 역할을 맡고 있지 않다. 관광객은 익명적 존재며 방문한 곳의 주민과 토론하지 않는다. 방문한 곳의 역사에도 정치에도 관여하지 않는다. 관광객은 단지 돈을 쓸 뿐이다. 그리고 국경을 무시하며 지구상을 넘나든다. 친구도 적도 만들지 않는다. 슈미트, 코제브, 아렌트가 '인간이 아닌 것'으로 간주해 사상 바깥으로 쫓아내려 한 거의 모든 성격을 갖추고 있다. 관광객은 20세기 인문 사상 전체의 적이다. 따라서 관광객을 철저히 사유하면 필연적으로 20세기 사상의 한계를 극복할 수 있다.

헤겔은 가족에서 시민으로, 그리고 국민으로 향하는 변증법으로만 인간을 정의할 수 있었다. 관광객에서 출발하는 인간의 정의는 불가능한 것일까? 이것이 내가 생각하려는 바다.

4장
2층 구조

1

관광객의 철학을 사유하는 것은 대안적인 정치 사상을 사유하는 것이다. 만약 인간이 특정 국가에 속해 그 가치관을 내면화하는 회로가 아닌 다른 회로를 통해 보편성을 손에 넣을 수 있다면 그것은 어떤 길을 통해서인가? 익명이며 동물적 욕구에 충실하고 누구의 친구도 누구의 적도 되지 않는, 들뜬 기분으로 국경을 넘나드는 관광객. 이들이 만약 공공성의 가능성을 가지고 있다면 그 공공성은 어떤 것인가? 이것이 이 책의 물음이다.

앞 장에서 명확히 한 것처럼 가족에서 시민으로, 국민으로, 그리고 세계 시민으로 향하는 단선적인 정신사를 전제하는 한 이 물음에 답하는 것은 원리적으로 불가능하다. 국민이 되는 것과 정치적 존재가 되는 것은 동일한 사태가 되고, 국가를 사유하는 것과 정치를 사유하는 것이 등치되기 때문이다.

그러나 우리는 지금 이 등식 자체를 의심해야 하는 현실에 직면해 있다. 21세기 세계는 칸트나 헤겔이 살던 시대와는 구조가 크게 달라졌다. 예나 지금이나 국민 국가를 기반으로 국가들이 모여 국제 사회를 형성하고 있지만 그 집합 형태나 구성 양식은 전혀 다르다. 더 이상 국가를 사유하는 것이 곧 정치를 사유하는 것이라고 단정할 수 없다. 현대 세계에서는 국가가 개입하지 않는, 더 이상 국가가 관리할 수 없는 정치의 영역이 거시적으로도 미시적으로도 늘어 가고 있다. 따라서 우리에게는 새로운 정치 사상이 필요하다.

국가가 관리할 수 없는 정치 영역의 사례로 1장에서는 최근의 테러리스트 문제를 들었다. 도대체 왜 그런 영역이 생기게 된 것일까?

이번 장 전반에서는 이러한 영역(정치라 불리지 않는 정치의 영역)을 낳을 수밖에 없는 현대 사회의 구조를 밝히고, 후반에서는 이 비정치적인 정치가 만들어 내는 공공성 또는 보편의 가능성, 즉 관광객의 철학을 본격적으로 풀어낼 것이다.

우선 국가의 이미지를 생각해 보자. 국가란 무엇일까? 헤겔은 국가를 시민 사회의 '자기 의식'으로 파악했다(엄밀하게는 약간 다르지만 이 책에서는 이렇게 요약한다).

어느 땅에 여러 개인이 거주하고 서로 생산물을 교환하며 함께 사는 것이 시민 사회인데, 이 상태만으로는 국가가 탄생하지 않는다. 왜냐하면 이들은 자신의 행위에 대한 자각 없이 그저 눈앞의 필요성 때문에 교환을 하고 있을 뿐이기 때문이다. 그들이 이 현실을 반추하고 자신이 왜 이 타자들과 관계 맺고 있는지 그 이유를 찾아 정체성 의식을 가질 때 비로소 국가가 탄생한다. 이것이 헤겔 철학의 핵심이다.

국가는 시민 사회의 자기 의식이다. 이 단순한 정의는 지금도 시사하는 바가 많다. 그리고 같은 정도의 주목이 필요한 정의가 하나 더 있다.

3장에서 참조한 『영원한 평화를 위해』에는 칸트의 국제 체제론이 담겨 있는데, 이 논의는 흥미로운 가정을 도입한다. 그에 따르면 '국가를 가진 민족'은 단일 인격Person을 갖는 것으로 간주할 수 있다.[1]

물론 그 근거는 제시되어 있지 않다. 그냥 그렇게 쓰여 있을 뿐이다. 그러나 이 가정은 지나가는 발상 중 하나가 아니라 칸트가 내놓은 주장의 핵심을 구성하는 것으로 보인다. 그는 여러 국가가 국제 사회를 구성하는 것과 여러 인간이 시민 사회를 구성하는 것이 구조적으로 같다고 비유하면서 국제 체제론을 논하는데, 이런 비유는 애초에 국가를 인간과 등치시키지 않으면 성립하지 않기 때문이다. 동일한 등치는 『영원한 평화를 위해』의 다른 부분에서도 나타난다. 예를 들어 칸트는 앞 장에서 소개한 것처럼 영원한 평화를 추구하는 국가 연합을 설립하기 위해서는 각 구성국이 우선 공화국이 되어야 한다고 주장한다. 이 규정(제1확정 조항)의 의미에 대해서는 다양한 연구가 있는데, 일단은 공화국이 아니면 국가 연합에 참가할 수 없다는 점이 중요하다. 이는 성인만이 시민 사회에 참가할 수 있다는 흔하디 흔한 '어른이 되어라' 논리와 다를 바 없기 때문이다. 칸트는 인간이 성숙하면 시민 사회를 만드는 것처럼 국가도 성숙하면 영원한 평화를 만든다고 생각한 철학자다.

---

1 "국가를 한 민족이 구성하고 있다면 이 민족은 개개의 인간과 동일하게 여겨도 된다"(칸트, 『영원한 평화를 위해』, 39쪽〔29쪽〕). 여기서 '인간'으로 번역된 독일어는 Person이며, '인격'으로도 번역할 수 있다.

칸트는 국가를 인격으로 여겼다. 헤겔은 국가를 시민 사회의 자기 의식으로 여겼다. 이 두 정의를 조합하면 다음과 같은 이미지가 도출된다. 인간에게 신체와 정신이 있는 것처럼 국민 국가(네이션nation)에는 시민 사회와 국가가 있다는 이미지 말이다.[2] 네이션이라는 단일 '실체'의 신체적인 측면과 정신적인 측면, 또는 경제적인 측면과 정치적인 측면이 각각 시민 사회와 국가에 해당한다.

이 이미지는 내셔널리즘 시대의 세계관을 잘 표현해 준다. 내셔널리즘이 언제 시작되었는지에 대해서는 연구자에 따라 의견이 다르지만 여기서는 오사와 마사치의 대작 『내셔널리즘의 유래』를 따르겠다. 이 책에 따르면 내셔널리즘의 기원은 절대 왕정 시기까지 거슬러 올라가나 내셔널리즘이 본격적으로 힘을 얻기 시작한 것은 18~19세기, 바로 칸트와 헤겔이 활약한 시대다. 이 시대에 네이션을 단위로 한 정치 제도가 정비되고, 이때까지 반쯤 자생적이던 징

---

2 유럽어 '네이션'은 일본어로 '국민' 또는 '국가'로, 혹은 둘을 합친 '국민 국가'로도 번역된다. 국민이 사람을, 국가가 법이나 행정의 각 제도를 가리킨다면 네이션은 이 둘을 합친 정치적·경제적·문화적 통일체를 의미하는 말로, 이는 '국민 국가'라는 번역어에 반영되어 있다. 하지만 일본어에서 '국민 국가'는 일상적으로 사용되는 말이 아니며 정치학이나 역사학에서 쓰이는 상당히 전문적인 용어라는 인상을 준다. 따라서 이 책에서는 기본적으로 '국민' 또는 '국가'를 쓰고, 그래도 오해의 여지가 있을 때만 '(네이션)'을 추가한다. '국가'로 번역되는 유럽어로는 이 외에 state, état, Staat 등이 있으며 모두 법이나 행정의 각 제도로서 국가를 의미한다. 즉 일본어 '국가'는 네이션과 스테이트 둘 다를 가리키는 말이기도 하며 이 또한 유럽의 국가론을 일본어로 사고하는 것 혹은 그 반대를 어렵게 한다. 6장에서 헤겔의 변증법과 가라타니의 4분류론을 비교할 때도 같은 번역 문제가 발생한다. 6장 주 6 참조.

세와 경제의 범위가 '국민 경제'라는 말로 재정립되어 갔다. 언어와 생활 양식을 공유하는 사람들이 거주하고, 같은 법과 경찰의 지배를 받으며, 통일된 의지하에 교통망이 정비된 지리적 영역이 정치적 및 경제적으로 독립된 단위로 간주된 것이다. 그리고 이는 어니스트 겔너가 지적한 바와 같이 훗날 문화의 단위로도 여겨지게 된다.[3]

칸트와 헤겔은 내셔널리즘의 출발점이 된 시대를 살았다. 그래서 이들의 국가관은 도래할 내셔널리즘 시대 세계관의 청사진이 되었다. 그곳에서는 개인도 가족도 부족도 아닌 새로 출현한 '네이션'이라는 단위가 정치와 문화의 공통된 근간으로 간주되었다.

그러나 우리가 살고 있는 시대는 더 이상 이런 소박한 내셔널리즘 시대가 아니다.

우리는 지금 먹을 것, 입을 것, 볼 것, 들을 것 등 거의 모든 상품이 국경을 넘나드는, 즉 네이션 따위는 존재하지 않는 것처럼 유통되는 시대를 살고 있다. 우리는 도쿄, 뉴욕, 파리, 베이징, 두바이 어디서든 맥도날드에서 햄버거를 먹고, 갭GAP에서 옷을 사고, 쇼핑몰에서 할리우드 영화를 볼 수 있다. 얼마간 풍요롭고 안전한 도시라면 어디를 돌아다녀도 사람들의 복장이나 거리의 광고에 별 차이가 없고 네이션의 차이를 의식할 필요도 거의 없다. 달리 말해 인류 사회는 슈미트나 아렌트의 우려처럼 소비라는 측면에서 하나

---

3 오사와 마사치大澤真幸, 『내셔널리즘의 유래』ナショナリズムの由来, 講談社, 2007, 106, 220쪽 이하.

의 사회에 가까워지고 있다. 냉전 후 사반세기 동안 이 방향으로 극적으로 변화했고 앞으로 더욱 변할 것이다. 네이션은 이제 경제와 문화의 근간이 아니게 된 것이다.

여기서는 그럼에도 여전히 국경이 존재하고 네이션도 내셔널리즘도 존재한다는 사실을 문제 삼으려 한다. 그뿐 아니라 오히려 이들의 존재감은 강해지고 있다. 나는 이 글을 2017년에 쓰고 있다. 작년인 2016년에는 세계 각국에서 글로벌리즘에 대한 반발이 현저히 부각됐다. 영국은 유럽연합을 이탈한다는 결정을 내렸고, 미국은 트럼프를 대통령으로 선출했다. 유럽 여론은 난민 반대로 크게 기울고 있다. 일본에도 최근 공공연히 배외주의적인 주장을 펼치는 이들이 생겨났다.

과거의 내셔널리즘 시대는 끝나고 앞으로 글로벌리즘 시대가 올 것이라는 낙관론이 퍼지던 때가 있었다. 앞 장에서 다룬 것처럼 지금도 정보 사회론 분야에서는 그런 낙관주의를 볼 수 있다. 그러나 그런 '이행'이 설혹 미래에 실현된다 하더라도 그리 쉽게 진행될 것 같지는 않다. 사실상 최근 사반세기 동안 글로벌리즘이 확산되는 동시에 내셔널리즘 또한 그 반동으로 힘이 커졌고 이제는 양자의 충돌이 정치적인 문제가 되고 있다. 즉 세계는 지금 한편으로 연관성이 계속 강화되어 경계가 사라지고 있으나, 다른 한편으로는 더욱 거리가 멀어지고 경계를 다시 그으려는 것처럼 보인다. 우리가 살고 있는 시대는 칸트가 꿈꾼 국가 연합의 시대(내셔널리즘의 시대)도 SF 작가나 IT 기업가 들이 꿈꾼 세계국가의 시대(글로벌리즘의 시대)도 아닌, 이 두 이상의 분열로 특징지어지는 시대다.

무엇이 이런 분열을 초래했는가? 앞서 거론한 오사와의 저서는 그 메커니즘을 설명하기 위해 매우 복잡한 논리를 만들어 낸다.[4] 이 메커니즘은 그의 대작이 다룬 주제기도 하다. 그러나 나는 어떻게 보면 단순하기 그지없는 현실의 귀결에 불과하다고 생각한다.

내셔널리즘 시대의 세계상이 의미하는 바를 곱씹어 보자. 이 세계상에서 국가와 시민 사회는 각각 단일 실체(네이션)의 정신과 신체에 비유된다.

이 같은 정신과 신체의 대비를 프로이트적인 '의식'과 '무의식'의 대비, 더 저속하게는 '상반신'과 '하반신'의 대비에 포개 보자. 상반신은 사유의 장소, 하반신은 욕망의 장소다. 그러면 국민(네이션)에 있어 국가 = 정치는 사유의 장소, 시민 사회 = 경제는 욕망의 장소가 된다. 실제로 국민은 정치의 장에서 정책에 관해 이성적인 토론을 하고, 경제의 장에서 필요와 욕망에 따라 자유롭게 물건을 구매한다고 볼 수 있다.

이 비유를 더 밀고 가자. 인간은 평소에 상반신의 합리적인 사유에 따라 행동한다. 적어도 스스로는 그리 여긴다. 타인에게는 상반신의 모습만 보여 준다. 그러나 현실에서는 항상 하반신이 갖는 비합리적인 욕망에 괴로워한다. 욕망의 관리는 건전한 사회 생활을 영위하기 위해 결정적으로 중요하다. 이 관리에 실패하면 병에 걸린다는 것이 프로이트 정신분석의 가르침이다.

네이션에 대해서도 똑같이 말할 수 있지 않을까? 국민(네

---

4 같은 책, 561쪽.

이션)은 평소에 정치 영역에서 합리적인 사유에 따라 행동한다. 적어도 스스로는 그리 여긴다. 그리고 칸트가 말한 것처럼 타국에는 국가라는 얼굴=인격만을 보여 준다. 그러나 현실에서는 항상 시민 사회에서 꿈틀거리는 비합리적인 욕망에 괴로워한다(배외주의나 혐오 발언 등을 떠올려 보라). 따라서 그 욕망을 관리하는 일이 건전한 국제 질서 확립에 결정적으로 중요하다. 이처럼 풀어 해석하면 알 수 있듯『영원한 평화를 위해』의 제1확정 조항(각 국가의 시민적 체제는 공화적이어야 한다)은 인간으로 치환해 생각하면 금방 이해할 수 있는, 저속하다고 형용해도 될 정도의 논리다. 칸트는 각 국가에 '우선 네 하반신을 제어할 수 있게 된 다음에 국제 사회에 들어오라'는 주문을 하고 있는 것이다.

국민 국가(네이션)는 국가와 시민 사회, 정치와 경제, 상반신과 하반신, 의식과 무의식이라는 두 분신으로 구성되어 있다. 칸트와 헤겔은 이를 전제로 국가가 시민 사회 위에 서고 정치적인 의식이 경제적인 무의식을 억제하며 국제 질서를 형성하는 것이 인류에 맞는 모습이라고 생각했다.

여기서 거듭 이미지를 이야기하는 이유는 내셔널리즘 시대의 세계 질서를 이렇게 파악하면 이와의 차이를 통해 현재의 세계 질서를 명확히 이해할 수 있기 때문이다.

내셔널리즘 시대에는 국가와 시민 사회, 정치와 경제, 공과 사라는 두 반신이 합해져 하나의 실체=네이션을 구성했다. 그래서 네이션이 모든 질서의 기초가 될 수 있었다.

하지만 21세기 세계에서는 바로 이 전제가 무너져 내리고 있다. 이때 결코 네이션 자체가 무너진 것이 아니라 네이션의 통합성이 무너졌을 뿐이라고 이해하는 것이 중요하다.

네이션은 살아남았다. 정치는 아직도 네이션 단위로 움직인다. 정치인은 국민의 신임을 얻어 국민을 위해 일한다. 여기에는 엄연히 네이션의 감각이 있다. 그러나 경제 영역은 더 이상 네이션 단위로 움직이지 않는다. 상인은 전 세계의 소비자에게 상품을 팔아 화폐를 모은다. 대기업뿐만 아니라 작은 기업이나 개인도 지금은 놀라울 만큼 간단히 국경을 넘나들며 장사를 하고 있다. 여기에는 네이션의 감각이 없다. 정치적 논의는 네이션 단위로 이루어지나 시민의 욕망은 국경을 넘어 연결되어 있다. 이것이 21세기의 현실이다.

달리 말해 우리가 살고 있는 이 21세기 세계에서는 국가와 시민 사회, 정치와 경제, 사고와 욕망이 내셔널리즘과 글로벌리즘이라는 이질적인 두 원리에 따라 **통합되는 일 없이** 각기 다른 질서를 구축하고 말았다. 나는 이것이 오사와가 고심한 문제의 정체라고 생각한다. 글로벌리즘은 내셔널리즘을 파괴한 것이 아니다. 극복한 것도 아니다. 그냥 기존의 내셔널리즘 체제를 온존시킨 채로 그 위에 덧씌우듯 전혀 다른 질서를 구축해 버린 것이다.

이로부터 알 수 있듯 현대는 결코 내셔널리즘의 시대가 아니다. 그렇다고 글로벌리즘의 시대도 아니다. 이 시대에 내셔널리즘과 글로벌리즘이라는 두 질서 원리는 오히려 정치와 경제 두 영역에 따로 할당되어 병존한다. 나는 이를 **2층 구조** 시대라고 부르고자 한다.

칸트는 국민 국가를 인간=인격으로 여겼다. 실제로 내셔널리즘 시대에는 국제 관계를 종종 인간 관계에 빗대 묘사했다. 독자 중에서도 역사 교과서에서 청일 전쟁이나 러일 전쟁 당시 유럽 미디어가 일본을 포함한 관계 각국을 의인화한 풍자화를 본 적이 있을 것이다. 미국은 성조기 무늬의 중산모자를 쓴 수염 기른 남성으로, 중국(청나라)은 아편에 중독된 환자로, 러시아는 곰으로 묘사된 풍자화 말이다. 최근에는 이런 풍자화를 볼 일이 별로 없다. 이 2층 구조 시대에는 미국이든 중국이든 러시아든 하나의 인격으로 한 국가를 표상하는 데 무리가 있기 때문이다. 실제로 트럼프가 대통령이 되었다고 해서 미국 전체가 한순간에 보호주의적이고 배외주의적으로 바뀌거나 폐쇄적인 네이션이 되는 것은 아니다. 트럼프의 정책과 상관없이 미국은 중국과의 무역을 그만둘 수 없고 다른 국가와도 마찬가지다.

그렇다면 이 세계에 걸맞은 이미지는 어떤 것일까? 2층 구조 시대에는 정치가 아무리 대치 상태에 있어도 경제는 계속 연결되어 있으므로, 만약 국제 관계를 풍자화로 묘사한다면 각국이 독립된 인간으로 표상되는 것이 아니라 오히려 인간으로서의 독립성을 잃고 하나로 연결된 '신체'(시민 사회) 위에 따로따로 '얼굴'(국가)만 있는 그림이 될 것이다. 사실 일본 만화사에는 바로 이런 특징을 충족시키는 유명한 이미지가 존재한다. 모로호시 다이지로가 1974년 「생물 도시」에서 그린 괴물이 그렇다(<그림 4>). 우주선이 다른 행성에서 '무언가'를 가져오고 그것의 작용으로 사람들이 다른 생물이나 무기물과 접촉하면 신체의 융합이 일어나게 된다. 그런데 의식은 독립성을 잃지 않기 때문에, 마지막에는 무수한 독립된 '얼굴'을 가진 생물인지 기계인지 분간

<그림 4> 모로호시 다이지로諸星大二郎, 「생물 도시」生物都市, 『모로
호시 다이지로 자선 단편집: 저편에서』諸星大二郎自選短編集: 彼方より,
集英社文庫, 2004, 30쪽〔『모로호시 다이지로 자선 단편집 2: 아득한 곳
에서』, 김동욱 옮김, 미우, 2013, 36쪽〕. 전재 허락을 받은 그림.

할 수 없는 부정형의 괴물이 출현한다. 바로 이것이 2층 구조 시대의 세계 질서의 표상에 걸맞은 이미지다.

경제는 연결되어 있으나 정치는 분리되어 있는 시대. 욕망은 연결되어 있으나 사고는 분리되어 있는 시대. 하반신이 이어져 있는데도 상반신은 이어지는 것을 거부하는 시대. 이것이 2층 구조 시대의 세계 질서다. 마지막으로 저속하다고 비난받을 것을 각오하고 연상을 이어 가자면, 이 시대의 국민 국가(네이션) 간 관계는 종종 서로 사랑을 확인하지 않은 채 육체 관계부터 맺은 것이나 마찬가지인 상태가 되기 쉽다고도 할 수 있다.

오늘날 경제=신체는 욕망에 충실하게 국경을 넘어 곧장 연결되지만 정치=머리는 이 현실을 따라잡지 못하고 있다. 정부=머리는 양국 사이에 다양한 문제가 있고 신뢰 관계도 충분히 형성되지 않았으니 경제=신체적인 관계를 맺는 데 신중해야 한다고 생각한다. 그러나 시민 사회=신체는 이미 쾌락을 맛보아 좀처럼 관계를 끊지 못한다. 기회만 있으면 또 관계를 갖는다. 비유적으로 말해 지금 전 세계에서는 이런 사태가 벌어지고 있다. 일본과 이웃 나라 간의 관계도 그런 사례 중 하나다. 여기서 문제는 '사랑이 없으니 관계를 끊어야 한다'는 입장과 '현실적으로 끊을 수 없다'는 입장의 갈등이 사회 안에서 스트레스를 높일 뿐 좋은 결과는 도출하지 못하고 있다는 것이다.

사랑을 확인하지 않은 채 관계를 맺은 것은, 즉 정치적인 신뢰 관계를 구축하지 못한 상태에서 경제적인 의존 관계를 심화한 것은 경솔한 짓이었는지도 모른다. 불순한 짓일지도 모른다. 2층 구조 시대는 그런 의미에서 철저하게 경솔하고 불순한 시대다. 그러나 결국 관계를 끊을 수 없다면 각오를 다지고 사랑을 키워 갈 수밖에 없다. 이는 인간 관계에서도 국제 관계에서도 마찬가지가 아닐까?

2

이야기가 곁길로 샜다. 어쨌든 우리는 이처럼 국가와 시민 사회, 정치와 경제, 사고와 욕망, 내셔널리즘과 글로벌리즘이라는 두 층으로 이루어진 2층 구조 세계를 살고 있다. 이것이 이 책의 가설이다. 우리가 칸트와 헤겔의 패러다임(내셔널리즘 시대의 패러다임) 속 '정치' 정의가 더 이상 통하지 않는, 그러나 정치적이라고밖에 표현할 수 없는 사례를 다시 사유해야 하는 처지에 놓인 이유는 정치 자체의 영역을 변화시킨 이러한 커다란 세계상의 전환이 일어났기 때문이다.

슈미트, 코제브, 아렌트 모두 똑같이 글로벌리즘의 도래를 '인간 아닌 것'의 도래로 보았다. 이들은 경제의 확대가 인간의 소멸을 가져온다고 생각했다. 그렇다면 이 두 층을 인간의 층과 '인간 아닌 것'의 층, 즉 인간의 **층과 동물의 층**이라고 명명할 수도 있다.

21세기 세계는 인간이 인간으로서 살아가는 내셔널리즘의 층과 인간이 동물로서 살아가야 하는 글로벌리즘의 층, 이 두 층이 서로 독립된 상태로 포개진 세계라고 할 수 있다. 이런 세계상을 전제로 이 책이 구상하는 관광객의 철학을 '헤겔적인 성숙과는 다른 회로를 통해 글로벌리즘의 층과 내셔널리즘의 층을 연결할 수 없을지', '시민이 시민 사회에 머문 채로, 개인이 개인의 욕망에 충실한 채로 공공성이나 보편과 연결되는 또 하나의 회로가 없을지' 그 가능성을 모색하는 시도로 다시 정의할 수 있다.

사상사적인 보조선을 하나 더 그려 보자. 나는 지금까지 기존 인문 사상이 정치적이지 않은 영역이 창출하는 정치에 대해 거의 아무런 사유도 하지 않았으며 원리상 사유할 수도 없다고 했다. 그러나 사실 20세기 후반의 영어권 정치 사상 중에 이 과제를 다룬(다루려 했던) 예외적 사조가 하나 존재한다.

그것은 자유지상주의다. 자유지상주의는 20세기 중반 미국에서 탄생한 새로운 사상으로, 모리무라 스스무의 간략한 정의를 빌리면 "각 개인의 자유를 최대한 중시하고 정부의 개입을 최소화해야 한다는 사회 윤리나 정치 사상적인 견해"를 뜻한다.[5]

자유지상주의가 존중하는 자유에는 경제적 자유도 포함된다. 경제적 자유를 최대한 존중한다는 말은 결국 국가에 의한 부의 재분배에 신중한 입장을 취한다는 말이므로 필연적으로 복지 국가(큰 정부)에 부정적이다. 자유지상주의는 이 점에서 자유주의와 날카롭게 대립한다. 현재 미국의 자유주의는 인격적인 자유는 존중하는 반면 부의 재분배를 중시해 경제적인 자유는 오히려 제한하는, 이데올로기적으로 정반대인 복지 국가를 지지하는 입장이 되었다. 역

---

5 모리무라 스스무森村進 엮음, 『자유지상주의 독본』リバタリアニズム読本, 勁草書房, 2005, iv쪽.

사적인 경위 탓에 어원이 같아 비슷하게 보이는 개념이지만 이 둘을 혼동해서는 안 된다.

자유지상주의는 개인의 자유를 존중하므로 때로 아나키즘(무정부주의)과 가까운 입장을 취한다. 실제로 자유지상주의의 이론적 출발점으로 알려진 로버트 노직의 1974년 저작 제목은 『아나키, 국가, 유토피아』다. 그는 이 책에서 존 로크가 가정했던 자연 상태로 되돌아가 개인의 원시적인 소유권을 확인하는 것부터 시작해, 국가가 폭력을 독점하고 개인의 권리를 제한하는 일이 어디까지 정당화될 수 있는지를 하나씩 벽돌을 쌓아 올리듯 매우 치밀하게 논의했다. 그리고 "국가는 최소 국가(시민을 폭력이나 범죄로부터 보호하고 계약 실행을 지원하는 데 그치는 국가)일 경우에만 정당화될 수 있고, 그 이상 확대되는 것은 옳지 않다"고 결론짓는다.[6] 그나마 노직은 국가의 존재 자체는 인정하지만 아예 국가의 존재를 인정하지 않는 논자도 있다. 머리 로스바드, 데이비드 프리드먼 등은 교육이나 보험은 물론이고 경찰과 사법에 이르는 국가의 모든 공적(이라고 우리가 생각하는) 사업을 시장 원리에 맡겨야 한다고 주장한다. 따라서 자유지상주의는 경제학적 사고와 친화성이 높고 실제로 '법경제학'이라 불리는 경제학의 한 분야와 밀접히 관

6　로버트 노직Robert Nozick, 『아나키, 국가, 유토피아』アナーキー・国家・ユートピア, 시마즈 이타루嶋津格 옮김, 木鐸社, 1992, 178쪽 이하〔『아나키에서 유토피아로』, 남경희 옮김, 문학과지성사, 1983, 118쪽 이하). 또한 자유지상주의 일반에 대해서는 주 5의 『자유지상주의 독본』 외에도 모리무라 스스무,『자유는 어디까지 가능한가』自由はどこまで可能か, 講談社現代新書, 2001을 참고할 수 있다.

계된다. '법경제학'은 법적인 문제를 경제학적으로 고찰한다. 달리 말해 특정한 법을 입법하면 얼마나 효과를 얻을 수 있는지를 법 이외의 수단과 비용 측면에서 비교하고 검토하는 학문이다.

이 책의 문맥에서는 자유지상주의 국가론이 앞 장에서 살핀 헤겔 등의 국가론과 전혀 다른 성격을 가진다는 점에 주목해야 한다.

노직이 생각한 최소 국가에는 헤겔이나 슈미트가 전제로 삼았던 변증법적(정신사적) 기능이 전혀 없다. 최소 국가는 서로 다른 이해관계를 갖는 여러 개인이 함께 사는 것을 가능케 할 최소한의 조정 장치만을 가질 뿐이다. 최소 국가는 개인의 욕망에 전혀 관여하지 않는다. 개인을 국민으로 만들지도 않는다. 그뿐 아니라 개인을 국민으로 만드는 기능(예를 들면 교육)을 외부에 옵션처럼 추가하는 가치 중립적인 장치로 여긴다. 노직은 최소 국가를 "여러 유토피아를 위한 틀"(메타 유토피아)이라 형용한다.[7] 즉 자유지상주의의 '국가'는 정치 = 인간의 층보다 철저히 탈정치적인 경제 = 동물의 층에 속하는 메커니즘으로 위치 지어진다. 그렇기에 자유지상주의자들은 국가를 민간 기업과 동급으로

---

7 노직, 『아나키, 국가, 유토피아』, 481쪽 이하(381쪽). 더 논할 여유는 없으나 여기서 노직은 내가 논의의 출발점으로 삼은 최선설을 언급한다(라이프니츠의 이름은 나오지 않는다). 노직에 따르면 모든 가능 세계 중에서 최선의 것, 즉 유토피아를 탐구하기 위해 필요한 권력론적인 틀이 바로 최소 국가다. 최소 국가 위에 우리 모두가 각자의 유토피아를 설립해 각자의 최선 세계를 살아간다는 것이다.

다룰 수 있는 것이다.

이는 자유지상주의 이론이 국가와 정치와 인간을 등식(=)으로 연결하는 헤겔 패러다임에서 자유로운 지점에 입각해 있을 가능성을 시사한다. 이는 결정적으로 중요한 가능성이다. 좌익 자유주의와 대비되는 우익 자유지상주의라는 식의 이데올로기 대립에 따른 해석은 이 중요성 앞에서 거의 아무 의미도 없다. 헤겔 패러다임에서 자유롭기에 여기에는 새로운 정치 사상의 맹아가 숨어 있는 것이다.

그러나(아니, 그렇기 때문이라고 해야 할까?) 인문학자들은 이 가능성에 기본적으로 냉소적이다. 일본에서 자유지상주의의 중요성이 널리 알려진 것은 2000년대 들어서다. 자유지상주의가 갖는 인문학적 의미라는 중요한 과제—이것이 바로 관광객의 철학의 맹아가 될지도 모르겠는데—에는 거의 아무도 손을 대지 않은 상태다.

인문학자들이 같은 시기 영어권에서 주목해 왔던 부분은 '자유주의와 공동체주의 논쟁'이라 불리는 쪽이다. 여기서 자유지상주의가 아니라 '공동체주의'라 불리는 또 다른 정치적인 입장이 등장한다. 공동체주의는 한마디로 말해 보편적 정의보다 공동체의 선을 중시하는 사회 윤리적 입장이다. 자유지상주의와 마찬가지로 공동체주의도 20세기 후반에 탄생한 새로운 사상이다.

공동체주의의 탄생은 자유지상주의와 밀접한 관계가 있다. 둘 다 자유주의를 비판하면서 등장한 사상이기 때문이다. 이 책의 주요 취지에서 벗어나므로 간략히만 다루자면, 20세기 자유주의 이론은 존 롤스가 1971년에 펴낸 『정의론』에 의해 정비된 것으로 알려져 있다. 노직의 『아나키, 국가, 유토피아』는 『정의론』을 비판하기 위해 쓰인 책이며 이로부터 자유지상주의가 탄생했다. 마찬가지로 공동체주의도 『정의론』을 비판하는 책에서 탄생한다. 공동체주의에서 중요한 저작은 1982년 마이클 샌델이 펴낸 『자유주의와 정의의 한계』다. 샌델은 여기서 롤스의 주장은 보편적인 정의를 추구하는 보편적인 주체(부담을 지지 않는 주체)의 존재를 전제하고 있으나 이는 너무 추상적인 가정이며, 현실에서 정치 이론은 특정 공동체의 특정 가치관(정의가 아닌 선)을 내재한 주체만을 전제할 수 있다고 논했다. 이 책의 출간을 계기로 1980년대부터 1990년대에 걸쳐 영어권 정치학 분야에서 자유주의와 공동체주의 사이에 지속적인 논쟁이 일어났다.[8]

자유주의와 공동체주의 논쟁은 정치학 분야에서 상당히 중요한 문제로 받아들여진다. 그러나 내 생각에는 조금 전에 시사했듯 자유지상주의의 출현이 훨씬 중요하고 미래를 향해서도 잠재력을 가진 사건이다.

논쟁의 핵심은 단순하다. 자유주의는 보편적 정의를 믿고 공동체주의는 그런 정의를 믿지 않는다. 그뿐이다. 그리고 보편적 정의를 믿는 사상은 개인에서 시민 사회로, 국가로, 그리고 세계 시민으로 향하는 단선적인 이야기를 믿었

8   이 논쟁에 관해서는 스티븐 멀홀Stephen Mulhall·애덤 스위프트Adam Swift, 『자유주의·공동체주의 논쟁』リベラル·コミュニタリアン論争, 야자와 마사시矢澤正嗣·이지마 쇼조飯島昇藏 외 옮김, 勁草書房, 2007〔『자유주의와 공동체주의』, 김해성·조영달 옮김, 한울, 2016〕을 참고할 수 있다.

던 칸트나 헤겔의 후계자로 등장한다.

칸트 등은 개인의 국민화가 종착점이라고 생각하지 않았다. 특정 국가에 소속되는 것은 이를 뛰어넘는 보편적 주체로 향하는 하나의 단계에 불과하다고 보았다. 19세기 내셔널리즘은 현대의 폐쇄적인 내셔널리즘과는 달리 영원한 평화(칸트)나 세계 정신(헤겔)과 연결되어 있었다. 자유주의는 아직 이런 발전 도식(변증법)을 믿고 있다. 이에 비해 공동체주의는 더 이상 믿지 않는다. 여기에 본질이 있다. 즉 이는 헤겔 패러다임이 붕괴한 사태에 대응하는 현상에 지나지 않는다. 반면 자유지상주의의 출현에는 앞서 논한 바와 같이 이 패러다임 자체를 뛰어넘을 이론적 가능성이 잠재되어 있다.

앞서 나는 글로벌리즘이란 내셔널리즘을 파괴하는 것이 아니라 온존시킨 바탕에 또 다른 질서를 덧씌운 것이라고 했다. 다만 여기에는 약간의 주석이 필요하다.

글로벌리즘이 내셔널리즘을 온존시킨 것은 분명하지만 내셔널리즘에 아무 변화가 없었던 것은 아니다. 과거의 내셔널리즘은 세계 정신으로 향하는 상승의 첫걸음이었다. 그러나 이제 그런 상승은 존재하지 않는다. 세계 정신이 세계 시장으로 대체되고 말았기 때문이다. 내셔널리즘은 이제 영원히 내셔널리즘인 채로, 즉 특정 공동체에 대한 사랑인 채로 머물며 보편화되지 않는다. 공동체주의의 자유주의 비판은 현대 내셔널리즘의 이런 상황에 대응한다.

자유지상주의는 글로벌리즘의 사상적 표현이고, 공동체주의는 현대 내셔널리즘의 사상적 표현이다. 그리고 자유주의는 과거 내셔널리즘의 사상적 표현이다.

자유주의는 보편적인 정의를 믿었고 타자에 대한 관용을 믿었다. 그러나 그런 입장은 20세기 후반에 급속히 영향력을 잃었고 지금은 자유지상주의와 공동체주의만 남아 있다. 자유지상주의에는 동물의 쾌락만 있고 공동체주의에는 공동체의 선만 있다. 이대로는 어디에도 보편과 타자가 없다. 이것이 우리가 직면한 사상적 역경이다.

3

이제 관광객의 철학을 논할 때가 되었다. 관광객의 철학은 정치 외부에서 생성되는 정치에 관한 철학, 동물과 욕망으로부터 생성되는 공공성에 관한 철학, 글로벌리즘이 가능하게 만든 새로운 타자에 관한 철학이다. 이 관광객의 철학은 지금까지 논해 온 2층 구조와 어떤 관계가 있을까?

새로운 철학을 펼칠 때 기존 철학을 참조하지 않으면 신뢰받지 못한다. 따라서 여기서는 근래 현대 사상에서 가장 화제가 되었던 개념인 안토니오 네그리와 마이클 하트의 '다중'multitude을 참조해 관광객의 철학으로 향하는 길을 제시해 보겠다.

나는 관광객이 다중이라고 주장하려는 것이 아니다. 그런 주장에는 독창성이 없다. 한편 다중 개념을 약간 수정하면 이 책에 필요한 관광객이라는 개념으로 다시 태어나게 된다. 이것이 바로 21세기의 새 정치 사상, 정치 주체의 출발점이라고 생각한다.

다중이란 무엇인가? 이를 설명하려면 네그리와 하트가 제안한 '제국' 개념부터 살펴보아야 한다.

지금으로부터 약 15년 전에 네그리와 하트는 『제국』이라는 저서를 함께 펴냈다.[9] 이 책은 제목처럼 '제국'을 주제로 삼는다. 이들은 글로벌리즘이 확산된 냉전 후의 세계를 '제국'이라 부르고, 이것이 여러 주권 국가의 합종연횡으로 움직였던 기존 질서와는 전혀 다른 질서를 형성한다고 주장했다. 이 주장이 사상 분야 외에서도 화제가 되어 전 세계적 베스트셀러가 되었다.

『제국』의 내용은 지금까지 이 책에서 논한 2층 구조론과 매우 친화성이 높다. 네그리와 하트는 '국민 국가 체제'와 '제국 체제'를 대치시키고 "국민 국가의 주권 쇠퇴, 그리고 국민 국가가 경제적·문화적인 교환을 점점 규제할 수 없게 되는 것이 제국의 도래를 알리는 주요 징후 중 하나"라고 주장한다.[10] 즉 국민 국가(네이션)는 더 이상 경제와 문화를

---

9 안토니오 네그리Antonio Negri·마이클 하트Michael Hardt, 『제국』<帝国>, 미즈시마 가즈노리水嶋一憲 외 옮김, 以文社, 2003〔윤수종 옮김, 이학사, 2001〕. 일본어판에서는 제목을 비롯해 키워드인 '제국'에 모두 홑화살괄호를 쓰고 있다. 이는 현대 사상 분야 번역에서 볼 수 있는 독특한 관습으로 원어 단어 첫 글자가 대문자여서 고유명사로 취급되고 있음을 뜻한다. 실제로 네그리와 하트는 원문에서 현대의 세계 질서를 나타내는 the Empire를 역사적 개념인 과거의 제국 empire와 첫 글자가 대문자인지 여부로 구별하고 있으므로 이 구별이 중요한 것은 분명하다. 그러나 일부 대학이나 출판 관계자 이외의 일반 독자가 홑화살괄호 유무로 이를 인지할 것 같지는 않다. 따라서 이 책에서는 앞으로 인용 부분을 포함해 이 용어를 사용할 때 그냥 '제국'으로 표기한다.
10 같은 책, 4쪽〔16쪽〕. 인용 일부 변경.

자기 관리하에 두지 못하며 이로부터 새로운 질서가 생성된다는 것이 네그리와 하트의 인식인데, 이 책도 같은 인식을 갖고 있다. 제국은 글로벌한 경제적 또는 문화적 교환의 원활한 촉진을 보장하는 국민 국가와는 또 다른 정치적 질서, 국가와 기업과 시민이 함께 만드는 새로운 정치적 질서를 뜻한다. 이 책의 용어법으로 하면 '국민 국가 체제'는 내셔널리즘의 층에 해당하고, '제국 체제'는 글로벌리즘의 층에 해당한다고 볼 수 있다.

이와 함께 주목할 점은 네그리와 하트 또한 이 책과 마찬가지로 '제국'이라는 말을 도입해 동물＝글로벌리즘의 층이 만드는 정치, 인문 사상 분야가 전통적으로 정치적 사고에서 배제해 왔던 대상들이 만들어 내는 정치적 질서라는 역설적인 문제 틀을 다루려 한다는 것이다.

일본어판 옮긴이는 다음과 같이 네그리와 하트의 사상을 요약한다. "지구화는 주로 경제적인 현상으로 인식되고 있으며, 설혹 정치적 관점으로 파악하더라도 국민 국가에 입각한 정치와 국민 주권에 대한 단순한 위협으로만 취급되는 경우가 많다. 이런 통념에 대항해 네그리와 하트는 지구화의 급변 속에서 우리가 목도하는 현상이 새로운 정치 질서, 새로운 주권 형태의 구성이라고 지적한다."[11] 이 짧은 소개만으로도 네그리와 하트의 의도를 잘 알 수 있다. 지구화 자체가 새로운 정치를 만든다. 단 그 정치는 국민 국가와 무관하다. 달리 말해 국민 국가와 무관한 새로운 정치 영역이 존재한다. 이것이 그들 주장의 핵심이다.

---

11 같은 책, 514쪽. 집필은 미즈시마 가즈노리.

일본어판 옮긴이 등은 별로 주목하지 않았지만 이는 지금까지 자세히 설명한 것처럼 인문 사상 분야의 전통에서 보면 모순된 주장이다. 그래서 네그리와 하트의 문제 제기가 중요한 것이다. 이 역설의 중요성을 그리고 이 역설을 고민하는 유연한 사유의 필요성을 충분히 이해하지 못하면 이들의 주장을 제대로 이해할 수 없다. 그러면 『제국』은 냉전 후의 초대국 미국을 '제국'으로 명명하고 그 메커니즘을 분석할 뿐인 흔한 국제 정치서가 되고 만다. 실제로 그런 오해가 많아 2001년 미국에서 일어난 동시 다발 테러 이후 (『제국』은 2000년에 간행되었다) 『제국』의 주장은 시대에 뒤떨어진 것으로 치부되었고, 세계가 이제 '제국 이후'의 시대로 돌입하고 있다는 주장이 여기저기서 들려왔다.[12] 그러나 그런 비판은 사실 네그리와 하트의 주장과 관계가 없다. 이들은 지구화가 산출하는 질서가 바로 '제국'이라고 했기 때문이다. '제국'은 소위 '패권 국가'가 미국이든 아니든, 또는 그런 국가가 존재하든 존재하지 않든 인류가 지금처럼 경제 활동을 하는 한 계속 확대될 그 무엇이다.

한편 『제국』과 이 책의 인식 사이에는 차이도 존재한다. 네그리와 하트는 국민 국가 체제에서 제국 체제로 '이행'한다고 생각했다. 즉 국민 국가 시대는 종언을 고하고 제국의

12　예를 들어 에마뉘엘 토드Emmanuel Todd, 『제국 이후』帝国以後, 이시자키 하루미石崎晴己 옮김, 藤原書店, 2003(『제국의 몰락』, 주경철 옮김, 까치, 2003). 원서는 2002년 출간. 토드가 네그리와 하트의 책을 참조한 것은 아니겠지만 원제인 *Après l'empire*가 『제국』을 의식한 것은 거의 확실하다.

시대가 시작된다고 보았다(적어도 그렇게 읽힐 수 있게 썼다). 한편 여기서는 두 체제가 공존한다고 본다.

나는 사실 네그리와 하트의 주장 자체도 이행 모델이 아니라 이 책과 같이 공존=2층 구조 모델을 적용하는 편이 나았다고 생각한다. 그 근거는 이들의 권력론에 있다.

두 사람은 『제국』에서 국민 국가 체제와 제국 체제는 주요 권력의 질이 다르다는 중요한 지적을 한다. 이에 따르면 전자에서는 '규율 훈련'이 우선하고 후자에서는 '생명 권력'이 우선한다.

규율 훈련과 생명 권력은 프랑스 계열 현대 사상에서 권력의 두 유형을 가리킬 때 쓰는 용어다. 거칠게 정리하면 규율 훈련은 권력자가 이래라저래라 명령하고 징벌을 가해 대상자의 행동을 좌우하는 권력을 가리킨다. 징벌을 가하기 때문에 규율 훈련이라 불린다. 한편 생명 권력은 어디까지나 대상자의 자유 의지를 존중하면서도 규칙, 가격, 환경 등을 바꿈으로써 결과적으로 권력자의 의도대로 대상의 행동을 좌우하는 권력을 가리키는 말이다. 대상의 사회적 삶에 개입하기 때문에 생명 권력이라 불린다.

이 두 개념의 역사는 복잡하다. 일반적으로 둘 다 푸코가 발명한 것으로 알려져 있는데, 사실 푸코가 두 개념을 대립시켜 제시한 것은 아니다. 규율 훈련은 1975년에 간행된 『감시와 처벌』에, 생명 권력은 1976년에 간행된 『지식의 의지』(『성의 역사』 1권)에 등장한다. 두 책은 각기 다른 현상을 분석하고 있는데, 친구기도 했던 철학자 질 들뢰즈가 푸코 사후인 1990년에 발표한 짧은 평론에서 두 개념을 대립시키며[13] 규율 훈련이 지배하는 '규율 사회'는 19세기까지의 사회 모델이고, 현대 사회는 생명 권력이 지배하는 '관리 사회'로 이행하고 있다는 간략한 도식을 제시했다. '규율에서 관리로'라는 이 도식은 푸코의 원래 주장에 비해 알기 쉬워 바로 널리 퍼졌다. 네그리와 하트도 들뢰즈의 이 요약을 참조하고 있다. 아울러 소개하자면 일본에서는 들뢰즈가 카드 키나 GPS의 사례를 든 것을 발전시켜 생명 권력=관리(환경 관리형 권력) 문제와 정보 사회의 권력론을 연결 지은 '아키텍처 권력' 논의가 이루어지기도 했다. 관심 있는 독자는 내가 전에 쓴 「정보 자유론」이라는 긴 논문과 관련 연구 회의 기록을 참조하기 바란다.[14]

네그리와 하트는 이러한 권력론의 계보에 의거해 규율 사회에서 관리 사회로의 이행이 정치적으로는 국민 국가에서 제국으로의 이행을 통해 실현된다고 주장한다. 이 권력론이 『제국』의 핵심 논지 중 하나다.

그러나 이 주장이 과연 타당할까? 나는 이들이 전제로 하는 권력 형태의 이행 자체가 의심스럽다.

왜냐하면 규율과 관리라는 두 권력 형태가 상호 배타적이지 않을 것이기 때문이다. 규율과 관리는 동시에 작동할 수 있다. 앞서 언급한 들뢰즈의 텍스트에서는 두 권력 형태의 설명이 들뢰즈 특유의 철학 체계와 불가분하게 얽혀 있다. 이로 인해 언뜻 규율과 관리가 이항 대립처럼 읽히는데 이는 들뢰즈의 해석이 만들어 낸 관점에 불과하다. 현실의

---

13 질 들뢰즈Gilles Deleuze, 「추신: 관리 사회에 대해」追伸: 管理社会について, 『기호와 사건』記号と事件, 미야바야시 칸宮林寛 옮김, 河出文庫, 2007〔「추신: 통제 사회에 대하여」, 『대담 1972~1990』, 김종호 옮김, 솔, 1993〕.

권력자 또는 관리자는 하나의 목적을 실현하기 위해 여러 수단을 활용할 수 있다. 예를 들어 공원에서 노숙자를 쫓아 내려 할 때 직접 노숙자에게 나가라고 명령하는 방법이 있는 반면, 벤치나 보도의 설계를 바꾸거나 근처에 쉼터를 지어 노숙자가 '자발적으로' 공원을 나가게 유도할 수도 있다.

영어권 사상 분야로 눈을 돌리면 이런 여러 권력 형태의 상호 조정이 바로 앞에서 소개한 '법경제학'이나 인접 학문인 행동경제학 등의 연구 대상이 된다.[15] 규율과 관리는 배타적이기는커녕 상호 보완적이며 현대 사회에서 두 권력

---

14   아즈마 히로키, 「정보 자유론」情報自由論, 『정보 환경 논집: 아즈마 히로키 컬렉션 S』情報環境論集: 東浩紀コレクションS, 講談社BOX, 2007. 첫 게재는 2002~2003년. 아즈마 히로키·하마노 사토시濱野智史 엮음, 『ised: 정보 사회의 윤리와 설계 윤리편』ised: 情報社会の論理と設計 倫理編, 河出書房新社, 2010. 아즈마 히로키·하마노 사토시 엮음, 『ised: 정보 사회의 윤리와 설계 설계편』ised: 情報社会の論理と設計 設計編, 河出書房新社, 2010. 두 권의 『ised』는 고쿠사이대학교 글로벌 커뮤니케이션 센터GLOCOM에서 나를 중심으로 2004~2006년에 걸쳐 열린 큰 연구회의 기록이다. '윤리편'과 '설계편'의 구분은 이번 장의 주제인 2층 구조에 대응한다. 실제로 나는 이 연구회에서 이 책 전체의 출발점이 된 '포스트모던의 2층 구조'라는 이름의 그림을 제시했는데, 이를 아래에 인용한다. 『ised: 정보 사회의 윤리와 설계 윤리편』, 111쪽의 그림을 재작성.

포스트모던의 2층 구조

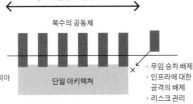

주체의 자유와 신체의 관리가 공존하는 사회

내면(주체)의 자유
· 다양한 가치관의 공존
· 공동체주의
· 규율 훈련형 권력의 영역
· 시장 논리가 지배

신체의 관리
· 가치 중립적인 인프라 구조
· 자유지상주의적 메타 유토피아
· 환경 관리형 권력의 영역
· 시큐리티 논리가 지배

상호 무관련화·섬우주화

복수의 공동체

단일 아키텍처

· 무임 승차 배제
· 인프라에 대한 공격의 배제
· 리스크 관리

이 함께 작동하는 사례는 얼마든지 찾을 수 있다.

들뢰즈가 관리 사회의 사례로 제시한 것은 "특정 장벽을 잠금 해제하는 전자 카드를 사용해 각자가 자신의 아파트에 출입하고 자기가 거주하고 있는 거리나 동네를 이동할 수 있는", "하지만 정해진 날짜 혹은 시간대에는 같은 카드로 잠금을 해제할 수 없는 경우도 있는" 도시다.[16] 그러나 그런 카드를 발급받게 된다고 해서 규율 훈련적인 명령이나 감시가 사라지는 것은 아니다. 지금 나는 이 원고를 호텔에서 쓰고 있는데 최근에는 적지 않은 호텔이 들뢰즈가 상상한 것과 같은 카드로 입퇴실 및 층 이동을 관리한다. 체크아웃한 후에는 같은 카드로 같은 방에 들어갈 수 없고 엘리베이터의 버튼조차 누르지 못한다. 그렇다고 프런트의 직원이나 각종 경고문이 사라지는 것도 아니다. 카드는 오히려 그런 명령과 감시가 충분히 기능하지 못할 때(고객과 언어 소통이 안 되는 경우 등) 기능하는 보험 역할을 한다. 따라서 현대 세계에는 규율 사회와 관리 사회가 공존한다고, 그러므로 국민 국가와 제국도 공존한다고 봐야 하지 않을까?

---

15   리처드 탈러Richard Thaler · 캐스 선스타인Cass Sunstein, 『실천 행동경제학』実践行動経済学, 엔도 마사미遠藤真美 옮김, 日経BP社, 2009(『넛지』, 안진환 옮김, 리더스북, 2018) 참조. 지은이 중 선스타인은 일본에 정보 사회론으로도 알려진 헌법학자다. 이 책은 법, 아키텍처, 권력의 관계를 경제학의 용어로 논한다. 원서 제목은 '사람을 팔꿈치로 살짝 찌르는' 것을 의미하는 동사 Nudge로, 지은이들의 관심이 대상의 자유 의지를 제한적으로 조정하는 것에 있음을 보여준다. 그리고 이 조정이 생명 권력=관리의 핵심이다.
16   들뢰즈, 『기호와 사건』, 364~365쪽(203쪽).

혹은 이렇게 표현할 수도 있겠다. 조금 전에 내셔널리즘을 인간과, 글로벌리즘을 동물과 관련지었다. 국민 국가(네이션)는 인간을 인간으로 취급하는 체제다. 국민 국가는 인간을 (철저한 규율 훈련을 통해) 인간으로 만든다는 것이 헤겔이 말하는 바다.

그러면 제국은 어떤가? 인간과 동물의 대비에 따르면 제국은 인간을 동물로 취급하는 체제라 할 수 있다. 제국은 개인을 호명하지 않는다. 제국이 요구하는 것은 오로지 소비자가 되는 것뿐이다. 제국에서 개인은 지구 규모의 세계 시장에 모인, 빅데이터를 구성하는 하나의 정보에 불과하다.

단 이는 결코 인도주의적이고 좌익적인 비난, 즉 '제국은 인간을 인간 취급하지 않는다!'와 같은 규탄이 아니다. 앞서 말했듯 생명 권력은 『지식의 의지』에서 도입된 개념이다. 이 책에서 푸코가 보여 준 것은 19세기 독일과 프랑스에서 공중 위생의 중요성이 발견되고, 통계학이 정립되며, 노동자의 주거 환경을 개선하는 등 복리 후생을 펼치게 되는 과정이 국가 권력(생명 권력)의 확대와 연동되는 광경이었다.[17] 19세기 국민 국가는 치열한 경쟁 속에서 생산력을 높이기 위해 노동자 인구를 계획적으로 늘릴 필요가 있었다. 공중 위생 이념은 이런 맥락의 배려에서 탄생했다. 물론 공

---

17 미셸 푸코Michel Foucault, 『성의 역사: 지식의 의지』性の歴史: 知への意志, 와타나베 모리아키渡邊守章 옮김, 新潮社, 1986, 171쪽 이하〔이규현 옮김, 나남출판, 2010, 153쪽 이하〕. 통계학과 복지 국가 발전의 관계에 관해서는 이언 해킹Ian Hacking, 『우연을 길들이다』偶然を飼いならす, 이시하라 히데키石原英樹·오모다 소노에重田園江 옮김, 木鐸社, 1999〔정혜경 옮김, 바다출판사, 2012〕도 참고가 된다.

중 위생 이념은 노동자의 삶의 질을 향상시키는 데 크게 기여했다. 그러나 그 기원에는 농장의 생산성을 높이기 위해 말과 소의 위생 환경을 개선하는 것과 똑같은 발상이 자리해 있다. 따라서 공중 위생의 대상이 되는 노동자에게는 얼굴도 이름도 없다. 그들은 몇십, 몇백만이라는 데이터의 샘플 하나에 불과하며, 실제로 그런 규모로 분석해야 공중 위생을 실현할 수 있다. 따라서 이는 통계학의 진보와 밀접하게 관계된다. 이런 점에서 생명 권력은 본질적으로 인간을 동물처럼 관리하는 권력이다. 실제로 카드 키나 GPS처럼 들뢰즈가 사례로 든 관리 사회의 기술 대부분이 원래 가축용 아니었을까?

인간을 인간으로 취급하는 것과 인간을 동물로 취급하는 것, 이 양자 또한 결코 배타적이지 않다. 똑같은 개인이 개별적 소통의 장에서는 인간으로(의지를 가진 얼굴 있는 존재로) 취급되는 동시에 통계의 대상으로서는 동물로(익명의 샘플로) 취급되는 일이 얼마든지 있을 수 있다. 현대 사회에는 이런 사례가 널려 있다.

저출산 문제를 예로 들어 보자. 우리 사회는 개개의 여성을 얼굴이 있는 고유한 존재로 취급하는 한, 즉 인간으로 취급하는 한 결코 '아이를 낳아라!'라고 명령할 수 없다. 이는 윤리에 반한다. 그러나 다른 한편 여성 전체를 얼굴 없는 집단으로, 즉 동물로 분석할 때는 일정 수의 여성이 아이를 낳을 필요가 있고 이를 위해 경제적 또는 기술적으로 다양한 환경이 조성되어야 한다는 이야기가 나온다. 이는 윤리에 반하지 않는다. 그리고 현대 사회에서는 이 두 가지 도덕 판단을 (기묘하게도!) 모순되지 않는 것으로 여긴다. 이 합의 자체가 우리 사회에서 규율 훈련의 심급과 생명 권력의 심급이 별도로 작동하고 있음을 증명한다. 국민 국가는 출산을 장려할 수 없으나 제국은 장려할 수 있다. 이것이 현대의 출산을 둘러싼 윤리다.

우리는 인간인 동시에 동물로서 살고 있다. 얼굴 있는 개인인 동시에 집단에 속한 익명의 한 명으로 살아간다. 원래 인간은 누구나 이런 양의적인 존재고, 지금까지 논한 2층 구조도 이 양의성에서 필연적으로 도출되는 귀결이다. 그렇기에 우리는 관광객을 필요로 한다. 개체와 통계 간의 이 골치 아픈 관계는 다음 장에서 따로 다루겠다.

4

다시 묻자. 다중이란 무엇인가? 다중은 원래 영어로 '다수성'을 뜻하는 추상 명사가 군중이나 대중이라는 뜻도 갖게 된 것인데, 긍정적인 뜻보다는 우둔한 군중과 같은 부정적인 뜻을 담고 있다.[18] 그런데 네그리와 하트는 스피노자의 철학 등을 참조하면서 제국 내부에서 태어나 제국의 질서 자체에 저항하는 운동(대항 제국)을 폭넓게 가리키는 용어로 '다중'을 사용했다. 이는 반체제 시민 운동을 철학적으로 평가할 때 거의 유일하게 살아남은, 이용 가능한 개념이다.

---

18 예를 들어 에드먼드 버크는 『프랑스 혁명에 관한 성찰』에서 혁명으로 인한 혼란을 가리켜 '돼지 같은 군중'swinish multitude이라는 표현을 썼다. 에드먼드 버크Edmund Burke, 『프랑스 혁명에 관한 성찰』フランス革命の省察(신장판), 한자와 다카마로半澤考麿 옮김, みすず書房, 1997, 100쪽〔이태숙 옮김, 한길사, 2017, 146쪽〕.

『제국』은 다중이 제국 체제가 낳은 "대안"이고, 생산 수단의 "재전유"와 "글로벌한 시민권"을 요구하는 "새로운 프롤레타리아트" 운동이며 "생명 정치"의 "자기 조직화"라고 정의한다.[19]

극히 추상적인 규정이지만 자세히 읽어 보면 그리 어려운 내용이 아니다. 한마디로 다중은 반체제 운동이나 시민 운동을 가리킨다. 단 과거의 운동과는 달리 지구 규모로 확장된 자본주의를 거부하지 않고 오히려 그 힘을 이용한다. 예를 들면 인터넷을 통한 정보 수집이나 동원 등을 적극적으로 활용하며 기업이나 미디어 등과도 연계한다. 그리고 체제 내부에서 변혁을 꾀한다. 다중이 제국 스스로 낳은 저항 운동＝대안이라 불리는 이유가 여기에 있다. 이러한 다중은 공산주의처럼 경직된 당 조직이 아니라 다수의 시민이나 NGO같이 국경을 넘나드는 네트워크형 게릴라적 연대(자기 조직화)로 구성된다. 네그리와 하트는 성공적인 다중의 사례로 1999년에 시애틀에서 전개된 반글로벌리즘 데모(반WTO장관회의 데모)와 세계사회포럼의 실현(1회가 2001년 브라질 포르투알레그리에서 개최) 등을 든다.[20]

다중 개념은 냉전 구조 붕괴 후에 이데올로기가 사라져 지침을 잃은 좌익 운동권에 열광적으로 수용되었다. 앞서 말한 것처럼 『제국』은 베스트셀러가 되었다. 실제로 이들

---

19 네그리·하트, 『제국』, 489, 497, 499, 504, 509쪽〔498, 505, 508, 513, 517쪽〕. 강조는 삭제.

20 네그리·하트, 『다중』マルチチュード 하권, 이쿠시마 유키코幾島幸子 옮김, NHKブックス, 2005, 159쪽 이하, 172쪽〔정남영·서창현·조정환 옮김, 세종서적, 2008, 378쪽 이하, 390쪽〕.

의 분석은 예언적이기도 했다. 『제국』 출간 후 10년이 지난 2010년 말, 중동 각국에서 '아랍의 봄'이라 불린 연쇄적인 데모와 체제 붕괴가 일어났다. 다음 해 가을에는 뉴욕에서 몇 개월에 걸쳐 '오큐파이 운동'(월가 점거 운동)도 전개되었다. 둘 다 기존의 정치 조직을 기반으로 한 것이 아니라 소셜 네트워크로 동원된 민중이 큰 역할을 했고 이는 다중의 새로운 성공 사례처럼 보였다. 실제로 네그리와 하트는 이들 운동에 공명해 작은 책자를 긴급 출간했다.[21] 일본에서도 이들의 주장은 2011년 이후의 반원전 데모부터 2015년 국회 앞 항의[22]에 이르는 일련의 흐름을 논할 때 무시할 수 없는 요소다.

이 책의 문맥에서 다중 개념은 2층 구조를 횡단하는 운동, 정치의 층과 경제의 층 사이를 연결할 가능성을 담은 행위자로 지목되고 있기에 중요하다.

우리는 3장에서 아렌트를 비판적으로 다루었다. 실은 네그리와 하트도 다중 개념을 설명하는 과정에서 아렌트를 비판적으로 다루는데, 이는 아렌트가 '정치적인 것'과 '사회적인 것'을 철저히 분할해 정치적 해방을 경제적 요구에 기반한 운동(계급 투쟁)과 분리시키려는 이론적 경향을 가지

---

21 네그리·하트, 『반역』叛逆, 미즈시마 가즈노리·시미즈 가즈코清水和子 옮김, NHKブックス, 2013.

22 〔옮긴이〕 2015년 아베 정부가 주변사태법, 자위대법, 선박검사활동법, 유엔PKO협력법 등을 개정해 유사시에 동맹국(현재로서는 미국)의 군대를 군사적으로 지원할 수 있는 법적 근거를 마련하려 한 것에 반대하는 학생과 시민이 매주 금요일 국회 앞에 모여 항의 집회를 가진 바 있다. 관련 법 개정안은 같은 해 9월 국회에서 가결, 성립되었다.

기 때문이다. 참조하는 문헌이 달라 용어법에 다소 차이는 있지만 비판의 취지는 이 책과 완전히 겹친다. 아렌트의 정치 이론은 정치와 경제(사회), 공과 사, 폴리스와 오이코스의 분할을 기본 원리로 삼는다. 앞서 살펴본 것처럼 그녀는 이러한 분할이야말로 정치의 조건이라 여겼다.

그러나 네그리와 하트는 다중이란 바로 이들을 분할하지 않는 운동이라고 주장한다. 다중은 자신의 삶(오이코스)에서, 노동과 생활 현장에서 운동을 시작해 제국 비판에 이르게 된다. '생명 정치'biopolitics라는 '삶'과 '정치'가 조합된 조어를 빈번히 사용하는 것도 바로 그런 역동성을 강조하기 위해서다(원래는 푸코의 용어다). "이런 문맥[다중의 문맥―아즈마]에서는 정치적인 것의 자율성을 사회적·경제적인 것으로부터 분리시켜 제시하려는 이론[아렌트의 이론―아즈마]은 이제 아무런 의미도 없다"고 그들은 단언한다.[23]

오이코스에서 시작하는 폴리스. 사적인 삶을 기점으로 하는 공적인 정치. 잘 와닿지 않는 독자는 LGBT 문제를 떠올려 보면 좋을 것이다. 젠더 선택은 당연히 사적인 문제다. 따라서 아렌트의 분할을 따른다면 정치가 다룰 문제가 아니며 실제로도 오랫동안 정치 담론에서 다루어지지 않았다. LGBT의 고통은 정치적인 방법이 아니라 사적으로 해결해야 할 문제로 여겨졌다. 보수적인 사람은 지금도 그리 생각한다.[24] 다중은 바로 이 분할을 해체한다.

---

23 네그리·하트, 『다중』 상권, 143쪽[123쪽].

24 보도에 따르면 2016년 7월, 미국의 IT 기업 창업자이자 투자자인 피터 틸은 공화당 전당 대회에서 다음과 같이 발언했다고 한다. "내가 어릴 때 어른들의 관심은 소비에트를 어떻게 쓰러트릴 것인

나는 앞서 관광객의 철학이란 동물의 층과 인간의 층이 연결되는 횡단의 회로, 즉 시민이 시민으로서 시민 사회의 층에 머문 채 공공성 및 보편과 연결되는 회로를 모색하는 것이라고 했다. 방금 확인한 것처럼 네그리와 하트가 구상한 다중은 내 구상과 지향하는 바가 매우 비슷하다. 『제국』은 보통 국제 정치를 논한 책으로 수용되고 있지만 정치의 정의 자체를 변혁하려 한다는 점에서 굉장히 철학적인 저서인 것이다. 다중의 모습은 이 책이 말하는 관광객과 극히 유사하다.

그렇지만 다중 개념에는 치명적인 결함이 있다. 따라서 관광객의 철학을 구축하기 위해서는 네그리와 하트의 철학을 얼마간 수정할 필요가 있다.

네그리와 하트는 다중의 대두를 강조한다. 분명 앞서 짚

가에 있었습니다. 그리고 우리는 승리했습니다. 그런데 지금 세상의 관심은 '누가 어느 쪽 화장실을 써야 하는가?' 등에 있습니다. 그런 건 아무래도 상관없습니다. 더 중요한 일이 분명 있습니다"(『Forbes JAPAN』, 2016년 7월 22일, 일부 표현 변경. URL=http://forbesjapan.com/articles/detail/12973). 트럼프 지지자인 틸의 이 발언은 오늘날 정치적 대립의 본질을 선명히 보여 준다. 자유주의는 근래 수십 년 동안 정치 영역을 확대해 섹슈얼리티를 비롯한 여러 사적인 문제를 공적인 논의 안에 추가할 것을 제안해 왔다. 여기서 공적인 문제(소비에트를 어떻게 쓰러트릴 것인가)와 사적인 문제(누가 어느 쪽 화장실을 써야 하는가)는 구별되지 않는다. 이런 사고 유형의 기원은 1960년대의 '개인적인 것이 정치적인 것'The personal is political이라는 유명한 표어로 거슬러 올라가며 네그리 등의 다중 사상도 이 연장선상에 있다. 틸은 바로 이런 흐름에 거부감을 느낀 것이고 트럼프는 그런 사람들에게 지지받고 있다. 미국 우선은 정치 우선이기도 하다.

은 바와 같이 21세기 들어 세계 각지에서 지구화의 대안(지금과는 다른 또 하나의 지구화)을 요구하는 민중의 목소리가 커지고 있다. 네트워크 형태의 자기 조직화(지도자 없는 동원)[25]도 일반화되었다. 이 점에서 다중의 존재감은 눈에 띄게 커졌다.

그러면 이 힘은 어떤 식으로 현실 정치와 연결될까? 데모는 어떻게 정치를 움직이는가? 네그리와 하트의 철학에는 이에 대한 전략론이 통째로 결여되어 있다. 이들은 데모가 그대로 정치가 된다고 말하는 듯하다.

앞서 참조한 오사와 마사치는 이를 다음처럼 요약하며 비판한다(그의 내셔널리즘론은 이 비판에서 시작된다). "다중의 활동을 직접 주권과 접목시킬 메커니즘이 필요하다. 그…메커니즘은 무엇인가? 그들은 '에테르!'라고 말한다. 에테르란 글로벌한 세계를 꽉 채운 의사 소통 시스템을 가리킨다.…에테르와 같은 신비적 요인을 전제하는 것은 이 메커니즘을 설명하지 못할 뿐만 아니라 아예 설명을 포기하는 것이다."[26] 즉 평이하게 해석하면 네그리와 하트는 다

---

25 여기서는 다루지 못했지만 네그리와 하트는 다중의 자기 조직화를 "지휘자 없는 오케스트라"에 비유한다. 네그리·하트, 『다중』하권, 234쪽(444쪽). 흥미롭게도 사회학자 데이비드 라이언은 『제국』과 거의 같은 시기에 간행한 『감시 사회』에서 이와는 반대로 감시하는 측(제국 측) 체제를 "감시 사회의 오케스트레이션"이라는 매우 유사한 비유로 표현했다. 데이비드 라이언David Lyon, 『감시 사회』監視社会, 가와무라 이치로川村一郎 옮김, 青土社, 2002, 65쪽(『감시 사회로의 유혹』, 이광조 옮김, 후마니타스, 2014, 68쪽). 21세기 현재 권력 측도 저항하는 측도 자기 조직화하고 있다는 것이다. 하지만 이것이 무언가를 말해 주기는 할까?
26 오사와 마사치, 『내셔널리즘의 유래』, 22쪽.

중이 모여 목소리를 내기만 하면 네트워크의 힘으로 어떻게 든 되지 않겠냐고 주장하는 것처럼 보인다. 중요한 것은 얼마나 이를 믿느냐 또는 '사랑'하느냐다. 실제로 『제국』의 장대한 기술은 다음과 같이 신앙 고백과 다를 바 없는 문장으로 끝맺어진다. "투쟁하는 공산주의자가 살게 될 미래에 빛을 비추는 오래된 전설이 있다. 아시시의 성 프란체스코 전설이 그것이다.…이는 혁명이다. 어떤 권력으로도 통제할 수 없는 혁명— 왜냐하면 생명 권력과 공산주의, 협력과 혁명이 사랑과 소박함과 천진함 속에 응집되어 있기 때문이다. 이것이 바로 공산주의자의 억누를 수 없는 쾌활함과 기쁨이다."[27] 아름다운 문장이긴 하다. 그러나 여기에는 어떤 전략도 없다.

새로운 운동에는 당도 이데올로기도 지도자도 필요 없다. 반자본주의적일 필요도 없다. 그저 네트워크의 힘을 믿으면 된다. 사랑이 있으면 된다. 안타깝게도 『제국』과 『다중』은 그렇게 읽힐 여지가 있다. 실제로 『다중』 일본어판의 감수자는 해설에 다음과 같은 상당히 감상적인 글을 썼다. "다중의 프로젝트는 사랑의 프로젝트기도 하며, 다중의 투쟁은 사랑의 실험이기도 하다."[28] 적어도 일본의 독자가 읽은 번역본은 그렇다.

조금 악의적으로 말하자면 『제국』이 세계적인 베스트셀러가 되고 지금도 운동권에게 참조되는 이유는 그 분석력이나 사상의 깊이 때문이 아니라 이러한 다중의 운동론적

---

27 네그리·하트, 『제국』, 512쪽(520~521쪽).
28 네그리·하트, 『다중』 하권, 275쪽. 미즈시마 가즈노리의 글. 강조는 삭제.

결함 때문 아닐까? 네트워크와 사랑만 믿으면 나머지는 생명 정치의 자기 조직화가 어떻게 해 준다―이렇게 고마운 운동론이 또 어디 있을까. 설혹 이것이 오해라 해도 사람들은 오히려 이런 오해를 경유해 힘을 얻은 것이다.

네그리와 하트의 다중 정의는 너무 애매모호하고 때로는 신비주의적이다. 이는 독자를 낭만주의적인 자기 만족으로 유도한다. 관광객의 철학은 이 약점을 회피해야 한다.

그리고 회피하려면 약점의 정체를 알아야 한다. 다중 개념은 왜 이런 약점을 안게 되었는가? 나는 두 가지 원인이 있다고 생각한다.

하나는 네그리와 하트의 주장이 '일원론'이라는 것이다. 『제국』의 세계에는 제국만, 그것도 하나의 제국만 존재한다. 이 '단일성'이 이들 주장의 핵심이다. 번잡해질 것 같아 설명은 생략하지만 이는 스피노자 철학과 불가분의 관계에 있다. 어쨌든 두 사람 주장에 따르면 세계에는 제국만 존재하므로 다중은 제국에 의존해 탄생하고 제국을 상대로 한 저항 또한 필연적으로 제국에 의존하게 된다. 제국이 스스로 제국의 적을 낳아 제국 안에서 서로 싸우는 이 자기 순환적 구조가 다중의 운동론을 결정적으로 애매모호하게 만든다.

오사와도 이 결점을 지적한다. 제국론의 결점은 일원론을 지향한 데 있다. 이 결점을 개선하기 위해서는 제국의 외부=국민 국가를 사유할 필요가 있다. 오사와는 여기서부터 내셔널리즘을 고찰하기 시작한다. 나는 다음 장에서 그 '외부'를 오사와와는 다른 형태로 고찰하겠다.

또 하나의 원인은 다소 복잡한 설명이 필요한데, 이들의 다중 개념이 선행하는 포스트마르크스주의 운동론에서 적지 않은 영향을 받았다는 점에 있다.

현재는『제국』의 주장이 압도적으로 널리 알려져 있으나 이 책이 출간되기 전에도 새로운 운동론을 모색하는 움직임은 많았다. 특히 큰 영향력을 가졌던 것이 에르네스토 라클라우와 샹탈 무페가 1980년대에 제시한 '급진 민주주의'(래디컬 데모크라시)론이다.[29] 이들의 관심은 공산주의 혁명에 대한 믿음을 잃은 세계에서, 즉 쉽게 말해 좌익의 '거대 담론'이 붕괴된 세계에서 '어떻게 하면 다양한 저항 운동 사이의 연대를 실현할 수 있는가?'라는 물음에 있었다. 급진 민주주의는 이에 응답하기 위해 제안된 새로운 연대 구상에 붙여진 이름이다.

그 내용은 어떤 것이었는가? 간략한 설명을 위해 여기서는 라클라우 등의 텍스트가 아니라 슬라보예 지젝이 1989년에 펴낸『이데올로기의 숭고한 대상』에서 제시한 요약을 인용하겠다(이 책「감사의 말」에는 라클라우 등의 이름도 있다). 이 책에 따르면 "거기서〔급진 민주주의에서―아즈마〕각각의 투쟁(평화 운동, 생태 운동, 페미니즘, 인권 운동 등)의 결합을 볼 수 있으나 그중 어느 하나가 '진리', 최종 '시니피에', 다른 모든 운동의 '진정한 의미'가 되는 것은 아니다. '급진radical 민주주의'라는 제목에서 알 수 있듯이 이들 투쟁을

---

29 에르네스토 라클라우Ernesto Laclau · 샹탈 무페Chantal Mouffe,『민주주의 혁명』民主主義の革命, 니시나가 료西永亮 · 지바 신千葉眞 옮김, ちくま学芸文庫, 2012〔『헤게모니와 사회주의 전략』, 이승원 옮김, 후마니타스, 2012〕. 원서는 1985년 출간.

결합할 수 있다는 것 자체가, 어느 한 투쟁이 '결합을 매개하는' 결정적인 역할을 맡을 수 있음을 시사한다".[30]

여기서 지젝이 지적하는 바는 라클라우 등의 새로운 연대 구상이 중시하는 것은 각 저항 운동의 내용이 아니라 연대 자체라는 점이다. 과거에는 공산주의가 '거대 담론'으로 기능해 다양한 저항 운동 하나하나에 의미를 부여했고 이들의 연대에 근거를 부여했다. 그러나 공산주의는 더 이상 기능하지 않는다. 그러므로 내용을 떠나 연대할 수밖에 없다. 현대의 헤게모니 투쟁에서는 오히려 이 연대한다는 사실 자체가 효과를 발휘한다. 이것이 라클라우 등의 주장이다. 네그리와 하트의 다중도 이 점에서 비슷한 성격을 갖는다. 다중은 각각이 직면하는 문제의 특수성과는 전혀 상관없이 네트워크를 형성해 연대하고 투쟁 국면을 확장해 가는 운동체다. 네그리와 하트는 다음과 같이 논한다. "이 경우〔다중이 벌이는 투쟁의 경우—아즈마〕중요한 점은 이들 투쟁의 실천과 전략, 목표가 서로 다르다 할지라도 서로 결합하고 통합해 다원적으로 공유된 프로젝트를 형성할 수 있다는 것이다. 각각의 투쟁이 갖는 특수성은 '공동' 토양의 창출을 방해하지 않을뿐더러 오히려 촉진한다."[31]

30　슬라보예 지젝Slavoj Žižek, 『이데올로기의 숭고한 대상』イデオロギーの崇高な対象, 스즈키 아키라鈴木晶 옮김, 河出文庫, 2015, 170쪽〔이수련 옮김, 새물결, 2013, 151쪽〕. 번역어 일부 변경. 강조는 인용자.

31　네그리·하트, 『반역』, 120~121쪽. 단 네그리 등은 다중 개념을 내놓았을 때 명시적으로는 급진 민주주의론을 참고하지 않았다. 또한 라클라우 등은 『제국』 출판 후에 네그리 등의 구상을 비판하기도 했다. 그러나 여기서 기술한 내용과 관련해 라클라우·무페와 네그리·하트의 구상이 갖는 공통점은 명확하다.

각 투쟁의 특수성은 일단 내버려 두고 연대를 중시하자. 어차피 적은 권력이니 평화 운동, 생태 운동, 페미니즘 등 어느 운동이든 연대하자. 이데올로기적인 기둥을 상실한 냉전 후의 운동은 이런 놀라운 전술을 구사하게 되나 여기에 문제가 있다는 것은 누구나 알 수 있다. 이와 같은 내용 없는(더구나 적극적으로 내용이 없는 선택을 한) 연대는 단기적으로 동원을 강화하고 헤게모니를 획득하는 데 성공할지는 모르나, 장기적으로는 반드시 각 투쟁의 약화와 질적 저하를 초래한다. 실제로 각국에서 그런 상황이 벌어졌고, 2010년대의 일본도 예외가 아니었다.

다중의 연대는 포스트마르크스주의의 착종된 전술의 연장선상에 있으며 투쟁의 특수성을 무시한 상태에서 성립한다. 따라서 이 운동론은 필연적으로 애매모호해질 수밖에 없다.

나는 20여 년 전 『존재론적, 우편적』에서 (마찬가지로 지젝을 인용하면서) 바로 위의 급진 민주주의를 거론하며 그 전술을 '부정신학적'이라는 말로 형용했다.[32]

부정신학이란 원래 기독교 신학의 한 조류를 가리키는 말로, 그 명칭대로 부정 표현('~이 아니다')을 쌓아 감으로써 신의 존재를 증명하려는 시도를 뜻한다. 『존재론적, 우편적』에서는 이 용어를 사용해 특정 시기의 프랑스 사상이 전체적으로 부정신학적인 성격을 강하게 띠었다는 점, 그리고 그 상황에서 한 철학자(자크 데리다)가 그런 경향에

---

32 아즈마 히로키, 『존재론적, 우편적』存在論的、郵便的, 新潮社, 1998, 138쪽 이하〔조영일 옮김, 도서출판b, 2015, 132쪽 이하〕.

저항을 시도했다는 점을 논증하려 했다.

여기서는 이 이상 자세히 다루지 않겠으나 『존재론적, 우편적』에서는 '부정신학적'이라는 말을 부정을 매개로 한 존재 증명의 논리, 예를 들면 '타자는 부재하는 형태로 존재한다', '외부는 부재라는 형태로 존재한다'는 식의 논리를 폭넓게 가리키는 용어로 사용했다. 급진 민주주의의 논리는 이런 점에서 바로 부정신학적이라고 할 수 있다. 왜냐하면 공통된 이데올로기(공산주의)가 없는, 따라서 원래는 존재할 수가 없는 연대를 다름 아닌 연대 불가능성을 매개로 구축하려 하기 때문이다. 연대는 부재라는 형태로 존재한다. 지젝이 라클라우 등에 관심을 가진 것은 바로 이런 부정신학적 논리가 라캉파 정신분석의 논리와 유사하기 때문이다. 네그리와 하트의 구상 또한 이 특징을 계승하고 있다.

즉 네그리와 하트의 다중은 부정신학적 존재다. 따라서 『제국』의 마지막 글귀는 신앙 고백이 될 수밖에 없다.

5장

우편적 다중으로

1

우리가 지금 '자유주의'라고 부르는 것은 한마디로 보편주의 프로그램이다. 모든 인간의 모든 권리가 동등하게 인정되고 모든 인간의 모든 존엄이 존중되어야 한다는 관용의 프로그램이다. 우리는 자신을 존중하는 것과 마찬가지로 모든 인간을 존중해야 한다. 이러한 윤리의 기원은 칸트까지 거슬러 올라간다. 그는『실천 이성 비판』에서 "네 의지의 격률이 언제나 동시에 보편적 입법의 원리로서 타당할 수 있도록 행위하라"는 유명한 명령을 제시했다.[1]

우리는 바로 이 보편주의 프로그램이 무너져 내리는 시대를 살고 있다. 사상적인 징후는 있었다. 포스트모더니즘이라 불리는 이성 비판의 유행이 그 하나였고, 영어권에서 자유주의가 공동체주의와 자유지상주의로 분해된 것도 징후였다고 할 수 있다. 우리는 지금 개인에서 국민을 거쳐 세계 시민으로 향하는 보편주의 프로그램을 잃고서, 자유롭지만 고독하고 긍지 없는 개인(동물)으로 살지 아니면 동지

---

[1] 칸트,『실천 이성 비판』実践理性批判, 하타노 세이치波多野精一 외 옮김, 岩波文庫, 1979, 72쪽(1부 1편 1장 7절)〔백종현 옮김, 아카넷, 2019, 86쪽〕.

도 있고 긍지도 있으나 결국은 국가에 봉사하는 국민(인간)으로 살지―이 두 가지 선택지밖에 없는 시대에 들어서고 있다. 제국 체제와 국민 국가 체제, 글로벌리즘의 층과 내셔널리즘의 층이 공존하는 세계란 한마디로 보편적 세계 시민이 되는 길이 사라진 세계다.

나는 그런 세계에서 살고 싶지 않다. 그래서 이 책을 쓰고 있다. 달리 말해 나는 이 책에서 다시 한번 세계 시민이 되는 길을 만들고 싶다. 그것도 개인에서 국민을 거쳐 세계 시민으로 향하는 헤겔 이후의 변증법적 상승과는 다른 길을. 그것이 관광객의 길이다.

관광객이란 무엇인가? 지금까지 논한 것처럼 관광객은 제국 체제와 국민 국가 체제 사이를 왕복하고 사적인 삶을 그대로 공적인 정치에 접속하는 존재를 가리킨다. 이는 네그리와 하트가 제안한 다중 개념과 비슷하다.

다중은 공산주의 몰락 후 반체제 운동의 가능성을 긍정적으로 논의할 때 사용할 수 있는, 철학 분야에 남겨진 거의 유일한 개념이다. 그러므로 만약 앞으로 어떤 형태로든 운동이 필요하다고 여긴다면, 그리고 그 필요성을―참여하는 사람의 자기 만족에 갇히지 않고―널리 대중에게 호소하고 싶다면 이 개념을 계승해야 한다. 나는 이 책의 관광객론을 이런 시점에서 구상했다.

단 다중에는 두 가지 치명적인 약점이 있음을 잊어서는 안 된다. 첫째, 다중은 제국의 내부, 제국의 원리에서 생겨나는 반작용이다. 둘째, 다중은 다양한 삶을 그 다양성을 유지하면서 공통점 없이 연결하는 '부정신학적'인 연대 원리에 의존한다. 한마디로 네그리와 하트는 다중이 왜 탄생하는지 그 메커니즘을 제대로 설명하지 않았고, 또 탄생 후의 확산을 설명하는 논리에도 무리가 있었다. 다시 말해 이들의 운동론은 실로 문학적이고 낭만주의적인, 거의 신앙에 가까운 주장이 될 위험성을 안고 있다.

이 두 약점을 극복한 다음 관광객 개념을 구성해야 한다. 구체적으로는 첫째, 제국 안에서 저절로 생겨나는 반작용으로 여길 것이 아니라 특정한 생성 메커니즘과 함께 개념을 제시해야 한다. 둘째, 이 개념은 낭만주의적인 부정신학적 원리와는 다른 형태로 연대를 가능하게 해야 한다. 그러면 이 개념을 어떤 문맥에서, 어떤 방식으로 사고해야 할까?

나는 여기서 약 20년 전에 펴낸 저서『존재론적, 우편적』을 참조하겠다. 나는 그 책에서 '부정신학'과 함께 그에 대응하는 개념으로 '우편'을 제시했다.

우편이란 무엇인가? '부정신학'은 앞 장에서 설명한 것처럼 '존재할 수 없는 것은 부재라는 형태로 존재한다'는 역설적 수사를 가리키는 말이다. 따라서 다중의 연대는 '부정신학적'이다. 이때 연대는 부재하기 때문에 존재하는 것, 연대할 수 없다는 사실 자체가 역설적으로 만들어 내는 것으로서 메타 수준에서 다시 포착된 것이기 때문이다.

반면 '우편'은 '존재할 수 없는 것은 분명히 존재하지 않지만 현실 세계의 여러 실패가 존재할 수 없는 것을 존재하는 것처럼 보이게 하고, 그런 한에서 마치 존재하는 것처럼 효과를 발휘한다는 현실적인 관찰을 가리키는 말이다. 여기서는 이 실패를『존재론적, 우편적』에서 썼던 용어를 가져와 '오배'라고 지칭한다. 부정신학에서는 '신은 존재하지 않기에 존재한다'고 생각한다. 그러나 우편적 사고는 '신은 사실 존재하지 않으나 현실에서는 이런저런 실패가 있기에 존재하는 것처럼 보이고, 또한 그러한 한에서 존재하는 것과 같은 효과를 가져온다'고 여긴다(볼테르와 도스토옙스키가 제시하려 한 것이 바로 이런 역학이라고 할 수 있다). 우편과 오배 개념에 대해 더 자세히 알고 싶은 독자는 『존재론적, 우편적』을 읽어 보기 바란다. 나는 저 책에서 두 가지 사고 방식의 대비를 축 삼아 현대 사상이 부정신학을 벗어나 우편적 사고로 다시 태어나야 한다고 주장했다.

그 책을 집필했을 때 나는 아직 대학원생이었고 지금 돌이켜 보면 너무 큰 주제를 논한 것이었다. 현대 사상 전체를 다시 태어나게끔 하다니, 20대이던 내게는 어림도 없는 작업이었다. 그러나 '부정신학'과 '우편'의 대비 구도는 그 후 이어 온 작업에서도 효과적으로 활용하고 있다. 이 구도는 인간이 '초월론적인 것'을 논할 때 빈번히 등장하는 두 가지 사고 양식을 다루기 쉽게 해 준다.

따라서 이 책에서도 이 대비 구도를 도입해 부정신학적 다중이 아닌 우편적 다중이라는 개념에 대해 생각해 보려 한다. 우편적 다중이란 무엇인가?

관광객이 바로 우편적 다중이다. 이것이 내가 여기서 제안하는 정의다.

이 정의는 지금까지 논한 관광객론의 적용 범위를 단번에 확대할 철학적 잠재력을 지닌다. 나는 3장에서 현재 사회 사상 속에서 관광객을 사유하는 것이 얼마나 어려운지 설명했다. 앞으로는 관광객을 우편적 다중이라 부름으로써 이 개념에 대한 설명을 다른 철학서의 용어를 빌려 생략할 수 있다. 왜냐하면 '우편' 또는 '에크리튀르'는 (여기서는 언급에 그치지만) 데리다 철학에서 헤겔적 변증법을 벗어나는 것 일반을 가리키는 술어였기 때문이다. 관광객을 우편적 존재로 본다는 것은 헤겔적 변증법에서 벗어난 존재로 본다는 것이다. 관광객은 헤겔적 사고 바깥에 있다. 따라서 헤겔적 사고로는 파악할 수 없는 질서(2층 구조)를 가진 현대 사회에서 그 존재가 오히려 중요해진다. 이것이 이 책의 기본 구도다.

관광객을 '우편적 다중'이라 지칭하는 것은 일상적인 어감으로도 결코 어색하지 않다. 우선 관광객이 '다중'이라는 것은 어떤 의미에서 자명하다. 매년 10억 명 이상이 전 세계를 누비며 이데올로기와 상관없이 소비에 여념이 없는 관광객보다 군중이나 우중이라는 뜻을 갖는 multitude(다중)에 걸맞은 존재는 없다.

'우편적'은 어떠한가? 여기서 우편적이라는 말은 어떤 물건을 지정된 곳에 잘 배달하는 시스템을 가리키는 것이 아니라 오히려 '오배', 즉 배달의 실패나 예기치 않은 소통이 일어날 가능성을 많이 함축한 상태를 뜻한다(현실의 우편 사업 관계자에게는 이 용법이 못마땅할 수 있겠다). 관광은 바로 이런 의미에서 '우편적'이다. 우리는 관광을 하며 이런 저런 대상을 접하고 만나게 된다. 그중에는 자국에서는 결코 접할 일이 없는 대상도 있다. 예를 들어 미술에 전혀 흥미가 없는 사람도 프랑스나 이탈리아에 가면 미술관을 구경하곤 한다.

흥미롭게도 관광의 경우 이런 '오배'는 결코 부정적인 경험이 아니다. 1장에서 언급한 매캐널은 1900년에 열린 파리 만국박람회에 맞춰 발행된 영국인을 위한 관광 가이드에서 방문할 장소로 하수도, 시체 안치소, 도살장 등을 소개하고 있는 점에 주목할 것을 권한다. 이들은 자국에서라면 결코 그런 장소에 가지 않겠지만 파리에서는 간다. 어디까지나 호기심 때문이었겠지만 동시에 여기에는 분단된 근대 사회의 이미지를 재봉합하는 기능도 있었다고 매캐널은 말한다. "노동의 전시는 근대적인 노동력의 광범위한 분화를 제시하는 한편, 주식 중개인부터 배수조 청소부까지 모든 종류의 노동자를 표상 체계로 재통합한다."[2] 훗날 출현할 다크 투어리즘과도 연관되는 문제인데 이는 바로 관광의 본질이 정보의 오배에 있다는 사실, 그리고 오배가 일종의 계몽과 관련된다는 사실을 시사한다. 화집 한 번 본 적 없는 문외한이 루브르 박물관에 가 「모나리자」를 보고, 한 번도 직접 요리해 본 적 없는 귀족이 파리에서 도살장을 견학한다. 물론 이 과정에서 관광객들은 수많은 오해를 갖게 될 것이다. 관광객이 관광 대상을 제대로 이해하기를 기대할 수는 없다. 그럼에도 다름 아닌 '오배'가 새로운 이해나 소통의 계기가 되기도 한다. 그것이 관광의 매력이다.

네그리와 하트의 다중은 어디까지나 부정신학적인 다중이다. 때문에 이들은 연대의 부재를 통한 연대를 꿈꿀 수밖에 없었다. 그러나 우리는 관광객이라는 개념으로 다중의

2　딘 매캐널, 『관광객』ザ・ツーリスト, 야스무라 가쓰미安村克己 외 옮김, 学文社, 2012, 73쪽. 쉼표와 마침표를 변경.

우편화를 사유하고자 한다. 이를 통해 끊임없는 연대의 실패로 사후적으로 생성되며 결과적으로 마치 연대가 존재하는 것처럼 보이는, 그런 착각의 축적이 만들어 내는 연대를 사유하려 한다. 누군가가 다른 누군가와 연대하려 하지만 잘되지 않는다. 여기저기서 연대에 실패한다. 하지만 나중에 돌이켜 보면 연대 비슷한 무언가가 있었던 것같이 느껴지곤 한다. 그리고 이 착각이 다음 연대를 (실패하겠지만) 시도하게 한다. 이것이 내가 생각하는 관광객 = 우편적 다중이 연대하는 모습이다.

다중이 우편화하면 관광객이 된다. 관광객이 부정신학화하면 다중이 된다. 너무 기이한 규정으로 들리는가? 그렇다면 당신은 아직 '다중'과 '관광객'이 주는 어감상의 거리에 속고 있는 것이다. 연대의 이상을 내걸고 데모할 곳을 찾으며 인터넷으로 정보를 수집해 세계 곳곳을 여행하고 자국의 정치와 전혀 상관없는 장소에도 출몰하는 21세기의 '프로' 시민 운동가들의 행동 양식이 얼마나 관광객과 비슷한지 몰라서 그렇다. 운동가를 비하하려는 것이 아니다. 운동가들을 다중으로서 높이 평가한다면 관광객에 대해서도 비슷한 무게를 두어야 한다는 말이다.

부정신학적 다중의 연대는 연대가 부재라는 형태로 존재한다고 여겼다. 우편적 다중의 연대는 끊임없는 연대의 실패로 사후적으로 생성되어 결과적으로 연대가 존재하는 것처럼 보이게 되는, 그런 착각의 축적으로 이루어진다.

네그리와 하트는 다중의 연대를 꿈꿨다. 나는 그 대신 관광객의 오배를 꿈꾼다. 다중이 데모하러 간다면 관광객은 놀고 구경하러 간다. 전자가 소통 없이 연대한다면 후자는 연대 없이 소통한다. 제국이 낳은 반작용인 전자가 사적인 삶을 국민 국가의 정치로 다루어야 한다고 외친다면, 제국과 국민 국가 틈새에서 탄생한 노이즈인 후자는 사적인 욕망을 통해 공적인 공간을 소리 없이 변화시킬 것이다.

무엇보다 관광객＝우편적 다중의 소통은 부정신학적 다중의 소통과 달리 우연에 열려 있다. 관광객은 연대하지 않는 대신 어쩌다 만난 사람과 대화를 나눈다. 데모에는 적이 있지만 관광에는 적이 없다. 데모(급진 민주주의)는 친구/적 이론 안에 있으나 관광은 그 바깥에 있는 것이다.

부정신학적 다중(데모)은 무에서 태어나 무를 통해 연결된다. 우편적 다중(관광)은 오배에서 태어나 오배를 통해 연결된다.

다중 개념이 다시 신비주의적이고 낭만주의적인 개념으로 회귀하는 일이 없도록 나는 여기서 오배의 발생 기제와 역학을 기술하는 (혹은 그럴 것으로 기대되는) 수학적 모델을 제시하고 1부를 마치려 한다.

2

어떤 수학적 모델일까? 여기서 최근 약 사반세기 동안 급속히 정비된 네트워크 과학을 참조하려 한다.

네트워크 과학이라고 했지만 인터넷을 연구하는 과학은 아니다. 인터넷도 네트워크의 일부지만 네트워크 개념은 이보다 훨씬 넓다. 국가 간 관계, 생태계의 먹이 사슬, 세포

내 단백질 관계, 뇌세포 연결망 등 세상에는 여러 '실체'가 있고 이들 실체는 연관 '관계', 즉 광의의 네트워크 구조를 갖추고 있다. 네트워크 이론은 이를 구성하는 실체의 성질을 배제하고 이 관계의 수학적 성질만을 분석하는 이론이다. 그래프 이론이라 불리기도 한다.

네트워크 이론은 네트워크의 모습을 추상화해 분석한다. 따라서 실체를 점으로, 실체 간의 관계를 선분으로 표현한다. 예를 들어 친구 관계를 네트워크로 파악할 때는 사람을 점으로, 친구 관계를 선분으로 표시한다. 네트워크 이론에서는 점＝실체를 '꼭짓점'으로, 선분＝관계를 '가지' 또는 '변'으로 지칭하는데 여기서도 이 지칭법을 따른다. 연구자에 따라서는 꼭짓점에 특정한 값을 추가하거나 변에 방향을 추가하기도 하지만 기본적으로 네트워크 이론은 꼭짓점과 변으로 구성된 '모양'을 다루는 이론이다.

네트워크 이론의 기원은 18세기의 수학자 레온하르트 오일러로 거슬러 올라간다. '쾨니히스베르크의 다리 문제'로 알려진 그의 유명한 한붓그리기 퍼즐(<그림 5>)이 이 이론의 출발점으로 알려져 있다. 한붓그리기란 모든 꼭짓점과 가지를 한 번만 지나 네트워크 전체를 통과하는 것을 말한다. 따라서 임의 도형의 한붓그리기가 가능한지 여부를 판단하려면 꼭짓점과 가지의 관계를 다루는 추상적인 이론이 필요하다. 그 첫 발을 내딛은 것이 오일러다. 그 후 20세기에 들어와 네트워크 이론을 구성하는 요소가 조금씩 정돈되었지만 오랫동안 현실 사물의 관계를 모델화하는 데는 이르지 못했다. 그런데 1990년대에 던컨 와츠와 스티븐 스트로가츠가 '스몰 월드'small world를 발견하고 앨버트–

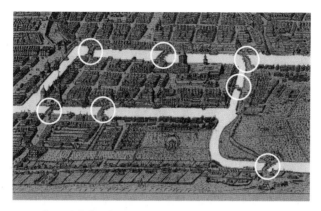

〈그림 5〉 쾨니히스베르크에는 일곱 개의 다리가 있었다. 오일러는 이 일곱 다리를 한 번씩 통과해 출발 지점으로 되돌아올 수 있을지, 그리고 이 문제를 어떻게 일반화해 풀 수 있을지를 생각했다. 요아힘 베링Joachim Bering의 1613년 지도를 바탕으로 제작. https://commons.wikimedia.org/wiki/File:Koenigsberg,_Map_by_Bering_1613.jpg(퍼블릭 도메인).

라슬로 바라바시와 레카 앨버트가 '무척도'scale free를 발견하면서 네트워크 이론은 급속도로 발전했다. 그 이후 네트워크 이론은 인간 관계나 먹이 사슬 등 실재하는 복잡한 네트워크를 수학적으로 쉽게 재현해 분석할 수 있게 되었다.

이 새로운 이론에 따르면 우리가 살고 있는 인간 사회—정확히는 인간 사회를 포함한 '복잡계 네트워크' 일반—는 '큰 클러스터 계수', '작은 평균 거리', '무척도'라는 세 가지 특징을 가졌다.

이 세 특징을 간략히 살펴보기에 앞서, 나는 전문적인 수학 교육을 받지 않았기 때문에 이하의 설명은 약 10년 전에 간행된 입문서를 요약한 것에 불과하다는 사실을 밝힌다.[3] 이 책의 목적에는 이것으로 충분하나 최신 동향이 궁금한 독자는 전문서를 읽어 보기 바란다.

첫째 특징인 '큰 클러스터 계수'부터 설명하겠다. 이는 가장 알기 쉬운 특징이다.

클러스터란 '무리'나 '송이'를 뜻하는 말로 최근 인터넷에서는 작은 집단을 가리키는 용어로도 자주 쓰인다. 클러스터 계수는 한 네트워크 안에 얼마나 많은 무리가 있는지를 가리키는 수학적 지표다.

무리는 무엇을 뜻하는 것일까? 여기서는 '한 무리'를 한 집단의 구성원이 모두 서로 친구 관계에 있는 상황이라고 정의하자. A가 B와 C 둘 모두와 친구고, B와 C도 서로 친구일 때 비로소 A와 B와 C 세 사람이 한 무리에 해당한다고 보자는 것이다. 이 관계를 네트워크 이론에서는 세 꼭짓점이 모두 가지로 연결된 상태, 즉 삼각형을 형성한 상태로 표현한다. 네트워크 이론에서 클러스터(무리)란 이 삼각형을 의미한다.

예로 〈그림 6〉을 보자. 이 그래프(네트워크)에서 점 A와 B와 C, 점 D와 E와 F는 각각 클러스터 = 삼각형을 구성하고 있다. 즉 이 그래프에는 두 개의 클러스터가 있다.

다음으로 같은 그래프 안에 클러스터를 얼마나 많이 만들 수 있는지 생각해 보자. 점 C와 E를 이으면 새로운 클러

---

3   마스다 나오키增田直紀·곤노 노리오今野紀雄, 『'복잡계 네트워크'란 무엇인가』「複雑ネットワーク」とは何か, 講談社ブルーバックス, 2006; 마스다 나오키, 『우리는 어떻게 연결되어 있는가』私たちはどうつながっているのか, 中公新書, 2007을 주로 참고했다. 단 설명에 오류가 있다면 물론 그것은 모두 내 책임이다.

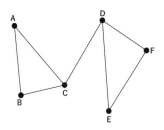

<그림 6>

스터가 탄생한다. 즉 <그림 6>의 클러스터 수는 최대값이 아니다. 여기서 클러스터 계수가 생겨난다. 클러스터 계수는 한 네트워크에서 이론적으로 성립 가능한 클러스터 중 실제로 성립된 것이 얼마나 있는지를 표시하는 지표다. 수학적으로는 임의의 꼭짓점과 연결된 두 꼭짓점이 서로 연결되어 있을 확률(A의 친구 B와 C가 서로 친구일 확률)의 평균으로 정의된다. 클러스터 계수가 1이라면 모든 꼭짓점에서 그 꼭짓점과 연결된 다른 두 꼭짓점이 가지로 연결되어 있다는 말이 된다.

수학자들의 연구를 통해 학교 내의 인간 관계나 기업 간의 거래 관계 등 인간 사회의 다양한 관계를 그래프로 추상화해 보면 이 클러스터 계수가 상당히 크다는 것이 밝혀졌다. 인간 사회는 친구의 친구가 서로 친구 사이라는 식으로 삼각형이 높은 밀도로 겹쳐져 구성되어 있다는 말이다. 수학을 잘 모르는 독자라도 이 관찰을 직감적으로 이해할 수 있을 것이다. 사회는 결코 개인의 집합이 아니다. 개인이 있고 그 위에 갑자기 세계가 있는 것이 아니다. 가족과 지역, 일터 등 인간 관계의 삼각형이 겹겹이 쌓인 중간 집단(공동체)이 여럿 존재하고, 사회는 이 중간 집단이 또 겹겹이 쌓여 성립한다. 21세기의 과학은 이 상황을 '클러스터 계수가 크다'는 말로 표현한다.

둘째 특징은 '짧은 평균 거리'다. 쉽게 말해 친구의 친구의 친구… 같은 식으로 거슬러 올라가면 의외로 빨리 네트워크 구성원 전체를 커버하게 되는 특징을 의미한다.

네트워크 이론에서는 꼭짓점과 꼭짓점을 잇는 가장 적은 가지 수를 그 두 점 사이의 '거리'로 정의한다. 다시 <그림 6>을 예로 들면 점 A부터 점 E까지는 적어도 가지가 셋 필요하다. 따라서 A와 E의 '거리'는 3이다. '평균 거리가 짧다'는 것은 모든 꼭짓점 조합의 '거리'를 평균 낸 값이 작다는 뜻이다. 평균 거리가 짧은 네트워크에서는 한 꼭짓점에서 다른 꼭짓점까지 (평균적으로) 적은 개수의 가지를 거쳐 도달할 수 있다.

인간 사회가 바로 이렇다. 이는 네트워크 이론이 발전하기 전부터 알려진 사실이다. 사회학에는 '6단계 거리'라는 유명한 가설이 있다. 현재 70억 정도인 세계 인구 중의 한 사람과 임의의 다른 한 사람이(예를 들어 아프리카의 작은 나라에 사는 이름 없는 농민과 일본에 사는 사람이) 연결될 때까지 단 여섯 개의 친구 관계만 거치면 된다는 가설이다. 다르게 표현하면 70억 인류 사회 전체가 당신의 '친구의 친구의 친구의 친구의 친구의 친구' 안에 다 들어간다는 뜻이다. 의외로 적지만 이 여섯이라는 수는 1967년에 스탠리 밀그램이 물리적으로 편지를 사용해 실시한 사회 실험으로 얻은 것(당시 세계 인구는 70억보다 적었지만)으로, 훗날 인터넷을 이용한 추가 실험에서도 확인되었다. 흔히 '세상 좁다'고 말하는데, 인간 사회는 정말로 좁은 것이다.

왜 인간 사회는 좁은가? 사실 수학은 이 특징을 오랫동안 모델화하지 못했다. 왜냐하면 이것이 큰 클러스터 계수와 모순된다고 여겼기 때문이다. 인간 사회에는 클러스터가 많다. 우리는 모두 먼 곳에 있는 친구를 사귀기보다는 친구끼리 또 친구가 되는 식의 가까운 관계를 선호한다. 그렇다면 사회는 더 뿔뿔이 나뉘고 따라서 세상은 더 넓어져야 하는 것 아닌가?

이를 해결한 것이 앞서 거론한 와츠와 스트로가츠다. 이들은 네트워크에 소수의 '지름길'이 있으면 클러스터 계수가 큰 상태로 평균 거리가 극적으로 줄어든다는 것을 수학적으로 증명했다.

〈그림 7〉의 세 그래프를 보자. 이 세 그래프는 모두 같은 꼭짓점 수(22개)와 같은 가지 수(44개)로 구성되어 있다.

〈그림 7a〉는 모든 꼭짓점에서 같은 수의 가지를 옆의 옆까지 뻗은 그래프다. 이를 1차원 격자 그래프라 부른다. 이 그래프에는 여러 삼각형(클러스터)이 포함되어 있는데 그림에서는 모두 동그라미 위에 꼭짓점을 배치해 언뜻 삼각형이 없는 것처럼 보일지도 모르겠다. 그러나 자세히 보면 세 개의 꼭짓점이 세 개의 가지로 연결되어 있는 조합이 많다는 것을 알 수 있다. 그리고 어느 꼭짓점도 옆의 옆보다 먼 꼭짓점까지는 가지를 뻗지 않았다. 이는 모든 사람의 친구 수가 같고 모든 사람이 이웃의 이웃까지와만 관계를 맺는, 평등하고 폐쇄적인 사회를 표현하는 그래프다.

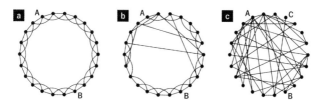

<그림 7> 마스다 나오키 · 곤노 노리오, 『'복잡계 네트워크'란 무엇인가』, 78쪽을 바탕으로 제작.
인용한 책에서는 c의 가지 개수가 a, b와 일치하지 않았으나 책의 설명에 따라 같은 개수로 맞췄다.

　이 그래프는 큰 클러스터 계수를 가졌다는(무리가 많다는) 점에서 인간 사회의 한 특징을 잘 표현해 준다. 그러나 이 조건에서는 무작위로 고른 꼭짓점 사이의 거리가 너무 멀다. 꼭짓점이 22개밖에 없는데 점 A에서 그래프 반대편의 점 B까지 가려면 여섯 개의 가지를 거쳐야 한다(이때 그래프의 '직경'이 6이라고 표현한다). 게다가 그 수는 꼭짓점 개수에 비례해 많아진다. 여기서는 꼭짓점 수가 22라 평균 거리 3이 약간 안 되는데, 꼭짓점이 100개일 때는 최대 거리가 25, 평균 거리가 약 12.5다. 꼭짓점이 1,000개일 경우에는 최대 거리 250, 평균 거리 125가 된다. 꼭짓점 수가 70억인 인간 사회를 모델화하는 데는 전혀 적합하지 않다.

　그러면 <그림 7c>는 어떨까? 이는 '무작위 그래프'에 가까운 것으로, 한 꼭짓점이 어느 꼭짓점으로 가지를 뻗을지는 거의 무작위로 결정된다.[4] 이 경우는 어떤 사람이 누구와

　4　정확히 말하자면 여기서 인용한 그림은 본문에서 곧 설명할 '바꿔 연결하기' 방법을 사용해 <그림 7a>의 각 꼭짓점에서 뻗은 가지를 1에 가까운 확률로 다른 꼭짓점으로 다시 연결해 얻은 것이다.

친구가 될지를 제비뽑기로 정하는 것과 같다고 할 수 있으며 절대적으로 개방적인 사회를 표현한다.

이 그래프에서는 꼭짓점의 연결이 무작위로 결정되므로 옆에 있는 꼭짓점끼리만 연결되는 것이 아니라 동그라미(네트워크)를 횡단하는 가지도 여럿 생긴다. 따라서 평균 거리가 <그림 7a>보다 상당히 줄어든다. 예를 들어 점 A부터 점 B까지의 거리가 조금 전에는 6이었던 반면 이제는 가지 두 개만 지나면 갈 수 있게 된다. 그러므로 이 그래프는 인간 사회의 좁음을 잘 표현하고 있기는 하다. 그러나 그 대신 클러스터 계수가 작아진다. 실제로 그림에서도 삼각형 수가 줄었는데, 수학을 잘 모르는 독자도 그 이유를 직감적으로 이해할 수 있을 것이다. 이 그래프가 표현하는 세계에서는 모든 친구 관계가 제비뽑기로 결정된다. 따라서 임의의 두 사람 간 거리는 상대적으로 가까워지는 반면, 친구와 친구가 서로 친구 사이일 확률(한 무리일 확률)은 줄어든다. 이 그래프도 인간 사회를 모델화하는 데 적합하지 않다.

이처럼 큰 클러스터 계수와 작은 평균 거리는 모순되는 것처럼 보인다. 첨언하자면 여기서는 자세히 다루지 않지만 두 특징은 가지의 개수를 늘리면 쉽게 양립시킬 수 있다.

극단적으로 모든 꼭짓점에서 다른 모든 꼭짓점을 향해 가지가 뻗어 있으면 클러스터 계수가 1(최댓값)이 되고 평균 거리도 1(최소치)이 되기 때문이다. 이를 '완전 그래프'라 부른다(<그림 8>).

하지만 이 또한 인간 사회의 모델로 적합하지 않다. 완전 그래프는 말하자면 모든 사람이 다른 모든 사람과 직접 친구 관계에 있는 세계를 표현한다. 개인차가 있겠으나 현실

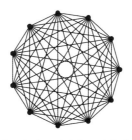

<그림 8> 완전 그래프의 예. 꼭짓점 수는 열한 개.

에서 만들 수 있는 친구 수는 상당히 한정되어 있다. 인간 사회를 네트워크 이론으로 모델화하기 위해서는 가지 수(친구 관계의 수)를 한정한 상태에서 큰 클러스터 계수(무리가 많음)와 작은 평균 거리(세상이 좁음)를 양립시키는 것이 필수 조건이다.

와츠와 스트로가츠는 이 조건을 충족하는 모델을 고안했다. 그 예가 <그림 7b>다.

이 그래프는 클러스터 계수가 큰 <그림 7a>를 초기 조건으로 해 모든 꼭짓점에서 뻗어 나오는 가지를 특정 확률에 따라 무작위로 고른 다른 꼭짓점에 '바꿔 연결하기'한 결과다. 이는 어디까지나 '바꿔 연결하기'한 것이므로 전체 가지 수는 변하지 않는다. 가지를 바꿔 연결하면 (삼각형의 한 변이 없어지므로) 삼각형이 사라지지만, 바꿔 연결하는 가지 수가 적으면(바꿔 연결하는 확률이 낮으면) 삼각형의 전체 수에 큰 영향을 주지 않는다. 그러나 바꿔 연결하는 가지 수가 적더라도 결과적으로 네트워크에는 여러 '지름길'이 생긴다. 그리고 와츠와 스트로가츠는 이 '지름길'의 존재가 클러스터 계수에 거의 영향을 미치지 않으면서 최대 거리 및 평균 거리를 극적으로 줄인다는 사실을 수학적으로 증명했다. 〈그림 7b〉는 〈그림 7a〉의 가지 가운데 겨우 15%를 바꿔 연결한 그래프다. 그런데도 점 A에서 점 B에 이르는 거리가 6에서 3으로 줄었다. 그들은 이런 그래프를 '스몰 월드 그래프'로 명명하며 이것이 인간이 실제로 형성하는 네트워크를 표현하는 데 적합하다고 주장했다.

네트워크 이론에서는 큰 클러스터 계수와 작은 평균 거리를 합쳐 '스몰 월드성'이라 부른다(작은 평균 거리만을 가리키는 경우도 있다). 인간 사회를 수학적으로 표현하면 격자도 무작위도 아닌 스몰 월드 그래프가 되는 것이다.

3

와츠와 스트로가츠의 발견은 인문학 분야에도 시사하는 바가 크다. 〈그림 7a〉의 격자 그래프를 친구 관계 네트워크로 해석하면 모든 사람이 무리 안에 안주하는 폐쇄적인 인간 관계가 된다. 다른 한편 〈그림 7c〉의 무작위 그래프는 모두가 우연한 만남에 열려 있는 절대적으로 개방적인 인간 관계를 표현한다.

이들에 비해 〈그림 7b〉의 스몰 월드 그래프는 기본적으로 모두가 무리 안에 안주하고 있으나 때때로(확률적으로) 닫힌 관계 안에 낯선 타인이 들어오는 일도 있고(바꿔 연결하기), 그런 새로운 만남(지름길)이 세계를 순식간에 좁게 만드는 인간 관계를 표현한다.

여기서 사용하는 '확률', '바꿔 연결하기', '지름길' 등의 용어에는 사실 수학적으로 엄밀한 정의가 있다.[5] 그러나 이들

정의를 본격적으로 다루지 않아도 어렵지 않게 이 모델의 중요성을 이해할 수 있다. 나는 이 책 앞머리에서 관광객론은 타자론이기도 하다고 말했다. 그리고 앞서 지금 위기에 처한 것은 보편주의라는 말도 했다. 20세기의 사회 사상=보편주의는 타자를 향한 개방성만 줄곧 호소한 결과 설득력을 잃었다. 그리고 와츠와 스트로가츠의 발견은 인간 사회에 역동성을 제공하는 것은 타자에 대한 절대적인 배제도 완전한 개방성도 아닌 그 사이에 있는 상태임을 가르쳐 준다.

우리는 타자를 완전히 배제하고 있지도 타자에 완전히 개방적이지도 않다. 문제는 타자에 열려 있을 '확률'이다. 확률의 값은 반드시 0과 1 사이에 존재한다. <그림 7a>의 격자 그래프에서 바꿔 연결하는 확률이 0이면 아무런 변화도 일어나지 않는다. 반대로 바꿔 연결하는 확률이 1이면 모든 가지를 바꿔 연결하게 되므로 <그림 7c>에 가까운 무작위

---

5 '바꿔 연결하기'의 정의에 관해서는 던컨 와츠Duncan Watts, 『스몰 월드 네트워크』スモールワールド·ネットワーク, 구리하라 사토시栗原聡 외 옮김, 東京電機大学出版局, 2006, 76쪽 이하〔『Small World』, 강수정 옮김, 세종연구원, 2004, 113쪽 이하〕 참조. '지름길'의 정의에 관해서는 같은 책, 80쪽 이하〔116쪽 이하〕 참조. 수식을 사용하지 않고 쉽게 설명하자면 '바꿔 연결하기'는 한 꼭짓점을 기점으로 삼아 난수를 생성해 그것이 특정 숫자보다 크면 그 꼭짓점에서 뻗은 가지 중 하나를 다른 꼭짓점으로 바꿔 연결하고, 난수가 특정 숫자보다 작으면 아무것도 하지 않는 작업을 모든 꼭짓점의 모든 가지에 반복하는 것을 가리킨다. 한편 '지름길'은 그 가지가 존재하지 않을 경우에 꼭짓점 사이의 거리('레인지'range라 부른다)가 2보다 커지는, 두 꼭짓점을 잇는 가지를 가리킨다. 레인지가 2일 경우 가지는 삼각형의 한 변을 이룬다(삼각형의 한 변을 없애면 두 점 사이의 거리는 1에서 2가 된다).

그래프가 되고 만다. 즉 스몰 월드 네트워크는 바꿔 연결하기로 타자와 연결되는 확률이 0도 아니고 1도 아닌 중간값일 때 생성된다. 『존재론적, 우편적』의 독자라면 내가 그 책에서 오배를 사유하는 것은 확률을 사유하는 것이라고 쓴 것을 기억할지도 모르겠다.[6] 인간 사회를 모델화하기 위해 '확률적'인 '바꿔 연결하기'를 도입하는 것은, 철학적으로는 인간 사회의 기초를 이해하기 위해 의사 소통의 오배를 도입하는 것과 같다고 해석할 수 있다.

수학 이야기를 더 해 보자. 네트워크 이론이 발견한 셋째 특징은 '무척도'다. 이는 인간 사회의 불평등성을 표현한다.
다시 한번 〈그림 7〉의 세 그래프를 보자. 〈그림 7b〉의 그래프는 앞서 설명한 것처럼 〈그림 7a〉의 가지를 특정 확률에 따라 바꿔 연결한 것이다. 〈그림 7a〉의 경우 모든 꼭짓점이 같은 수의 가지에 연결되어 있으므로 바꿔 연결하면 가지 수가 불균등해진다. 실제로 〈그림 7b〉의 점 A는 연결된 가지가 세 개지만 점 B는 연결된 가지가 네 개다. 이 불평등은 무작위 그래프의 경우 더욱 확대된다. 〈그림 7c〉의 점 A는 가지가 여덟 개나 되지만 점 C는 한 개밖에 없다. 달리 말해 어떤 사람은 친구가 여덟 명인데 다른 어떤 사람은 친구가 한 명뿐인 것이다.
네트워크 이론에서는 꼭짓점에 연결된 가지 수를 그 꼭짓점의 '차수'次數라고 표현한다. 가지 수가 불균등한 것은 '차수 분포가 균등하지 않다'고 표현한다. 스몰 월드 그래프

---

6 아즈마 히로키, 『존재론적, 우편적』, 118쪽 이하〔102쪽 이하〕.

나 무작위 그래프의 경우 차수 분포는 반드시 불균등하다.

무척도는 이 차수 분포의 특징을 가리키는 말이다. 이는 지금까지 보아 온 두 특징(스몰 월드성)과 달리 네트워크의 '모양' 자체에서 도출되는 특징이 아니다. 무척도는 꼭짓점과 가지의 관계를 통계적으로 처리했을 때 비로소 가시화된다.

앞서 말했듯 무척도성을 발견한 것은 바라바시와 앨버트라는 두 연구자다. 이는 이론보다 현실의 관찰을 통해 먼저 발견되었다.

무척도scale free는 '척도'scale로부터 '자유로운'free, 즉 척도가 아무리 바뀌어도 분포의 형태는 동일한 특성을 가리키는 말이다. 예를 들어 무척도 네트워크에서는 가지가 10개인 꼭짓점의 전체 수와 가지가 100개인 꼭짓점의 전체 수의 비율이, 가지가 100개인 꼭짓점의 전체 수와 가지가 1,000개인 꼭짓점의 전체 수의 비율과 동일하다. 따라서 아무리 가지 수가 많은 꼭짓점을 기점으로 삼아도 그보다 가지 수가 많은 꼭짓점이 발견될 확률이 0이 되는 일은 없다. 쉽게 말해 방대한 수의 가지가 집중되는 꼭짓점이 그 수는 극히 적더라도 반드시 존재한다. 이것이 무척도 네트워크의 특징이다. 이 때문에 '불평등'한 네트워크라고 불리기도 한다.

바라바시와 앨버트는 1990년대 말에 인터넷(정확히 말하면 HTML로 작성된 페이지의 집합체인 월드와이드웹)에 대한 대규모 구조 분석을 실시해 당시의 웹에 이런 특징이 있음을 발견했다. 웹페이지를 꼭짓점, 하이퍼링크를 가지라고 했을 때 웹페이지로 모이는 링크 수가 차수인데, 이 차수가 무척도로 분포되어 있었던 것이다. 즉 극소수의 강력한 페이지(허브라 불린다)에 방대한 수의 링크가 집중되어 있는 한편 대다수 페이지는 거의 링크되어 있지 않았다. 다른 관점에서 보면 이는 대다수의 페이지가 실질적으로 거의 읽힐 기회를 갖지 못했다는 것을 의미한다. 인터넷의 탄생이 만인에게 정보 발신의 기회를 준다고 여겨졌기에(여전히 그런 이상을 믿는 사람이 있다) 이 발견은 충격을 안겼다. 그리고 이는 동시에 이론적으로도 커다란 문제를 제기했다. 이런 불평등이 발생하는 이유를 기존 이론으로는 제대로 설명할 수 없었기 때문이다.

바라바시와 앨버트는 이 문제의 해결에 도전했다. 복잡계 과학 이론과 관련된 내용이라 쉽게 요약할 수는 없으나, 한마디로 말해 이들은 와츠와 스트로가츠의 모델에 '성장'과 '우선적 선택'이라는 두 개념을 도입했다.

여기서 성장이란 네트워크에 새로운 꼭짓점이 생기는 것을 의미하고, 우선적 선택이란 이 새로운 꼭짓점이 기존 꼭짓점에 가지를 뻗을 때 차수가 높은 꼭짓점을 우선해서 선택(높은 차수를 갖는 꼭짓점을 선택할 확률이 높다)하도록 조건을 설정한다는 의미다. 이 두 개념의 도입을 철학적으로 해석하면 바라바시와 앨버트가 네트워크 이론에 시간과 주체(방향성) 개념을 도입했다는 말이 된다. 와츠와 스트로가츠의 모델은 정적이고 기계적이었다. 꼭짓점의 증가는 염두에 두지 않았고 가지를 바꿔 연결한 것도 스몰 월드 그래프를 생성하기 위한 조절에 불과했다. 그러나 바라바시와 앨버트는 여기에 시간을 도입하고 가지의 바꿔 연결하기가 새 꼭짓점의 탄생과 함께 일상적으로 일어나는 모델을 만들었다. 그 결과 와츠와 스트로가츠 모델에는 없던 가지의 방향성이 바라바시와 앨버트 모델에 생겨났다. 후자의 모델에서는 새 꼭짓점이 기존의 꼭짓점 중에서 연결할 상대를 '선택'하고 그 반대는 성립하지 않기 때문이다.

스몰 월드 그래프는 구성원 모두가 어느 정도 무리 속에 안주하면서 서로 극단적으로 먼 거리에 있지도 않은 행복한 관계를 표현하는 것처럼 보인다. 와츠와 스트로가츠에 따르면 이것이 인간 사회의 수학적 표현이다. 그러나 만약 여기에 정기적으로 새로운 참가자가 들어오고, 이들이 모두 기본적으로 이미 친구가 많은 참가자를 우선해서 친구로 고른다면? 바라바시와 앨버트는 이런 사회학적 질문을 던진 것이다. 실제로 사람은 그런 식으로 친구를 고르고, 새로 만든 웹페이지도 가능한 한 인기 있는 페이지에 링크를 걸기 마련이니 이 가정은 현실에 부합한다. 바라바시와 앨버트는 성장과 우선적 선택이라는 가정을 도입해 시뮬레이션하면 대부분의 모델에서 무척도성이 발견된다는 사실을 증명한 것이다.

그런데 무척도는 통계학에서 '멱승 분포'라고 불리는 확률 분포에서 나타나는 특징이다. 멱승 분포는 '멱승법' 또는 '멱법'이라 불리는 수식에 따른다. 멱승법이란 '$1/k^r$'과 같은 수식을 가리킨다. 여기서 r은 분포 고유의 정수, k는 변수다. 네트워크의 차수 분포가 무척도라는 것은 차수 k의 꼭짓점이 나타날 확률 $p(k)$가 $1/k^r$ 식으로 구해지는 수학적 성격을 갖는다는 것을 의미한다.

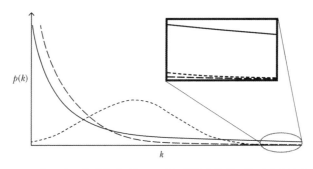

<그림 9> 마스다 나오키·곤노 노리오, 『'복잡계 네트워크'란 무엇인가』, 99쪽을 바탕으로 제작.
멱승법(——)과 지수 법칙(----), 그리고 정규 분포(— —)의 비교. 곡선은 분포의 특징을 이미지로 나타낸 것이며 수학적으로 정확한 것은 아니다.

　멱승법의 특징은 $p(k)$의 값이 처음에는 급속히 줄어드나 k가 커져도 좀처럼 0에 가까워지지 않는다는 데 있다. <그림 9>를 보라. $p(k)$는 k^r에 반비례한다. 정수 r이 3인 멱승 분포를 가정하면 $p(k)$는 k가 2일 때는 2^3분의 1(즉 8분의 1)이고 k가 3일 때는 3^3분의 1(즉 27분의 1)이다. 순식간에 0이 될 것 같지만 k가 100이 되어도 $p(k)$는 100^3분의 1(즉 100만분의 1)이다. 100만 번에 한 번은 일어난다. 즉 100만 명 중에 한 명은 있다는 말이므로 결코 0은 아니다.

　이는 평균적인 표본과 극단적으로 차이 나는 값을 갖는 표본도 극소수 존재하는 상황에서의 분포를 설명할 때 멱승법이 효과를 발휘한다는 것을 의미한다. 앞서 언급한 바와 같이 이는 웹페이지의 링크 분포를 설명할 수 있고, 가까운 예로는 연 수입이나 재산 분포가 이 법칙을 따른다. 흔히들 지적하듯 '평균 연 수입'이 꼭 다수파의 연 수입을 의미하지는 않는다. 연 수입이 평균보다 훨씬 고액인 경우가 평균을 끌어올리기 때문이다. 현재 일본인의 평균 연 수입은 420만 엔 정도로 알려져 있는데(2015년 기준 민간 급여 실태 통계 조사) 그 100배(4억 엔)를 버는 사람도 꽤 있다. 1,000배(40억 엔)를 버는 사람도 적잖이 존재한다. 1만 배(400억 엔)를 버는 사람도 있을 것이다. 멱승법은 이렇게 극단적인 수치도 소수 존재하는 분포를 잘 설명할 수 있다. 이 특징은 그래프 모양(오른쪽으로 긴 꼬리가 있는 것처럼 보이는) 때문에 '롱테일'이라 불리기도 한다(<그림 9>). 무척도와 롱테일은 같은 확률 분포의 특징을 가리킨다.

확률 분포에는 다른 수학 모델도 존재한다. 단 롱테일을 설명하지 못한다. 예를 들어 키와 체중 등 인간의 신체적 특징은 거의 '정규 분포'를 따른다. 정규 분포의 경우 평균치의 표본 수가 가장 많고 평균치에서 멀어질수록 표본 수는 급격히 줄어든다. 수식을 소개하자니 복잡해서 생략하지만 정규 분포에서는 평균으로부터 극단적으로 떨어진 표본이 존재할 수 없다. 실제로 우리가 평균 키의 100배나 1,000배인 사람을 만나는 일은 없다.

한편 멱승법에 가까운 수식으로 지수 법칙 $1/r^k$이 있다. 이 식에 따르는 분포(지수 분포)는 언뜻 멱승법과 비슷한 형태를 띠나 최종적으로는 다른 성격을 갖게 된다. 가령 정수 3의 $p(k)$가 멱승법이 아닌 지수 법칙을, 즉 $1/k^3$이 아니라 $1/3^k$을 따른다면 k가 100일 때 확률의 분모는 100의 3제곱(100만)이 아니라 3의 100제곱이 된다. 이는 5,000억의 1조 배의 1조 배의 1조 배분의 1이라는 숫자(5 뒤에 0이 마흔일곱 개 이어지는 거대한 수의 역수)로, 거의 0이라고 봐도 무방하다. 즉 멱승법으로는 $k = 100$이 되는 상황의 출현을 설명할 수 있으나 지수 분포로는 그럴 수 없다.

앞서 나는 바라바시와 앨버트가 네트워크의 시뮬레이션에 성장과 우선적 선택이라는 가정을 도입해 이 멱승 분포(무척도)를 재현하는 데 성공했다고 했다. 거꾸로 말하면 이들은 멱승 분포가 생성되는 메커니즘을 겨우 두 가정으로 설명했다. 바라바시와 앨버트의 연구가 가져온 진정한 충격은 여기에 있다.

왜냐하면 이 멱승 분포는 웹페이지의 링크 분포나 연 수입 분포뿐 아니라 다양한 통계에서 공통적으로 발견되기 때문이다. 게다가 사회 현상만이 아니라 자연 현상에서도 발견된다. 예를 들면 도시 규모와 수의 관계, 논문 인용 빈도와 점수의 관계, 전쟁 규모와 발생 수의 관계, 서적 부수와 출판 종수의 관계, 금융 위기 규모와 발생 수의 관계, 지진 규모와 빈도의 관계, 대량 멸종 상황에서의 멸종 종수와 빈도의 관계 등이 모두 무척도 특징을 보이는 것으로 알려져 있다.

즉 인간의 연 수입 분포와 지진의 빈도 분포는 거의 같은 형태를 띠고 있고, 게다가 그 형태는 네트워크 이론의 모델을 활용하면 시뮬레이션을 통해 어렵지 않게 재현할 수 있다. 그렇다면 바라바시와 앨버트의 이론은 자연과학과 사회과학의 경계를 넘어 다양한 현상을 설명하는 통일 언어가 될 수 있지 않을까? 이들의 연구가 발표된 후 잠시 동안 그런 흥분이 세계를 휩쓸었다. 그 열광은 과학 저술가 마크 뷰캐넌이 2000년에 펴낸 『역사는 '멱승법'으로 움직인다』

나 바라바시가 2002년에 펴낸 교양서 『링크』 등에 잘 나타나 있다. 예를 들어 뷰캐넌은 다음과 같이 썼다. "연구자들은 최근 수년간 지금까지 다룬 격변들에서 이 현상의 수학적 특징을 발견했다. 뿐만 아니라 전염병의 유행, 교통 체증의 발생, 직장 내에서 관리자의 업무 지시가 직원들에게 전달되는 방식 등에서도 이런 특징이 발견되었다. 그리고 더 중요하게는 원자, 분자, 생물 종, 인간, 사유 등 모든 형태의 네트워크에서 같은 자기 조직화 경향이 뚜렷이 나타났다." "수학은 인간 사회를 설명하는 데도 적용 가능하다.…물론 개개인이 어떻게 행동할지는 모르나 수만 명의 사람이 어떤 경향을 나타낼지는 알 수 있다."[7]

뷰캐넌이 쓴 책의 마지막 장 제목은 「역사 물리학의 가능성」이다. 역사적 사건의 메커니즘을 네트워크 이론으로 분석하는 물리학이라는 의미인데, 여기서 이러한 새로운 유물론의 실현 가능성을 더 다루지는 않겠다. 다만 인간 사회를 네트워크 이론으로 모델화할 수 있고 그로부터 무척도성이 발견된다는 바라바시와 앨버트의 발견이 19세기 사적 유물론(공산주의)과 20세기 구조주의의 뒤를 이어 인간 사회의 구조를 자연 현상처럼 설명하는 담론의 가능성을 오랜만에 개척한 것은 분명하다.

조금 전에 나는 무척도 네트워크가 불평등한 네트워크라고 했다. 그러나 이 '불평등'을 인간 중심주의적인 의미로 이해해서는 안 된다. 기존의 꼭짓점 중에 유력한 꼭짓점을

7 마크 뷰캐넌Mark Buchanan, 『역사는 '멱승법'으로 움직인다』歷史は「べき乗則」で動く, 미즈타니 준水谷淳 옮김, ハヤカワ文庫NF, 2009, 31, 263쪽(『우발과 패턴』, 김희봉 옮김, 시공사, 2014, 36, 259~260쪽).

우선적으로 선택하면 분명 부자는 더욱 부자가 되고, 친구가 많은 사람은 더욱 친구가 많아지며, 높은 평가를 받은 사람은 더욱 평가가 높아지고, 따라서 가난한 사람은 더욱 가난해진다. 실제로 우리가 살아가는 21세기의 자본주의 평가 경제 사회는 그런 특징을 갖는다.

그러나 이는 결코 부자가 가난한 자를 '착취'해서가 아니다. 수학적 관점에서 부자와 가난한 자를 구분하는 요소는 거의 없다. 네트워크 이론은 전체의 차수 분포만을 중시하며 꼭짓점의 고유성은 상관하지 않는다. 지진(암반에 대한 스트레스의 집중)이 일정 확률로 일어나는 것처럼 부의 집중도 일정 확률로 일어난다. 이론은 세계적인 부의 불평등을 예측할 수 있으나 누가 부자가 되고 누가 가난해질 것인지는 예측할 수 없다. 부의 불평등은 일부 부자가 만들어 내는 것이 아니라 네트워크 참가자 한 사람 한 사람의 선택에 의해 자연히 게다가 우연에 기반해 만들어지는 것이다. 바라바시와 앨버트의 발견은 이런 사실을 알려 준다.

4

이제 철학으로 돌아가자. 이와 같은 지식이 관광객론에 어떤 의미를 가질까?

네트워크 이론은 철학이 아니라 수학이다. 수학은 개념뿐 아니라 수식을 사용한다. 여기 소개한 '바꿔 연결하기', '지름길', '성장', '우선적 선택' 등 일상적인 의미로 이해할 수 있을 듯한 말에도 사실은 각각 엄밀한 정의가 있고 수치로 표현 가능하다. 이것이 수학의 특성이며 그 사고법은 철학과—적어도 이 책 같은 스타일의 철학과—전혀 다르다.

따라서 나와 같은 작가가 개념의 매력에 이끌려 수학의 성과를 인용하는 것은 위험하다. 그렇지 않아도 현대 사상은 수학을 원용해 신용을 잃은 적이 있다. 독자 중에는 20년 정도 전에 프랑스 현대 사상 일부가 수학을 자의적으로 해석해 망언을 일삼는 가짜 과학이라고 격렬히 비판받은 것을 기억하는 사람도 있을 것이다.[8] 그런 독자에게는 이 장에서 논하는 내용도 모두 망언으로 보일지 모른다.

그럴 위험성을 각오하고서 나는 이러한 네트워크 이론의 발견을 앞서 논한 2층 구조론의 주춧돌 중 하나로 이용할 것을 제안한다. 주춧돌이라는 표현이 너무 강하다면 반대로 2층 구조론이 위의 수학적 발견에 대한 인문학적 해석이라고 재정의해도 되겠다. 이렇게 재정의했을 때 관광객론은 비로소 실질적인 의미를 갖게 된다.

나는 앞 장에서 제국과 국민 국가의 2층 구조는 '이미지'라고 했다. 내셔널리즘 시대에는 국민 국가(네이션) 하나하나가 독립된 인간처럼 모여 국제 사회를 이룬다는 '이미지'가 있었다. 국민 국가가 독립성을 잃은 현대에는 국경을 넘어 연결되는 거대한 신체 즉 경제 위에 국경을 재구축하려는 무수한 얼굴 즉 정치가 올라탄 '이미지'가 그것을 대신했다. 이미지라고 해서 이들 주장이 무의미한 것은 아니다. 그러나 제국과 국민 국가의 2층화 자체가 이미지에 불과하다면 이 둘을 왕복하는 관광객=우편적 다중이라는 이 책의

---

8 앨런 소칼Alan Sokal · 장 브리크몽Jean Bricmont, 『지적 사기』「知」
の欺瞞, 다자키 하루아키田崎晴明 외 옮김, 岩波現代文庫, 2012〔이희재 옮김, 한국경제신문, 2014〕 참조.

제안 또한 이미지의 쇄신에 그칠 것이며, 다중에 대한 논의는 다시 신비주의적이고 낭만주의적인 자기 만족('관광객으로 살아가라!')으로 되돌아가고 말 것이다.

나는 이 닫힌 회로 바깥으로 나가고 싶다. 그래서 위험을 무릅쓰고 수학을 인용하는 것이다. 제국, 국민 국가, 우편적 다중 모두 실체고 이들을 생산적으로 논의할 수 있음을 보여 주기 위해 사회 사상과 네트워크 이론의 교차 가능성을 살피려 한다.

사회 사상이 네트워크의 형태에 주목한 사례는 결코 이 책이 처음이 아니다. 오히려 이 점에서 나는 선행 세대를 계승하고 있다.

지금으로부터 30년쯤 전에 현대 사상에서 '트리'와 '리좀'이라는 개념 쌍이 유행한 적이 있다. 이 개념 쌍은 질 들뢰즈가 펠릭스 가타리와 함께 1980년에 출판한 『천 개의 고원』에서 처음 제안되었다(원 논문은 1976년 출간). 여기에는 2010년대식으로 말해 두 개의 다른 네트워크 형태를 바탕으로 두 개의 다른 사회 사상을 구상할 가능성이 시사되어 있다.

트리는 나무를, 리좀은 땅속줄기를 뜻한다. 나무와 땅속줄기의 이미지 자체에 대해 말하자면 양자를 대비시키는 것이 수학적으로 정확하다고 하기는 어렵다. 21세기의 네트워크 이론에서는 오히려 나무와 격자를 대비시킨다. 나무와 격자의 결정적인 차이는 나무는 한 바퀴 돌아 출발점이었던 꼭짓점으로 돌아올 수 없지만 격자는 돌아올 수 있다는 것이다. 나무의 경우 가지 끝끼리 연결되지 않지만 격자는 연결된다. 이런 면에서 땅속줄기는 나무에 속한다. 들뢰즈와 가타리는 "리좀의 모든 점은 다른 점과 접속할 수 있고 또 접속해야 한다"고 썼는데,[9] 그렇다면 그들은 이를 땅속줄기가 아니라 격자라고 불러야 했다.

아무튼 여기서 중요한 것은 비유의 정확성 여부가 아니라 사상가들이 이미 30년도 전에 나무보다 복잡한 형태의 새로운 네트워크 모델을 기초 삼아 새로운 사회 분석 담론을 만들려 했다는 사실이다. 나무, 즉 줄기와 가지가 있고 분기가 한쪽 방향으로 치우쳐 있으며 하나의 시작점과 여러 끝점이 있는 네트워크 모델은 군, 당, 거대 기업과 같이 하나의 수장이 있고 그의 명령이 위계에 따라 단계적으로 현장으로 '내려가는' 근대적 사회 조직과 친화성이 높다. 그래서 포스트모더니스트들은 이런 나무 형태와는 다른 형태의 네트워크를 사유하려 했다. 이때 등장한 것이 리좀이라는 단어다. 트리와 리좀의 대비는 앞 장에서 살편 네그리와 하트의 주장에도 스며들어 있다. 『제국』에는 리좀 개념과 인터넷의 네트워크 구조("비-계층적이고 비-중심적인 네트워크 구조")를 등치시켜 다중이 활동하는 장을 리좀이라고 주장하는 부분이 있다.[10] 이들의 이론에서 국민 국가 체제는 트리 모델로, 제국 체제는 리좀 모델로 규정된다.

9　질 들뢰즈·펠릭스 가타리Félix Guattari, 『천 개의 고원』千のプラト― 상권, 우노 구니이치宇野邦― 외 옮김, 河出文庫, 2010, 23쪽〔김재인 옮김, 새물결, 2001, 19쪽〕. 일본에서의 '리좀' 이해와 수용에 관해서는 아사다 아키라浅田彰, 『구조와 힘』構造と力, 勁草書房, 1983〔『구조주의와 포스트구조주의』, 이정우 옮김, 새길아카데미, 1995〕 참조.
10　네그리·하트, 『제국』, 385쪽〔392쪽〕.

포스트모더니스트들은 근대 사회와 포스트모던 사회는 권력이 전파되는 인간 관계의 형태 자체가 다르고 대항 운동의 형태도 다르다고 생각했다. 그 직관은 아마도 맞을 것이다. 19세기와 21세기의 인간 관계는 그 양상이 꽤 다르고 이 사실에서 정치적인 차이도 생겨난다. 예를 들어 19세기에는 SNS도 SNS를 통한 동원도 없었다.

그러나 들뢰즈와 가타리는 리좀에 대해 매우 애매모호한 관념을 가지고 있었다. 트리와 리좀의 차이에 대해서도 계량 가능한 지표로 분석할 수단을 가지고 있지 않았고, 그런 수단을 가질 수 있다고도 생각하지 않았다. 모든 것은 이미지에 불과했다. 그래서 그들은 이를 규정할 때 시종일관 "리좀은 시작하지도 끝나지도 않는다. 리좀은 언제나 중간에 있고 사물들 사이, 존재의 사이에 있으며 간주곡이다" 같은 지극히 문학적인 표현을 쓸 수밖에 없었다.[11] 이런 전제에서는 국민 국가는 트리, 제국이나 다중은 리좀이라고 주장해 봤자 결국 인상론, 즉 이미지의 영역을 벗어나지 못한다. 네그리와 하트의 애매모호함은 거슬러 올라가면 들뢰즈와 가타리의 애매모호함으로 귀착되는 것이다. 덧붙이자면 앞 장에서도 지적한 것처럼 지금 중요한 것은 국민 국가에서 제국으로의 이행이 아니라 양자의 포개짐(2층화)인데, 트리와 리좀 개념은 처음부터 포개짐을 상정하지 않았다. 이 또한 개념의 애매모호함에서 기인한다.

2017년의 우리는 과거의 들뢰즈와 가타리는 상상할 수도

---

11 들뢰즈·가타리, 『천 개의 고원』 상권, 60쪽〔54쪽〕. 번역문 일부 변경.

없었던 네트워크에 대한 강력한 수학적 이론을 획득했다. 그렇다면 우리는 바로 지금 네트워크 이론의 지식을 도입해 이러한 애매모호함을 불식하고, 들뢰즈와 네그리의 논의를 과학적인 동시에 정치적으로 유효하게 되살려야 하지 않을까?

그렇다면 도입의 방식은 구체적으로 어떠해야 할까? 우리에게는 트리와 리좀 대신 스몰 월드와 무척도라는 새로운 개념이 주어졌다. 트리와 리좀은 상이한 네트워크의 상이한 형태를 가리키는 말이었다. 그래서 포갤 수 없었다. 스몰 월드와 무척도는 같은 네트워크 속 상이한 수준의 특징을 가리키는 말이다. 따라서 포갤 수 있다.

그렇다면 국민 국가 체제와 제국 체제의 차이에 관한 네그리와 하트의 논의를 트리와 리좀 모델이 아닌, 스몰 월드성과 무척도성을 축으로 재구성할 수는 없을까?

여기서 나는 포스트모던 사회 사상을 수학적으로 부활시키는 길에 대해 거친 아이디어만 제시할 수 있을 뿐이다. 이를 전제하면 내 생각은 다음과 같다.

인간 사회에는 스몰 월드성과 무척도성이 있다. 한쪽에는 여러 클러스터가 만드는 좁은 세계가 있고, 다른 한쪽에는 차수의 멱승 분포가 만드는 불평등한 세계가 있다. 여기까지는 수학적 진리다.

그렇다면 우리 인간은 같은 사회를 살면서 때로는 스몰 월드성을 느끼고 또 때로는 무척도성을 느낀다고 해석할 수 있지 않을까?

수학적으로 보면 우리 한 명 한 명이 네트워크의 꼭짓점이다. 그리고 스몰 월드=무척도 네트워크에서 꼭짓점과 꼭짓점의 관계는 가지 하나로 연결된 두 꼭짓점이라는 대등한 관계로도, 연결된 가지 수에 큰 차이가 있는 불평등한 관계로도 해석할 수 있다. 전자는 네트워크의 형태에 주목한 해석이고, 후자는 차수 분포에 주목한 해석이다. 실제로 이에 대응하듯 우리 인간은 다른 한 인간(타자)과 마주했을 때 상대를 대등한 인간으로 느낄 때도 있지만 부와 권력의 격차 앞에 압도당할 뿐일 때도 있다. 아렌트는, 아니 그뿐 아니라 많은 20세기 인문학 사상가가 전자와 같은 관계가 인간 본연의 모습이고 후자는 '인간의 조건'이 박탈된 상태라고 여겼다. 그러나 사실 양자는 하나의 관계에 대한 두 가지 표현으로, 우리는 항상 둘을 동시에 느끼고 있다고 봐야 한다. 오늘날의 SNS를 예로 들면 이 동시성 또는 양면성은 팔로워가 100명 정도 되는 무명 트위터 사용자가 팔로워 100만 명인 유명인에게 멘션을 보냈다가 답멘션을 받은 상황을 생각하면 쉽게 이해할 수 있다. 그 멘션은 일대일 의사소통이지만 동시에 수많은 멘션 중 하나에 불과하다. 그리고 두 해석은 모두 옳다. 이 모순은 복잡계 네트워크 구조에서 수학적으로 도출된다.

우리는 항상 같은 사회=네트워크에서 스몰 월드적 형태와 무척도적 차수 분포를 동시에 경험한다. 그렇다면 더 나아가 이 두 가지 경험에서 두 개의 질서, 두 개의 권력 체제가 생성된다고 생각할 수 있지 않을까? '인간의 조건'과 그 외부, 정치와 그 외부, 국민 국가와 제국, 규율 훈련과 생명 권력, 정규 분포와 멱승 분포, 한 명 한 명이 인간으로 대우받는 공동체주의적 소통 영역과 인간을 동물의 집합으로

만 셈하는 자유지상주의적 통계 처리 영역이 하나의 사회적 실체에 대한 두 가지 권력론적 해석으로 동시에 생성된다고 생각할 수 있지 않을까?

꼭짓점 하나하나를 보면 스몰 월드의 질서가 드러나고 꼭짓점 전체의 차수 분포를 보면 무척도의 질서가 드러난다. 네그리와 하트가 제시한 국민 국가와 제국 개념은 아마 이 두 수학적 질서에 따라 진화한 권력 형태가 모여 형성한 두 개의 다른 체제를 지칭하는 것이리라. 국민 국가의 규율 훈련은 클러스터의 삼각형을 거쳐 꼭짓점 하나하나에, 즉 인간 하나하나에 작용한다. 이에 비해 제국의 생명 권력은 꼭짓점 전체의 차수 분포를 직접 관리하려 한다. 다시 말해 구성원 전체를 집합으로 보고 통계적으로 관리하려 한다.

만약 그렇다면 국민 국가와 제국의 2층화는 수학적 필연에 의거한 구조라는 말이 된다. 인류 사회가 하나의 네트워크인 한, 스몰 월드의 질서를 기초로 한 체제와 무척도의 질서를 기초로 한 체제가 병존할 수밖에 없다. 우리는 더 이상 내셔널리즘의 시대로 돌아갈 수 없지만, 그렇다고 글로벌리즘의 시대로 완전히 이행할 수도 없다. 스몰 월드의 질서를 대변하는 것이 지금과 같은 국민 국가가 아닐 가능성은 있어도 인간이 인간인 한, 세계가 무척도의 질서로 뒤덮이는 일은 없을 것이다.

인류 전체가 하나의 네트워크에 포섭되어 스몰 월드의 질서와는 다른 무척도의 질서, 즉 연결 형태와는 다른 차수 분포의 통계적 진리가 가시화되려면 교통과 정보 기술이 일정 단계에 도달할 필요가 있다. 동물들의 진리를 두 세기에 걸쳐 정치와 철학적 사유 외부로 추방한 헤겔의 패러다임은 기술이 그 단계에 도달하지 못해 아직 많은 사람이 스몰 월드의 질서만 보고 있었던 시대의 사회 사상에 불과한 것이 아닐까?

이는 가설, 그것도 상당히 대담한 가설이다. 지금까지 살펴본 인문학적 논의와 네트워크에 관한 수학을 이렇게 접속시키려면 긴 시간을 들여 완전히 새로운 책을 써야 할 것이다. 나도 이렇게 거친 요약만으로 독자를 설득할 수 있으리라고 생각하지는 않는다. 따라서 이 가설과 관련해서는 또 다른 기회를 기약하겠다.

그럼에도 불구하고 여기서 아이디어를 굳이 거칠게나마 제시한 것은 트리와 리좀의 모델을 스몰 월드와 무척도의 개념으로 대체하는 이와 같은 재독해가 관광객＝우편적 다중의 발생 기제 및 전략과 관련해 신비주의에 빠지지 않는 통찰을 가져올 것이라고 기대했기 때문이다.

네그리와 하트는 제국 체제를 리좀의 질서로 파악했지만 정작 리좀에 대해 뚜렷한 관념을 가지고 있지는 않았다. 따라서 다중이 제국＝리좀의 내부적 반작용으로 등장한다는 것 이상으로 논의를 전개하지는 못했다.

그러나 제국 체제를 무척도가 낳는 질서로 파악하고 스몰 월드 질서와의 공존을 주장하는 이 책의 제안은 다중의 발생에 대한 전혀 다른 설명을 가능케 한다. 그리고 새로운 다중이 취할 전략에 대해서도 신앙 고백으로 빠지지 않는 구체적인 지침을 제시해 준다. 바로 이 지침이 지금까지의 논의를 통해 도달하려 한 관광객의 철학을 지탱하는 핵심 통찰이자 이 책의 결론이다.

새로운 다중은 리좀＝제국에서 태어나 그 질서를 내부에서 붕괴시키는 정체불명의 자기 지시적 부정 작용을 가리키는 마법 주문이 아니다. 인문 사상의 세계는 이런 마법 주문으로 가득하다. 나는 이런 상황을 타개하고자 이 책을 쓰기 시작했다. 내가 제안하는 관광객 혹은 우편적 다중은 스몰 월드를 스몰 월드이게 하는 '바꿔 연결하기' 혹은 오배 작용을 그것이 무척도의 질서에 회수되기 직전에 확보하는, 저항의 기억을 실천하는 자가 된다.

무슨 말인가? 마지막으로 이 통찰에 이르는 논리와 그 너머에 출현할 새로운 사상적 과제를 논하며 1부를 마치겠다.

5

와츠와 스트로가츠는 스몰 월드성을 고찰하는 과정에서 '바꿔 연결하기'와 '지름길'을 발견했고, 바라바시와 앨버트는 무척도성을 고찰하는 과정에서 '성장'과 '우선적 선택'을 발견했다. 네트워크 이론의 행보는 마치 홉스와 루소 등 몇 세기 전 유럽 철학자들을 매료시켰던, 사회의 기원을 둘러싼 '신화'의 새로운 형태처럼 보인다.

이는 그들의 발견을 비판하는 것이 아니다. 오히려 그들의 발견에 철학적인 깊이가 있다고 평가하는 것이다. 여기서 '신화'란 어떤 통찰의 논리적인 전개를 마치 역사적인 전개처럼 재구성하는 서사적 기술 형식을 의미한다. 철학자는 종종 그런 형태의 기술을 선호한다. 예를 들어 니체의 『비극의 탄생』은 다름 아닌 그리스 비극에 얽힌 '신화'를 다룬 저작이다. 그런 의미에서 네트워크 이론의 전개 과정은 신화의 요건을 충족한다. 태초에 경직된 격자 그래프가 있고 이어서 스몰 월드 그래프가 태어나며 마지막에 무척도성이 창발한다. 이 전개는 그대로 사회의 기원처럼 읽힌다.

인간은 친구＝삼각형을 만들고, 친구 관계를 겹겹이 포개 공동체를 만든다. 그러나 그것만으로는 사회가 형성되지 않는다.

사회가 형성되려면 여러 삼각형이 짧은 거리로 이어져야 한다. 그러지 않으면 인간 사회는 하나로 통합되지 않고 사방으로 흩어진 수많은 친구＝삼각형으로 분해되고 만다.

그러면 무엇이 친구＝삼각형을 연결하는가? 바로 '바꿔 연결하기'다. 바꿔 연결하기가 만드는 '지름길'이 사람들을 근처의 삼각형에서 먼 삼각형으로 가게 하고 타자와 만날 계기를 만든다.

이를 사회 사상의 용어로 표현하면 가족에서 시민 사회로의 변화 과정에 해당한다. 삼각형이 가족 또는 가족이 확장된 부족 공동체나 촌락 공동체를 가리킨다면, 바꿔 연결하기로 형성되는 삼각형의 집합체는 익명의 시민이 모이는 시민 사회라고 할 수 있다. 와츠와 스트로가츠는 공동체에서 시민 사회로의 변화를 수학적 언어로 기술했다. 바꿔 연결하기가 만들어 내는 것은 사회학적으로 말하면 '유동성'이고, 데리다의 표현을 빌리면 '오배'다. 격자 그래프는 바꿔 연결하기가 도입됨에 따라 스몰 월드 그래프로 변신한다. 이는 곧 공동체가 오배를 도입해 시민 사회로 변신한다는 말이다.

그러나 이 과정에는 함정이 숨어 있다. 바꿔 연결하기는 원래 확률적이다. 즉 새로 이어질 꼭짓점은 우연히 선택된다. 그리고 그렇기에 바꿔 연결하기는 사람들을 멀리 떨어진 삼각형에 연결해 타자와 만나게 하고 공동체를 사회로 바꿀 수 있었다.

그런데 사회의 복잡성이 어떤 임계점을 넘어 새로운 꼭짓점이 빈번히 네트워크에 참가하게 되면 바꿔 연결하기 자체가 변질되고 더 이상 우연에 맡겨진 것이 아니게 된다. 바라바시와 앨버트는 이 상황에서 태어난 새로운 바꿔 연결하기를 '우선적 선택'이라 불렀다.

이 우선적 선택의 출현은 네트워크의 성질을 크게 바꾸었다. 스몰 월드 시대에는 접속에 방향성이 없었다. 두 꼭짓점은 하나의 가지로 이어져 있을 뿐 어느 한쪽이 다른 한쪽과 이어지려 하는 방향성은 가지지 않았다.

그러나 우선적 선택의 시대에는 가지가 방향성을 갖는다. 혹은 꼭짓점이 의지를 갖는다. 새로운 꼭짓점이 기존의 꼭짓점 중에서 유력한 꼭짓점을 고르며 그 반대 과정은 존재하지 않는다. 스몰 월드 시대의 가지는 소위 친구 관계의 대등한 교환 관계(호혜성)를 표현하고 있었다. 그러나 우선적 선택 시대의 가지는 익명의 소비자가 저명한 생산자로 집중되는 일방적인 재화의 이전, 또는 고참 유명인을 향한 무명 신인의 일방적 선호를 표현하는 것으로 변화한다. 이 현상은 사회 사상의 어휘로 표현하면 자본주의의 탄생에 해당한다. 더 비근한 예를 들면 SNS의 출현이 낳은 친구 관계의 변질에 해당한다. 예전의 친구 관계는 일대일 인간 관계를 표현했다. 페이스북, 트위터, 인스타그램은 이를 우선적 선택의 미디어로 바꾸었다. 그 결과 탄생한 것이 무척도성이고 차수의 멱승 분포다. 인간 사회는 이제 압도적인 불평등에 휩싸이게 된다.

가지를 확률적으로 바꿔 연결함으로써 원시적인 격자 그래프는 스몰 월드 그래프로 바뀐다. 공동체가 시민 사회로 바뀐다. 그러나 사회를 사회이게 하는 오배나 확률은 곧장 우선적 선택(자본)으로 변질되어 세계에 엄청난 불평등을 가져오고 만다.

거듭 말하건대 이는 '신화'다. 네트워크 이론의 논리적 전개를 억지로 역사의 전개에 도입해 만든 이야기다.『비극의 탄생』이 실증을 결여했던 것처럼 나 또한 이런 전개가 실제로 일어났다고 생각하지는 않는다.

하지만 공시적인 논리를 통시적인 역사로 재구성했을 때 눈앞에 있는 세계의 구조에 결여된 것을 말하기가 한결 쉬워지는 것도 사실이다. 논리는 이야기의 형태로 풀어냈을 때 훨씬 이해하기도 재구성하기도 쉽다. 철학자가 종종 증명 불가능함을 알면서도 '신화'를 말하는 것은 그들이 인간(수학자와 논리학자를 제외한?)의 그런 특성을 잘 알고 있기 때문이다. 홉스, 로크, 루소 모두 자신이 논한 '자연 상태'의 신화를 사실로 믿지는 않았다.

그러면 이 '신화'는 우리에게 무엇을 가르쳐 줄까? 거듭 말했듯 우리는 2층 구조 시대를 살고 있다. 정치와 경제, 인간과 동물, 시민과 소비자, 규율 훈련과 생명 권력, 국민 국가와 제국, 내셔널리즘과 글로벌리즘, 공동체주의와 자유 지상주의가 서로 다른 원리를 주장하면서 다른 질서를 형성하는 시대를 살고 있다. 달리 말해 우리는 지금 동시에 두 질서를 살고 있다. 따라서 우리는 인간이면서 동물처럼 소비할 것을 요구받는 동시에 동물이면서 인간처럼 정치를 논할 것을 요구받는다. 우리는 내셔널리즘의 시대를 사는 것도 글로벌리즘의 시대를 사는 것도 아니다. 두 시대를 동시에 살고 있는 것이다.

2층 구조 시대에 비판과 저항의 장소는 어디서 찾을 수 있을까? 지금 눈앞에 있는 '이 세계'에 느끼는 위화감을 과거 볼테르가 『캉디드』에서 실천한 것처럼 표명할 수 있는 장소는 어디일까? 이 책은 관광 혹은 관광객이라는 말로 그런 장소를 추구했다.

슈미트, 코제브, 아렌트는 '국민 국가=인간의 세계'가 '제국=동물의 세계'의 대두에 저항하는 기초가 된다고 여겼다. 쉽게 말해 글로벌리즘에는 내셔널리즘으로 저항할 수밖에 없다고 생각했다. 한편 네그리 등은 앞으로는 오히려 '제국=동물의 세계'에서 저항이 출현할 것이라고 보았다. 즉 글로벌리즘 내부에서 다중이 출현한다고 생각했다. 이 두 주장은 슈미트나 네그리 같은 개별 사상가의 이름에 머물지 않고 오늘날 '비판적 지식인'이 고를 수 있는 선택지의 전형이 되었다. 글로벌리즘의 폭력에 저항하려면 외부에 있는 내셔널리즘에서 근거를 찾거나(내셔널리스트가 되거나) 내부에서 탄생할 다중에게서 희망을 찾는(거의 신앙에 가까운 운동에 투신하는) 두 가지 선택지밖에 가질 수 없다.

하지만 앞서 말한 '신화'가 제3의 선택지에 이르는 단서를 제공해 줄 수 있지 않을까? 시니컬한 국가주의자가 되는 것도 맹목적인 다중이 되는 것도 아닌 또 다른 저항의 가능성을.

다시 한번 그 '신화'를 정리해 보자. 우리는 슈미트나 네그리와 달리 국민 국가 체제가 지금까지처럼 변함없이 단독으로 지속된다고도, 반대로 종언을 맞이하고 다른 체제로 대체된다고도 생각하지 않는다. 국민 국가 체제는 제국 체제와 포개져 세계 질서의 일부로 지속한다.

이 책의 가설에 따르면 국민 국가는 스몰 월드의 질서가 낳는 체제고 제국은 무척도의 질서가 낳는 체제다. 따라서 양자는 트리나 리좀과는 달리 모순 없이 공존할 수 있다. 이런 관점에서 저 '신화'는 제국 체제가 결코 국민 국가 체제와 대립하지 않고 오히려 국민 국가를 낳은 계기 자체, 즉 스몰 월드의 질서를 가능케 했던 바꿔 연결하기=오배 자체가 변질되어 우연성을 잃고 조직화되면서 탄생한다는 것을 가르쳐 준다. 국민 국가와 제국 모두 오배에서 탄생한다. 오배가 없으면 타자와 만날 일도 없고 불평등도 생기지 않는다.

그렇다면 우리는 글로벌리즘에 저항하기 위한 새로운 장소를 제국의 외부도 내부도 아닌 그 사이에서, 즉 스몰 월드와 무척도를 동시에 생성하는 오배 공간의 내부에서 찾을 수 있지 않을까? 오배를 무척도의 질서로부터 탈환하는 것, 그것이 바로 저항의 기초가 되지 않을까? 이것이 내 마지막 제안이다. 그리고 이 제안은 트리와 리좀을 스몰 월드와 무척도로 대체함으로써 가능해진, 들뢰즈나 네그리 등이 결코 도달하지 못했던 구상이다.

21세기의 새로운 저항은 제국과 국민 국가의 틈새에서 생겨난다. 이는 제국을 외부에서 비판하는 것도 내부에서 해체하는 것도 아닌, 오배의 재연을 시도한다. 만날 일이 없었을 사람과 만나고 갈 일이 없었을 곳에 가고 생각할 일이 없었을 생각을 함으로써, 제국 체제에 다시금 우연을 도입하고 집중된 가지를 바꿔 연결해 우선적 선택을 오배로 되돌리고자 시도한다. 그리고 그런 실천의 누적을 통해 특정한 꼭짓점에 부와 권력이 집중하는 현상에는 어떠한 수학적 근거도 없으며 언제든 해체하고 전복해 다시 시작할 수 있다는 사실, 즉 지금의 현실은 최선의 세계가 아니라는 사실을 사람들이 항상 상기하게 하고자 한다. 나는 이런 재오배 전략이 국민 국가=제국의 2층화 시대에 현실적이고 지속 가능한 모든 저항의 기초에 두어야 할 필수 조건이라고 본다. 21세기 질서 속에서 오배 없는 리좀 형태의 동원은 결국 제국의 생명 권력을 모방하는 것 이상이 될 수 없다.

우리는 모든 저항을 오배의 재연에서 시작해야 한다. 이를 관광객의 원리라 명명하겠다. 21세기의 새로운 연대는 여기서 시작된다.

이번 장에서, 아니 지금까지 이 책에서 말한 내용은 대부분 추상적인 논의였다. 철학서이니 당연하다면 당연한 일이지만, 그럼에도 이런 내용만으로는 새로운 연대가 무엇을 의미하는지 잘 모르겠다고 느낀 독자도 있을 것이다.

나는 이번 장 앞머리에서 부정신학적 다중이 데모하러 간다면 관광객은 구경하러 가고, 부정신학적 다중이 소통 없이 연대한다면 관광객은 연대 없이 소통한다고 썼다. 그렇다면 우리가 데모 대신 관광 여행을 떠나 마주치는 사람에게 무작정 말을 걸면 그것이 제국에 대한 저항의 실천일까? 물론 그렇지 않다. 관광객은 보다 복잡한 존재다.

관광객의 원리는 우리에게 어떤 행동 지침을 줄까? 안타깝게도 이 책에서는 이 물음에 정면으로 답할 여유가 없다. 게다가 '애초에 대답해야 하는 물음일까?'라는 생각도 든다. 나로서는 이 책을 창간 준비호로 위치 지은 비평지『겐론』(연 3회 간행)의 출간, 또는 2장에서 언급한 체르노빌 투어 실시(연 1회) 등을 통해 실천으로 답하고 있다. 나는 데모하러 가지 않는다. 대신 관광을—지적인 관광으로서의 출판을 포함해—조직한다. 이것이 재오배 전략으로서 성공적인지는 이론보다 실제 개별 실천의 장소에 어떤 효과를 가져왔는지에 비추어 판단해야 한다. '선거 때 투표하면 정치, 기자 회견을 하면 정치, 데모를 하면 정치'라는 식으로 단순하게 '이것을 하면 오배이고 관광'이라고 사례를 제시할 수 있는 것이 아니다.

그러나 마지막으로(정말 마지막이다) 어쩌면 일부 독자에게 지침이 될 수도 있으니 미국 철학자 리처드 로티의 사상을 짧게 소개하겠다. 이 철학자는 이 책과 극히 유사한 세계관에 근거해 연대 가능성을 모색했다.

로티는 1980년대부터 2000년대까지의 미국을 대표하는 중요한 철학자다. 그의 입장은 '실용주의'라 불린다. 이는 한마디로 '진리'나 '정의' 같은 철학적인 용어는 사실 심원한 존재를 가리키는 것이 아니라 일상 생활에서 편리하게 이용할 수 있는 실용적 기호에 불과하다는 입장이다.

로티는 1988년 저서『우연성, 아이러니, 연대』에서 '리버럴 아이러니스트'라는 정치적 입장을 내놓았다. 이 입장은 공적 행위와 사적 신념의 분열을 바탕으로 한다.

로티에 따르면 현대는 "공적인 것과 사적인 것을 통일하는 이론에 대한 요구를 포기"해야 하는 시대다.[12] 예컨대 현대의 선진 서구 사회(1980년대에 집필된 책임을 상기하자)에서 특정 철학이나 종교를 사적으로 믿는 것은 자유이나 이를 공적으로 타인에게 강요하고 개종하라는 압력을 행사하는 것은 결코 허용되지 않기 때문이다. 철학과 종교는 원래 보편적인 가치를 지향하기에 사실 이는 모순이다. 사적으로만 즉 개인의 취미로만 믿을 수 있는 종교는 더 이상 종교가 아니다. 그러나 현대 사회에서 허용되는 것은 사적인 종교뿐이며 로티는 이것이 옳다고 본다. 따라서 그는 이 모순을 적극적으로 받아들이는 입장을 구상한다. 그것이 리버럴 아이러니스트다. 여기서 '아이러니스트'란 모순과 함께 살아가는 태도를 의미한다.

또한 이 입장은 책 제목에 등장하는 용어 중 하나인 '우연성'과도 깊은 관련이 있다. 공적인 것과 사적인 것의 분열을 받아들인다는 것은 달리 말해 자신의 사적인 가치관이 단지 우연한 조건의 산물임을 인정한다는 것을 뜻하기 때문이다. 즉 나는 우연히 일본인이어서, 우연히 남성이어서, 우연히 20세기에 태어나서 이런 신념을 갖고 있지 다른 조건 속에 있었다면 다른 신념을 가졌을 것이라고 상상하는 것이다. 로티는 이렇게 말한다. "20세기 자유로운 사회는 자

---

12 로티, 『우연성, 아이러니, 연대』, 5쪽[22쪽]. 이번 장에서 이 책을 인용한 부분은 원서와 대조해 다시 번역한 것이다. Richard Rorty, *Contingency, Irony, and Solidarity*, Cambridge University Press, 1989, p.xv.

신의 가장 고차원적인 희망을 말할 때의 어휘가, 즉 자신의 양심 자체가 우연의 산물임을 인정하면서도 그 양심에 충실한 사람을 꾸준히 만들어 내고 있다."[13]

이러한 로티의 사상은 이 책의 2층 구조론과 완전히 부합한다. 현대인은 공적인 행동과 사적인 신념의 분열을 받아들여야 한다고 로티는 주장한다. 한편 나는 현대인이 국민 국가 체제와 제국 체제 사이의 분열을 겪고 있다는 인식을 제시했다. 4장에서 논했듯 자유주의는 1970년대에 공동체주의와 자유지상주의로 분해되었고 이는 세계의 2층화에 대응된다. 공동체주의는 모든 신념이 결국 주체가 속한 공동체(국민 국가)의 우연성에 의해 규정된다고 주장하는 정치 사상이고, 자유지상주의는 어떤 신념과도 무관하게 사회의 기반(메타 유토피아)을 설계해야 한다고 호소하는 정치 사상이다. 즉 전자는 사적 신념의 기반 확립에, 후자는 공적 행위의 기반 확립에 대응한다. 우리는 이 두 사상이 병존하는 시대를 살고 있다. 로티의 제안은 이 분열을 '아이러니'로 재봉합해 자유주의를 역설적으로 부활시키려는 시도였다고 볼 수 있다.

여기서 중요한 것은 책 제목에서도 알 수 있듯 로티가 '우연성', '아이러니'와 더불어 '연대'를 사유했다는 점이다. 로티는 사적 신념의 공공화를 인정하지 않는다. 달리 말해 보편적인 가치의 존재를 인정하지 않는다. 그렇다면 우리는 어떻게 보편적인 가치에 기반하지 않고 타자와 관계 맺을 수 있을까? 이것이 로티의 질문이다. 이는 내가 지금까지

13　같은 책, 101쪽[102쪽]. *Ibid*., p.46.

다양한 각도에서 던진 질문이기도 하다.

로티가 내놓은 답은 무엇일까? 그는 '감각'이나 '상상력' 등의 용어를 사용해서 다음과 같이 논한다. "이 책에서 나는 지금까지 역사나 제도를 초월한 것을 요구하지 말자고 주장했다.…나는 이러한 감각〔연대의 감각―아즈마〕이 사전에 타자와 공유된 그 무엇에 관한 인식으로서 존재하는 것이 아니라, 오히려 타자의 삶 세부에 관한 상상적인 동일화 문제로서 존재하는 사람을 리버럴 아이러니스트라고 부른다."[14] 즉 연대는 공감의 힘으로 확장된다는 것이다.

로티는 보편적인 이념을 믿지 않는다. 따라서 언어나 논리는 연대의 기반이 될 수 없다. 실용주의자인 그는 오로지 구체적인 경험만을 신뢰한다. 그러므로 이런 결론이 불가피하다.

이 결론은 적지 않은 독자에게 실망을 안겼다. '공감 가능성에 기반한 연대란 결국 이질적인 타자의 배제를 의미할 뿐인 것 아닌가? 그렇다면 진정한 연대라고 할 수 없지 않은가?'라는 강한 비판을 받았다. 실제로 로티는 그 후 1998년에 출간한 『미국: 미완의 기획』[15]에서 국가와 전통에 대한 '긍지'의 기능을 대체로 긍정적으로 논한다. 이런 지식을 가지고 되돌아가 읽어 보면 연대에 관한 『우연성, 아이러니, 연대』의 언급에서 내셔널리즘 회귀의 맹아를 발견할 수 있을지도 모른다.

그러나 나는 로티가 이 책이 '오배'라는 말로 가리킨 것을

---

14 같은 책, 396~397쪽〔344~345쪽〕. *Ibid*., pp.189~190.

15 〔옮긴이〕로티, 『미국 만들기: 20세기 미국에서의 좌파 사상』, 임옥희 옮김, 동문선, 2003.

제시하고자 했던 것이 아닐까—적어도 『우연성, 아이러니, 연대』를 그렇게 재독해할 수 있지 않을까—생각한다. 왜냐하면 앞의 인용에서도 알 수 있듯 그가 연대의 기반으로 삼으려 한 것은 민족, 종교, 문화 같은 큰 귀속 집단이 낳는 큰 공감이 아니라 어디까지나 개인 단위의 극히 구체적이고 우연한, '소소한' 감정 이입이었기 때문이다. '우리'라는 감각은 이 소소한 공감 이후에 사후적이자 소행溯行적으로 생긴다. 로티는 『우연성, 아이러니, 연대』의 마지막 부분에서 (일본어판은 이 부분에서 끝나지 않는다) 연대를 만드는 것은 "당신은 내가 믿고 원하는 것과 같은 것을 믿고 원합니까?"라는 물음, 즉 공통의 신념이나 욕망의 확인이 아니라 단순히 "힘든가요?"라고 묻는 말 걸기라고 주장한다.[16]

우연히 눈앞에 힘들어하는 사람이 있다. 우리는 보다 못해 그 사람에게 말을 걸고 동정심을 품는다. 로티는 이것이 연대와 '우리' 그리고 사회의 기초라고 말하는 것이다. 오배—바꿔 연결하기가 스몰 월드 그래프를 만들어 내는 것—란 바로 이런 것 아닐까?

로티는 루소를 거의 다루지 않았다. 그러나 『일반 의지 2.0』에서 쓴 것처럼[17] 나는 여기서 항상 루소를 떠올린다. 3장 앞머리에 언급했듯 루소는 인간을 좋아하지 않았다. 인간이 인간을 좋아할 리가 없다고 생각했으며 인간은 사회를 만들고 싶어 하지 않았다고 생각했다.

---

16 같은 책, 411쪽(359쪽). *Ibid.*, p.198.

17 아즈마 히로키, 『일반 의지 2.0』, 213쪽 이하(211쪽 이하).

그럼에도 현실에서 인간은 사회를 만든다. 왜일까? 루소가 『인간 불평등 기원론』에서 내놓은 답은 '연민'이었다. 연민이란 "우리가 힘들어하는 사람을 보면 깊이 생각하지 않고 돕게 하는" 것으로, "각 개인의 자기애 활동을 완화하고 종 전체의 상호 보존에 협력하게 하는" 작용이다.[18] 만약 연민이 없었다면 인류는 이미 예전에 멸망했을 것이라고 루소는 말한다. 연민이 사회를 만들고 사회는 불평등을 만든다. 이는 오배 그리고 '바꿔 연결하기'와 매우 닮았다.

　루소도 로티도 아마 오배의 철학자일 것이다. 오배는 또한 헤겔의 맹점이었고, 우리가 지금 회복해야 하는 것이다. 즉 관광객의 철학은 오배의 철학이다. 그리고 연대와 연민의 철학이다. 오배가 없었다면 우리는 사회를 만들어 내지도 못했을 것이다.

18　루소, 『루소 전집』 4권, 하라 요시오原好男 옮김, 白水社, 1978, 224쪽〔『인간 불평등 기원론』, 주경복·고봉만 옮김, 책세상, 2018, 89쪽〕.

가족의 철학 (도입)

6장
가족

1

이제 2부를 시작하겠다. 1부에서는 21세기의 세계를 정치의 층과 경제의 층, 내셔널리즘의 층과 글로벌리즘의 층, 국민 국가의 층과 제국의 층이라는 2층 구조로 파악할 수 있다는 것, 그리고 그런 시대에 새로운 정치를 구상하는 기점으로서 두 층을 잇고 오배의 가능성을 확대하는 '관광객' 혹은 '우편적 다중'의 존재가 중요해진다는 것을 밝혔다. 관광객의 존재 양식을 바탕으로 새로운 철학을 구상한다는 이책의 목적은 1부에서 어느 정도 달성되었다고 본다.

2부는 그 연장선상에서 7장과 8장을 통해 '섬뜩함'[1]과 '아이'라는 두 개념에 관한 고찰을 개진한다.

다만 이 두 편의 글은 초고기 때문에 1부의 각 장처럼 정리된 내용은 아니다. 곳곳에 논의의 비약과 생략이 있다. 문체 면에서도 철학 논문보다는 문예 비평이나 에세이에 가

---

1 〔옮긴이〕영어 uncanny로 번역되는 프로이트의 unheimlich 개념을 가리킨다. 일본어로는 '不気味'(섬뜩, 기이, 이상), 한국어로는 '두려운 낯섦' 등으로 번역되나 이 책에서는 '두려운 낯섦'으로 번역할 경우 문맥상 부자연스러운 부분이 많아 '섬뜩함'으로 번역한다. 이 책에서 '섬뜩함'은 모두 unheimlich를 뜻한다.

깝다. 지금까지의 논의를 따라온 독자에게는 이 변화가 당혹스러울지도 모르겠다. 그럼에도 이 글들을 수록한 것은 설혹 미완성이더라도 이 고찰들 없이는 이 책의 구상이 완결되지 않는다고 생각했기 때문이다.

두 초고는 언뜻 동떨어진 주제를 다루는 것처럼 보인다. 7장에서는 1980년대에 등장한 '사이버 스페이스'라는 용어를 단서로 정보 사회의 새로운 주체를 논한다. 한편 8장에서는 19세기 중반에 도스토옙스키가 쓴 소설을 독해해 테러리스트를 극복한 주체의 가능성을 모색한다. 두 장은 다루는 대상도 시대도 많이 다르다.

하지만 모두 1부의 논의에서 도출되는 하나의 물음과 관련되어 있다. 바로 정체성에 관한 물음이다.

2층 구조 시대에는 사람의 정체성 또한 크게 두 가지로 나뉜다. 글로벌리즘 속에서 국경을 넘나드는 자유지상주의적인 사업가는 오로지 개인에만 근거해 살아간다. 이들은 어느 나라, 어느 역사에도 속하지 않은 채 화폐에 근거해 (코제브적인 의미에서) 동물적인 쾌락을 추구한다. 이와 대조적으로 내셔널리즘을 살아가며 국경 안쪽에서 벌어지는 이른바 '정치'에 일희일비하는 공동체주의적인 시민은 여전히 국민 국가에 근거해 살아간다. 이들은 특정 국가의 특정 역사에 속해 있으며 선행 세대의 유산을 떠안고서 (아렌트적인 의미에서) 인간적인 삶을 추구한다. 개인이냐 국가냐. 이 둘만이 세속화(탈종교화)한 21세기 사회에서 기능하는 정체성이며 이는 세계의 2층 구조에 대응한다. 그러면 이 두 층을 횡단하는 '관광객'은 과연 무엇에 근거해 살아가는가? 이것이 2부의 물음이다.

정체성을 어디서 구하는지는 정치 사상의 성격을 크게 좌우하는 문제다. 개인을 출발점으로 삼으면 자본주의(글로벌리즘)를 긍정하게 되고, 공동체를 출발점으로 삼으면 국가주의(내셔널리즘)를 지지하게 된다.

과거에 공산주의는 개인도 국가도 아닌 제3의 정체성으로 '계급'이라는 개념을 제시했다. 공산주의의 혁명성은 사실 이 정체성의 발명에 있었다고 할 수 있다. 공산주의는 이 제3의 정체성에 의거했기에 부르주아 국민 국가를 부정하는 동시에 개인의 자유(자본주의)를 비판할 수 있었다. 그러나 공산주의는 냉전 구조의 붕괴와 함께 영향력을 잃었다. 따라서 지금은 개인과 국가를 동시에 비판하기 위한 발판이 없다. 현대인이 '개인이냐 국가냐', '글로벌리즘이냐 내셔널리즘이냐', '제국이냐 국민 국가냐' 같은 양자택일을 항상 강요받는 이유는 다른 정체성이 없기 때문이다.

따라서 이 상황에서 벗어나려면 개인도 국가도 계급도 아닌 제4의 정체성을 발명 혹은 발견할 필요가 있다. 관광객의 철학은 최종적으로 이 과제에 도달하게 된다.

사실 나만 이런 생각을 하는 것이 아니다. 유사한 주장을 하는 다른 사람도 있다. 일례로 러시아의 보수 사상가 알렉산드르 두긴은 '제4의 정치 이론'을 요청한다.[2] 그에 따르면 각각의 정치 이론에는 근간이 되는 이념이 있다. 자유주의

---

2 알렉산드르 두긴Aleksandr Dugin, 『제4의 정치 이론』*The Fourth Political Theory*, 마크 슬레보다Mark Sleboda · 마이클 밀러먼Michael Millerman 옮김, Arktos, 2012, Ch. 2. 2017년 간행 예정인 『겐론』 6호에 해당 러시아어 논문을 번역 게재할 예정이다.

에는 개인의 이념, 전체주의에는 국가의 이념, 공산주의에는 혁명의 이념이 있다. 각각 일장일단이 있으나 모두 현대 세계에 유익하지 않다. 따라서 '제4의 정치 이론'이 필요하다는 것이다.

두긴은 푸틴 정권과 가까운 극우 이데올로그로 알려져 있고, 그의 주장도 러시아의 지정학적 확장주의(유라시아주의)와 깊이 관련된다. 게다가 두긴이 새로운 이념의 후보로 거론하는 하이데거의 '현존재'는 이미 한 차례 전체주의가 활용한 적이 있는 개념이라는 점에서 위험하기도 하다. 따라서 나는 그의 논의 자체에는 동의하지 않는다. 그러나 이 시대에 자유주의도 전체주의(국가주의)도 공산주의도 아닌 제4의 이론과 이념이 필요하다는 인식에는 동의하지 않을 수 없다. 그런 이론과 이념이 없으면 내셔널리즘과 글로벌리즘을 동시에 비판할 수 없다. 두긴은 우익이지만 좌익 또한 냉전 후 새로운 정치 이론 모색에 힘써 왔다. 1부에서 다룬 다중에 관한 이론이 바로 그 과정에서 발견된 것이다. 단 다중은 너무도 '부정신학적'인 이념이었다. 달리 말해 정체성으로 사용할 수 있는 실체가 없었다.

그래서 다중은 '축제'화한 단기적 동원에만 효과가 있었다. 2011년 이후 일본에서도 갑자기 데모＝동원의 계절이 도래해 많은 좌익이 열광했다. 그러나 2017년 현재 그런 축제가 남긴 것은 거의 아무것도 없다. 정치를 움직이는 것은 축제가 아니라 일상이다. 달리 말해 동원이 아니라 정체성이다. 연대의 이상은 정체성의 결여에 패배했다.

따라서 설혹 미완성이더라도 이 책에 관광객의 철학이 필요로 하는 새로운 정체성에 관한 논의를 추가해야 한다고 생각했다. 이 시도를 하지 않는다면 관광객의 철학은 다중이라는 기묘한 개념에 '우편적' 같은 말을 덧붙였을 뿐인 말장난으로 보일 수밖에 없을 것이다.

그렇다면 관광객이 토대로 삼아야 할 새 정체성은 결국 무엇일까?

나는 가족을 후보로 생각하고 있다. 가족 개념을 재구축 혹은 탈구축해 관광객의 새로운 연대를 표현하는 개념으로 승화시킬 수 있다고 본다. 우리는 그때 비로소 개인을 기점으로 하는 질서 원리(글로벌리즘)와 국가를 기점으로 하는 질서 원리(내셔널리즘)를 모두 비판할 기점이 되는 제4의 이념을 손에 넣을 수 있을 것이다. 우편적 연대란 가족적 연대다. 관광객의 철학 다음에는 가족의 철학이 온다.

'가족이라고?' 하며 실망하는 독자가 많을지 모르겠다. 실제로 이 말의 평판은 일본 지식인층에서도 좋지 않다.

여기에는 몇 가지 이유가 있다. 우선 현재 일본에서 '가족'이라는 말은 보수적(그것도 애국주의나 배외주의로 기운) 가치관과 연결되는 특수한 정치 용어가 되고 말았다. 자민당이 2012년에 발표한 헌법 개정 초안으로 대표되듯 최근 일본에서는 보수 세력이 적극적으로 '전통적 가족'의 부활을 말하고 있다. 이것이 '가족' 개념의 평판을 떨어뜨린 대표적 원인이라 할 수 있다.

가족은 원래 정치적으로 중립적인 개념이다. 보수든 진보든 대개 가족이 있다. 그럼에도 '가족'을 입에 담는 것만으로 특정 이데올로기에 속한 듯 보이는 것이 문제다. 이런 왜곡된 상황은 진보 진영이 처한 곤경을 상징한다. 일본의 진보 진영은 이 말을 되찾아 올 생각이 없는 것 같다. 아무튼 가족의 소중함 같은 말을 하는 사람치고 괜찮은 사람은 없다고 오늘날 좌익과 지식인은 상식처럼 여기고 있다. 이에 공감하는 독자도 적지 않을 것이다.

아울러 이론적 및 윤리적으로 '가족'에 내포된 이런저런 폭력을 지적해 온 역사가 있다. 대표적으로 우에노 지즈코를 비롯한 마르크스주의 페미니스트의 연구가 있다. 이들은 가부장제(가족)란 자본주의와 연결되어 여성의 가정 내 노동 및 재생산 가능성을 착취해 온 폭력 장치라고 주장한다. 우에노의 정의에 따르면 가족이란 "성과 생식을 통제하는 사회 영역"이다.[3] 가족애를 비롯한 담론은 이 '통제'를 은폐하는 거짓에 불과하다. 이와 더불어 일본에서는 제2차 세계 대전 전의 일군만민론一君万民論처럼 '가족'이나 '가문'의 은유가 전체주의 국가를 정당화하는 데 이용된 경위도 있다. 국민을 가족의 일원으로 여기는 일이 때로는 개인에게 참기 힘든 폭력이 된다.

한 가지 더 덧붙이면 2017년 현재 이 단어는 '정치적 올바름' 측면에서도 소박하게 긍정적으로 사용하기 어렵다. 가족에 관한 감정은 사람마다 다르다. 좋은 가족도 있지만 나쁜 가족도 있다. 아동 학대도 있다. 가족 구성도 다양하다. '모든 인간에게는 아버지와 어머니가 있다' 정도의 말은 하고 싶지만 설혹 생물학적으로는 그렇다 하더라도 동성혼

---

3 우에노 지즈코上野千鶴子, 『가부장제와 자본주의』家父長制と資本制, 岩波現代文庫, 2009, 298쪽〔이승희 옮김, 녹두, 1994, 237쪽〕.

을 통해 이룬 가족도 있기 때문에 사태는 단순하지 않다. 이들 각각의 사례를 고려하지 않고 '가족'이라는 개념을 논하는 것은 조심성 없이 누군가에게 상처를 줄 수 있는 위험한 행위다.

나는 이런 우려와 위화감에 완전히 동의한다. 가족 개념을 정치적 연대의 기초에 두기 위해서는 이런 폭력성을 중화하기 위한 다양한 이론적 조절이 반드시 필요하다. 그리고 이는 상당히 어려운 일이다.

그런데도 가족을 유망한 후보로 꼽은 이유는 가족 외에 개인도 국가(네이션)도 아니면서 정체성의 핵으로 활용 가능한 개념이 보이지 않기 때문이다.

우선 '계급'은 사용할 수 없다. 이는 공산주의 이론과 너무도 깊이 연결되어 있으며 그 이론은 역사적 사명을 다했다. '토지'도 사용할 수 없다. 누구나 네트워크를 통해 전 세계와 연결되는 지금 주체의 근거를 특정한 지리적 영역에서 찾기는 어렵다. '피'와 '유전자'도 사용할 수 없다. 이는 인종주의의 길이다. 그리고 '젠더'는 너무 거칠다. 젠더로는 인간을 몇 종류로밖에 구별하지 못한다. 사상에 근거한 결사나 취미 공동체는 애초에 정체성의 핵이 될 수 없다. 소속 여부를 자유 의지로 변경할 수 있기 때문이다. 자유 의지에 기반한 연대는 자유 의지에 기반해 언제든 해소될 수 있다. 이것이 다중의 약점이다. 이리하여 개인도 국가도 아니면서 자유 의지로 변경할 수 없고 정치적 연대에 활용할 수 있는 확장성을 갖춘 개념은 가족(혹은 그 변종인 부족이나 가문) 정도만 남게 된다.

여기서 에마뉘엘 토드의 연구를 떠올려 보자. 인문학자들은 지금까지 법이나 이데올로기의 내용만을 논의해 왔다. 그런데 토드는 1980년대의 저술 작업에서 세계 각국의 사회 구조가 법이나 이데올로기 같은 이른바 상부 구조가 아니라, 오히려 단순히 가족 형태로 결정된다는 것을 밝혀 학계에 폭넓은 충격을 주었다.

예를 들어 일반적인 인식에 따르면 공산주의는 그 이데올로기의 매력(혁명 등) 때문에 세계에 퍼졌다. 그러나 가족 형태를 조사하면 구공산권, 즉 공산주의를 수용한 지역은 토드가 '외혼제 공동체 가족'이라 부르는 가족 형태(아이가 성인이 되어 결혼한 후에도 부모와 동거하고 유산도 형제 간에 평등하게 분배하는 가족 형태)의 분포 지역과 대체로 일치한다는 것을 알 수 있다. 왜 이런 일이 일어났을까? 토드는 '공산주의가 함의하는 윤리(그는 이를 '권위주의적이고 평등 지향'이라고 형용한다)와 외혼제 공동체 가족이 함의하는 윤리가 일치하기 때문이 아닐까'라고 지적한다. 즉 공산주의는 내용이 아니라 그것이 함의하는 의사 소통 양식과 각 지역 가족 형태 간의 친화성에 따라 수용 여부가 결정되었던 것이다.[4] 토드는 그 외에도 유사한 사례를 여럿 열거한다.

토드의 분석은 개인주의 국가에도 적용할 수 있다. 개인주의(자유주의)는 표면적으로 가족의 중요성을 부정하는 것처럼 보인다. 개인에 대한 절대시에서 제국의 질서가 탄

---

4 토드, 『세계의 다양성』世界の多樣性, 오기노 후미타카荻野文隆 옮김, 藤原書店, 2008, 75~76쪽.

생한다. 그런데 토드는 이러한 절대적 개인의 관념 자체가 유럽 일부에서 탄생해 후에 미국으로 확대된 '절대 핵가족'이라는 가족 형태(아이가 성인이 되면 독립 세대를 만들고 유산 상속과 관련해서는 특별한 규정이 없는 가족 형태)에서 비롯된 것이라고 지적한다. 실제로 할리우드 영화에서 그 징후를 읽어 낼 수 있듯, 미국 사회는 개인의 자유를 존중하지만 다른 한편으로 핵가족의 유대 관계 또한 매우 중시하는 사회다. 자유지상주의를 대표하는 경제학자 밀턴 프리드먼은 "자유주의자의 궁극적 목적은 개인의 자유고 이는 아마도 가족의 자유일 것이다"라고 썼다.[5] 그렇다면 가족 형태는 국민 국가의 질서를 규정할 뿐만 아니라 제국의 질서 또한 일정하게 규정하는 것일지도 모른다. 토드의 연구를 이 책의 2층 구조론과 접맥시키면 새로운 시점을 얻을 수 있지 않을까.

토드의 분석은 계급이 사라지고 개인과 국가만 남은 것처럼 보이는 현대 세계에서도 정체성의 핵으로 가족(가족 형태)이 끈질기게 남아 있음을 보여 준다. 나는 이러한 연구 동향을 배경으로 가족 개념의 재구축 혹은 탈구축이 필요하다고 판단한다.

다만 나는 토드와 달리 역사학자도 인류학자도 아니기에 세계의 다양성을 가족의 다양성으로 환원하는 결론을 제출할 생각은 없다. 오히려 세계의 다양성이 가족의 다양성에 의해 규정된다면 반대로 그 동인이 되는 가족의 개념에

---

5 밀턴 프리드먼Milton Friedman, 『자본주의와 자유』資本主義と自由, 무라이 아키코村井章子 옮김, 日経BP社, 2008, 44쪽〔심준보 외 옮김, 청어람미디어, 2007, 40쪽〕.

어떻게 접근해 조작할지를 생각하려 한다. 달리 말해 여전히 우리 안에 존재하는 '가족적인 것'에 대한 집착을 이용해 새로운 연대를 형성하는 길을 생각하려 한다. 이것이 내가 가족의 탈구축을 통해 시도하려는 바다.

또 하나 주석을 덧붙이자. 나는 1부에서 헤겔 철학을 언급했다. 헤겔은 인간이 가족에서 시민 사회로, 그리고 국가로 향하면서 정신적인 성장을 이룬다고 보았다. 즉 인간은 가족에서 떨어져 나와 우선 개인이 되고 이어서 국가(네이션)에 동화함으로써 성숙한다고 보았다. 이런 전제에 입각하면 내가 개인과 국가 다음에 또다시 가족 개념의 중요성을 호소하는 것이 정신적 후퇴로 보일지도 모른다.

그러나 그렇지 않다. 일부 독자는 여기서 가라타니 고진을 떠올릴지도 모르겠다. 가라타니는 2001년에 발표한 『트랜스크리틱』을 위시한 작업들에서 세 가지 교환 양식과 이 셋에 의해 각각 지탱되는 세 가지 사회 구성체를 구별하는 이론을 주장하고, 이 이론으로 현대 사회를 분석해 왔다. 이때 세 가지 교환 양식이란 '증여', '수탈과 재분배', '상품 교환'이고 세 가지 사회 구성체는 '네이션', '국가', '자본'이다. 후자 셋을 이 책의 용어로 하면 '가족', '국가', '시민 사회'에 해당한다. 네이션이 가족에 해당한다니 기묘하게 들릴 수도 있으나 가라타니는 네이션을 "상품 교환 경제로 인해 해체된 공동체의 '상상적' 회복"으로 위치 짓고 있기에 이런 해석이 가능하다.[6] 가족은 증여로 성립한다. 국가는 수탈과 재분배로 성립한다. 시민 사회는 교환으로 성립한다. 그리고 현대 사회는 이 셋이 서로 얽혀 성립된다. 가라타니는 이

복합체를 '자본제＝네이션＝스테이트'라고 불렀다.

　이렇게 정리한 다음 그는 현대 사회를 비판하려면 새로운 사회 구성체의 발명이 불가결하고, 이를 위해 제4의 교환 양식을 재발견해야 한다고 주장했다. 그는 그런 사회 구성체를 '어소시에이션'이라고 부르는데 이는 네그리와 하트의 다중을 연상시킨다. 또 흥미로운 사실은 가라타니가 어소시에이션＝다중을 지탱하는 제4의 교환 양식이 증여를 "더 높은 차원에서 회복"하는 것이라고 말한다는 점이다.[7] 증여의 세계는 시장과 국가의 출현과 함께 일단 소멸한 것처럼 보인다. 그러나 실제로는 결코 사라지지 않고 다른 형태로 회복된다. 가라타니는 바로 여기에 희망이 있다고 주장했다.

　그의 논의는 핵심인 제4의 교환 양식에 관해 극히 애매모호한 규정만 제시하고 있어 이론적으로도 실천적으로도 성공했다고 하기 어렵다. 본래의 증여와 '고차원'적으로 회복한 증여가 어떻게 다른지 그의 글만으로는 거의 알 수 없다. 『트랜스크리틱』과 같은 시기에 그가 주도했던 어소시에이션의 실천(NAM: New Associationist Movement)도 순

6　가라타니 고진柄谷行人, 『세계사의 구조』世界史の構造, 岩波書店, 2010, 322쪽〔조영일 옮김, 도서출판b, 2012, 303쪽〕. 대응 관계를 더 정확히 서술하면 가라타니는 '국가'를 어디까지나 국가 기구(스테이트)를 뜻하는 말로 사용하고 있어 이 책에서 말하는 '국가'(이는 네이션도 포함한다)와 의미가 다르다. 이 책(이라기보다는 헤겔)의 '국가'는 가족과 시민 사회의 대립을 지양한 더 높은 차원의 존재로, 가라타니에게서 이에 대응하는 것은 정확히 말하면 '자본제＝네이션＝스테이트'다. 다만 여기서는 대응 관계를 단순화했다.

7　같은 책, 14쪽〔39쪽〕.

식간에 와해되고 말았다. 그렇지만 국민 국가와 자본주의의 연계(자본제=네이션=스테이트)야말로 현대적 권력의 원천이며 이를 해체하기 위해서는 그 이전의 구조, 즉 국가와 시장 이전의 개념으로 돌아가야 한다는 직관 자체는 옳다고 본다.

가족에 관해 다시 생각하자는 내 제안은 사실 이와 같은 가라타니의 시도를 갱신하는 것이기도 하다(1장 앞머리에서 관광객론은 가라타니 타자론의 갱신이라고 말한 것을 떠올려 주기 바란다). 가라타니가 국가(스테이트)와 자본을 거쳐 증여로 돌아간 것처럼 나는 국가(네이션)와 개인을 거쳐 가족으로 돌아간다. 가라타니가 증여에 기반한 새로운 어소시에이션에 천착한 것처럼 나는 가족적 연대에 기반한 새로운 다중에 천착한다. 즉 나는 가라타니의 말을 빌려 가족 자체가 아니라 가족을 '더 높은 차원에서 회복'하는 것에 대해 생각하려 한다.

가족에 천착하는 것은 결코 사유의 후퇴가 아니다. 가족의 철학이라는 말에서 아버지와 어머니를 존경하자거나 아이를 낳자거나 형제자매끼리 사이 좋게 지내자는 식의 도덕적이고 따분한 논의를 상상한 독자가 있다면 그것이 오해임을 알아주기 바란다.

2

관광객의 철학은 가족의 철학으로 보완해야 한다. 국민 국가와 제국을 왕복하며 오배와 연민을 퍼뜨리는 우편적 다중 전략은 새로운 가족적 연대를 기반으로 해야 한다. 이것이 내가 이 2부를 쓴 이유다.

하지만 한편으로 앞서 말했듯 가족의 철학에 대한 내 사유는 아직 충분히 성숙한 상태가 아니다. 지금까지의 설명은 거친 스케치며, 이어질 7장과 8장의 내용 또한 관련된 초고에 불과하다. 이 2부를 언젠가 쓰게 될 가족의 철학을 주제로 한 책의 서론으로 여겨 주었으면 한다. 관광객의 철학에 관한 논의 자체는 1부로 끝났다. 이제부터는 말하자면 긴 부록이다.

이를 전제로 이 장에서는 가족 개념의 탈구축 혹은 '더 높은 차원에서의 회복'에 관한 새로운 논점을 세 가지 정도 소개하겠다. 이들은 이어질 두 초고를 이해하는 데 참고가 될 수도 있고 아닐 수도 있다. 어쨌든 가족 개념에는 철학적 사유를 자극하는 흥미로운 논점이 여럿 있다. 현대 사상은 가족이란 무엇인지에 관해 더 창조적인 사유를 펼쳐야 한다.

가족 개념에서 우선 주목하고 싶은 점은 그 강제성이다. 가족은 자유 의지로 쉽게 가입하거나 탈퇴할 수 없는 집단이며 또한 강한 '감정'에 기반한 집단이기도 하다. 가족에는 합리적 판단을 초월한 강제력이 있다.

나는 여러 차례 정치 운동과 자유 의지의 관계를 언급했다. 냉전 후 좌익은 흩어져 있는 개인들이 자유 의지로 만드는 새로운 연대(급진 민주주의)에 기대를 거는 모습을 보였다. 그러나 거듭 말했듯 이런 연대는 같은 이유로 쉽게 붕괴한다. 자유 의지로 가입한 집단은 자유 의지로 쉽게 나올 수 있다. 이래서는 주말의 취미 동아리와 다를 바가 없어 본격적인 정치 기반이 될 수 없다.

가족과의 관계는 이처럼 단순하지 않다. 적어도 혼인 이외의 가족 관계는 이와 다르다. 대부분의 사람은 태어난 순간에 특정 가족에 가입당한다. 여기에는 자유 의지가 없다. 그리고 이로부터 벗어나기는 매우 힘들다. 이 강제성은 보통 부정적으로 이해되나(실제로 아동 학대 등의 상황에서는 그럴 필요가 있다) 거꾸로 생각하면 그렇기에 가족은 정치적 정체성의 후보가 될 수 있다고 본다. 국가와 계급 또한 마찬가지로 강제성이 있기에(그렇다고 여겨졌기에) 정치 사상을 지탱하는 정체성이 되었다.

이를 다음과 같이 바꾸어 말할 수도 있다. 사람은 개인＝나를 위해서라면 죽을 수 있다. 국가나 계급을 위해서도 죽을 수 있다. 마찬가지로 가족을 위해서도 죽을 수 있다. 따라서 가족은 새로운 정치의 기초가 될 수 있다. 한편 사람은 취미 동아리를 위해 죽지는 않는다. 그래서 취미 동아리는 새로운 정치의 기초가 될 수 없다. 루소는 『사회 계약론』에서 사람은 일반 의지를 위해 죽을 수도 있어야 한다고 말했다.[8] 전체주의를 긍정하는 내용으로 악명 높은 문구지만 정치의 본질을 날카롭게 찌르고 있기도 하다. 루소가 일반 의지 개념을 정치의 기초로 삼을 수 있었던 이유는 일반 의지를 '사람이 그것을 위해 죽을 수 있는 것'으로 파악했기 때문이다. 죽을 가능성이 없는 곳에 정치는 없다. 지금의 좌익

---

8 "시민은 법에 의해 위험한 상태에 놓일 것을 요구받았을 때 더 이상 그 위험에 대해 득실을 판단할 입장에 있지 않다. 따라서 통치자가 시민에게 '네 죽음이 국가에 도움이 된다'고 하면 시민은 죽어야 한다." 루소, 『루소 전집』 5권, 사쿠타 게이이치作田啓一 옮김, 白水社, 1979, 141쪽〔『사회 계약론』, 김영욱 옮김, 후마니타스, 2018, 46쪽〕.

은 이를 잊고 있다.

둘째로 가족의 우연성에 주목하고 싶다. 도스토옙스키는 가정의 붕괴를 묘사하기 위해 "우연한 가족"이라는 말을 사용한 적이 있다.[9] 가족으로서 모여 있을 필연성이 없는 가족이라는 의미인데, 사실 모든 가족은 우연한 가족이다.

우선 사람은 누구나 가족을 가진다. 적어도 생물학적인 부모를 가진다. 생후에 부모가 죽거나 부모를 찾지 못하거나 부모와 사회적 관계가 끊기는 등 다양한 경우가 있을 수 있겠으나 탄생(수정) 시점에는 반드시 유전자를 제공한 두 명의 부모와 모태를 제공한 한 명의 부모가 있다(다소 장황하지만 현대에는 대리모 등도 있으므로 이렇게밖에 표현할 길이 없다). 더 자세히 들어가면 인공 수정 등의 사례에서 수정 시점에 이미 부모가 죽어 있을 가능성도 배제할 수 없다. 그러나 그 경우에도 정자 또는 난자의 제공 시점에는 부모가 존재한다. 또한 최근에는 불임 치료의 결과로 난자의 핵과 난세포가 각각 다른 두 모친에게서 유래하는 경우 등 복잡한 사례가 등장하기 시작했다. 그럼에도 어쨌든 복제 인

---

9 이 말은 『미성년』의 마지막 장면(편지)에 등장한다. 표도르 도스토옙스키, 『도스토옙스키 전집』ドストエフスキー全集 14권, 구도 세이치로工藤精一郎 옮김, 新潮社, 1979, 359쪽〔『미성년』하권, 이상룡 옮김, 열린책들, 2010, 979쪽〕. 또 같은 시기의 『작가의 일기』에도 언급된다. "내가 〔『미성년』에서―아즈마〕 다룬 것은 무구한 혼이지만, 이 혼은 무서울 만큼 타락할 가능성과 자신의 무능력 및 '우연성'에 대한 조숙한 증오, 그리고 사물에 개의치 않는 태도에 오염되어 있다.…이들 모두는 사회가 유산한 태아고, '우연한' 가정의 '우연한' 일원인 것이다." 도스토옙스키, 『도스토옙스키 전집』 17권, 가와바타 가오리川端香男里 옮김, 新潮社, 1979, 196~197쪽.

간이 아닌 한 사람에게는 반드시 둘 이상의 부모가 있다. 이는 절대적인 필연이라고 단언할 수 있다. 사람에게 자녀가 없을 수는 있으나 부모가 없을 수는 없다.

그러나 이 필연성의 함의는 복잡하다. 사람에게 부모가 없을 수는 없다. 내가 나인 것은 부친과 모친을 통해 내가 태어났기 때문이다. 이는 절대적인 필연이다. 그러나 나를 만든 부모 입장에서 보면 내가 태어난 것에는 어떠한 필연도 없다. 만약 그들이 다른 날 성행위를 했다면 혹은 같은 날의 성행위에서 다른 정자와 난자가 결합했다면 내가 태어나지 않았을 것이다. 내 부모 입장에서 태어난 아이가 '나'였던 것은 우연이다. 흔히 '자식은 부모를 고르지 못한다'고들 말하나 이는 철학적으로 정확하지 않다. 자식이 부모를 고르지 못하는 것은 사실이나 애초에 다른 부모를 고르면 나는 더 이상 내가 아니게 되므로 이 가정은 의미가 없다. 진정한 의미에서 '고르지 못하는', 즉 우연성에 좌우되는 것은 오히려 부모다. 우리는 모두 태어날 때 거대한 존재론적 추첨기를 통과한다. 태어나야 해서 태어난 필연적인 존재는 어디에도 없다. 특정 부모에게서 특정 아이가 태어나는 것에는 사실 어떤 필연성도 없다. 부모 입장에서 보면 모두 우연이다. 이 점에서 모든 가족은 본질적으로 우연한 가족이다. 달리 말해 가족은 아이의 우연성에 기초한 매우 아슬아슬한 집단이다.

여기에는 지극히 중요한 철학적 문제가 숨어 있다. 나는 앞서 죽을 가능성이 없는 곳에는 정치가 없다고 했다. 그리고 두긴의 '제4의 정치 이론'이 하이데거를 참조하고 있다고도 했다.

널리 알려져 있듯 하이데거 철학에서 '죽음'은 중요한 위상을 차지한다. 사람은 누구나 죽는다. 게다가 혼자 외로이 고유의 죽음을 겪게 된다. 달리 말해 죽음은 절대적 필연이다. 하이데거는 이 사실을 출발점으로 삼아 철학을 구축했다. 그리고 그 과정에서 죽음의 절대성과 운명의 필연성을 지나치게 강조해 나치즘에 접근하기도 했다.

그러나 방금 말한 것처럼 인간을 죽음이 아닌 탄생을 통해 바라보면 그 조건은 전혀 다른 모습으로 다가온다. 거기에는 우연이 있고 가족이 있다. 그렇다면 우리는 여기서 하이데거의 시도를 뒤집어 '사람은 누구나 혼자 외로이 죽는다'가 아니라 '사람은 누구나 혼자 외로이 태어날 수는 없다'를 출발점으로 삼은 또 하나의 새로운 실존 철학을 구상할 수 있지 않을까? 『존재론적, 우편적』에서는 거의 다루지 못했으나 사실 나는 이것이 데리다가 말한 '산종'散種 철학의 가능성이 아닐까 생각한다.[10] 산종이란 정자의 방출이라는 뜻이다. 방대한 정자 수가 우리의 우연성을 낳는다. 죽음의 절대성과 운명의 필연성이 낳은 하이데거 철학과 대비되는 출생의 상대성과 가족의 우연성이 낳는 새로운 철

---

10 아즈마 히로키, 『존재론적, 우편적』, 167쪽〔200쪽〕, 주 26 참조. 거기서 나는 다음과 같이 썼다. "의도하지 않은 임신, 그리고 그 결과 태어난 아이는 정확히 오배된, 즉 잘못 '발송=사정'émission된 편지와 그 되돌아옴의 알레고리다. 아버지에게 아이(유령)의 기원은 더 이상 명확하지 않지만 이는 가차없이 '책임'을 요구한다. 1970년대 데리다의 이론적 중심을 구성한 '산종'부터가 그 스스로 말한 것처럼 생식적 함의가 매우 강한 은유였다.…따라서 그가 생각하는 '성'은 푸코적인 성적 욕망(주체의 구성)의 문제 틀보다 생식이나 임신(의사 소통)의 문제 틀과 일관적으로 연관된 것으로 보인다."

학…

가족 개념에는 이처럼 풍부한 재해석의 가능성이 숨어 있다. 앞서 사례로 든 일군만민론처럼 가족 개념에 기초한 정치 사상이라고 하면 국가주의나 전체주의에 가까운 인상을 받을지도 모른다. 그러나 이들은 이른바 '필연적 가족'을 전제한다. 나는 반대로 우연한 가족을 사유한다. 인간을 죽음의 필연성이 아니라 출생의 우연성에서 바라보는 이 구상은 전혀 다른 정치적 함의를 갖게 될 것이다.

셋째로 가족의 **확장성**에 주목하고 싶다.

현재 일본에서 가족을 대표하는 이미지는 핵가족이다. 그러나 이는 어디까지나 전후의 현상이며 일본은 원래 핵가족 국가가 아니다. 토드의 분류에 따르면 독일이나 한반도와 마찬가지로 '직계 가족'(자식 중 한 명만이 성인이 되어 결혼한 후에도 부모와 동거하고 유산 역시 그 한 명이 상속하는 가족 형태)이 우세한 지역이다.

역사적으로 일본의 '이에'家는 핵가족과 오히려 동떨어진 이미지를 갖고 있다. 원래 '이에'는 혈연보다 경제적 공동성을 중심에 두며 양자 결연(입양)을 통해 상당히 유연한 확장이 가능한 조직이었다. 따라서 일본 사회는 '이에'를 기업에 적용해 근대화에 신속히 적응할 수 있었다. 이에 관해서는 야나기타 구니오의 1946년 저작인 『선조 이야기』 및 무라카미 야스스케 등의 1979년 저작 『문명으로서 이에 사회』를 참고할 수 있다. 특히 후자의 연구는 우메사오 다다오의 『문명의 생태사관』을 바탕으로 이루어진 연구로서, 돌이켜 보면 두긴의 지정학적 발상이나 토드의 인류학적

연구와도 상통하는 면이 있다.[11]

---

11 무라카미 야스스케村上泰亮 · 구몬 순페이 · 사토 세이자부로佐藤
誠三郎, 『문명으로서 이에 사회』文明としてのイエ社会, 中央公論社, 1979.
이 책에 따르면 일본의 '이에'는 혈연 집단도 지연 집단도 아니며, 가
마쿠라 시대의 아즈마노쿠니東国(무사 집단이 개척한 인구가 적은 개
척지)에서 발명된 일본 특유의 집단 구성 원리다. '이에' 이전에 일
본 사회는 우지氏 원리, 즉 원시적인 씨족＝혈연 원리로 운영되었다.
'이에'에는 혈연도 지연도 아닌 유연한 확장 원리가 있고(초혈연성),
시간적으로 장기적인 지속이 전제되며(계보성), 구성원들 사이에
명확한 위계 질서가 있고(기능적 계통성), 외부에 대해 고도의 경제
적 · 정치적 자율성을 가진다는(자립성) 네 가지 특징이 있다(7장).
이런 이에 원리는 무로마치 시대에 우지 원리를 대체했고, 에도 시
대에는 도쿠가와 체제의 통치를 지배했으며, 메이지 이후의 근대화
로 다소 약화되었으나 전후에도 여전히 '일본형 경영'의 기본 틀로
큰 힘을 발휘해 왔다. 이것이 1979년에 간행된 이 책의 역사 인식이
다. 여기서 주목할 점은 무라카미 등의 이론이 결코 일본사 고유의
현상을 설명하는 원리로서가 아니라 더 큰 세계적인 문명론 속에서
구상된 것이라는 점이다. 이들의 이에 개념에는 보편적인 확장 가능
성이 있다. 무라카미 등의 생각에 따르면(24쪽 이하) 인간에게는 원
래 '개별성 지향'(혼자이고 싶어 하는 지향)과 '집합성 지향'(함께이
고 싶어 하는 지향)이 있고, 이 두 지향의 공간을 사회 안에서 분열할
지 통합할지에 따라 인간 사회를 '분립형 사회'와 '침투형 사회'로 분
류할 수 있다. 예를 들어 폴리스와 오이코스가 분리되었던 고대 그
리스는 분립형 사회인 반면, 중세 유럽에서 맹아가 싹튼 국민 국가
는 침투형 사회다. 마찬가지로 종족宗族과 문인 관료제가 분리되었
던 중화 제국은 분립형 사회고, 그 변경인 중세 일본에서 태어난 이
에 사회는 침투형 사회다. 이런 관점에서 보면 내가 지금까지 제시
한 2층 구조론은 21세기의 인류 사회가 이제 침투형 사회가 아니라,
집합성 지향(생명 권력)을 담당하는 제국 공간과 개별성 지향(규율
훈련)을 담당하는 국민 국가 공간을 나눈 전 지구적인 분립형 사회
로 회귀하고 있음을 지적한 것으로 해석할 수 있을 것이다. 내셔널
리즘 시대는 침투형 사회의 한 유형(국민 국가)이 패권을 장악해 우
연히 인류사의 전면에 등장했던 짧은 시대의 이름에 불과할지도 모
른다. 따라서 침투형 사회의 또 한 유형('이에' 사회)이 있었던 일본

이는 일본에만 해당하는 것이 아니다. 앞서 우에노 지즈코를 인용했는데, 실제로 가족은 성과 생식만으로 정의할 수 있는 존재가 아니다. 가족은 어느 지역에서든 집단 거주, 경제적 공공성과 밀접하게 연결되어 있다. 그래서 토드는 가족 형태를 분류할 때 거주나 유산 상속의 형식을 중시했던 것이다. 거꾸로 말해 함께 살면서 '한솥밥'을 먹으면 성이나 생식과 상관없이 가족으로 여기는 역학이 전 세계에 존재했고 지금도 존재한다.

이와 더불어 가족 개념은 친밀성의 감각과 결코 분리되지 않는다는 점이 중요하다(우에노는 가족애가 환상이라고 말할지도 모르지만 그런 환상을 우리가 계속 안고 있다는 사실 자체가 두 개념을 분리하기 힘들다는 것을 증명한다). 누가 가족이고 누가 가족이 아닌지는 때때로 사적인 애정에 따라 정해진다. 그런 점에서 가족의 성원권은 국가의 성원권과 성격이 크게 다르다. 물론 가족이 항상 사적인 애정만으로 확장 가능한 것은 아니지만 애정은 때때로 원칙이나 절차를 뛰어넘는다. 양자 결연만 해도 꼭 '이에'의 존속만을 위해 이루어진 것은 아니었다. 오늘날에는 엄격한 법적 제한을 가하고 있으나 원래 양자 결연은 꽤 자의적이었다. 다양한 서사물에서 묘사된 것처럼—2017년 현재를 예로 들

도 그 패권의 일각을 점할 수 있었다. 그러나 이 조건은 이제 급속히 바뀌고 있다. 그러면 이 새로운 분립형 사회 시대에 가족 또는 이에에 대해 생각하는 것은 어떤 의미를 가질까? 관광객=우편적 다중의 연대는 침투형 사회의 원리(이에)를 다시 도입해 분립형 질서에 저항하는 것을 의미할까? 아니, 그보다 우리는 일본이 발명한 이에를 그러한 보편적 조직 개념으로 재가공할 수 있을까? 어쨌든 이런 문명론적 관점에서 도래할 '가족의 철학'을 생각해 볼 필요도 있다.

면 가타부치 스나오 감독의 애니메이션 영화 「이 세상의 한 구석에」의 마지막 장면도 그렇다[12]—패전 직후의 일본에서 우연히 만난 고아를 동정해 입양하는 사례는 결코 드문 일이 아니었다.

이러한 유연성은 가족이 5장 마지막 부분에서 논한 루소 또는 로티의 '연민'과 연결될 수 있음을 뜻한다. 가족이란 원래 우연한 존재다. 그래서 우연을 통해 확장될 수 있다. 가족의 윤곽은 성과 생식, 공동 거주와 재산 외에 사적인 애정을 통해서도 정해진다. 이 특성이 가족의 확장성을 낳는데, 이는 동시에 가족의 경계를 매우 모호하게 만들기도 한다. 전통적인 가족 형태가 열세에 처한 지금의 일본에서는 특히 그렇다. 혈연은 확장되고 있으며 금전 관계도 이에 준해 확장되고 있다. 하지만 어디부터 어디까지를 가족이라고 불러야 할지 현대에는 판단하기가 어렵다. 만약 내가 작은아버지를 가족으로 여기고, 작은아버지가 그의 작은아버지(작은할아버지)를 가족으로 여긴다 해도 그것이 반드시 내가 작은할아버지를 가족으로 여긴다는 뜻은 아니다. 사적인 애정은 이처럼 직선적으로 확장되지 않는다. 현대인은 만난 적 없는 작은할아버지보다 키우고 있는 개를 더 가족처럼 여길지도 모른다.

가족의 경계 확정이 어렵다는 것은 달리 말해 가족의 공

---

12 〔옮긴이〕「이 세상의 한구석에」この世界の片隅には 2016년 일본에서 개봉한 애니메이션이다. 제2차 세계 대전 중의 히로시마를 배경으로 주인공 여성의 일상을 그린 작품이다. 전쟁과 원자폭탄으로 주인공 가족과 지인이 많이 희생되는데 전쟁이 끝난 후를 그리는 마지막 장면에서 주인공이 전쟁 고아를 거둔다.

통성을 추출하기 어렵다는 말이다. 나와 작은아버지가 닮았고 작은아버지와 작은할아버지도 닮았다고 하자. 그렇다고 내가 꼭 작은할아버지를 닮는 것은 아니다.

이 또한 매우 중요한 철학적 문제와 관련된다. 비트겐슈타인은 널리 알려진 저작인『철학적 탐구』에서 바로 이런 관계를 예로 들어 '가족 유사성'이라는 개념을 제안했다. "나는 이런 유사성을 '가족 유사성'이라는 말 외에 달리 특징짓지 못하겠다. 왜냐하면 한 가족의 구성원 사이에 성립하는 다양한 유사성, 예를 들면 체형, 얼굴 특징, 눈 색깔, 걸음걸이, 기질 등등도 마찬가지로 서로 겹치고 또 교차하기 때문이다─따라서 나는 '게임'이 한 가족을 이룬다고 표현하겠다."[13] 한 집단이 있다. 구성원 전원에게는 딱히 공통점이 없다. 다만 한 사람 한 사람을 보면 서로 다른 공통점을 갖고 있다. 그래서 집단으로서 윤곽이 생긴다. 비트겐슈타인은 그것이 바로 가족 혹은 게임(그는 의사 소통을 모두 '언어 게임'으로 여겼다)의 성격이라고 주장한다.

그리고 이때 그가 특별히 가족을 심도 있게 사유하지 않았다는 점이 중요하다. 그는 오히려 인간의 의사 소통 일반을 사유했고, 그 결과 의사 소통의 본질을 '가족 유사성'이라는 말로 설명할 수 있다는 결론에 도달했다. 이 사실은 앞서 논한 토드의 주장과는 또 다른 의미에서 현대 사상이 가족을 반드시 재검토해야 한다는 것을 증명한다.

---

13 루트비히 비트겐슈타인Ludwig Wittgenstein,『비트겐슈타인 전집』ウィトゲンシュタイン全集 8권, 후지모토 다카시藤本隆志 옮김, 大修館書店, 1976, 70쪽(67절)〔『철학적 탐구』, 이영철 옮김, 책세상, 2019, 71쪽〕.

방금 개 이야기를 했는데, 그 김에 잠깐 우회해 보자.

오늘날 일본 사회에서 가족이라는 말은 예전보다 유연하게 사용된다. 최근에는 개나 고양이 같은 반려동물도 '가족'으로 여기는 경우가 많기 때문이다. 물론 이는 법적인 가족이 아니다. 사회학적·인류학적으로도 가족은 아닐 것이다. 하지만 우리 사회에서 반려동물을 '가족'으로 부르는 사람이 증가하고 있는 것은 엄연한 사실이다. 요즘에는 반려동물을 대상으로 한 건강 보험도 나와 있다.

여기서 가족 개념의 확장성이 갖는 극단적인 형태를 볼수 있다. 가족의 성원권은 사적인 애정만으로 근거 지을 수있으므로 때로는 종의 벽까지 초월한다. 이는 연민이 낳은 오배다. 더욱 흥미로운 점은 '가족적인 것'의 감각을 기반에두면 때로 '유사성'의 감각이 종의 벽을 초월하기도 한다는사실이다. 우리는 때때로 반려견을 키우는 사람과 그 개가'닮았다'고 느끼지 않는가? 그러나 이때 과연 무엇이 닮은것일까? 동물에게 얼굴이란 무엇일까? 동물은 얼굴을 가지고 있을까? 철학적인 흥미가 잇달아 일어난다.

중요한 점은 가족 개념이 갖는 이러한 확장성이 합리적인 사유에 근거한 확장성과 전혀 다르다는 것이다. 따라서국가의 성원권과 가족의 성원권도 전혀 다르다. 국민의 확장에는 원리(규칙)가 필요하나 가족의 확장에는 원리가 없다. 이것이 비트겐슈타인이 지적한 바다.

이 확장성도 출생의 철학과 깊은 관련이 있다. 계속해서동물의 사례를 보자. 오스트레일리아 윤리학자 피터 싱어는 철저한 공리주의자이자 동물의 권리를 주장한 것으로 유명하다.

그는 1979년에 펴낸 『실천 윤리학』에서 유인원에게 부분적인 인권을 부여해야 한다고 주장해 화제가 되었다. 그가 그런 주장을 한 것은 딱히 동물을 좋아해서가 아니라(좋아할지도 모르지만), 공리주의 원리(최대 다수의 최대 행복)를 관철해 사람 사이의 차별을 허용하지 않는다면 종 사이의 차별도 허용되지 않는다는 논리적 결론이 도출된다고 생각했기 때문이다.[14]

단 이 결론은 모든 동물과 생물이 조건 없이 평등하다는 것을 의미하지 않는다. 싱어의 논의는 공리주의에 기반한다. 즉 어떤 원리(평등 원리)에 기반한다. 그가 인권을 일부 동물에까지 확장해야 한다고 주장하는 이유는 그 동물이 평등 원리의 대상이 될 조건을 충족한다고 보기 때문이다. 거꾸로 말해 그의 동물권론은 대상이 되는 동물이 평등 원리에 부합하는 감수성을 지니고 있는지(얼마나 인간에 가까운지)를 논리적으로 판정하는 작업을 필요로 한다.[15] 쉽게 말해 싱어는 동물의 생명에 서열을 도입한다. 그리고 그 연장선상에서 인간의 생명에도 서열을 도입한다. 싱어의 논의는 철저히 논리적이며, 애매모호한 수준에서 논리 전개를 멈추지 않는다. 그 결과 싱어는 성장을 마친 오랑우탄

---

14 피터 싱어Peter Singer, 『실천 윤리학』実践の倫理(신판), 야마우치 도모자부로山内友三郎・쓰카자키 사토시塚崎智 옮김, 昭和堂, 1999, 67쪽 이하〔황경식・김성동 옮김, 연암서가, 2013, 186쪽 이하〕.

15 이 논리는 사실 칸트가 『영원한 평화를 위해』에서 각국이 공화제일 것을 요구한 논리와 구조가 같다. 자유주의 논리는 항상 행복을 위한 참가 자격을 요구하는 것이다.

이나 침팬지가 자기 의식이 없는 인간 태아나 영아보다 훨씬 '인격성'이 높으므로 법적인 보호를 받아야 한다는 결론에 도달해 많은 비난을 받기도 했다.

싱어의 문제 제기는 현재 응용 윤리학의 기초 지식 중 하나가 되었다. 그의 논리가 다른 문제에서 어떤 윤리적 결론을 낳는지, 또 그것이 현대 사회에 대한 어떤 비판으로 연결되는지는 여기서 다루지 않겠다.[16]

---

16 싱어는 공리주의적 관점에서 인간과 동물의 차이조차 연속적인 것으로 파악한다. 이런 그가 국민(친구)과 그 외의 사람(적)을 분할하는 내셔널리즘을 긍정할 리가 없다. 실제로 그는 2002년 『지구화의 윤리학』에서(이 책은 네그리와 하트가 높이 평가한 시애틀 반지구화 운동에 대한 책이기도 하다) 세계 단위 통치 기구의 필요성을 주장한다. 또 그는 국민 국가 단위의 재분배(복지 국가)도 인정하지 않는다. 싱어는 존 롤스의 『정의론』과 『만민법』을 비판하며 "공평한 시점에서 평가했을 때 자국민의 이익을 우선해야 할 강한 근거는 거의 없다"고 단언한다. 싱어, 『지구화의 윤리학』グローバリゼーションの倫理学, 야마우치 도모자부로·가타기 노리아키樫則章 옮김, 昭和堂, 2005, 228쪽〔『세계화의 윤리』, 김희정 옮김, 아카넷, 2003, 231쪽〕. 더불어 그가 여기서 세계 단위의 통치나 재분배의 필요성을 추상적으로 주장하는 데 그치지 않고 매우 구체적인 지침을 제시하고 있다는 점에 주목해야 한다. 그는 2009년에 『당신이 구할 수 있는 생명』이라는 책을 펴내 선진국 주민에게는 빈곤국의 기아 구제를 위해 소득의 일부를 기부할 '의무'가 있다고 호소하고, 구체적으로는 예를 들어 미국 납세자의 연 소득 상위 10퍼센트에는 들지만 상위 5퍼센트에는 들지 않는 사람들(연 소득 10만 5,001달러부터 14만 8,000달러까지)은 연 소득의 5퍼센트를 기부해야 한다고 주장했다. 더 윤택한 생활을 하는 사람들에게는 물론 더 높은 비율의 기부 의무가 부과된다. 싱어는 이 수치의 근거와 유효성을 매우 자세하게 검토하며, 기부를 지원하기 위해 책 제목과 같은 이름의 웹사이트까지 만들었다 (https://www.thelifeyoucansave.org). 나는 싱어의 철학에 크게 감명했으나 다른 한편 이 책의 문맥에서는 역시 본문에서 다룬 약점을 지적하지 않을 수 없다. 싱어의 논의에는 연민=오배가 없다. 있는

다만 싱어의 서열화 논리에서 개나 고양이는 모르겠으나

것은 공리뿐이다. 따라서 빈곤 국가에 대한 기부 문제를 다루더라도
'최대 다수의 최대 행복'을 목표로 하는, 수치적 지침이 중심이 되는
논의를 벗어나기 어렵다. 싱어 철학의 시각에서 누군가 특정한 사람
을 사랑하는 것과 모든 사람을 공정하게 대하는 것은 언제나 대립한
다. 그는 가족에 대해 다음과 같이 말한다. "이상적인 부모인 것과 모
든 인명의 가치는 동등하다는 생각에 따라 행위하는 것 사이에…갈
등이 실재하고 해결 불가능한 것은 이런 이유 때문이다. 양자는 항
상 긴장 관계에 있다. 부모는 다른 사람의 아이보다 자신의 아이를
사랑하기 마련이고 또 그래야 한다. 그리고 그렇기 때문에 부모는
다른 사람보다 자기 아이의 기본적 필요를 충족시키는 법이다.…하
지만 그렇다고 해서 부모가 다른 사람의 기본적 필요보다 자기 아이
에게 사치품을 사 주는 것을 우선하는 것이 정당화되지는 않는다."
싱어, 『당신이 구할 수 있는 생명』あなたが救える命, 고다마 사토시児玉
智・이시카와 료코石川涼子 옮김, 勁草書房, 2014, 184~185쪽〔『물에 빠
진 아이 구하기』, 함규진 옮김, 산책자, 2009, 188~189쪽〕. 싱어의 철학
은 '우연히 만나게 된 것'에 대한 편애를 항상 공정과 윤리에 반하는
것으로 여긴다. 그러나 현실에서는 공정도 윤리도 오배에서밖에 탄
생하지 않는 것이 아닐까? 싱어가 지원하는 기부 행위 그 자체가 사
실은 일종의 오배 없이는, 즉 우연히 기부의 지원을 받은 사람과 그
렇지 않은 사람의 편차를 낳지 않고는 성립하지 않는 것이 아닐까?
우연히 만난 사람을 도와야겠다고 생각해 기부하고 지원하는 것이
지, 인류 전체의 익명적이고 집합적인 복리를 위해 소득 일부를 내
놓는다면 그것은 더 이상 기부가 아니라 그냥 세금이 아닐까? 즉 싱
어는 기부의 필요성을 강조한 나머지 오히려 그 본질을 무화하고 있
지 않은가? 이 책 5장에서 쓴 용어로 말하면 싱어는 스몰 월드에서
의 오배 현상이었던 기부를, 무척도 질서 속에서 기능적으로 최적화
하려는 것처럼 보인다. 그러나 마지막으로 다시 한번 말하지만 싱어
가 제시한 논리의 강인함과 실천 사이의 일관성(그 자신이 대학원생
시절부터 오랫동안 소득의 10퍼센트를 계속 기부하고 있다)은 주목할
가치가 있다. 그리고 이로부터 그가 지구화 시대에 내셔널리스트로
존재하는 것의 비윤리성을 통렬히 비판하고 있음을 읽어 낼 수 있
다. 내 비판은 싱어의 이런 문제 제기를 진지하게 받아들인 후에 내
놓은 것이다.

햄스터나 카멜레온 같은 반려동물의 인격성이 인정되기는 어려울 것이다. 햄스터나 카멜레온은 공리주의 원리를 확장하기에 거리가 있다. 그러나 실제로는 이들을 '가족'으로 받아들이는 사람이 많다. 인간이란 그런 존재다. 싱어의 논의는 지나치게 원리적이다 보니 우연히 만난 동물을 그 지성이나 능력과 상관없이 받아들이는 연민＝오배의 확장성을 감안하지 못한다. 햄스터를 귀엽게 느끼는 감정은 싱어의 동물론에서 거의 의미가 없다. 그러나 이 감정을 다루지 않고 동물론을 구상한들 거의 의미가 없지 않을까?

그리고 이를 통해 싱어가 태아나 영아의 인격을 유인원보다 낮게 볼 수밖에 없었던 이유가 새삼 중요하게 느껴진다. 이는 합리주의적인 사고의 한계를 단적으로 보여 준다. 우리는 갓난아이를 소중히 여긴다. 이것이 인류 사회의 기초다. 그러나 공리주의적으로는 이 배려를 정당화할 수 없을지도 모른다. 왜냐하면 신생아에게는 아직 인격이 없고 죽는다 해도 다시 만들면 될 뿐이기 때문이다. 즉 500엔이면 살 수 있는 햄스터와 다를 바 없는 것이다. 그렇다면 이는 거꾸로 우리가 햄스터를 사랑하는 것처럼 신생아를 사랑하고 있음을 의미하는 것이 아닐까? 신생아에게는 인격이 없지만 우리는 신생아를 사랑한다. 그래서 아이에게도 인격이 생겨난다. 먼저 인간＝인격에 대한 사랑이 있고, 그것이 때로 종의 벽을 초월하는 것이 아니다. 애초부터 연민＝오배가 종의 벽을 초월하기에 우리는 가족을 만들 수 있는 것이다.

7장
섬뜩함

이번 장은 정보 사회를 다룬다. 나는 지금까지 정보 사회의 철학적 해석을 여러 차례 시도했으나 항상 미완인 상태로 중단하곤 했다.

왜냐하면 내가 이 주제를 다루려 할 때마다 항상 '정보 기술이 혁신적인 것은 그것이 철학을 무의미하게 만들기 때문 아닌가? 그렇다면 이 주제를 철학적으로 다루는 것이 무슨 의미가 있는가?'라는 의문에 시달렸기 때문이다. 이 의문은 1부에서 확인한 관광객의 철학에 관한 의문과 닮았다. 관광객 또한 철학적 도식 자체를 무효화하는 존재였다. 우리는 이제 전통적인 인문 사상이 철학적으로 고찰할 가치가 없는 것으로 취급해 온 여러 아이디어를 하나씩 재검토해야 할 시대에 들어섰다.

그러므로 이 장에서는 과거 내가 직면했던 정보 사회론의 문제를 현재의 언어로 다시 정리하고자 한다. 우편적 다중은 네트워크가 가능하게 만드는 다중이기도 했다. 따라서 정보 기술과 관광객적 혹은 가족적 주체의 관계를 고찰하지 않을 수 없다. 이 초고는 그 준비 작업이다.

1

나는 약 20년 전에 「사이버 스페이스는 왜 그렇게 불리는
가」(이하 「'사이버 스페이스론'」)라는 긴 논문을 썼다.[1]

한 미디어론 전문지에 연재한 글인데, 원래는 같은 시기
다른 잡지에 연재한 「과시적過視的인 것들」이라는 논문, 그
리고 몇 년 후 월간지에 연재한 「정보 자유론」이라는 논문
과 함께 긴 저서의 일부를 구성할 예정이었다.

예정했던 저서의 제목은 『포스트모던의 문화적 논리』였
다. 1부는 이론편, 2부는 「사이버 스페이스론」과 「정보 자유
론」을 묶은 기술편으로 구성하고, 3부는 「과시적인 것들」
로 말하자면 미학편을 구성한다는 구상이었다. 다시 말해
완전히 새로운 포스트모던 이론을 바탕으로 「사이버 스페
이스론」에서 그 주체가 어떻게 정보 기술과 연결되는지 논
하고, 「정보 자유론」에서는 이 주체와 정치의 관계를 논하
며, 마지막 「과시적인 것들」에서 문화적 변화를 논한다는
구상이었다. 그러나 이 구상은 실현되지 못했고, 정보 기술
의 철학적 해석을 기초로 포스트모던 사회의 전체 이론을
만들고자 한 시도는 결국 좌절했다. 『동물화하는 포스트모
던』은 이 「과시적인 것들」을 손질해 단행본 형태로 재편한
것이다. 『동물화하는 포스트모던』의 오타쿠론은 사실 정보
사회론의 일부였다.

그리고 나는 이 글들을 통해 '정보 기술의 본질은 섬뜩함

---

1 아즈마 히로키, 「사이버 스페이스는 왜 그렇게 불리는가」, 『사이
버 스페이스는 왜 그렇게 불리는가+』サイバースペースはなぜそう呼ばれる
か+, 河出文庫, 2011. 연재는 1997~2000년.

을 경험하는 데 있다, 하지만 지금 정보 사회론에서 유행하고 있는 사이버 스페이스라는 비유는 이를 간과하게 한다'고 주장하려 했다.

사이버 스페이스란 컴퓨터로 연결된 네트워크를 하나의 '공간'(스페이스)으로 파악하는 비유적 표현이다. 이제는 고풍스러운 뉘앙스로 다가오는 말이지만 당시에는 상당히 널리 보급되었으며 '전뇌 공간'으로 번역되기도 했다.

이 표현이 널리 쓰이는 계기가 된 것 중 하나가 1984년 윌리엄 깁슨이 펴낸 소설 『뉴로맨서』다. 깁슨은 이 작품에서 네트워크 접속을 "몰입"jack in이라고 표현하고, 이를 통해 등장 인물의 의식이 물리적 신체에서 전자적 신체로 옮겨 가는 것처럼 묘사했다. 즉 그는 근미래 정보 네트워크를 눈앞의 물리적 현실과는 다른 형태로 자립해 존재하는 전자적 병행 세계처럼 묘사했던 것이다. 이 병행 세계가 '사이버 스페이스'라 불렸다. 지금이라면 VR(가상 현실)에 가까운 개념이라고 할 수 있다.

사이버 스페이스나 '몰입'의 경험은 어디까지나 문학적 표현이다. 지금 우리는 일상적으로 컴퓨터나 네트워크를 사용하지만 그 경험은 현실의 신체에 아무런 영향도 끼치지 않는다. 네트워크에 접속해 SNS에 올라온 글을 읽는 것과 오프라인에서 책을 읽는 것은 '읽는' 행위라는 점에서 똑같다. 실제로 『뉴로맨서』를 집필했을 때 깁슨은 현실의 컴퓨터나 네트워크에 관해 거의 무지했다고 한다. 사이버 스페이스는 완전히 상상의 산물이다.

그럼에도 이 개념은 많은 독자를 매료시켜 이후 등장한

여러 소설과 영화가 이 사이버 스페이스 묘사를 모방했다. 예를 들어 일본에서는 시로 마사무네의 만화를 오시이 마모루가 애니메이션화한 「GHOST IN THE SHELL 공각기동대」(1995)가 유명하다. 『뉴로맨서』가 만든 흐름은 문화사에서 '사이버 펑크'라 불린다. 그리고 그 영향력은 허구에 그치지 않고 현실의 정보 사회론을 침식해 왔다.

이 사이버 스페이스라는 개념의 탄생은 SF 장르의 역사를 감안하면 사실 반쯤 필연이었다.

SF란 무엇인가? 다코 수빈은 SF를 '낯설게 하기'와 '인지'를 동시에 실현하는 문학으로 정의한다.[2] 쉽게 말해 SF는 논리적인 가정을 도입해 우리가 살아가는 '지금 여기'의 현실과는 다른 현실을 묘사하는 문학을 가리킨다. 이 정의에 따르면 SF는 16세기의 토머스 모어까지 거슬러 올라가며 20세기 들어 하나의 문학 장르로 성장했다. 보통 SF 장르의 탄생 시기는 1920년대로 여겨진다. 후고 건스백이 최초의 SF 전문지 『어메이징 스토리즈』를 창간한 것이 1926년이기 때문이다.

---

2 다코 수빈Darko Suvin, 『SF의 변용』SFの変容, 오하시 요이치大橋洋一 옮김, 国文社, 1991, 57쪽. 수빈은 자연주의적/이화(낯설게 하기)적, 인식적/비인식적이라는 두 가지 이항 대립에 따라 문학을 네 가지로 분류한다. 자연주의적이고 인식적인 문학은 소위 자연주의 문학(일본에서 말하는 순문학), 자연주의적이고 비인식적인 문학은 자연주의의 하위 문학(대중 문학), 이화적이고 인식적인 문학은 SF, 그리고 이화적이고 비인식적은 문학은 신화나 판타지에 해당한다. 여기서 '인식적'이라는 말은 '계몽적'이라는 말과 가까운 뜻으로 쓰인다. 수빈의 저작은 1979년에 간행된 것인데, 이 구분에 따르면 현재 일본에서 간행되고 있는 SF는 상당수가 판타지로 분류될 것이다.

수빈이 말하는 '낯설게 하기'의 세계는 SF 장르에서 처음에는 우주나 미래로 설정되었다. 아서 C. 클라크, 아이작 아시모프, 로버트 A. 하인라인 등 황금기 SF 작가들이 잇달아 우주와 미래를 배경으로 다루며 등장했다. 그러나 1970년대 들어 이런 무대 설정 자체가 어려워졌다. 우주와 미래가 그 자체만으로는 더 이상 낯설게 하기의 상상력을 자극하는 무대가 아니게 되었기 때문이다. 예를 들면 1969년에는 아폴로 11호가 달에 착륙했다. 그런데 실제로 인류가 달에 갔다고 해서 바뀐 것은 전혀 없었고, 그것을 모두가 알고 말았다. 1970년대란 그런 시대였다. 1970년대는 더 넓은 문맥에서 보자면 근대주의가 한계를 맞이한 시대로 여겨진다. 로마 클럽 보고서가 '성장의 한계'를 주장했고 대니얼 벨이 『탈산업 사회의 도래』를 발표했으며 뉴에이지, 생태주의, 포스트모더니즘 등 근대의 가치관을 의심하는 사상이 여기저기서 등장했다. 우주와 미래에 대한 회의도 이 흐름 속에서 나타났다.

SF 작가는 이때 어려운 선택에 직면하게 되었다. 더 이상 낯설게 하기가 작동하지 않는다는 것을 알면서도 우주와 미래를 묘사할 것인지(즉 SF가 판타지가 되는 것을 허용할 것인지), 아니면 새로운 문학적 프런티어를 찾을 것인지라는 선택 말이다. 사견으로는 이때 확신범처럼 전자를 고른 것이 (소설은 아니지만) 조지 루카스의 1977년 영화 「스타워즈」다. 이 작품의 성공은 1980년대 이후 SF의 위상을 결정적으로 바꾸어 일본의 애니메이션과 라이트노벨에도 영향을 미치는데 이에 관한 논의는 다른 기회로 미루겠다. 중요한 것은 후자를 고른 작가들이 있었다는 사실이다. J. G.

밸러드, 브라이언 올디스, 새뮤얼 R. 딜레이니, 토머스 M. 디시를 비롯한 이들은 '뉴웨이브'라 불린다. 뒤에서 다룰 필립 K. 딕 또한 이 그룹으로 분류되기도 한다.

뉴웨이브 작가들의 경향은 종종 '우주outer space에서 내적 우주inner space로'라는 말로 표현된다. 그들은 미래 세계나 우주를 묘사하기보다 등장 인물의 내면이나 환상을 중시했다. 내적 우주란 마음을 가리키는데 이때 공간space의 비유가 사용된다는 점에 주의하기 바란다. 미래와 우주에 이어 낯설게 하기를 위한 제3의 무대=공간을 발명한 것이다. 이런 활동을 통해 여러 걸작이 등장했다. 그러나 내적 우주를 묘사한다는 것은 마음을 묘사하는 것이므로 순문학(주류 문학)과 문체가 가까워진다는 뜻이기도 하다. 이에 따라 이들의 작품은 비평가에게는 높은 평가를 받는 반면 황금기 작가에 비해 오락성이 낮다. 독자 여러분도 뉴웨이브 작가들의 이름이 아주 친숙하지는 않을 것이다.

이처럼 SF 장르사를 살펴보면 사이버 스페이스라는 말이 왜 1980년대에 탄생했는지 그 배경을 구체적으로 이해할 수 있다. SF 작가는 새로운 이질적인 세계를 필요로 했다. 그러나 우주와 미래는 이미 낡았고 내적 우주는 오락성을 충족시키기 어려웠다. 이런 상황에서 사이버 스페이스는 우주나 미래처럼 낡지 않았고 그렇다고 내적 우주처럼 자유롭지 못한 것도 아닌, 낯설게 하기를 위한 제4의 무대=공간으로 등장했다. SF의 상상력은 이 새로운 무대=공간의 발명으로 그 후 오랫동안 활성화된다. 사이버 펑크가 유행한 것은 1980년대지만 그 영향력은 훨씬 오래 지속되어 왔다. 앞서 언급한「공각기동대」도 1995년 작품이고 영화에서 사이버 스페이스의 상상력은 80년대보다 한참 뒤인「매트릭스」(1999)에 이르러 절정에 달했다고 할 수 있다. 사이버 스페이스의 발명은 20년 동안이나 SF의 연명에 기여한 것이다.

거꾸로 생각하면 사이버 스페이스 개념은 그저 SF 장르가 발전하는 과정에서 필요해진 문학적 또는 영상적인 장치에 불과하다는 뜻이기도 하다. 거듭 말하는데 컴퓨터 네트워크는 실제로 다른 세계를 만들어 내지 않는다. SNS 또는 MMORPG(대규모 다중 사용자 온라인 롤플레잉 게임)에서 아무리 자신의 아바타(자신이 조작하는 캐릭터)가 활약하더라도 그 조작 주체인 우리(플레이어)의 신체는 어디까지나 '지금 여기'의 평범한 현실 안에 존재한다. 현실과 허구, 플레이어와 캐릭터의 구분은 사이버 스페이스가 출현한 후에도 전혀 위협받지 않고 있다.

그럼에도 1990년대의 정보 사회론은 사이버 스페이스 비유를 비판 없이 받아들여 정보 기술의 보급이 우리가 조작하는 캐릭터만이 아니라 플레이어 자신의 신체 감각까지 직접 변화시키는 것처럼 말했다. 나는 그런 상황을 납득할 수 없어 앞서 언급한 논문을 썼다.

그렇다고 그 논문에서 정보 기술이 인간의 본질에 아무런 변화도 가져오지 않고 따라서 정보 사회론도 무의미하다는 난폭한 논의를 전개한 것은 아니다(인문학적 사상을 공부한 사람 중에 그런 주장을 하는 사람도 많지만 나는 결코 그런 입장에 서지 않는다). 나는 정보 기술의 보급은 분명 **특정한 형태로 현실과 허구의 경계를 흔들 것이고 이는 철학적으로도 중요한 의미를 갖지만, 그 변화를 사이버 스페이스와 같은 단순한 비유로 설명할 수는 없다고 주장했다. 이때 필요한 개념이 이번 장의 제목이기도 한 '섬뜩함'이다. 내 기존 독자라면 이미 알고 있을 텐데, 캐릭터와 플레이어의 차이 및 그 경계 침범이라는 문제는『동물화하는 포스트모던』의 속편인『게임적 리얼리즘의 탄생』에서도 주요 주제로 다룬 바 있다. 거듭 말하지만 내 오타쿠론은 원래 정보 사회론의 일부로 구상되었다.

그러면 사이버 스페이스 경험과 '섬뜩함'의 차이는 무엇인가? 이를 설명하기 전에 당시 내가 느꼈던 또 하나의 위화감을 분명히 해 두겠다. 정보 기술의 탄생을 새로운 무대=공간의 탄생으로 파악한 사이버 스페이스라는 비유는 잘못된 인식을 낳았을 뿐 아니라 특수한 정치적 함의를 띠고 있었다.

깁슨의『뉴로맨서』는 1984년에 간행되었다. 사실 그 직전 약 10년간은 미국에서 급속히 퍼스널 컴퓨터(홈 컴퓨터)가 보급된 시기다. 마이크로소프트 설립이 1975년, 애플 II 출시가 1977년이다. 1970년대 후반부터 1980년대 전반에 걸친 이 시기는 차고에서 취미로 컴퓨터를 조립하던 빌 게이츠나 스티브 잡스 같은 인물이 일거에 세상에 나타나 큰 성공을 거둔 IT 역사의 혁명기다.『뉴로맨서』가 간행된 해에는 매킨토시가 출시되기도 했다.

당시 게이츠와 잡스 같은 젊은 프로그래머는 '해커'라 불렸다. 지금은 범죄자를 가리키는 말이 되었지만 원래는 뛰어난 컴퓨터 기술자를 포괄적으로 의미했으며, 특히 1950년대에는 대학이나 연구소의 고가 메인 프레임 컴퓨터용

프로그램을 잘 쓰는 이과 학생들을 뜻했다. 이 '해커'들이 만들어 낸 독특한 문화는 1960년대에 대학 바깥으로 확산되어 미국 서해안의 뉴에이지 사상 및 서브컬처와 융합했고, 컴퓨터가 개인화되면서 1980년대에는 거대 산업을 이끄는 문화로 순식간에 비약하게 된다. 스티븐 레비의 『해커스』가 그 경위를 자세히 다루니 흥미가 있는 독자는 읽어 보기 바란다.[3]

중요한 점은 이 책이 알려 주듯 미국의 정보 산업이 단순히 사업으로서 발전해 온 것이 아니라는 사실이다. 그 배경에는 특유의 정신 문화가 있다. 그리고 그 핵심에는 1970년대 서해안의 문화 풍토에 큰 영향을 받은, 서브컬처와도 관련되는 풀뿌리 반권위주의가 있다. 그 심성은 같은 세대 일본의 오타쿠와도 닮았다. 실제로 일본에서 1980년대 전반은 오타쿠 1세대, 후에 「신세기 에반게리온」을 만들게 되는 안노 히데아키와 같은 세대의 창작가들이 활동을 시작한 시기다. 오타쿠는 일본에서 정보화를 가장 열심히 받아들인 집단이기도 했다.

해커 문화와 오타쿠 문화 모두 포스트모던 시대에 출현한 새로운 청년 문화로서 그 정신과 세대가 닮아 있다. 그러나 해커 문화는 2017년 현재 기본적으로 탈정치적인 색채

---

3 스티븐 레비Steven Levy, 『해커스』ハッカーズ, 후루하시 요시에古橋芳惠·마쓰다 노부코松田信子 옮김, 工学社, 1987〔『해커, 광기의 랩소디』, 박재호·이해영 옮김, 한빛미디어, 2019〕. 원서는 1984년에 출판되었는데, 이는 깁슨이 『뉴로맨서』를 간행했을 때 이미 해커 문화가 충분히 성숙해 있었음을 의미한다. 그리고 이 책에서 그려진 해커의 현실은 사이버 펑크가 묘사한 환상과 많이 다르다.

를 유지하고 있는 일본의 오타쿠 문화와 달리 어느 시기부
터 정치 권력과 직접 대치하지 않을 수 없게 되었다. 1990
년 봄, 컴퓨터 범죄의 위험성을 우려한 미국 연방정부가 게
임 회사와 그 관련 시설을 부당하게 수사한 사건이 일어났
다. 그 전에도 몇몇 사건이 있었고 그 과정에서 정보 기술의
존재를 고려하지 않은 기존 형법이 프로그램 개발 등을 제
한하는 데 상당히 자의적으로 적용될 수 있다는 사실이 드
러났다. 미국의 해커들은 이 사건에 대처하기 위해 '전자 프
런티어 재단'Electronic Frontier Foundation이라는 비영리 조
직을 결성해 기술자의 자유를 지키기 위한 계몽 및 로비 활
동을 전개했다. 이 경위는 브루스 스털링의 논픽션『해커를
찾아라!』에 쓰여 있으니 관심이 가는 독자는 읽어 보기 바
란다.[4] 스털링은 사이버 펑크를 대표하는 소설가 중 한 명
으로, 깁슨과 함께 쓴 작품이 있으면서도 깁슨과 달리 해커
의 현실을 잘 이해한 활동가였다. 미국에는 어떻게 로런스
레시그같이 법률과 정보 기술을 두루 알고 정치 활동도 하
는 학자가 존재할 수 있는지 (그리고 일본에는 왜 없는지) 이
책을 읽으면 그 배경을 알 수 있다. 참고로 레시그도 전자
프런티어 재단 이사를 맡은 적이 있다.

　이런 역사를 갖는 해커 문화는 기본적으로 '반권력'적 경
향을 가진다고 할 수 있고, 실제로 흔히 그렇게 받아들여진
다. 그러나 미국의 반권력은 일본의 좌익과 달리 꼭 반미
국·반내셔널리즘을 뜻하지는 않는다는 점이 중요하다. 식

4　브루스 스털링Bruce Sterling,『해커를 찾아라!』ハッカーを追え!, 이
마오카 기요시今岡清 옮김, アスキー, 1993〔『해커와의 전쟁』, 김면구
옮김, 영진닷컴, 1993〕.

민지 시대까지 거슬러 올라가는 강한 개인주의와 자유주의 전통이 있고(자유지상주의도 이로부터 탄생했다) 이것이 반권력의 원천이기도 하다. 즉 미국에서는 미국을 사랑하는 것과 현재의 권력을 비판하는 것, 조국에 대한 긍지와 권력에 대한 분노가 모순 없이 연결된다(이 양자가 결코 연결되지 않는 전후 일본의 상황이 오히려 세계적으로 특이하다고 해야 할 것이다).

이 연결은 해커 문화에서도 찾을 수 있다. 가장 알기 쉬운 예가 1996년 존 페리 발로가 발표한 「사이버 스페이스 독립 선언」이라는 짧은 글이다.[5] 이 글은 당시 미국에서 제정된 '통신품위법'Communications Decency Act에 반대하기 위해 쓰였다. 이 법률은 외설적인 정보의 네트워크 유통을 규제하는 것으로, 제정 당시 언론의 자유와 관련한 시시비비가 활발하게 논의되었다. 즉 네트워크를 검열하지 말라고 주장한 것인데, 발로가 선언 제목에 미국 독립 선언을 인용했다는 점이 중요하다.

그는 사이버 스페이스를 신대륙에 비유해, 정보 산업이 사이버 스페이스라는 이름의 새로운 프런티어＝신대륙이라고 선언했다. 과거 미국은 구대륙의 속박에 고통받다가 독립해 번영을 손에 넣었다. 이것이 미국의 출발점이다. 그렇다면 이 신대륙＝사이버 스페이스에 구대륙＝기존 산업의 법질서를 적용해서는 안 된다. 미국이 구대륙에서 독립

---

5 존 페리 발로John Perry Barlow, 「사이버 스페이스 독립 선언」A Declaration of the Independence of Cyberspace. URL=https://www.eff.org/cyberspace-independence〔진보네트워크센터 옮김, http://act.jinbo.net/eff/declare.html〕.

한 것처럼 사이버 스페이스도 낡은 법질서로부터 독립해야 한다. 이것이 발로의 주장이다. 여기서는 사이버 스페이스라는 공간적 은유가 정보 산업의 혁신적(반전통적) 성격과 애국심(미국적 전통에 대한 사랑)을 연결 짓는 중요한 역할을 하고 있다.

원래 문학적인 비유에 불과했던 사이버 스페이스는 그러나 『뉴로맨서』로부터 10년 후, 정보 산업의 미래와 미국의 역사를 중첩시키기 위한 정치적 용어로 바뀌게 된다. 사이버 스페이스라는 명명은 인터넷을 자본주의의 새로운 프런티어로 본다는 함의를 갖는다. 그리고 실제로 역사는 그런 길을 걸었다. 수많은 '사이버 스페이스 카우보이'(『뉴로맨서』에 나오는 표현)가 정보 산업에 몰려들어 소유자가 없던 네트워크를 수많은 사유지로 분할했으며 선행자들은 막대한 부를 손에 넣었다. 그러나 이것이 정말 인터넷의 바람직한 모습일까?

영국 연구자 리처드 바브룩과 앤디 캐머런은 마르크스와 엥겔스가 청년 헤겔 학파를 '독일 이데올로기'라고 부른 것을 참조해 해커들의 운동을 '캘리포니아 이데올로기'라고 불렀다.[6]

이들에 따르면 캘리포니아 이데올로기는 새로운 기술이 더 나은 사회를 만든다는 기술적 낙관주의, 창업가의 경쟁을 전면적으로 긍정하는 신자유주의, 히피 문화의 영향

---

6 리처드 바브룩Richard Barbrook·앤디 캐머런Andy Cameron, 「캘리포니아 이데올로기」カリフォルニアン・イデオロギー, 시노기 나오코篠儀直子 옮김, 『10+1』 13호, INAX出版, 1998〔홍성태 엮음, 『사이버 공간 사이버 문화』, 문화과학사, 1996에 수록〕.

을 받은 반체제 지향, 마지막으로 앞서 말한 애국주의가 섞여 탄생한 매우 기이한 이데올로기다. 보수 지향과 진보 지향이 비판 없이 뒤섞여 있기에 해커들은 자본주의의 본질을 부정하지 않은 채로 반자본주의적인 이상을 나이브하게 논할 수 있었다. 달리 말해 탐욕스러울 정도의 부를 향한 욕망을 가진 채로 욕심 없는 공산주의자처럼 행동할 수 있었다. 오픈, 셰어, 프리 등 반자본주의적인 유행어를 만들어 낸 미국인 상당수가 억만장자인데 그들은 이런 모순에 괴로워하지 않는다.

2016년 미국 대통령 선거에서는 실리콘밸리의 적지 않은 엘리트가 트럼프를 지지해 충격을 주었다. 그러나 그 보수성은 이미 20년 전 「사이버 스페이스 독립 선언」에서 예고되었다. 캘리포니아 해커들은 원래부터 '미국 우선'이었던 것이다. 사이버 스페이스란 처음부터 미국의 다른 이름이었을 뿐이므로.

2

사이버 스페이스라는 말에는 독특한 메시지가 담겨 있다. 요약하면 정보 기술의 탄생이 우리를 새로운 세계=공간으로 이끌리라는 것이다. 이를 인식론적으로 표현하면 '가상 현실에의 몰입'이고, 경제적으로 표현하면 '정보 산업이라는 새로운 프런티어'가 되는 듯하다.

나는 앞서 언급한 논문에서 이러한 정리를 바탕으로 공간의 비유에 기대지 않는 새로운 구도의 정보 사회론을 구축하려 했다. 그러면서 조금 전에 말한 '섬뜩함'이라는 개념을 도입했다.

'섬뜩함'은 일상어가 아니라 정신분석의 개념이다. 프로이트는 1919년에 「섬뜩한 것」이라는 제목의 유명한 논문을 썼다. 여기서는 간략하게만 소개하겠으나, 프로이트에 따르면 섬뜩함의 본질은 친근하고 잘 알고 있다고 여겼던 대상이 갑자기 두렵고 낯선 대상으로 바뀌는(예를 들면 친한 친척이 유령이 되는) 등의 급변하는 메커니즘에 있다. 하나뿐인 것이 여러 개로 늘어나거나 한 번밖에 안 일어날 일이 연거푸 일어나면 섬뜩함의 메커니즘이 작동한다. 그리고 그 메커니즘은 '죽음 충동'이나 '반복 강박' 등의 문제와 밀접한 관계가 있다고 한다.

나는 정보 사회론의 기초에 이 '섬뜩함'이라는 감각을 두어야 한다고 주장했다. 즉 정보 기술이 인간을 신세계로 이끄는 것이 아니라 유령에 홀리게 한다고 주장한 것이다.

그럼 이 제안은 정보 사회론에 어떤 변화를 가져오는가? 나는 앞의 논문에서 '분신'과 '섬뜩함'을 대립시키고,[7] 이 대

7 프로이트의 논문 「섬뜩한 것」은 분신(도플갱어)이 섬뜩함을 표현할 때 자주 나타나는 모티프라고 본다. 지그문트 프로이트 Sigmund Freud, 『도스토옙스키와 아버지 살해/섬뜩한 것』ドストエフスキーと父親殺し/不気味なもの, 나카야마 겐中山元 옮김, 光文社古典新訳文庫, 2011, 164쪽 이하(「두려운 낯설음」, 『예술, 문학, 정신분석』, 정장진 옮김, 열린책들, 2004, 424쪽 이하). 그렇다면 정확히 말해 분신 표현에는 섬뜩함을 느끼게 하는 것과 그렇지 않은 것이 있고, 깁슨의 사이버 스페이스는 후자의 사례라고 해야 할 것 같다. 한편 프로이트는 이 짧은 논문에서 '섬뜩함'이란 개인 또는 집단이 원시 단계에서 한번 경험하고, 그 후 억압된 것이 회귀할 때 생기는 감각이라고 정의한다. "우리는 모두 개인의 발달 단계에서 원시인의 애니미

립을 깁슨 대 필립 K. 딕의 구도로 논의했다.

깁슨은 누가 뭐라 해도 '분신'의 작가다. 왜냐하면 사이버 스페이스는 우리가 분신(아바타)을 들여보내는 가상 공간 이기 때문이다. 정보 사회의 주체는 네트워크와 만나 물리 적 신체와 전자적 신체로 분열되고 후자를 사이버 스페이 스로 보낸다. 이것이 『뉴로맨서』의 이야기에 전제된 이미 지다. 여기서 정보 기술의 본질은 자신의 전자적 분신을 만 드는 것이라 할 수 있다. 이 상상력은 2017년 현재에도 강력 하게 살아남아 있다.

아울러 간단히 언급하면 주체를 분열시키는 이 상상력 은 아마도 같은 시기에 유행한 다중 인격 현상과도 깊이 관

즘에 해당하는 시기를 경험했다. 이 단계가 우리 내부에 여러 잔재 와 흔적을 남기며, 때때로 이것이 표출될 수밖에 없다. 그리고 성인 이 된 우리가 '섬뜩한 것'으로 느끼는 모든 대상은 이 애니미즘적인 정신적 능력의 잔재에 관련되며 이를 표현하는 자극의 조건을 충족 하는 것으로 보인다"(같은 책, 177쪽[433쪽]). 이 책의 문맥에서 매우 흥미로운 정의인데, 왜냐하면 이것이 6장에서 다룬 '가족' 또는 '증 여'의 회귀(더 높은 차원에서의 회복)와 깊은 관련이 있는 것처럼 보 이기 때문이다. 가족, 증여, 애니미즘 모두 문명의 원시 단계에서 한 번 세계를 지배했고 그 후 억압되었다. 가족, 증여, 애니미즘 모두 섬 뜩한 것에 해당한다. 우리는 지금 그것들이 회귀하는 시대를 살고 있는지도 모른다. 그리고 그래서 다중의 연대(회귀한 가족)나 공유 경제(회귀한 증여)가 자주 언급되고, 애니메이션이나 게임의 표현 (회귀한 애니미즘)이 주목받는 것인지도 모른다. 이번 장의 내용은 이렇게 6, 8장과 연결된다. 이 책에서는 거의 다루지 못했지만 20세 기에 가족의 철학과 관련해서는 정신분석이 가장 큰 영향력을 가지 고 있었다. 따라서 가족 개념을 재구축 또는 탈구축하려는 내 시도 는 필연적으로 프로이트의 텍스트를 다시 읽는 작업을 포함한다. 만 약 이 책의 속편을 쓰게 된다면 어느 정도는 프로이트론이 되지 않 을 수 없을 것이다.

련될 것이다. 심리학자 셰리 터클은 1995년에 펴낸 『접속된 마음』에서 깁슨의 소설과 라캉의 정신분석을 원용해 네트워크상의 소통에서 사람이 다중 인격적으로 행동하는 것에 주의를 기울여야 한다고 주장했다.[8] 한편 과학사가 이언 해킹은 같은 해에 펴낸 『기억을 다시 쓰다』에서 1980년대 미국에서 다중 인격이 얼마나 문화적으로 유행했는지 그리고 그 증상 사례가 1970년대 이전에는 얼마나 드물었는지를 밝혔다.[9] 즉 사이버 스페이스 개념과 다중 인격 증상은 거의 같은 시기에 북미에서 '발명'된 다음 전 세계로 급속히 확산된 것이다. 이는 온라인 소통을 통해 주체가 분열한다는 분석이 객관적이기보다는 특정 시대 정신의 표현에 불과함을 시사한다. 일본에서도 2000년대 들어 일부 작가가 '분인'分人이라는 용어를 제안한 바 있다.[10] 현대인은 통일된 자아를 갖는 '개인'이기를 포기하고 상황에 따라 인격을 바꾸는 '분인'이 되어야 한다는 주장인데, 이 또한 새로운 사상이기보다는 시대를 표현한 것이라고 보는 편이 적절하다. 우리는 기묘하게도 주체의 분열을 꿈꾸는 시대를 살고 있다.

한편 필립 K. 딕은 어땠는가? 그도 종종 정보 사회를 예언

---

8   셰리 터클Sherry Turkle, 『접속된 마음』接続された心, 히구라시 마사미치日暮雅通 옮김, 早川書房, 1998, 352쪽 이하〔『스크린 위의 삶』, 최유식, 민음사, 2003, 398쪽 이하〕.

9   해킹, 『기억을 다시 쓰다』記憶を書きかえる, 기타자와 이타루北沢格 옮김, 早川書房, 1998.

10   스즈키 겐, 『매끄러운 사회와 그 적』, 134쪽 이하. 또 히라노 게이치로平野啓一郎, 『나란 무엇인가』私とは何か, 講談社現代新書, 2012 〔이영미 옮김, 21세기북스, 2015〕 등도 참조.

했다는 평가를 받고 많은 작품이 할리우드 영화의 원작이 되었다. 그러나 뉴웨이브로 분류되는 경우도 있다고 했듯 깁슨보다 위 세대로서 1960~1970년대에 걸쳐 활약했다. 그리고 『뉴로맨서』가 출판되기 2년 전에 타계했다. 따라서 딕은 사이버 스페이스를 몰랐다.

딕은 네트워크와의 접촉이 초래하는 주체의 변화를 어떻게 묘사했을까? 딕은 컴퓨터나 인터넷을 주제로 한 작가라고 단언하기 힘들다. 1982년에 타계한 그는 퍼스널 컴퓨터가 본격적으로 보급될 것을 몰랐다. 하지만 그는 작품 활동 초기부터 포스트모던 소비 사회의 단면을 묘사한 것으로 높은 평가를 받는다. 더구나 그는 서해안에 살았기에 젊은 해커들과 문화적 거리도 매우 가까웠다. 때문에 그의 소설은 구체적으로 컴퓨터나 인터넷이 등장하지 않음에도 정보 사회의 특징(감시 사회의 출현 등)을 부각한 문학으로서 지금도 높이 평가받고 있다. 그러면 그는 새로운 사회의 도래를 어떻게 묘사했던 것일까?

여기서 중요한 모티프가 바로 '섬뜩함'이다. 딕의 소설에는 등장 인물이 특별한 기술과 접하는 상황이 자주 나온다. 『화성의 타임슬립』에서는 시간 감각을 바꾸는 환각제가, 『파머 엘드리치의 세 개의 성흔』에서는 환각제와 디오라마를 조합한 가상 현실 키트가, 『안드로이드는 전기양의 꿈을 꾸는가?』에서는 안드로이드가, 『유빅』에서는 죽은 자의 뇌를 재생시키는 기술이 등장한다. 그리고 등장 인물은 이런 기술과 접촉해 진짜인지 가짜인지 알 수 없는 그 무엇, 인간인지 인간이 아닌지 알 수 없는 그 무엇, 생물인지 무생물인지 알 수 없는 그 무엇에 둘러싸이게 된다. 현대 사상의 용어로 하면 '시뮬라크르'에 둘러싸이게 되는 것이다. 딕은 시뮬라크르의 출현으로 등장 인물이 현실감을 잃어 가는 경험을 거듭 묘사했고 이 때문에 그의 소설 세계는 종종 '악몽' 같다는 평을 받는다.

나는 딕 소설의 이와 같은 특징이 새로운 정보 사회론을 구상하는 데 결정적인 역할을 한다고 생각한다. 그의 등장 인물은 현실에서 분신을 만들어 사이버 스페이스=다른 세계로 보내지 않는다. 오히려 섬뜩한 것에 시달리다가 현실과 사이버 스페이스=다른 세계의 경계 감각을 잃게 된다. 즉 깁슨이 현실인 여기와 사이버 스페이스인 저기가 명확히 구분된 세계를 묘사한 반면, 딕은 여기와 저기의 경계가 모호해지는 경험이 현대 사회의 본질이라고 보았던 것이다. 나는 딕을 이렇게 읽어 냄으로써 네트워크를 새 프런티어=다른 세계로 여기지 않는, 진정 새로운 정보 사회론의 기초를 세울 수 있다고 생각했다.

깁슨과 딕의 문학적 차이를 통해 현대 사회의 이론 구축을 도모한다는 말이 문예 비평에 익숙하지 않은 독자에게는 기이하게 들릴지도 모르겠다. 그러나 20년이 지나 누구나 소셜 미디어를 이용하게 된 지금의 독자라면 그때의 내 주장을 쉽게 실감할 수 있으리라 생각한다.

오늘날 SNS 사용자들은 (특히 일본에서는) '본계정'과 '뒷계정'을 함께 만들고 둘을 구별해 사용한다. 전자는 사용자의 실명과 연동되어 실제 친구나 지인도 읽는다는 것을 전제로 운영하는 계정이고, 후자는 실명과 무관하게 익명으로 내키는 대로 글을 올리는 계정이다.

이 구별을 원용해 설명하면 깁슨이 묘사한 세계는 본계정과 뒷계정이 명확히 구별되는 세계인 셈이다. 본계정은 현실의 내가 운영하고 뒷계정은 전자적인 분신이 운영한다. 사이버 스페이스에 '몰입'하는 것은 바로 뒷계정에 로그인하는 것이다. 사이버 스페이스의 비유에 경도되었던 1990년대의 정보 사회론은 뒷계정이 인간을 자유롭게 한다는 식으로 긍정적이고 해방적인 측면만을 강조했다. 그리고 이는 주체의 분열을 꿈꾸는 우리 시대에 부합하는 담론이기도 했다. '네트워크는 우리를 분인으로 만들어 준다, 만세!'라는 생각이었던 것이다.

하지만 2017년 현재, 정보 사회의 무서움은 바로 그 꿈이 꿈에 불과했다는 사실, 즉 본계정과 뒷계정의 구별이 점점 어려워진다는 사실에 있음이 분명해졌다. 본계정과 뒷계정의 구별은 종종 실패한다. 실명이 폭로되어 비난이 빗발치는 광경을 일상적으로 보게 되었다. 더 무서운 것은 당사자조차 본계정과 뒷계정을 구별해 사용하기가 힘들어지고 있다는 사실이다. 허구 속에서 쏟아 낸 부정적인 감정은 점점 현실에도 영향을 미친다. 사람은 그리 쉽게 '분인'이 될 수 없다. 분신이 뒷계정으로 쏟아 낸 독은 섬뜩한 존재가 되어 본인에게 달라붙고 점차 본계정의 의사 소통까지 변질시킨다. 우리는 이제 이런 사례를 혐오 발언과 가짜 뉴스의 대두라는 형태로 일상적으로 경험하게 되었다. 딕의 소설은 이 '악몽'을 정확히 예견했다. 따라서 나는 정보 사회론을 깁슨의 사이버 스페이스가 아닌 딕의 악몽을 기반으로 구축해야 했다고 생각한다.

분신에서 섬뜩함으로. 나는 20년 전의 논문에서 이 구상을『발리스』라는 소설을 독해하며 집중적으로 전개했다.

『발리스』는 1981년에 간행된 소설이며 주인공은 딕 본인과 비슷한 면이 많아 자전적인 요소가 강하다. 그와 동시에 작가 특유의 종교 사상, 음모론, 마약 중독 체험, 뉴에이지 및 히피 문화 등이 모두 담긴, 가상과 현실이 뒤섞인 매우 기묘한 작품이다. 간략히 요약하면 새로운 정보 기술과 접촉하면서 주인공의 분신(호스러버 팻이라는 이름의 이중 인격)이 탄생하는데 마지막에 섬뜩한 존재(소피아라는 이름의 소녀)와의 만남으로 소멸한다는 줄거리다. 이로부터 나는 '분신에서 섬뜩함으로'라는 테제를 끌어냈다.

여기서『발리스』의 구체적인 독해까지 소개하지는 않겠다. 다만 이 책의 문맥에서 첨언하면 섬뜩함을 체현하는 역할을 하는 소피아가 항상 가족의 이미지와 함께 묘사된다는 점이 중요할 듯하다.

『발리스』의 주인공은 극히 고독한 존재다. 아내와 이혼했고 친구들은 마약 중독으로 연이어 자살했으며 자식도 가까운 곳에 없다. 여기에는 딕 자신의 경험이 투영되어 있다. 이런 주인공이 정보의 홍수(네트워크)와 우연히 접촉해 또 하나의 자신에 대한 망상에 빠진다. 이렇게 시작한 이야기에서 주인공이 망상을 해소(다만 딕의 작품이 대체로 그렇듯 더 높은 차원의 망상에 빠지게 될 뿐이지만)하게 해 주고 살아갈 목적을 제시해 주는 존재가 소피아다. 소피아는 어린 소녀인 동시에 신의 대변자이자 경외의 대상이다. 그리고 돌연 사고로 죽는다(이런 면이 딕 소설의 무서운 면이다). 동시에 그녀는 가족의 어린 구성원으로도 묘사된다. 주인공은 첫 만남 때 그녀를 자기 가족으로 받아들인다. 소설에는 이런 묘사가 나온다. "'정말 귀여운 아이야.' 소피아를 보고 있으니 내 아들 크리스토퍼가 떠올랐다."[11] 딕은 이 소설에서 고독을 치유하는 분신(이중 인격)은 자신의 닮은꼴에 불과한 반면 섬뜩한 것은 아이의 모습을 하고 나타난다는 모티프의 대립을 명확히 도입한 것이다. 20년 전의 「사이버 스페이스론」에서는 약간 멀어지나 그 20년 후의 내게는 매우 중요한 문제를 함축한 부분으로 다가온다. 앞 장의 마지막에서 나는 신생아에게 느끼는 연민을 다뤘다. 생각해 보면 신생아는 신의 사도인 동시에 섬뜩한 것이 아닐까?

내가 지금 이 소설을 다시 읽는다면 『발리스』를 음모론과 마약 중독의 지옥을 경험한 딕이 부정신학적인 다중(고독한 연대)에서 우편적 다중(가족)으로의 탈출을 묘사하려한 소설이라고 독해할지도 모르겠다. 그러나 이런 재독해에는 새 논문이 하나 필요할 것이다.

3

지금까지의 논의를 따라온 독자 중에는 정보 사회의 주체를 섬뜩함에 둘러싸인 주체로 파악하는 이 장이 너무 문학적이라 느끼는 경우도 있을 듯하다.

따라서 여기서는 주체가 섬뜩함에 둘러싸인다는 것이 도대체 무엇을 의미하는지에 관해 정신분석학적으로 도식화

---

11 필립 K. 딕Philip K. Dick, 『발리스』ヴァリス, 오타키 게이스케大瀧啓裕 옮김, 創元SF文庫, 1990, 327쪽〔박중서 옮김, 폴라북스, 2012, 377쪽〕.

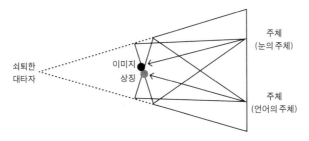

<그림 10> 정보 사회의 주체(인터페이스적 주체)의 구조.
『사이버스페이스는 왜 그렇게 불리는가+』, 93쪽 그림을 재구성.

해 보았던 시도를 소개하겠다. 이 또한 20년이 지난 지금의 관점에서 재구성해 1부의 논의와 연결 지어 보려 한다. 단 거듭 말하지만 이 논의는 어디까지나 앞으로 이루어져야 할 본격적인 탐구를 위한 준비 작업이다.

나는 20년 전에 위와 같은 그림을 제안했다(<그림 10>). 이 그림은 이데올로기가 사라진 대신 네트워크가 정비된 포스트모던 시대에 주체가 세계와 어떤 관계를 맺게 될지를 표현한 것이다.

부연하자면 이 그림은 사실 프랑스 정신분석가 자크 라 캉이 제시했던 그림을 변형해 만든 것이다. 라캉은 근대적 주체의 구조를 그림으로 제시했다. '주체의 구조를 그림으로 제시하는 것이 가능한 일인가?' 하고 의문을 느끼는 독 자가 있을지도 모르겠으나(타당한 의문이라고 생각한다) 일단 그런 학문이 있다는 정도로 받아들여 주기 바란다. 20 년 전 나는 이 그림을 변형해 포스트모던적 주체의 구조를 그림으로 제시할 수 있다고 생각했다.

내 응용판 그림의 의미를 이해하려면 먼저 그 기초가 된

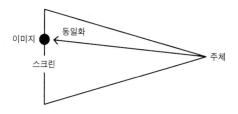

〈그림 11〉 상상적 동일화의 구조.
『사이버스페이스는 왜 그렇게 불리는가+』, 79쪽 그림을 재구성.

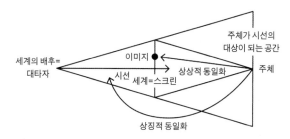

〈그림 12〉 근대적 주체(상상적 동일화 + 상징적 동일화)의 구조.
『사이버스페이스는 왜 그렇게 불리는가+』, 81쪽 그림을 재구성.

라캉의 그림을 이해할 필요가 있을 듯하다. 〈그림 11〉과 〈그림 12〉가 그것이다.

라캉의 정신분석 이론에 따르면 인간 주체는 '상상적 동일화'와 '상징적 동일화'라는 두 가지 메커니즘의 조합으로 구성된다.[12]

상상적 동일화란 눈으로 볼 수 있는 이미지(像像)와의 동

---

12 상상적 동일화와 상징적 동일화의 차이에 대해서는 라캉의 저서나 세미나보다(그의 저서는 난해하기로 유명하다) 지젝의 설명을 참고하는 편이 알기 쉽다. 『이데올로기의 숭고한 대상』, 201쪽 이하〔176쪽 이하〕.

일화를 의미한다. 원래는 유아가 거울에 비친 모습을 자기로 인식하는 것(거울 단계)을 가리키는 말인데 라캉 이론에서는 더 넓은 문맥에서 사용된다. 영화의 비유를 도입해 보자. 라캉 정신분석이 영화 연구와 친화성이 높은 것은 널리 알려진 사실이다. 라캉의 주체 이론에는 인간과 세계의 관계를 마치 영화 관객과 스크린의 관계처럼 파악하는 것으로 읽히는 부분이 있다. 거꾸로 말해 그의 이론은 영화를 예로 들면 매우 이해하기 쉽다. 현대 사상에 관심 있는 독자라면 1부에서도 언급한 비평가 지젝이 영화평을 여럿 쓴 것을 알고 있을 것이다. 이는 그가 의거하는 라캉 이론이 영화와 친화성이 매우 높기 때문이다.

〈그림 11〉은 상상적 동일화의 작용을 그림으로 나타낸 것이다. 이 그림은 라캉이 어느 세미나에서 그린 그림 일부를 간략히 한 것이다.[13] 그림 오른쪽에 '주체'가, 왼쪽에 '스크

---

13 1964년 세미나 『정신분석의 네 가지 근본 개념』에 나오는 그림. 참고로 아래에 라캉의 원래 그림을 인용한다. 자크 라캉, 『정신분석의 네 가지 근본 개념』精神分析の四つの基本概念, 고이데 히로유키小出浩之 옮김, 岩波書店, 2000, 140쪽〔『자크 라캉 세미나 11: 정신분석의 네 가지 근본 개념』, 맹정현·이수련 옮김, 새물결, 2008, 164쪽〕그림을 재구성. 이 세미나에서 상상적 동일화와 상징적 동일화의 이중성은 "눈과 시선의 분열"로 표현된다. 우리가 무언가를 눈으로 볼 때 이와 동시에 그런 자신도 시선의 대상이 된다. 이 분열이 주체의 기초라는 것이 라캉의 주장이다. 그림 오른쪽에 있는 '표상의 주체'란 '무언가를 보는 주체'를 의미한다.

린'이 있다. 스크린은 세계를 가리킨다고 생각하면 된다. 영화관에서 관객이 스크린을 바라보고 있는 상태를 모델화한 것인 동시에 인간이 세계를 인식하는 상태를 모델화한 그림이기도 하다.

주목할 부분은 주체에서 스크린의 특정 부분(이미지)을 향해 그어진 화살표다. 이 화살표가 상상적 동일화 작용을 의미한다. 누구나 성장 과정에서 세계에 있는 다른 누군가에게 '동일화'한다. 구체적으로는 부모, 교사, 선배 등이 있다. 이것이 그림에서는 '이미지'라고 표시된 검은 점으로 제시되어 있다. 인간은 상상적 동일화 대상에 자신을 투영해 그 행동을 모방(동일화)하면서 어른이 된다. 영화를 예로 들면 관객이 스크린을 보면서 '저 배우 멋지다, 나도 저렇게 되고 싶어' 하고 느끼는 감정의 움직임에 해당한다.

또 라캉에 따르면 인간에게는 동일화 메커니즘이 하나 더 존재하는데 상징적 동일화가 그것이다.

〈그림 12〉는 상징적 동일화의 작용을 그림으로 제시한 것이다. 한눈에 알 수 있듯이 이 그림은 〈그림 11〉을 확장시킨 것이다. 사실 이것이 라캉의 원래 그림에 가깝다. 여기서도 스크린이 세계로 기능하며 주체가 세계＝스크린을 바라보고 있다. 그러나 이번에는 세계＝스크린의 배후 구조까지 그려져 있는 점이 다르다. 세계＝스크린은 막연하게 관객＝주체에게 주어지는 것이 아니며 배후에 이를 만들어 내는 질서를 감추고 있다. 철학 용어로 표현하면 이는 세계를 성립시키는 '초월론적 주관성'이나 사회를 만들어 내는 '상징 질서'라 할 수 있다. 영화관을 예로 들면 필름 영사기 혹은 필름에 비친 광경을 담아 낸 영화 감독의 카메라에 해당한

다. 세계를 만들어 내는 근원을 라캉 이론에서는 '대타자'라고 부르는데 이 대타자가 큰 삼각형의 정점에 자리한다.

〈그림 12〉에는 주체에서 출발하는 화살표가 두 개 그려져 있다. 하나는 〈그림 11〉과 같은 상상적 동일화의 화살표다. 그러나 여기서 중요한 것은 또 하나의 화살표가 세계=스크린을 뛰어넘어, 대타자에서 출발해 세계=스크린을 통과한 다음 오른쪽에 있는 주체를 향해 곧장 나아가는 '시선'을 향한다는 것이다. 이것은 상징적 동일화 작용을 표현한다. 세계=스크린을 성립시키는 메커니즘 자체와 동일화하는 것이다.

세계를 성립시키는 메커니즘 자체와의 동일화라는 말이 너무 추상적으로 들릴지도 모르겠다. 하지만 이 또한 영화에 비추어 생각하면 알기 쉽다. 나는 앞서 상상적 동일화는 스크린에 비친 배우(이미지)에 대한 동일화라고 말했다. 그런데 애초에 배우는 왜 스크린에 비치는가? 물론 누군가가 그들을 캐스팅하고 촬영했기 때문이다. 상징적 동일화는 이러한 스크린 뒤에서 벌어지는 일에 대한 동일화다. 즉 영화라면 카메라에 대한 동일화가 된다. '대타자'에서 주체를 향해 뻗은 '시선'은 영화 감독이 배우를 바라보는 시선이다.

상징적 동일화는 상상적 동일화보다 '고급'이다. 이 또한 영화에 비추어 생각하면 알기 쉽다. 영화에 대한 지식을 어느 정도 가진 친구가 있다면 이런 말을 들은 적이 있을 것이다(나는 있다). "배우나 스토리 같은 영화의 내용을 보고 있는 동안은 아마추어다. 시네필(영화광)이라면 스크린에 보이는 부분이 아니라 보이지 않는 부분, 즉 카메라 프레임이나 감독의 시선을 좇는다." 바로 이것이 상상적 동일화와 상징적 동일화의 차이다. 아마추어는 이미지를 본다. 시네필은 카메라에 동일화한다. 그리고 영화 감상자는 이 동일화 과정을 거친 다음에야 비로소 성숙해진다.

라캉 이론은 이와 동일한 논리로 주체화 과정을 설명한다. 인간은 부모나 교사 등을 모방하는 것만으로는(상상적 동일화만으로는) 어른이 되지 못한다. 그들이 왜 그런 행동을 하는지 그 메커니즘을 이해할 때(상징적 동일화를 했을때) 비로소 어른이 된다. 이 이중화가 라캉과 정신분석 주체 이론의 핵심이다. 다른 말로 하면 인간은 보이는 것(이미지)에 동일화하는 데 그치지 않고 보이지 않는 것(상징 혹은 언어)에 동일화할 때 비로소 어른이 된다(주체가 된다). 라캉은 보이는 것의 세계를 '상상계', 보이지 않는 것의 세계를 '상징계'라 지칭했다. '대타자'와 '상징계'는 거의 비슷한 뜻을 갖는다.

이제 〈그림 10〉으로 돌아가면 이 그림이 〈그림 12〉의 변형임을 쉽게 알 수 있을 것이다. 나는 이 그림으로 '상징계(대타자)가 힘을 잃은 포스트모던 사회에서 주체는 어떻게 동일화의 이중성을 확보할 것인가'라는 물음에 대한 나름의 답을 제시하고자 했다.

이 물음은 방금 확인한 사이버 스페이스의 문제와 밀접히 관련된다. 사이버 스페이스라는 개념이 등장한 것은 1980년대며 일반적으로 '포스트모던'으로 규정되는 시대는 조금 앞선 1970년대부터 시작되었다고 여겨진다. 포스트모던은 '거대 담론'이 소멸한 시대다. 정신분석의 용어로 표현하면 '상징계'가 쇠퇴한 상황을 의미한다. 그리고 여기서 중요한 것은 앞서 소개한 SF 장르사 속 '우주'와 '미래'의 지위 하락이 시기와 내용 양면에서 문학의 포스트모던화에 대한 징후로 보인다는 점이다. 우주와 미래의 실추, 이는 거대 담론의 소멸에 다름 아니다.

정보 사회론, 정신분석, SF 장르를 가로지르는 이와 같은 역사를 조망하면 사이버 스페이스라는 개념이 거대 담론이 사라진 세계에서 그 결여를 메우는 '새로운 거대 담론'으로 역할해 왔음을 알 수 있다. 사이버 스페이스는 우주나 미래가 매력을 잃은 시대에 새로운 SF의 무대로 출현했다. 또한 생태주의가 대두하고 성장의 한계가 회자된 시대에 새로운 산업의 프런티어로 등장하기도 했다. 즉 문학적으로도 정치적으로도 근대가 끝난 후 계속 남아 있던 근대주의, '거대 담론'의 잔재를 받아들이는 역할, 즉 뛰어난 정신분석적 기능을 하는 말로 등장했던 것이다. 쉽게 말해 20세기 말을 살던 사람들은 현실 세계가 급격히 포스트모던화해 '이제 누구도 예전처럼 큰 꿈(우주나 미래를 믿는 꿈)을 갖지 못하게 됐지만 유일하게 사이버 스페이스에는 꿈이 남아 있다'는 식으로 믿으려 했다. 이 환상은 여전하다. 정보 사회론 분야에서는 가까운 미래에 '특이점'singularity이 도래한다거나 새로운 기술의 힘으로 인간의 모습과 사회 형태가 근본적으로 변할 것이라는, 20세기는커녕 19세기 공상적 사회주의자나 믿었을 법한 '거대 담론'이 여전히 통용된다. 이런 유형의 담론은 상업 영역에서 매우 무비판적으로 받아들여지고 있으나 사실 이런 시각에서 비판적으로 검토할 필요가 있다.[14]

앞서 말한 바와 같이 나는 20년 전에 쓴 논문에서 사이버 스페이스에 의지하지 않는 정보 사회론을 제시하려 했다.
그때의 중심 논의 중 하나가 필립 K. 딕에 대한 독해와 '섬뜩

---

14 본문에서는 다룰 여유가 없었으나 최근의 '특이점'론 같은 '기
술 진화가 인간 사회를 한순간에 변화시킨다'는 논의의 기원 중 하
나로 19세기 러시아 사상가 니콜라이 표도로프가 꼽힌다(같은 시기
에 활동한 또 하나의 기원은 샤를 푸리에일 것이다). 표도로프는 기독
교 종말론과 기술적 진보주의를 접맥시킨 독특한 신비 사상을 주장
해 만년의 도스토옙스키에게 깊은 영향을 끼쳤다(도스토옙스키와
표도로프 사상에 대해 대화를 나눈 젊은 사상가 블라디미르 솔로비요
프가 『카라마조프가의 형제들』에 등장하는 알료샤의 모델이라는 설
도 있다). 표도로프는 역사의 종말이 도래할 때는 사자의 부활이 기
술적으로 실현 가능할 것이라고 주장했고, 또 과거에 살았던 인간의
모든 행위를 기록한 거대한 박물관(아카이브)의 설립도 구상했다.
'불사'나 '아카이브'에 대한 깊은 관심은 현재의 IT 이데올로그들과
도 상통하는 면이 있다. 표도로프의 이런 사상은 '우주주의'cosmism
라 불리며 그 후 러시아의 여러 사상가에게 영향을 미쳤다. 그중에
지질학자 블라디미르 베르나츠키는 누스피어noosphere(정신권)라
는 아이디어를 내놓았고, 이는 피에르 테야르 드 샤르댕의 『인간 현
상』을 경유해 마셜 매클루언의 『구텐베르크 은하계』에 영향을 미
쳐, 훗날 '지구촌'global village 개념, 나아가 '사이버 스페이스'에 이
르게 된다. 여기서 7장의 문제가 8장과 공명한다. 헤겔에서 코제브
를 거쳐 후쿠야마에 이른 '역사의 종언', 즉 거대 담론의 종언(공산주
의 담론의 종언)의 바로 옆에서, 아니 바로 그 발밑에서(같은 미국에
서 같은 시기에) 캘리포니아 이데올로기라는 형태로 표도로프로부
터 출발한 또 하나의 '거대 담론'이 부활했던 것이다. 이는 사상사적
으로도 매우 자극적인 드라마로 보인다. 어쨌든 IT 혁명 사상에는
다양한 수맥이 흘러들어 왔으며 정보 산업의 동향이 세계 질서를 직
접 결정짓는 지금, 그 문화사적 연구가 시급하다고 하겠다. 표도로
프에 관해서는 스베틀라나 세묘노바Svetlana Semenova, 『표도로프
전기』ヒョードロフ伝, 야스오카 히로코安岡治子・가메야마 구니오龜山郁
夫 옮김, 水声社, 1998을 참조. 러시아 우주주의에 관해서는 보리스
그로이스Boris Groys, 「러시아 우주주의」ロシア宇宙主義, 우에다 요코
上田洋子 옮김, 『겐론』 2호, ゲンロン, 2016〔「러시아 코스미즘」, 김수환
옮김, 『문학과 사회』 125호, 2019〕을 참조하라.

함'이었고, 다른 하나는 지금 소개한 라캉파 주체 이론의 갱신이었다.

사이버 스페이스가 없는 정보 사회의 주체를 고민한다는 것은 대타자의 쇠퇴를 있는 그대로 받아들인 주체의 구조를 고민한다는 것이다. 그리고 라캉파 이론에 따르면 주체가 주체이기 위해서는 반드시 상상적 동일화와 상징적 동일화라는 두 동일화를 거쳐야 한다. 따라서 나는 '대타자가 쇠퇴한 포스트모던 사회에서 주체는 어떻게 동일화의 이중성을 확보할 것인가'를 고민하게 되었다. 섬뜩함에 관한 고찰이 다른 방식으로 표현되었던 것이다.

그때 제시했던 답을 확인하기 위해 다시 <그림 10>을 보기 바란다. <그림 12>와 달리 이 그림에는 이제 세계=스크린의 배후 구조가 묘사되어 있지 않다. 이는 포스트모던 시대의 주체가 더는 사회를 지탱하는 상징 질서(상징계=거대 담론)에 접근할 수 없고, 따라서 상징 질서를 향해 동일화 욕망을 품을 수 없음을 의미한다. 또 영화의 비유를 빌리면 감독의 카메라가 존재하지 않는다는 것을 의미한다. 20년 전 논문을 쓸 때 내가 염두에 두었던 것은 사실 컴퓨터의 인터페이스 화면이었다. 컴퓨터 화면에는 영사기도 카메라도 존재하지 않는다.

그러면 이처럼 카메라가 결여된 상황에서 어떻게 동일화의 이중성을 확보할 것인가? 그때 내가 떠올린 것은 수신자를 이중화한다는 아이디어였다. 그림에서는 하나의 세계=스크린 위에 상상적 동일화의 대상(이미지)과 상징적 동일화의 대상(상징)이 동급으로 나란히 그려져 있다. 포스트모던 세계에서는 세계의 카메라가 사라진 대신 스크린 위에 이미지와 상징, 보이는 것과 보이지 않는 것, 현상과 이를 낳는 원리가 동렬에 놓인다. 주체는 이 둘에 동시에 동일화한다. 그 결과 어느 시기에 이미지에 동일화했어도 항상 상징을 향한 또 하나의 동일화가 간섭해 오는 갈등이 생긴다. 이 갈등이 〈그림 12〉와 같은 상상적 동일화와 상징적 동일화의 이중성과 형태는 다르더라도 유사한 기능을 갖는 포스트모던 특유의 주체의 이중화를 낳는다―이것이 내 가설이었다.

20년 전에 이 가설은 추상적인 상태에 머물렀으나 지금은 조금 더 구체적으로 설명할 수 있다.

1부에서도 몇 번 언급했듯 나는 2011년에 『일반 의지 2.0』이라는 제목의 책을 펴냈다. 루소의 일반 의지를 주제로 한 책으로, 결론 부분에서 미래의 정치 모델로 〈그림 13〉을 제시했다.

그 책에서 나는 미래의 정치는 전문가들 사이의 '숙의'와 대중의 무의식을 가시화한 것 즉 '데이터베이스'의 조합이어야 한다고 주장했다. 이 그림은 그 조합 형태를 묘사한 것이다. 그림 오른쪽에는 시청자＝국민이, 왼쪽에는 출연자＝전문가의 숙의가 있다. 둘을 나누는 벽은 시청자 무의식의 목소리를 취합하고 전문가의 숙의에 피드백하는 역할을 한다. 나는 숙의와 데이터베이스(대중의 무의식)를 잇는 이 가운데의 벽을 '일반 의지 2.0'이라 불렀다.

앞서 나는 라캉의 정신분석이 영화의 구조와 유사하다고 논했다. 다른 한편 나는 이 그림을 니코니코 생방송[15]의 구조에서 착상을 얻어 그렸다. 가운데의 벽을 니코니코 생방

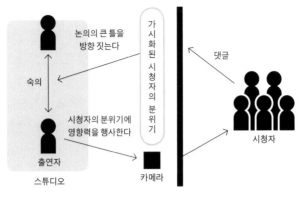

<그림 13> 새로운 시대의 정치 의사 소통 모델.
『일반 의지 2.0』, 196쪽〔202쪽〕 그림을 재구성.

송의 화면이라고 생각하면 된다. 시청자는 출연자의 숙의
를 시청하는 동시에 화면에 표시되는 다른 시청자들의 댓
글도 보게 된다. 여기서 니코니코 생방송의 댓글은 사실 순
식간에 흘러가는 익명의 짧은 글일 뿐이기 때문에 진행 중
인 논의에 대한 개별적 '의견'보다는 논의 전체에 대한 집단
적 '감정'의 표현으로 기능한다는 점이 흥미롭다. 쉽게 말해
니코니코 생방송의 댓글은 시청자의 분위기를 가시화한
것으로 기능한다. 그리고 출연자도 이를 보고 때로 논의 내
용을 조절한다. 이 피드백의 존재가 니코니코 생방송의 매
력이다. 시청자의 분위기가 실시간으로 가시화되고 이것

15 〔옮긴이〕'니코니코 생방송'은 개인이 인터넷을 통해 실시간으
로 동영상 중계를 할 수 있는 서비스로 2007년에 시작되었다. 생중
계 영상에 시청자들의 댓글이 실시간으로 뜨는 것이 큰 특징으로,
입력한 댓글은 중계 중인 영상에 표시되어 오른쪽에서 왼쪽으로 흘
러간다.『일반 의지 2.0』 11장에 자세한 설명이 있다.

이 전문가의 숙의에도 일정한 영향을 미치는 것이다. 이 글에서 자세히 다루지는 않겠지만 나는 이 피드백에 새로운 정치의 가능성이 있다고 주장했다. 중요한 것은 가운데의 벽=화면이 전문가의 숙의와 시청자의 무의식(데이터베이스) 모두를 동시에 가시화해 시청자에게 보여 주는 역할을 한다는 점이다.

『일반 의지 2.0』에서는 언급하지 않았으나 〈그림 13〉의 구조는 〈그림 10〉의 주체 모델을 계승한 것이다. 〈그림 13〉의 '시청자'를 〈그림 10〉의 '주체'와, '출연자'를 '이미지'와, '가시화된 시청자의 분위기'를 '상징'과 등치시켜 두 그림을 포개 보기 바란다. 〈그림 13〉의 시청자는 숙의하는 출연자의 모습(이미지)을 시청하는 동시에 가시화된 시청자의 분위기=댓글(언어/상징)도 보게 된다. 니코니코 생방송을 시청할 때 신랄하고 시니컬한 댓글이 흘러가 출연자에 대한 감정 이입을 방해받은 경험이 있는 사람이 적지 않을 것이다. 〈그림 13〉의 세계에서 시청자=주체는 마냥 이미지에 동일화할 수 없다. 시청자가 때로 출연자에 동일화할지도 모르나(상상적 동일화), 같은 화면에는 끊임없이 댓글이 흐르고 있기 때문에 이를 읽으면 대타자가 아닌 시청자의 무의식에 동일화하게 되고(상징적 동일화), 따라서 출연자를 향한 소박한 감정 이입은 불가능해진다. 이처럼 이해하면 20년 전 내가 "눈과 말, 이미지와 상징, 가상 현실의 허구성을 전하는 정보와 현실성을 가상으로 구성하는 정보가 함께 스크린 위에 등장한다"고 추상적인 언어로 표현하려 했던 경험을 니코니코 생방송의 화면이 상당히 구체적으로 실현하고 있음을 알 수 있다.[16] 1990년대에는 가설로만 논

할 수 있었던 포스트모던적 주체의 새로운 이중화가 지금
은 현실에서 일어나고 있다.

정보 사회의 주체는 어떤 주체인가? 거대 담론이 사라진
포스트모던적 세계에서 인간은 어떻게 하면 주체(어른)일
수 있을까? 지금까지의 논의로 몇 가지 중요한 힌트를 얻을
수 있었다. 이들 힌트를 1부의 관광객론과 접맥시키는 일은
다른 기회를 기약하겠다.

마지막으로 논점을 하나 더 추가하겠다. 조금 전에 말한
것처럼 나는 〈그림 10〉을 만들 때 컴퓨터의 인터페이스 화
면을 염두에 두었다.

라캉파 정신분석은 근대적 주체를 영화를 보는 주체로
여겼다. 나는 포스트모던적 주체를 컴퓨터의 그래픽 사용
자 인터페이스GUI를 보는 주체로 여겨야 한다고 생각한다.
사실 앨런 케이 등의 GUI 발명 또한 1970년대의 일이다.[17]

영화 스크린과 컴퓨터 인터페이스는 영상을 표시하는 평
면이라는 점에서 같지만 미디어로서의 성격은 전혀 다르
다. 전자에는 영상을 투영하는 영사기가 있고 그 영상을 촬
영한 카메라도 있으나 후자에는 이에 상당하는 것이 존재
하지 않는다. 컴퓨터 인터페이스는 영상만 비치는 평면이
아니다. 스크린은 이미지만 비춰 보여 주지만 인터페이스

---

16 아즈마 히로키, 『사이버 스페이스는 왜 그렇게 불리는가+』, 92
쪽. 강조는 삭제.

17 이 발명의 미디어론적 의미를 이해하는 데는 케이 자신의 발언
이 가장 도움이 된다. 앨런 케이Alan Kay, 『앨런 케이』アラン・ケイ, 쓰
루오카 유지鶴岡雄二 옮김, アスキー, 1992 참조.

는 이미지와 상징(문자), 나아가 그보다 더 깊은 영역에 존재하는 코드까지도 모두 동등하게 표시할 수 있다. 너무도 당연한 이야기라 쉽게 와닿지 않을지도 모르겠으나 다시 말해 마이크로소프트 워드를 열고, 유튜브를 재생하고, 동시에 터미널에 간단한 명령어를 입력할 때 우리는 세 종류의 기호를 동시에 표시하고 있는 것이다.

스크린의 배후에는 감독의 시선이기도 한 카메라가 있으므로 관객은 쉽게 이에 동일화할 수 있다. 그러나 인터페이스의 배후에 있는 것은 연산 과정일 뿐이므로 사용자가 동일화할 대상은 어디에도 없다. 다른 말로 표현해 영화를 감상할 때는 관객이 감독에 동일화해 자신의 '분신'을 찾아낼 수 있으나(시네필이란 바로 그런 사람들이다), 컴퓨터 사용자는 어디서도 자신과 닮은 모습을 찾아낼 수 없다. 영화 스크린과 달리 인터페이스의 배후에는 소스 코드 더미, '섬뜩함'의 무리가 있을 뿐이다. 이 책에서는 다루지 않지만 스크린과 인터페이스의 이런 성격 차이는 근대적 주체와 포스트모던적 주체의 차이를 생각할 때 시사하는 바가 크다. 1장에서 참조한 어리와 라르센은 관광객적 시선의 기원을 사진의 기원과 동일선상에서 논했다. 그러나 관광객의 시선은 세계를 사진 혹은 영화처럼 보는 것이 아니라 사실은 컴퓨터 인터페이스처럼 보는 것 아닐까? 인터페이스에는 이미지와 상징, 해독해야 할 암호가 있다.

이데올로기 대신 컴퓨터가 주어진 이 시대에 우리는 어떻게 세계와 관계 맺어야 하는가? 이 책이 천착하는 주제의 배후에는 이런 물음이 있다. 이데올로기가 사라졌다. 우리는 자유롭다. 따라서 새로운 연대를 호소하는 것만으로 충분했던 시

대는 이미 끝났다. 과거 이데올로기가 점하던 자리에 이제
는 컴퓨터가 있고, 컴퓨터의 질서는 이데올로기가 그랬던
것 이상으로 우리를 지배하고 있기 때문이다.

　이미지와 상징을 동등하게 취급하는 컴퓨터의 평면, 이
는 제국의 질서와 국민 국가의 질서를 왕복하는 우편적 다
중의 평면이기도 할 것이다. 사이버 스페이스라는 비유는
이 가능성을 은폐한다.

8장

도스토옙스키의 마지막 주체

이번 장에서는 도스토옙스키를 논한다. 여기서는 도스토옙스키 소설을 '변증법적'으로, 즉 하나의 사상적 자기 전개로 독해해 다른 각도에서 관광객(우편적 다중)적 주체에 접근한다. 읽어 가는 과정에서 독자는 이 150년 전의 소설가가 걸었던 사유의 궤적이 놀라울 정도로 이 책의 상황 인식과 공명한다는 사실을 알게 될 것이다.

이 장은 미완이라기보다는 거친 청사진에 해당한다. 논의는 일단 결론에 도달했다. 그러나 빠른 논리 전개 탓에 여러 허점을 안고 있다. 또한 깊이 다루어야 할 논점을 방치했다. 이런 한계를 염두에 두고서 읽기 바란다.

1

왜 도스토옙스키인가? 지금이 테러의 시대기 때문이다. 1장에서 논한 바와 같이 관광객의 시대는 테러리스트의 시대기도 하다. 그리고 많은 도스토옙스키 소설이 테러리스트를 다루고 있다. 도스토옙스키는 '신앙과 정의를 잃은 시대에 테러리스트가 되지 않으려면 어떻게 해야 하는가'만을 고민했던 소설가다.

그의 문학은 테러와 깊은 관련성을 가진다. 테러를 주제로 한 작품으로는 우선 1871~1872년에 걸쳐 쓴『악령』이 있는데, 주인공 니콜라이 스타브로긴은 문학사상 가장 유명한 테러리스트로 꼽힌다.『악령』은 스타브로긴을 중심으로 한 젊은 테러리스트들의 방황과 내부 갈등을 묘사하고 있다. 이 장편은 집필 직전에 일어난 실제 사건(네차예프 사건)에서 착상을 얻었다고 알려져 있다.

도스토옙스키 문학에는 직접 테러를 주제로 삼지 않았더라도 테러리스트의 심성에 가까운 위치에서 쓴 작품이 많다. 1864년에 발표한『지하 생활자의 수기』는 인생에 실패한 남자(요즘 말로 루저남)의 굴절된 심리를 우울하게 적어간 소설이다. 1866년의『죄와 벌』은 노파 살해를 정당화하기 위해 고상한 이론을 끝없이 늘어놓는 젊은이의 이야기다. 이들은 세상을 향해 부조리한 분노를 터트리며 안온하고 평화롭게 살아가는 사람들의 생활을 파괴하고 싶어 한다. 이러한 묘사에서 현대 미국이나 유럽의, 조직도 이데올로기도 가지지 않은 자생적 테러리스트의 심리를 바로 연상할 수 있다. 나중에 언급할 도스토옙스키의 마지막 장편이자 1879~1880년에 걸쳐 쓴 작품『카라마조프가의 형제들』도 만약 속편이 쓰였다면 테러리스트를 주인공으로 삼았을 것으로 추정된다. 도스토옙스키는 죽을 때까지 테러리스트를 묘사했다.

이러한 작풍은 작가의 삶과도 관계가 있다. 도스토옙스키 자신이 '테러리스트'였다고 할 수 있기 때문이다.

도스토옙스키는 1846년『가난한 사람들』을 발표하며 20대의 젊은 작가로 화려하게 문단에 데뷔했으나, 3년 후 체

제 전복을 기도한 것으로 알려진 공동 모의 사건(페트라솁
스키 사건)에 연루되어 체포된다. 그는 모임에 잠깐 동석했
을 뿐 계획에 거의 관여하지 않은 것으로 알려졌으나 한때
사형 판결까지 받았고, 후에 특별 사면으로 감형받아 시베
리아로 유배되었다.

이런 경력을 가진 도스토옙스키는 작가로 성공한 후에도
오랫동안 비밀 경찰의 감시를 받았다. 이 상황은 국민 작가
로 대중적 지지를 얻고 에세이에서 애국주의적인 주장을
펼쳐 '황제파'로 평가받게 된 만년에도 기본적으로 바뀌지
않았다고 한다. 따라서 그의 반혁명적 언행(이 때문에 그는
20세기 좌익 지식인들에게 평판이 좋지 않았다)도 글자 그대
로 받아들이기는 힘들다. 1870년대에는 러시아 곳곳에서
테러가 잇달았는데 당시 그는 "만약 황제 암살 계획을 사전
에 알게 되면 어떻게 하겠느냐?"는 물음에 "아무것도 하지
않겠다"고 대답했다고 한다.[1] 도스토옙스키는 러시아와 러
시아 정교를 사랑하는 보수주의자였으나 그렇다고 테러리
스트를 동정하지 않은 것도 아니었다. 러시아 문학 연구자
가메야마 이쿠오는 미하일 바흐친이 『도스토옙스키의 시
학』에서 '폴리포니'polyphony라고 이름 붙인 도스토옙스키
특유의 언어 감각, 즉 모순되는 여러 목소리를 하나의 표현
안에 함축하는 표현 수법이 구체적으로는 검열에 대한 투
쟁을 통해 형성된 것이라고 추측한다.[2] 만약 도스토옙스키

---

1 가메야마 이쿠오, 『'카라마조프가의 형제들' 속편을 공상하다』
「カラマーゾフの兄弟」続編を空想する, 光文社新書, 2007, 44쪽 참조.

2 가메야마 이쿠오, 『도스토옙스키: 아버지 살해의 문학』ドストエフ
スキー 父殺しの文学 하권, NHKブックス, 2004, 28쪽 이하 참조. 폴리포

가 2017년 현재를 살고 있다면 아마도 언론인으로서는 권력 측에서 부추기는 배외주의에 어느 정도 동조하면서도 (예컨대 트럼프를 지지하면서) 동시에 이슬람교도의 테러리스트를 주인공으로 소설을 발표하는 식의 양의적이고 아슬아슬한 입장을 취하지 않을까? 적어도 집회에 나가는 유형은 아니었을 것이다.

이번 장에서는 도스토옙스키 독해를 통해 관광객 혹은 우편적 다중이 테러리스트에 일정하게 공감하면서도 테러리스트가 되지는 않을 방법을 고찰하려 한다. 동원 논리 면에서 체제와 반체제가 한없이 가까워진 현재, 이는 이론적으로도 실천적으로도 매우 중요한 물음이라고 생각한다.

2

도스토옙스키의 『지하 생활자의 수기』는 실존주의 문학의 기원 중 하나로 평가받는다. 실존주의는 국적과 시대를 뛰어넘는 보편적 인간의 진실을 탐구한다. 이 소설의 매력은 수학이나 자연 법칙에까지 항의하는 주인공('지하 생활자')의 철저한 분노다. 다음과 같은 부분을 보라. "내가 보기에 '2×2=4'는 철면피 이외의 그 무엇도 아니다. '2×2=4'는 양손을 옆구리에 대고 바닥에 침을 뱉으며 당신이 가는 길을

니에 관해서는 바흐친의 설명을 참조. "각각이 독립해 서로 융합되는 일이 없는 무수히 많은 목소리와 의식, 각각이 뚜렷한 가치를 지닌 여러 목소리가 이루는 진정한 폴리포니야말로 도스토옙스키 소설의 본질적인 특징이다"(바흐친, 『도스토옙스키의 시학』, 15쪽〔5쪽〕. 강조는 삭제).

막아선다. '2×2=4'의 훌륭함은 인정할 수 있다. 하지만 한
마디 더 하자면 '2×2=5'도 때로는 애교가 있어 대화 상대
로 나쁘지 않다."[3] 지하 생활자의 분노는 시대를 초월한다.

그러나 동시에 이 소설에는 시대의 영향이 강하게 각인
되어 있다. 이 작품은 도스토옙스키가 자신보다 일곱 살 어
린 사회주의자 니콜라이 체르니셉스키의 베스트셀러 『무
엇을 할 것인가』에 대한 응답으로 그 책과 비슷한 시기에
발표한 것이기 때문이다.

『무엇을 할 것인가』는 '민중의 계몽이 진전되어 모두가
옳고 이성적인 사람이 되면 빈곤도 전쟁도 사라져 세계가
유토피아에 가까워질 것이다'라는 19세기적 이상주의를 내
세웠다. 도스토옙스키는 바로 이 이상에 반대해 『지하 생활
자의 수기』를 썼다.

체르니셉스키를 비롯한 당대 사회주의 사상은 그 후의
마르크스주의, 즉 과학적 사회주의와 구분해 공상적 사회
주의라고 불린다. 이 명칭은 계급 투쟁의 과학적 분석을 결
여해 혁명을 실현할 수 없는 유토피아주의라는 비판적 의
미를 담고 있으나 19세기 중반에는 커다란 역할을 한 사상
이기도 하다. 『무엇을 할 것인가』도 당시 많은 청년을 감화
시켰으며, 나중에 레닌은 이 책을 애독한 후 같은 제목의 책
을 펴내기도 했다.

그럼 『무엇을 할 것인가』는 어떤 소설일까? 이제 거의 읽
히지 않는 작품이지만 현재 시점에서 다시 읽어 보면 흥미

---

3   도스토옙스키, 『지하 생활자의 수기』新訳 地下室の記録, 가메야마
이쿠오 옮김, 集英社, 2013, 60쪽〔『지하로부터의 수기』, 김연경 옮김,
민음사, 2010, 57쪽).

로운 점을 여럿 발견할 수 있다.

『무엇을 할 것인가』는 현대식으로 표현하면 '기업 소설'의 줄거리를 가졌다. 주인공은 벨라라는 젊은 여성으로 자신의 재봉 공장을 가지고 싶어 한다. 이런 주인공의 특징 때문에 세계 최초의 페미니즘 소설로 불리기도 한다.

벨라는 이상적인 공장에 대한 명확한 상을 가지고 있다. 이 이상을 실현하기 위해 욕심 많은 경영자에게서 경영권을 사들이고 동료와 함께 '위원회'를 조직하며 공동 주택을 임차해 공장을 자신들이 운영하는 조직으로 바꿔 가는 궤적이 이야기의 뼈대다. 흥미로운 점은 체르니솁스키가 이 개혁 과정에서 벨라가 직면하는 문제와 그 해결책을 매우 상세하게 묘사한다는 것이다. 가령 비가 온다고 하자. 노동자는 비가 와도 출근해야 하는데 그때 사용하는 우산은 누가 마련해야 하는가? 벨라의 결론은 우산을 대량으로 구매해 공유하면 각자 우산을 구매하는 것보다 비용을 줄일 수 있고 우산 가동률도 높아지므로 공장에서 복리 후생 비용으로 우산을 마련해야 한다는 것이다.『무엇을 할 것인가』 곳곳에서 구체적인 액수를 포함하는 이런 유형의 묘사를 볼 수 있다. 당시 독자들이 어떻게 받아들였을지 정확히는 모르나 이 소설은 사회 운동이나 창업 매뉴얼 격으로 쓰인 것이 아닐까? 19세기 러시아에서 섬유업은 지금으로 말하자면 IT와 같은 최첨단 산업이었다. 즉『무엇을 할 것인가』는 젊은 여성이 벤처 기업을 창업해 셰어 하우스에서 생활하면서 경영 철학을 논하는 소설이었던 것이다. 베스트셀러가 된 것도 당연하다.

더불어『무엇을 할 것인가』는 연애 소설로서 혁신적인

연애관을 그렸다. 이 또한 젊은 독자에게 지지받은 이유가 되었으리라.

벨라에게는 애인이 있다. 그러나 그와는 사상이 맞지 않는다. 그런 상황에서 새 남성이 등장한다. 우여곡절 끝에 벨라는 이 남성과 사귀게 된다. 그런데 그렇다고 전 애인이 질투하거나 슬퍼하는 것은 아니다. 그는 모든 것을 받아들이고 벨라의 새 연인과도 의기투합해 최종적으로 세 명이 공동 생활을 시작한다. 언뜻 이상해 보이는 전개지만 이야기 안에서는 "새로운 인간"이라는 말로 묘사된다. 새로운 사회를 만들기 위해서는 인간도 새로워져야 한다. 이것이 벨라가 거듭 하는 말이다. 배타적인 사적 소유를 포기하고 물품만이 아니라 이성까지 '공유'하려는 등장 인물들의 모습이 이 새로움의 모델이다. 벨라는 다음과 같이 (조금 성적인 측면을 연상시킬 수도 있는 비유를 사용해) 말한다. "진보한 인간은 질투심 따위를 가질 여지가 없습니다. 이는 왜곡된 허위적 감정이라고 할 수 있습니다. 다른 사람에게 내 셔츠를 못 입게 하는 것, 내 파이프로 담배 피우는 것을 허락하지 않는 것과 마찬가지로 타인을 자신의 소유물로 보기 때문에 그런 생각을 갖게 되는 것입니다."[4]

첨언하자면 체르니솁스키는 이 소설에서 벨라와 같은 새로운 여성을 선구적으로 그린 책으로 루소의 『신엘로이즈』를 들었다.[5] 근대 연애 소설의 기원으로 알려진 이 소설

---

4 니콜라이 체르니솁스키Nikolai Chernyshevsky, 『무엇을 할 것인가』何をなすべきか 하권, 가네코 유키히코金子幸彦 옮김, 岩波文庫, 1980, 112~113쪽〔서정록 옮김, 열린책들, 2009, 483쪽〕.

5 같은 책, 228쪽〔593쪽〕.

도—현대에는 거의 읽히지 않지만 발표 당시에는 『사회 계약론』이나 『고백』보다 많이 읽힌 일대 베스트셀러였다—한 여자와 두 남자가 셋이 함께 사는 꿈을 그렸다. 이 공통성의 의미에 관해서는 뒤에서 다루겠다.

도스토옙스키의 『지하 생활자의 수기』에는 체르니솁스키를 겨냥한 것으로 보이는 비판적인 문장이 여럿 나온다.

이 책의 문맥에서 특히 흥미로운 것은 '수정궁'이라는 말이 빈번히 등장한다는 점이다. 도스토옙스키는 이 말을 지하 생활자가 거부하는 이상 사회의 상징으로 사용하고 있다. "당신들은 영원히 무너지지 않을 수정궁을, 즉 몰래 혀를 내밀거나 빈정거리는 것조차 마음 놓고 하지 못하는 그런 건물을 믿고 있소. 그런데 말이오, 어쩌면 나는 그 건물이 수정으로 만들어져 무너지지도 않고, 또 몰래 혀를 내밀 수도 없어 두려워하는 것일지도 모르겠소."[6]

내가 1장에서 '수정궁'을 언급했던 것을 독자 여러분도 기억할 것이다. 수정궁은 1851년 런던에서 개최된 만국박람회 때 건설된 거대한 유리 건축물의 이름이다. 체르니솁스키는 이 수정궁의 이미지를 미래 사회의 풍요에 대한 상징으로 활용했다. 그는 벨라의 꿈을 모두가 유리 건축물에 거주하며 노동에서 해방되어 풍요롭게 살아가는 미래 사회로 묘사한다.[7] 『무엇을 할 것인가』에 수정궁이라는 이름 자체는 쓰이지 않으나 지명과 묘사를 통해 수정궁임을 알

6　도스토옙스키, 『지하 생활자의 수기』, 62쪽〔59쪽〕.

7　체르니솁스키, 『무엇을 할 것인가』 하권, 236쪽 이하〔601쪽 이하〕.

수 있다. 체르니솁스키는 런던에서 수정궁을 실제로 본 것으로 알려져 있다.

앞서 소개했지만 다시 확인하자. 런던 만국박람회는 19세기 문화사에서 극히 중요한 위치를 점하고 있다. 당시 영국에서는 산업 혁명이 진전되면서 가치관의 중심이 '미'에서 '기술'로 크게 옮겨 갔다. 만국박람회의 목적도 미를 수집해 권력자의 위광을 과시하는 것이 아니라 각국의 산업력을 과시하는 것이었다. 수정궁은 바로 그런 가치관의 변화를 체현한 건축물이었다. 수정궁은 전문적인 건축가가 아닌 정원사 출신의 조지프 팩스턴이 설계했다. 그는 당시 영국에서 '셀프 메이드 맨'이라 불리던 자수성가형 인물, 요즘 말로 하면 엔지니어였다. 즉 수정궁은 미가 아니라 기술의 원리에 기반해 최첨단 공업 생산물로 제작된 것이었다. 체르니솁스키는 이런 건축물을 미래 사회의 상징으로 도입했고, 도스토옙스키는 이를 비판했다.

또 하나, 1장에서도 논했지만 수정궁이 쇼핑몰의 기원과도 관련된다는 점이 중요하다. 수정궁은 철골과 유리로 만든 거대 건축물이라는 점에서 같은 시대 파리의 아케이드 건축 '파사주'와 같다. 발터 벤야민에 따르면 파사주는 유토피아를 향한 중산 계급의 꿈이 응축된, 현실과 허구를 오가는 환상(판타스마고리) 공간이다. 구체적으로는 "거리와 주거의 도취적 상호 침투", 즉 실내도 실외도 아닌 공간 설계로 이를 실현했는데[8] 수정궁 또한 건축물 안에 분수가 있는

---

8 벤야민, 『파사주론』 3권, 이마무라 히토시·미시마 겐이치 옮김, 岩波現代文庫, 2003, 94쪽〔978쪽〕.

등 동일한 건축 문법으로 건설되었다. 그리고 파사주는 푸리에가 이상 사회의 건축을 설계할 때 모델로 참조되기도 했다. 수정궁을 이상 사회의 상징으로 삼은 체르니솁스키도, 그것을 비판한 도스토옙스키도 이 사실을 알고 있었을 것이다.

즉 수정궁은 지금으로 말하자면 새로운 기술과 소비가 이상 사회로 가는 길이라고 말하는 유토피아론의 상징이었다.[9] '지하 생활자'는 이 이상에 침을 뱉는다.

---

9 사실 나 자신도 몇 년 전까지 새로운 기술과 새로운 소비가 이상 사회로 가는 길이라고 주장했다. 이때 나는 파사주와 수정궁의 후계자인 쇼핑몰에 주목해, 몰이 만들어 내는 새로운 공공성이라는 문제 제기를 축으로 삼았다. 아즈마 히로키·기타다 아키히로北田暁大, 『도쿄에서 생각하다』東京から考える, NHKブックス, 2007 및 아즈마 히로키·오야마 겐,『쇼핑몰에서 생각하다』ショッピングモールから考える, 幻冬舍新書, 2016을 참조. 따라서 나는 여기서 과거 내 입장을 체르니솁스키에게 투영해 도스토옙스키의 변증법을 경유함으로써 자기 비판과 동시에 갱신을 시도하고 있다고도 할 수 있다. 「들어가며」에서 말한 것처럼 이 책은『겐론』창간 준비호이자『사상 지도 β』의 종간호 격이다. 사실『사상 지도 β』의 창간호 특집이 바로 쇼핑몰(특집 제목은 '쇼핑/패턴')이었고, 나는 그 권두언에 다음과 같이 썼다. "소비 네트워크가 바꾸는 21세기의 세계. 새로운 정치. 새로운 계급. 새로운 신체와 새로운 세계관. 그리고 진짜와 가짜의 이분법을 뛰어넘은 지구적이자 지역적인 새로운 현실성. 굳이 추상적인 말로 요약하자면『사상 지도 β』는 이 광경에 직면하는 모든 사람을 위해 창간되었다." 아즈마 히로키 엮음,『사상 지도 β』, Vol.1, コンテクチュアズ, 2011, 8쪽. 이 창간호에서 나는 수정궁과 다중을 긍정했다. 이렇게 생각해 보면 이 책의 논의가 또한 6년이라는 시간을 통과한 종간호에 걸맞은 것이라는 점도 알 수 있다. 나는 지금도 수정궁과 다중을 긍정한다. 쇼핑몰을 긍정한다. 단 그 긍정은 상당히 복잡하게 조직하지 않으면 결국 무효하다. 나는 여기서 그 긍정을 '더 높은 차원에서 회복'하려 한다.

이처럼 정리해 보면 『지하 생활자의 수기』의 문제 제기가 실존의 보편적 고뇌를 다루는 동시에 동시대 사회와도 깊이 관련되며, 후자의 문제 의식은 2017년 현재에도 유효성을 가진다는 것을 알 수 있다.

　우리는 지금 한편으로 미래에는 모든 것이 연결되고 모든 것이 공유되며 인공 지능의 도움으로 많은 사람이 노동에서 해방될 것이라는 공상적 사회주의와 흡사한 주장을 여기저기서 듣는다. 앞 장에서도 다루었듯 이런 주장을 캘리포니아 이데올로기라 부른다. 그리고 다른 한편으로 현실에서는 종교와 이데올로기의 차이를 뛰어넘어 모든 나라에 닮은꼴의 쇼핑몰이 건설되고 관광객이 오가며, 어디에 가도 같은 옷과 식사, 음악, 브랜드를 접하는 세계를 살고 있다. 이는 바로 런던 만국박람회 개최 때 앨버트 공이 연설한 테마인 "전 인류의 결합이라는 큰 목표"를 실현한 것처럼 보이기도 한다.[10] 코제브의 비유를 빌리면 우리는 지금 동물의 유토피아를 살고 있다.

　그러나 도스토옙스키는 『지하 생활자의 수기』에서 바로 이러한 것들에 이의를 제기하는 인물을 만들어 냈다. 지하 생활자는 IT도 쇼핑몰도 인정하지 않는다. 그는 인류 전체가 공평하게 똑똑하고 행복해지는 것 자체를 인정하지 않는다.

　이것이 단순한 반발이 아니라는 점이 중요하다. 지하 생활자는 체르니셉스키 주장의 내용이나 실현 가능성을 비판

10　마쓰무라 마사이에, 『수정궁 이야기』, 58쪽 참조.

하는 것이 아니다. 그는 유토피아를 실현하고 싶으면 실현하면 되고, 모두가 행복해질 수 있으면 행복해지면 된다고 쓰고 있다. 이를 전제로 나는 그런 것에 휩쓸리고 싶지 않다고 호소하는 것이다. 달리 말해 그는 똑똑해지지 않을 권리, 행복해지지 않을 권리를 주장하고 있다. 지하 생활자는 다음과 같이 말한다. "당신은 계몽되어 교양을 가진 인간, 한마디로 미래의 인간은 자신에게 이익이 되지 않을 것을 뻔히 알면서도 욕망할 리가 없다, 이건 수학이다, 하고 내게 반복한다.…하지만 일백 번 되풀이하건대, 인간이 의도적으로 해롭고 어리석을뿐더러 바보 같은 것을 원하는 경우가 딱 하나 있다. 그것은 바로 어리석기 짝이 없는 것을 바랄 수 있고, 오직 지혜로운 것만을 바랄 의무에 얽매이지 않을 권리를 확보하기 위함이다".[11]

『지하 생활자의 수기』는 두 개의 부로 구성되어 있다. 1부는 한 40대 중년 남성의 수기, 2부는 그가 20대 때의 실패를 떠올려 쓴 수기로 설정되어 있다. 즉 지하 생활자는 젊다고 할 수 없는 40대 중년 남성이다. 친척에게 유산을 받아 직업이던 공무원을 그만두었다. 심심해서 자기 방에서 수기를 쓰고 있으며 2×2=4가 마음에 들지 않는다. 이것만으로도 이미 구제 불능인데, 그 20년 전의 실패를 보면 피해망상 때문에 친구 파티를 난장판으로 만드는가 하면 성매매를 하고 그뿐 아니라 상대 여성에게 자기 죄책감을 쏟아 낸 끝에 멋대로 자책과 굴욕감에 빠지는 등 더욱 심각한 구제 불능

11   도스토옙스키, 『지하 생활자의 수기』, 50~51쪽〔48쪽〕. 강조는 삭제.

이었다.

　그런데 지하 생활자는 20년 가까이 지난 후에도 이 '고통스러운' 경험을 버리지 못한다. 그는 오히려 이 고통을 잊는 것이 인간의 위엄을 잃는 것이라고 여긴다. 『지하 생활자의 수기』는 이 고통받을 권리를 지키기 위해 쓰였다. "쓸모없는 질문을 하나 해 보겠다. 실제로 어느 것이 나은가? 싸구려 행복인가 고상한 고통인가? 당신은 어느 것을 택할 것인가?"[12] 이는 동물적 유토피아를 거부하는 논리의 한 전형이다.

3

체르니솁스키의 입장은 지금으로 말하면 정보 기술이나 글로벌리즘이 도래시킬 미래에 기대감을 품은 다소 리버럴한 지식인과 유사하다. 합리적 사유의 축적으로 이상 사회를 실현할 수 있다는 입장이다. 일본에서 현재 리버럴이라고 하면 기술과 경제의 진보에 저항하는 사람들을 가리키는 말이 되어 쉽게 이해되지 않을 수 있으나 지식인이란 원래 지성을 믿고 국제화를 환영하는 존재였다. 19세기 공상적 사회주의가 그 기원이다.

　따라서 체르니솁스키와 도스토옙스키의 대립과 같은 구도를 21세기 현재에서 찾자면 글로벌리즘을 지원하는 국제파 지식인과 반글로벌리즘으로 기운 감정적인 시민의 대립을 들 수 있다. 이 대립은 바로 지금 미국에서 IT 기업과

12　같은 책, 221쪽〔196쪽〕.

트럼프 정권의 충돌로 눈앞에서 진행되고 있다.

하지만 그뿐이 아니다. 사회주의의 이상을 비판한 도스토옙스키 자신이 실은 과거에 체르니솁스키와 마찬가지로 사회주의자였다는 사실을 놓쳐서는 안 된다. 앞서 말했듯 도스토옙스키는 청년 시절에 혁명가 서클에 가담했다가 체포되어 시베리아로 유배되기까지 했다. 당시 그가 체르니솁스키와 마찬가지로 푸리에를 신봉했다는 기록도 남아 있다.[13] 따라서 체르니솁스키와 도스토옙스키의 대립은 결코 단순하지 않다. 둘의 관계는 복잡하다.

사회주의의 이상이 지하 생활자의 거절과 저주를 낳는 것은 필연적이다. 글로벌리즘의 이상이 테러리스트의 거절과 저주를 낳는 것도 필연적이다. 도스토옙스키는 시베리아 유배부터 15년간의 경험을 통해 이런 회로가 존재한다는 통찰을 얻었다. 그는 체르니솁스키가 이 회로의 존재를 모른 채 소박하게 유토피아를 논한다는 데 짜증을 낸 것이다.

왜 그런 회로가 존재하는 걸까? 이에 관한 논의를 보완할 세 가지 도스토옙스키론을 도입해 보자.

첫째는 프로이트의 논문 「도스토옙스키와 아버지 살해」다. 앞서 다룬 「섬뜩한 것」으로부터 10년 후에 쓴 논문으로, 제목처럼 도스토옙스키 문학의 원동력을 아버지 살해 욕망으로 읽어 냈다. 도스토옙스키의 부친이 농노에게 살해당했다는 설도 있고, 또 마지막 소설 『카라마조프가의 형제

---

13 가메야마 이쿠오, 『도스토옙스키』 상권, 74쪽.

들』은 아예 아버지 살해에 관한 소설이다. 그래서 프로이트의 이 독해는 영향력이 컸다.

둘째는 프랑스 철학자 르네 지라르의 1963년 저작『도스토옙스키』다. 지라르는 이 책보다 2년 앞서『낭만적 거짓과 소설적 진실』이라는 책을 펴내 우리가 타인의 욕망을 욕망한다는 '욕망의 삼각형'을 분석했다. 타인의 욕망을 욕망한다는 것은 쉽게 말해 친구의 연인을 사랑하는 것과 같은 이른바 '삼각 관계'의 욕망 등을 가리킨다. 지라르는 도스토옙스키의 작품에 이 욕망의 삼각형이 자주 등장하는 것에 주목한다. 첫 소설『가난한 사람들』은 주인공이 한 여성을 사랑하게 되는데 결과적으로 제3자에게 빼앗기고 마는 희비극이다. 마지막 소설『카라마조프가의 형제들』은 아버지와 자식들이 한 여성을 두고 다퉈 결과적으로 아버지가 살해당하는 이야기다. 도스토옙스키도 사랑하는 여성을 다른 남성에게 빼앗기는 경험을 몇 번 했다고 한다.

셋째는 이미 몇 번 참조한 가메야마 이쿠오의 2004년 저작『도스토옙스키: 아버지 살해의 문학』이다. 이 책은 프로이트가 아버지 살해에 주목했던 것과 지라르가 욕망의 삼각형에 주목했던 것을 조합해 질투와 마조히즘을 축으로 도스토옙스키의 모든 작품을 독해하는 포괄적인 시도를 했다.

가메야마의 생각에 따르면 도스토옙스키는 아버지 살해에 실패해 '거세'된 불능의 작가다. 현실의 아버지는 자신이 죽이기 전에 농노가 죽이고 말았다. 상징적인 아버지인 황제를 암살하려는 계획에는 참가하기 전에 체포되고 말았다. 그래서 도스토옙스키는 독특한 마조히즘, 즉 거세 자체에 쾌락을 느끼는 도착에 빠졌다. 이 도착적 쾌락은 사랑하는 여성을 다른 남자에게 빼앗기고 자신이 아버지＝남자라는 것을 부정당하는 '오쟁이 지는' 순간에 정점에 달한다. 이 때문에 도스토옙스키는 거듭 삼각 관계를 설정해 주인공이 사랑하는 여성을 빼앗기는 장면을 되풀이해 묘사했고, 현실에서도 그런 연애 관계 속에 있었다. 이것이 가메야마의 주장이다.

이 주장에 대해서는 연구자 사이에 이견도 있다고 한다. 그러나 이 책의 논의에는 시사하는 바가 크다. 특히 가메야마가 도스토옙스키 작품 속 등장 인물이 사회주의자에서 지하 생활자로 이행하는 과정을 마조히즘의 자각으로 정리한 점에 주목하고 싶다.

조금 전 『가난한 사람들』 논의에서 보았듯 도스토옙스키는 초기 작품에서도 삼각 관계를 묘사했다. 그러나 당시 그는 『무엇을 할 것인가』와 마찬가지로 '셋이 사이 좋게 사는 꿈'을 꾸었다. 실제로 『가난한 사람들』의 주인공은 다른 남성에게 빼앗기는 여성에게 끝까지 '아름다운 봉사자'로 남는다. 그러나 가메야마에 따르면 그 후의 작품들에서는 점점 봉사의 배후에 있는 도착적 쾌락이 모습을 드러낸다. 현실 생활에서 전환점이 된 것은 시베리아 유형이 끝난 후 그의 앞에 나타난 아폴리나리야 수슬로바의 존재다. 그에게는 당시 병으로 쓰러진 연상의 아내가 있었으나 이 젊고 다소 사디스틱한 성격의 여성에게 반해 휘둘리다 실연당한다. 가메야마에 따르면 『지하 생활자의 수기』는 이 연애 경험에서 얻은 "굴욕과 질투의 정점에서 자기 희생으로 반전하는 마조히즘"의 통찰에서 비롯되었다. "〔『지하 생활자의 수기』는—아즈마〕'고통이 쾌락이다'라는 테제를 문학적으로 체현한 작품이다.…사도마조히즘의 발견은 지금까지 그가 갖고 있었던 사상적 기반을 뿌리째 뒤흔들 정도로 강렬한 파괴력을 갖고 있었다."[14]

공상적 사회주의자가 내적인 마조히즘을 자각하고 지하 생활자로 변화한다. 이상을 믿고 세상에 봉사하는 것이 아니라 그 봉사의 배후에 숨어 있던 도착을 폭로하고 저주하는 사람으로 변화한다. 한때는 유토피아의 이상을 믿었기에 그 도착에도 엄격하다. 이러한 가메야마의 독해를 통해 도스토옙스키의 체르니솁스키 비판에 더욱 입체적으로 접근할 수 있다.『무엇을 할 것인가』는 두 남자와 한 여자의 공동 생활을 이상적으로 묘사한다. 한편 도스토옙스키는 이것이 단지 비현실적이라고 말한 것이 아니다. '자기 여자를 빼앗겨도 좋은 남자가 있을 리 없다. 만약 그런 일이 일어난다면 그건 네가 다른 남자에게 네 여자가 안기는 것을 보고 흥분하는 변태기 때문이다'라는 잔혹한 해석을 내놓은 것이다.

지하 생활자는 단순히 사회주의자를 비판하는 것이 아니다. 만약 그렇다면 사회주의의 좋은 점을 들어 지하 생활자를 설득하면 된다. 실제로 이것이 체르니솁스키의 (그리고 현재 좌익의) 전략이었다.

하지만 지하 생활자는 사회주의의 위선을 지적한다. 그는 유토피아의 이상 뒤에 숨겨진 도착적인 쾌락을, 옳은 일

---

14 같은 책, 173, 175쪽.

을 하는 것에서 얻는 에로틱한 쾌락을 간파했다. 그래서 여기에 말려들지 않을 권리를 주장한다. 그리고 이 주장에는 일리가 있다. 사회주의자에서 지하 생활자로 이어지는 정치적이면서도 성적인 이행의 회로, 이것이 도스토옙스키의 발견이다. 이 발견의 의의는 2017년인 지금도 전혀 퇴색하지 않았다. 바로 지금도 리버럴의 위선을 폭로하는 저주의 목소리가 여기저기서 들린다. 그 목소리가 트럼프를 영웅으로 만들었다. 그래서 나는 지금 『지하 생활자의 수기』를 다시 읽어야 한다고 생각한 것이다.

세계가 아무리 유토피아에 가까워져도 또 그 유토피아가 아무리 완벽해도, 인간이 인간이고 유토피아가 유토피아인 한 그 모든 것을 거부하는 테러리스트가 반드시 나타난다. 이것이 지금 우리 세계가 직면해 있는 문제다. 본질은 정치의 문제가 아니라 문학의 문제다. 그러나 그 귀결인 테러는 정치의 문제다.

사회주의자가 지하 생활자로 변화한다. 이상주의자가 마조히스트로 변화한다. 이런 독해가 가능한 이유는 도스토옙스키 소설이 변증법적 구조를 갖기 때문이다. 그의 주요 작품 주인공에게는 앞선 작품의 주인공이 가졌던 한계를 극복하려는 의도가 담겨 있는 듯하다. 그래서 『지하 생활자의 수기』에서 『죄와 벌』로, 『악령』으로, 그리고 『카라마조프가의 형제들』로 진행되는 '논리 전개'를 고려하며 읽을 수 있다. 마치 철학자의 사유 전개 같다. 지라르는 도스토옙스키가 "소년 시절부터 만년에 거쳐, 거의 세 세기 동안 서구가 거친 변증법의 모든 계기를 내달렸다"고 썼다.[15]

그러면 도스토옙스키의 변증법은 최종적으로 어디에 도달할까? 여기서 도스토옙스키 독해가 이 책의 주제와 맞닿게 된다.

『지하 생활자의 수기』는 1864년에 간행되었다. 이어서 1860년대 후반에는 『노름꾼』, 『죄와 벌』, 『백치』 등 중요한 작품이 발표되었다. 특히 『죄와 벌』의 주인공 라스콜리니코프의 성격은 지하 생활자와 상통하는 면이 있다. 하지만 우선 검토해야 할 대상은 지하 생활자의 문제 의식을 계승하면서도 차이점을 가진 인물인 『악령』의 니콜라이 스타브로긴이다.

『악령』은 1871년부터 1872년에 걸쳐 출판되었다. 이번 장 앞머리에 쓴 것처럼 이야기의 중심은 현실 사건을 모델로 한 젊은 테러리스트들의 내부 갈등과 살인 사건이다. 스타브로긴은 테러리스트들의 지도자로서 이야기 중간에 소설의 무대인 시골 마을에 온다.

스타브로긴은 지하 생활자와 달리 멋지고 젊은 남성으로 타산적이고 이지적인 인물이다. 그는 세련되게 사교계에 들어가 사람들의 욕망을 교묘하게 조종한다. 이야기가 진행되면서 여러 유력자가 스타브로긴을 받들고 수많은 여자가 그와 밤을 함께 보내며 마지막에는 그의 말에 현혹된 활동가들이 서로 죽이고 마을에 불을 지르기까지 한다. 그럼에도 스타브로긴의 목적은 끝까지 밝혀지지 않는다. 그

---

15 르네 지라르Rene Girard, 『도스토옙스키』ドストエフスキー, 스즈키 아키라 옮김, 法政大学出版局, 1983, 99쪽.

는 동지들에게 지시를 내리지만 사실은 혁명에 아무런 관심도 없고 이를 숨기지도 않는다. 그는 모든 것에 냉담하다. 이 모습은 소설 안에서 "무관심 병"이라 불린다.[16] 『악령』은 이 무관심 병을 주제로 한 소설이다.

스타브로긴은 마조히스트가 아니라 사디스트다. 여자를 빼앗기는 남자가 아니라 여자를 빼앗는 남자다. 세상을 저주하는 남자가 아니라 세상에 무관심한 남자다. 그래서 언뜻 보면 지하 생활자와 대립하는 인물처럼 보인다. 실제로 이야기 안에서는 대립적이기도 하다. 『악령』에서 지하 생활자에 해당하는 인물은 스타브로긴 밑에서 행동하는 키릴로프나 샤토프 등인데, 이들은 마치 스타브로긴에게 조종당하는 인형 같다. 지하실의 마조히스트는 사회주의자의 위선을 지적할 수는 있어도 무관심 병에 걸린 사디스트는 거역하지 못한다.

그런데 흥미로운 사실은 도스토옙스키가 스타브로긴이라는 인물을 조형하면서 지하 생활자를 떠올리게 하는 과거를 설정했다는 점이다. 그 과거는 「치혼의 암자에서」(「스타브로긴의 고백」이라고도 불린다)에서 밝혀진다(이 장은 『악령』 초판에는 실리지 않았다). 여기서 스타브로긴은 일부러 추한 행동을 한 뒤 그 행동에 대해 자책하고 동시에 타인에게 상처를 주는, 청년 시절의 지하 생활자와 똑같은 행동을 했다. 따라서 스타브로긴은 단순히 지하 생활자와 대립하는 존재가 아니다. 오히려 그의 사디즘은 지하 생활

---

16 도스토옙스키, 『악령』 2권, 가메야마 이쿠오 옮김, 光文社古典新訳文庫, 2011, 558쪽〔『악령』 하권, 김연경 옮김, 열린책들, 2009, 1055쪽〕.

자의 마조히즘이 극한에 달해 폭발한 결과 모든 것이 반전되어 탄생한 것이라고 생각하는 편이 좋다. 즉 스타브로긴은 별 볼 일 없는 중년 남성이 되지 않은 또 다른 지하 생활자, 마조히즘에 더욱 깊이 빠지는 대신 허무주의적인 사디스트가 되는 길을 택한 지하 생활자다. 그래서 그는 지하 생활자들의 약점을 정확히 간파해 마음대로 조종할 수 있었던 것이다. 마조히즘에서 사디즘으로의 반전을 도스토옙스키가 어떻게 묘사했는지는 앞서 말한 가메야마의 책을 보기 바란다.[17] 어쨌든 세상에 대한 기대(마조히즘)가 극한에 달했을 때 그것이 돌연 반전해 냉담한 무관심으로 바뀌기도 한다는 것은 『악령』을 읽지 않아도 이해할 수 있는 심리 아닐까? 그리고 이런 '차가운' 인간이 때로 사람의 마음을 사로잡는 것도 종종 볼 수 있는 일이다. 그래서 신도 이념도 없는 스타브로긴은 테러리스트의 리더가 될 수 있었다. 지라르는 이렇게 말한다. "신에게 반항하고 자기 자신을 숭배하는 자는 결국 반드시 '타자', 즉 스타브로긴을 숭배하게 된다."[18]

사회주의자에서 지하 생활자로, 그리고 스타브로긴으로. 이상주의자에서 마조히스트로, 그리고 사디스트로. 사회를 바꾸고 싶어 하는 인간에서 사회를 바꾼다는 건 위선이라고 열을 올려 저주하는 인간으로, 그리고 사회 따윈 바뀌든 안 바뀌든 상관 말고 하고 싶은 것을 하면 된다는 인간으로. 도스토옙스키의 변증법은 『악령』에서 이와 같은 제3의

---

17   가메야마 이쿠오, 『도스토옙스키』 상권, 79쪽 이하.
18   지라르, 『도스토옙스키』, 87쪽.

주체에 도달한다.

앞서 체르니솁스키를 현대의 국제파 지식인에, 지하 생활자를 테러리스트에 비유했다. 이 연장선상에서 생각하면 스타브로긴을 테러리스트가 아니라 자유지상주의적인 IT 창업가나 엔지니어에 비유할 수 있다. 스타브로긴은 소설에서 테러리스트로 묘사된다. 그리고 흔히 그렇게 읽힌다. 하지만 실제로 그가 직접 살인이나 방화 같은 파괴 행위를 한 적은 없다. 그는 집단 구성원의 욕망을 조종했을 뿐이다. 게다가 딱히 목적이 있었던 것이 아니라 조종할 수 있어서 조종해 봤을 뿐이다. 스타브로긴은 소설의 마지막 순간까지 하나도 반성하는 것이 없으며(자살하지만 반성 때문일리가 없다) 법적인 책임은 하나도 밝혀지지 않는다. 이런 묘사는 『죄와 벌』의 라스콜리니코프와 대조적이다.

도스토옙스키가 그린 스타브로긴의 본질은 사회를 개혁하려는 의욕도 이상주의를 향한 저주도 아닌 무관심 병이다. 타인의 운명을 조종한다. 조종할 수 있으니까 조종한다. 목적 없이 조종한다. 현대 사회에서 세계와 이런 허무주의적인 관계를 맺을 수 있는 인간은 금융 시장을 통해 매일 억단위의 금액을 움직이는 사업가나 인터넷 서비스로 억 단위의 인간을 자유자재로 움직이는 엔지니어 정도다. 이들이 손가락을 까딱하기만 하면 지구 반대편에서 여러 테러리스트가 자폭한다. 이것이 2017년의 현실이다. 지라르는 스타브로긴의 사상을 니체의 초인 사상과 비교한다.[19] 어쩌면 과거의 테러리스트=혁명가는 초인이었을지도 모른다.

---

19 같은 책, 99쪽.

하지만 지금 터키에서, 시리아에서, 이라크에서, 아니면 이에 호응해 선진국에서 자폭하는 젊은이에게서 초인의 모습은 전혀 찾아볼 수 없다. 이제 테러는 지하 생활자들의 마구잡이식 저주의 표명일 뿐이다. 스타브로긴은 그들보다 훨씬 강하다. 그래서 이 21세기 세상에서는 더 이상 스타브로긴을 테러리스트에 비유할 수 없다.

사회주의자에서 지하 생활자로, 그리고 초인으로. 유토피아주의자에서 테러리스트로, 그리고 허무주의적인 엘리트로. 사회 개혁의 이상에 불타던 인간이 과격파 운동가를 거쳐 어느새 허무주의자가 되고 마는 이 희비극을 지금의 일본에서도 목격할 수 있다. 도스토옙스키 문학은 누구나 아는 이 심리의 변증법을 어떤 철학서보다 치밀하게 묘사해 냈다.

도스토옙스키의 작품들은 변증법적 관계를 가진다. 이는 사실 매우 중요한 특징이다. 중심 주제에서는 약간 벗어나지만 루소와 간단히 비교해 보자.

루소와 도스토옙스키는 종종 닮은 작가라는 말을 듣는다. 여러 곳에서 유사한 모티프를 볼 수 있는 것도 사실이다. 그러나 전체적인 구조는 다르다.

체르니솁스키는 『신엘로이즈』를 언급했다. 루소는 체르니솁스키와 마찬가지로 질투가 없는 세계를 꿈꿨다. 이는 그의 철학 텍스트에도 나타나는 주장이다. 그런 면에서 그는 이상주의자고 사회주의자다. 하지만 루소에게는 다른 면도 있다. 이때 그는 사회주의자라기보다는 지하 생활자다. 3장에서 본 것처럼 루소는 질투심이 매우 강하고 피해

망상이 있는 약간 '한심한' 인간이었다. 『고백』이나 『고독한 산책자의 몽상』, 동시대인과 주고받은 서간 등에서 지하 생활자와 다름없는 문장을 찾아볼 수 있다.

그는 이 양면을 어떻게 통합하고 있었던 것일까? 결론부터 말하면 루소는 이를 통합하지 않았다. 3장에서 지적한 것처럼 루소는 흔히 인간이란 원래 고독하고 사회 따위는 필요로 하지 않는 존재라고 주장하면서도(지하 생활자적 측면), 개인의 의지는 일반 의지에 따라야 한다고 주장하는(사회주의자적 측면) 양면성을 지닌 모순된 사상가로 이해된다. 나는 『일반 의지 2.0』에서 이 모순의 해소를 시도하면서 사실 모순이 없다는 주장을 내놓았는데, 루소의 책들을 그냥 읽으면 모순이 느껴지는 것도 사실이다.

이것이 루소와 도스토옙스키의 큰 차이다. 전술한 바와 같이 사회주의자와 지하 생활자의 모순은 도스토옙스키의 경우 작품의 발전을 통해 변증법적으로 통합된다. 지하 생활자가 사회주의자를 극복하고, 스타브로긴이 지하 생활자를 극복하는 이행을 거쳤다. 그러나 루소에게는 이런 이행이 없다. 그는 마지막까지 사회주의자인 자신과 지하 생활자인 자신, 세계를 더 좋게 하고 싶은 자신과 그것을 기만으로 느끼는 자신 사이의 모순에 괴로워했다. 그는 만년에 들어서도 『루소, 장-자크를 심판하다』라는 제목의 자기 분열적 텍스트를 썼다. 지라르는 이 변증법의 결여를 도스토옙스키에게는 『상처받은 사람들』에 대비되는 『영원한 남편』이 있지만 루소에게는 『신엘로이즈』에 대비되는 작품이 없다는 표현으로 지적한 바 있다.[20]

그렇다면 왜 루소에게는 변증법이 없었던 것일까? 여기

서 프로이트의 지적처럼 도스토옙스키의 문학에 항상 '아버지 살해'라는 주제가 따라다녔음을 상기하는 것이 유익할지 모른다.

루소와 도스토옙스키 모두에게 성性의 문제가 있다. 욕망의 삼각형이 있다. 전기적인 사실에 비추어 봤을 때 루소의 마조히즘은 도스토옙스키보다 더 굴절되어 있고 또 명확하다. 예를 들어 그는 『고백』에서 청년 시절에 하반신 노출을 했던 사실을 적나라하게 고백한다. 하지만 루소에게는 텍스트에도 전기적 사실에도 아버지 살해의 문제가 없다. 만약 루소에게 콤플렉스가 있었다면 오히려 어머니에 관한 것이리라. 태어난 지 얼마 되지 않아 어머니가 사망했고, 또한—『고백』에 적혀 있는 것처럼—연상의 여성을 좋아하는 경향이 있었다. 한 사람에게는 아버지 살해의 주제가 있고 다른 사람에게는 없다. 여기서 루소와 도스토옙스키의 사유 양식이 갖는 차이가 비롯하는 것이라면 이는 매우 흥미로운 현상이다.

4

도스토옙스키로 돌아오자. 사회주의자를 지하 생활자가 극복하고 지하 생활자를 스타브로긴이 극복한다. 그렇다면 도스토옙스키의 결론은 모든 사람이 스타브로긴이 되어야 한다는 것일까?

물론 그럴 리 없다. 『악령』은 결코 스타브로긴을 긍정적

20　같은 책, 96쪽.

으로 묘사하고 있지 않다. 무엇보다 그의 최후는 자살이다. 스타브로긴은 『악령』의 주인공이었지만 『죄와 벌』의 라스콜리니코프나 『백치』의 미쉬킨과 달리 안티 히어로였다. 도스토옙스키는 오히려 이 소설에서 스타브로긴의 병＝무관심 병에서 해방될 필요성을 호소했다고 보아야 한다. 즉 사회주의자에서 지하 생활자로, 그리고 스타브로긴으로 나아가는 발걸음에는 하나 더, 마지막 단계가 있을 것이다. 스타브로긴의 허무주의를 넘어선 곳에 나타나는 마지막 주체가.

이 마지막 주체는 이 책의 구상에서 극히 중요한 의미를 갖는다.

나는 5장에서 '21세기에 논리적으로 일관적일 수 있는 사상은 공동체주의, 즉 내셔널리즘과 자유지상주의, 즉 글로벌리즘 두 개뿐이며 보편성이 결여된 자유주의의 입지는 줄어들고 있다. 그러하기에 지금 보편의 장소를 다른 형태로 재구축하기 위해 관광객＝우편적 다중이 낳는 오배를 도입한다'고 했다. 즉 기성의 자유주의는 이제 유효성을 상실했고 남은 것은 공동체주의와 자유지상주의뿐이지만 이 둘을 선택할 수는 없으니 제4의 사상이 필요하다는 말이다. 이 장에서 검토하는 도스토옙스키의 변증법은 바로 이 구도와 겹친다. 체르니솁스키는 리버럴이고 지하 생활자는 공동체주의자며 스타브로긴은 자유지상주의자다. 리버럴은 위선을 말하고 공동체주의자는 마조히즘의 쾌락에 빠져 있으며 자유지상주의자는 무관심 병에 걸렸다.[21]

체르니솁스키의 위선을 극복하고 지하 생활자가 빠진 쾌락의 덫을 피한 다음, 어떻게 스타브로긴의 허무주의에서 벗어날 것인가? 이는 지금 시대에 매우 실제적·실천적인 동시에 철학적·정치적으로도 중요한 물음이다.

도스토옙스키의 마지막 주체는 어떤 주체인가? 그 답을 확인한 후 이 책을 마치겠다.

여기서 위험을 하나 감수해야 한다. 사실 지금부터 논할 도스토옙스키 독해에는 약점이 있다. 왜냐하면 나는 도스토옙스키가 쓴 소설이 아니라 쓰지 않은 소설을 다룰 것이기 때문이다. 이제부터는 가메야마 이쿠오의 2007년 저작 『'카라마조프가의 형제들' 속편을 공상하다』를 참조해 『카라마조프가의 형제들』의 존재하지 않는 속편을 읽어 나갈 것이다.

왜 그래야 할까? 도스토옙스키는 『악령』집필 후 자신이

---

21 공동체주의(여기서는 내셔널리스트와 거의 같은 뜻)가 마조히즘의 쾌락에 빠져 있다는 요약이 바로 이해가 안 될지도 모르겠다. 그래서 간단히 보조 설명을 덧붙인다. 앞서 참조한 오사와 마사치의 『내셔널리즘의 유래』에 따르면 내셔널리즘은 원래 모든 초월성— 오사와의 용어로는 '제3의 심급'—을 무화하는 자본주의 운동에 대한 일종의 반동으로 나타나 구축된 이데올로기다. 자본주의는 신을 무화한다. 그래서 사람들이 대신 만들어 낸 것이 네이션이다. 따라서 네이션은 사람들에게 가장 친밀한 것인 동시에 때로는 절대적으로 소원한 것으로도 기능한다. 실제로 네이션은 종종 자국 '바깥'에 그 기원을 둔다. 일본의 기원은 남태평양이나 대륙에 있다는 식으로 말이다. 오사와 마사치, 『내셔널리즘의 유래』, 377쪽 이하 참조. 뒤의 주 29에서 참조할 들뢰즈의 말을 미리 가져오면 오사와의 지적은 내셔널리즘이 본질적으로 마조히즘과 동일한 정신분석적 구조를 지니고 있음을 의미한다. 마조히스트는 주인(초자아)이 없는 곳에서 주인을 인공적으로 만들어 낸다. 마찬가지로 내셔널리스트는 신(초자아)이 없는 곳에서 네이션을 인공적으로 만들어 낸다.

주재하던 잡지에 발표한 몇 편의 단편 외에(만년의 도스토 옙스키는 잡지 운영에 열정을 쏟았으며 그를 유명하게 만든 것도 그 잡지에 게재한 시사 평론이었다) 장편은 두 편밖에 발표하지 않았다. 그 두 장편이 1875년의『미성년』과 1879~ 1880년에 걸쳐 쓴『카라마조프가의 형제들』이다. 그리고 그는 후자를 완성하고 두 달 후에 타계한다. 따라서 상식적으로 생각하면 도스토옙스키 변증법의 도달점은『카라마조프가의 형제들』이 된다. 실제로 이 소설은 문학사에 남을 걸작으로 평가된다.

그러나 이 소설은 미완이다. 현존하는『카라마조프가의 형제들』은 그것만으로 온전히 읽을 수 있는 내용이고, 실제로 독립된 소설이라 생각해도 부자연스럽지 않다. 하지만 도스토옙스키는 첫머리에서 지금 펴내는 이 소설은 "첫째 소설"에 불과하고 이어지는 "둘째 소설"과 한 쌍이 되었을 때 완성된다고 말했다. 따라서 도스토옙스키의 변증법은 이 속편의 구상을 포함해 생각해야 한다. 그렇다면 속편은 어떤 이야기가 될 예정이었을까? 가메야마의 저작은 바로 이 추측을 다룬다. 가메야마는 자신의 추측이 어디까지나 '공상'이라고 말한다. 작가 자신이 초고나 구상 메모를 남기지 않은 이상, 학문적으로는 공상이라고 할 수밖에 없다. 그러나 내가 보기에 그의 예상은 극히 치밀하고 설득력 있다. 따라서 여기서는 그의 공상을 바탕으로 도스토옙스키의 마지막 주체를 다루려 한다.

내 생각에 도스토옙스키의 변증법은 현존하는『카라마조프가의 형제들』로 완결되지 않고 가메야마의 공상(쓰이지 않은 속편) 속에서 비로소 완결된다. 이 글이 만약 도스토엡스키 소설의 분석을 목적으로 한다면 이런 접근이 결코 허용되지 않을 것이다. 그러나 도스토옙스키 철학의 가능성을 독해하는 시도라면 허용될 수 있지 않을까? 우리의 관심은 도스토옙스키가 실제로 어떤 생각을 했는지에 머물지 않는다. 그가 어떤 생각을 할 수 있었는지의 가능성까지 아우른다.

가메야마의 공상 내용을 간략히 확인하자. 현존하는 『카라마조프가의 형제들』, 즉 1권(첫째 소설)은 아버지 살해의 이야기였다. 가메야마는 이 연장선상에서 2권(둘째 소설)도 아버지 살해 이야기가 되었을 것으로 추측한다. 그러면 어떤 아버지가 살해되는가? 가메야마는 몇 가지 전기적 증언을 근거로 '상징적 아버지'를 죽이는 이야기, 즉 황제 살해(황제 암살) 이야기가 되었을 것이라고 예상한다. 『카라마조프가의 형제들』 2권은 황제 암살 이야기다. 이것이 출발점이다.

다음으로 가메야마는 몇 가지 근거를 들어 2권의 무대는 1권으로부터 13년 후가 될 것이라고 추측한다. 『카라마조프가의 형제들』 1권에는 아버지 표도르 카라마조프와 그의 네 아들이 등장한다. 드미트리, 이반, 알료샤, 그리고 스메르쟈코프다(설명을 간단히 하기 위해 스메르쟈코프를 형제에 포함시켰다). 1권의 결말에서 아버지와 형제 중 셋은 죽거나 미치거나 체포되므로 2권은 남은 알료샤가 중심일 수밖에 없다. 알료샤는 1권에서 경건한 기독교도로 묘사된다. 그럼 이 알료샤가 2권에서 전향해 갑자기 테러리스트가 될까? 기존 연구에서는 그런 추측이 많았다.

그러나 가메야마는 그런 추측이 틀렸다고 주장한다. 왜 냐하면 도스토옙스키는 1권 서문(「작가의 말」)에서 2권까 지 시야에 넣은 내레이터의 관점으로 1권 주인공 알료샤는 마지막까지 무명이라고 썼기 때문이다. 따라서 알료샤가 암살범이 된다는 추측은 성립하지 않는다. 황제를 암살한 인간이 무명일 리가 없기 때문이다.

그러면 누가 암살을 시도하는가? 가메야마는 콜랴 크 라소트킨이라는 소년에게 주목한다. 『카라마조프가의 형 제들』 1권 결말부에서는 콜랴를 비롯한 소년들이 갑자기 새로 등장해 알료샤와 교류하기 시작한다(4부 10편 「소년 들」). 이 부분은 현존하는 1권의 흐름에서는 다소 갑작스런 삽화로 보이기 때문에 실제로 비평가들은 구성의 실패를 지적해 왔다. 하지만 가메야마는 이 '실패'가 오히려 문제의 부분이 2권의 복선임을 뒷받침한다고 본다. 그리고 연령 설 정 등 기타 정황 증거에 근거해 콜랴가 황제 암살을 시도할 2권의 주인공이라고 결론 내린다.

2권의 줄거리는 어떨까? 가메야마는 콜랴가 비밀 결사를 결성할 것이고, 만년 도스토옙스키의 인간 관계 및 콜랴의 이름을 바탕으로 이 비밀 결사의 핵심은 니콜라이 표도로 프의 영향을 받은 독특한 러시아적 사회주의 신비 사상이 될 것이라고 추측한다(콜랴는 니콜라이의 애칭이다).[22] 한 편 알료샤도 건재할 것이다. 1권의 또 다른 복선을 바탕으 로 추측하면 알료샤는 기독교 이단파(편신파鞭身派)를 거쳐 새로운 종파를 세우고 그 지도자가 될 것으로 보인다. 2권

---

22 니콜라이 표도로프의 철학에 대해서는 7장 주 14 참조.

은 콜랴가 스승이었던 알료샤를 자신의 비밀 결사에 포섭하려는 장면에서 시작한다. 그리고 소설은 알료샤와 콜랴, 스승과 제자, 이단 종교인과 이단 혁명가 사이의 관념적 투쟁을 축으로 전개될 것이다…

가메야마의 공상이 중요한 이유는 이 책이 추적해 온 도스토옙스키의 변증법을 더욱 진전시킨 형태를 띠기 때문이다.

원래『카라마조프가의 형제들』은 사회주의자에서 지하 생활자로, 그리고 스타브로긴으로 나아간 그의 변증법을 집대성하듯이 구성되어 있다. 소설의 등장 인물들이 왜 이렇게 배치되었는지는 이 변증법에 비추어 보면 매우 명확하다.

이미 논한 것처럼『카라마조프가의 형제들』에는 드미트리, 이반, 알료샤, 스메르쟈코프 네 형제가 등장한다. 지금까지의 논의 얼개에 맞추면 드미트리와 스메르쟈코프는 지하 생활자에, 이반은 스타브로긴에 해당하는 인물이라고 할 수 있다. 사회주의자에 해당하는 인물은 없다.

지하 생활자가 두 명인데, 한 명이『지하 생활자의 수기』의 지하 생활자를 계승하고 다른 한 명이『악령』의 지하 생활자를 계승했다고 생각하면 알기 쉽다. 드미트리는 질투심에 사로잡혀 대화를 헛돌게 만드는 우스꽝스러운 청년으로 지하 생활자를 연상시킨다. 한편 비굴한 마조히스트인 스메르쟈코프는 이반을 숭배한다. 이반은 신이 없다면 무슨 행동을 해도 된다고 선언하는 허무주의자며, 이반과 스메르쟈코프의 관계는 스타브로긴과 테러리스트들의 관계와 비슷하다. 실제로 스메르쟈코프는 이반의 무의식적인 교사를 충실히 지켜 테러(아버지 살해)를 실행하고 만다. 같은 지하 생활자라 해도 드미트리는 아버지 살해를 실행하지 못하나 스메르쟈코프는 실행할 수 있다. 여기에 『지하 생활자의 수기』에서 『악령』에 이르는 변천이 각인되어 있다. 즉 『카라마조프가의 형제들』은 『지하 생활자의 수기』에서 『악령』으로 향하는 변증법적 전개를 종합하고, 나아가 더 앞으로 진전시키려 했던 소설로 읽을 수 있다.

도스토옙스키가 「작가의 말」에서 소설의 주인공이 알료샤라고 선언한 사실—"내 주인공 알렉세이 카라마조프의 일대기를 쓰기 시작하면서 당혹감을 느낀다"[23]—은 이런 관점에서 매우 중요하다. 『지하 생활자의 수기』는 드미트리의 이야기고, 『악령』은 이반과 스메르쟈코프의 이야기며, 『카라마조프가의 형제들』은 알료샤의 이야기다. 그렇다면 알료샤야말로 변증법의 새로운 전개를 맡은 인물이라고 생각하는 게 자연스럽다. 드미트리의 정신이 스메르쟈코프에게 계승되고, 스메르쟈코프의 정신이 이반의 지배를 받는다면, 이반의 정신 또한 알료샤를 통해 극복되지 않을까? 그리고 바로 여기에 '체르니솁스키의 위선을 극복하고 지하 생활자가 빠진 쾌락의 덫을 피한 다음, 어떻게 스타브로긴의 허무주의에서 벗어날 것인가'라는 앞선 물음에 대한 답이 이야기의 형태로 각인되어 있지 않을까?

그러나 현존하는 『카라마조프가의 형제들』은 그런 기대와 동떨어져 있다. 알료샤의 역할은 막연하기 그지없다. 다

---

23 도스토옙스키, 『카라마조프가의 형제들』 1권, 9쪽[15쪽].

른 세 형제와 달리 그가 자신의 사상을 개진하는 장면은 거의 없다. 알료샤는 많은 장면에서 듣는 입장에 서며 이야기를 진행하기 위한 중개자 역할을 한다. 서문에서 선언한 중요성에 비해 이 공허함은 의심스러워 보일 정도다.

도스토옙스키는 왜 이 인물을 만들었는가? 현존하는 1권에서는 그 답을 찾을 수 없으므로 우리는 존재하지 않는 2권으로 눈을 돌려야 한다.

5

그럼 이제 2권에 대한 공상을 다루자. 가메야마는 2권의 제목이 『카라마조프가의 아이들』일 것으로 예상한다.[24] '아이들'이란 콜랴를 중심으로 한 소년들을 가리킨다.

2권의 콜랴는 여러 이유로 1권의 이반에, 즉 스타브로긴에 해당하는 인물이 될 것으로 예상되며 따라서 그가 황제 암살의 주모자가 될 것으로 보인다. 콜랴는 앞에서 논한 「소년들」에서도 친구(일류샤)를 "노예"라고 부르며 "이런저런 생각을 불어넣고" 있다고 자랑스레 얘기하곤 한다.[25] 이런 태도는 스타브로긴을 연상시킨다. 『카라마조프가의 아이들』에서 콜랴와 소년들의 관계는 『악령』 속 스타브로긴과 테러리스트들의 관계를 반복하게 될 것이다. 초인의 뜻대로 조종당하는 지하 생활자라는 악몽이 황제 암살이라는 거대한 음모를 무대로 다시 한번 재현된다.

---

24 가메야마 이쿠오, 『'카라마조프가의 형제들' 속편을 공상하다』, 216쪽.

25 도스토옙스키, 『카라마조프가의 형제들』 4권, 63쪽〔926쪽〕.

그러나 『악령』과 『카라마조프가의 형제들』 사이에는 결정적인 차이가 하나 있다. 바로 알료샤의 존재다. 스타브로긴 옆에는 아무도 없었다. 그러나 콜랴는 알료샤의 존재를 간절히 바라고 있다. 이 열정은 1권에서도 분명히 드러난다. "카라마조프 씨, 저는 당신을 정말 동경해 왔어요. 아주 예전부터 당신과 만나게 될 순간을 기다려 왔어요!"[26] 콜랴는 알료샤를 필요로 하는 스타브로긴인 것이다.

콜랴는 왜 이리도 알료샤를 필요로 하는 것일까? 이때 콜랴가 알료샤라는 개인을 갈망하는 것이 아니라 그를 아버지와 같은 위치에 둔 가족적 공동체의 형성을 갈망하고 있다는 사실을 놓쳐서는 안 된다. 「소년들」에 등장하는 많은 소년은 가족 문제가 있다. 콜랴는 아버지가 없다. 일류샤의 어머니는 광인이고 가정은 붕괴되었다. 이들은 항상 아이들끼리 모여 일종의 가족을 형성하고 있으며 알료샤에게 아버지 역할을 기대한다. 소년들의 염원은 현존하는 『카라마조프가의 형제들』 마지막 장면인 일류샤의 장례식(그는 이야기 속에서 병사한다)에서 외치는 "카라마조프 만세!"라는 말에 명백히 나타나 있다.[27] 일류샤의 장례식인데도 소년들은 일류샤 만세나 스네기료프(일류샤의 성) 만세가 아닌 카라마조프 만세를 외친다. 이는—표도르가 살해되고 드미트리가 체포되며 스메르쟈코프가 자살하고 이반이 미쳐, 구카라마조프가가 형체도 없이 무너지고 만 이야기의 결말에 비추어—알료샤를 아버지, 콜랴를 장남으로 하는

---

26 같은 책, 131~132쪽[967쪽].
27 같은 책 5권, 62쪽[1347쪽].

새로운 카라마조프가를 세우는 의식처럼 느껴진다. 카라마조프가의 이야기는 1권의 마지막에서 다시 시작되는 것이다.

2권은 이 결말에서 이어지는 이야기다. 알료샤는 아버지가 되어 콜랴와 함께 의사擬似 가족(결사)을 만들 것으로 추측된다. 이는 새로운 카라마조프가다. 이 이야기가『카라마조프가의 아이들』의 축이 될 것이다.

이 새로운 가족은 성공할까? 가메야마의 예상에 따르면 이 또한 성공할 것 같지 않다. 알료샤는 결국 아버지가 되지 못한다. 알료샤는 결사의 지도자도 되지 않으며 황제 암살 계획을 막지도 못한다. 콜랴 일당은 암살을 결행하고 실패한다. 그리고 사형을 언도받는다. 이야기 마지막에 황제의 은사로 죽음을 면하게 된다. 이것이 가메야마가 예상하는 2권의 클라이맥스인데, 콜랴가 그토록 알료샤를 원했지만 정작 알료샤는 여기서 1권과 마찬가지로 사건에 대해 극히 미약한 영향력을 가질 뿐이다. 콜랴를 구하지도 못한다. 그의 목숨을 구하는 것은 결국 황제다.

스타브로긴은 아버지를 필요로 한다. 그러나 아버지는 불능이다. 자기 자신도 구하지 못하는, 지하 생활자=아이들에게 둘러싸인 불능인 아버지다. 가메야마는『카라마조프가의 아이들』을 이런 불능의 이야기로 '공상'한다.

여기에 가메야마가 세운 구상의 결정적인 중요성이 있다. 거듭 말하지만『카라마조프가의 형제들』및『카라마조프가의 아이들』의 핵심은 알료샤가 어떻게 스타브로긴=이반을 극복하느냐의 철학적 또는 정신적 논리다. 그리고 앞서 논한 것처럼 많은 연구자는 2권에서 알료샤 자신이 황제 암살을 시도하리라고 추측했다. 달리 말해 도스토옙스키의 마지막 주체가 스타브로긴=이반의 무관심 병을 극복하고, 마지막에는 신앙심을 가진 테러리스트에 도달하게 된다고 결론지었다.

하지만 가메야마는 전혀 다른 논리를 제시한다. 그는 알료샤에게서 그런 능동성을 철저히 빼앗는다. 가메야마는 알료샤가 불능인 아버지가 될 뿐이지만 이 불능성이 바로 이반=콜랴의 극복을 가능하게 한다고 주장한다.

가메야마의 논리는 언뜻 지나쳐 보이지만 그럼에도 강한 설득력을 지닌다. 왜냐하면 이것이 우리가 지금까지 살펴본 도스토옙스키적 변증법의 출발점으로 회귀해 원을 닫는 제안이기 때문이다. 도스토옙스키의 변증법(사회주의자에서 지하 생활자로의 이행)은 전술한 바와 같이 작가가 20대였을 때 체제 전복 혐의로 체포되어 상징적 거세를 겪은 경험에서 시작한다. 그는 한번 사형 판결을 받았다가 황제의 은총(은사)으로 목숨을 건진다. 가메야마는 『카라마조프가의 아이들』에서 도스토옙스키가 다시 한번 그때의 경험으로 되돌아가 극복을 시도한다고 본다. 바로 이것이 그가 만년에 황제 암살이라는 주제로 돌아가 과거의 거세를 허구적 형태로 반복하려 한 이유일 것이다. 거세는 거세로 회귀한다. 무관심 병을 앓으며 거세의 존재를 망각했던 자유지상주의자도 결국은 거세로 회귀한다. 가메야마는 도스토옙스키의 변증법을 그렇게 이해한다.

현실에서 『카라마조프가의 아이들』은 쓰이지 않았다. 따라서 우리는 도스토옙스키가 스타브로긴=콜랴의 불능적 아버지에 대한 갈망을 어떻게 묘사하려 했는지 알 길이 없다. 그런 묘사는 사실 불가능했을지도 모른다. 그러나 만약 그가 이 갈망을 『카라마조프가의 아이들』에서 묘사할 수 있었다면 거기서 스타브로긴을 극복한 새로운 주체, 도스토옙스키의 마지막 주체가 모습을 드러냈을 것이다. 그리고 알료샤는 진정한 주인공이 되었을 것이다.

체르니솁스키의 위선을 극복하고 지하 생활자가 빠진 쾌락의 덫을 피한 다음, 어떻게 스타브로긴의 허무주의에서 벗어날 것인가? 나는 이 물음에 '불능적 아버지가 됨으로써'라고 답하겠다. 자유주의의 위선을 극복하고 내셔널리즘이 주는 쾌락의 덫을 피한 다음, 글로벌리즘의 허무주의에서 벗어나 우리는 최종적으로 아이들에게 둘러싸인 불능적 주체에 도달한다. 이것이 바로 관광객적 주체다.

스타브로긴을 지나 거세를 받아들인 불능적 주체가 되는 것. 이는 무력하게 가만히 있는 것을 뜻하지 않는다. 세계의 변혁을 포기하는 것이 아니다. 왜냐하면 지금까지 말한 바와 같이 이 마지막 주체는 아이들에게 둘러싸여 있기 때문이다. 그리고 세계는 아이들이 바꿀 것이기 때문이다.

마지막으로 다시 한번 실제 소설로 돌아가 도스토옙스키의 변증법에서 아이들이 갖는 의미를 고찰한 후 책을 마치겠다.

우리는 지금까지 도스토옙스키의 마지막 주체를 사유하기 위한 계기로 알료샤가 이반을 어떻게 극복할 것인지 그 논리의 가능성을 모색해 왔다. 그러나 사실 이반과 알료샤는 현존하는 『카라마조프가의 형제들』에서 이미 정면 대결을 벌였다. 2부 5편 「프로와 콘트라」에 묘사된 아이들의 고통을 주제로 한 긴 대화가 그렇다.

이반과 알료샤의 이 유명한 대화는 수많은 해석을 낳았다. 따라서 가능한 한 짧게 소개하겠다. 이반은 다음과 같은 논리로 알료샤의 신앙에 도전한다. '그래, 어쩌면 신은 있을지도 모른다. 구원도 존재할지 모른다. 몇백 년이나 몇천 년 후에 모든 죄인이 용서받고, 모든 죽은 사람이 부활하고, 살인자와 희생자가 서로 부둥켜안고서 눈물 흘리는 그런 순간이 도래할지도 모른다. 하지만 문제는 지금 여기 고통받고 신음하는 죄 없는 아이들이 수없이 존재한다는 것이다. 이들의 고통과 신음은 미래의 구원으로도 보상받지 못한다. 신은 이 물음에 뭐라고 답할 것인가?'

알료샤는 논쟁에 진다. 적어도 두루뭉술하게 넘어간 것처럼 보인다. 알료샤는 이반의 볼에 입을 맞추고 자리를 뜬다. 알료샤는 이반을 극복하지 못했다.

그러나 중요한 점은 이런 대화를 했다는 것 자체가 이반의 약점을 드러내 보인다는 것이다. 이반은 무관심 병을 앓고 있다. 실제로 그는 "신은 없다"고 단언했다. 하지만 그런 그조차 아이들의 고통만은 간과하지 못한다. 그렇기에 알료샤에게 논쟁을 건 것이다.

초인은 온갖 부조리를 견디지만 아이들의 고통만은 견디지 못한다. 이 구도는 사실 『악령』에서 계승된 것이다.

『악령』에도 스타브로긴이 어떤 경험을 "견딜 수 없다"고 고백하는 장면이 하나 나온다. 전술한 『카라마조프가의 형제들』의 대화와 마찬가지로 매우 유명한 삽화로서, 「치혼의 암자에서」에 삽입된 회상 장면이다.

스타브로긴은 하숙집에서 어린 소녀를 만난다. 그녀는 아직 10대 전반으로 어머니에게 일상적으로 학대받고 있다. 스타브로긴은 별 뜻 없이 그녀와 성관계를 맺는다. 그러고 바로 관심을 잃는다. 며칠 후 그에게 배신당했다고 느낀 소녀는 자살을 감행한다. 그녀는 그의 얼굴을 노려보고 혼자 아무도 없는 창고에 들어간다. 그는 자살을 예상하나 아무런 행동도 하지 않는다. 그리고 소녀는 목을 매달아 죽는다. 그는 이 일조차 금방 잊어버린다. 그런데 몇 년이 지나 그는 소녀의 환각에 고통받게 된다. 그리고 이렇게 고백한다. 죄책감은 전혀 느끼지 않는다. 같은 일을 또 한 번 하라고 하면 망설임 없이 할 것이다. 하지만 "딱 하나 그 몸짓만은 견딜 수가 없다.…나를 협박하는 그 작은 주먹, 그때의 모습, 그 한 순간, 그 턱의 움직임. 나는 이를 견딜 수가 없다."[28]

들뢰즈는 전에 마조히스트에게는 자아밖에 없으나 사디스트에게는 반대로 초자아밖에 없다고 한 적이 있다.[29] 초자아밖에 없다는 것은 그에게 자아를 뛰어넘은 제도와 시스템만이 존재한다는 말이다. 이 책에서 자유지상주의자를 사디스트라고 부르는 것은 이 정의에 따른 것이다. 자유지상주의자＝사디스트＝스타브로긴에게는 자기가 없다. 자기를 뛰어넘은 존재만 있다. 세계의 필연밖에 없다. 그래서 욕망이 없다. 모든 것을 손에 넣었지만 아무것도 원하지 않는다. 무관심 병이란 자아의 결여를 의미한다.

28　도스토옙스키, 『악령』 2권, 580쪽〔1081쪽〕.

29　들뢰즈, 『마조흐와 사드』マゾッホとサド, 하스미 시게히코蓮實重彦 옮김, 晶文社, 1998, 150쪽 이하.

그렇다면 스타브로긴은 소녀의 환각을 본 후에 자아를 되찾았다고 할 수 있을지도 모른다. 아이의 환각(유령)은 잃어버린 자아의 회귀다. 앞 장에서 다룬 용어로 하면 '섬뜩함'이다. 섬뜩함의 회귀가 초인의 초자아를 내부에서부터 붕괴시킨다.

고통받는 아이는 이반=스타브로긴의 가장 큰 약점이다. 그러나 알료샤는 대화에서 이 약점을 공격하지 못했다. 그 때문에 이 장에서 알료샤가 이반을 극복할 가능성을 모색하기 위해서는 존재하지 않는 속편에 관한 가메야마의 공상이 필요했다.

그런데 비평가 야마시로 무쓰미는 또 다른 독해의 가능성을 시사한다. 그는 2010년에 펴낸 『도스토옙스키』에서 「소년들」을 치밀하게 독해하며 방금 살핀 이반의 주장을 반박한다.

야마시로의 주장은 매우 복잡하고 난해하므로 여기서는 그의 글과 더불어 러시아 문학 연구자 반바 사토시가 2012년에 펴낸 『도스토옙스키와 소설의 물음』 가운데 야마시로의 주장을 정리한 부분을 참고해 핵심 논리만 소개하겠다.[30]

---

30 야마시로 무쓰미山城むつみ, 『도스토옙스키』ドストエフスキー, 講談社文芸文庫, 2015; 반바 사토시番場俊, 『도스토옙스키와 소설의 물음』ドストエフスキーと小説の問い, 水声社, 2012. 내가 여기서 참고한 부분은 야마시로 저작의 마지막 장인데, 그 제목이 (가메야마에 관한 언급은 없으나) '카라마조프가의 아이들'이다. 야마시로는 이 저작에서 내가 약 25년 전에 쓴 알렉산드르 솔제니친에 관한 논문 「확률의 감촉」確率の手触り을 참고 문헌으로 열거하고 있다. 아즈마 히로키,

야마시로와 반바에 따르면 「소년들」에서 주목해야 할 부분은 쥬치카라는 개의 '부활' 장면이다. 일류샤는 원래 들개한 마리에게 쥬치카라는 이름을 붙이고 예뻐했다. 하지만 어느 날 스메르쟈코프 때문에 핀이 들어간 빵을 쥬치카에게 먹이고 만다. 쥬치카는 고통스러워하며 멀리 달려가 그대로 사라진다. 앓아누운 일류샤는 이 일을 항상 마음에 걸려 한다. 그래서 콜랴는 쥬치카와 똑같이 생긴 개를 찾아와 일류샤에게 선물한다. 페레즈본이라고 이름 지어진 새 개는 쥬치카가 아닌 것으로 되어 있다. 그러나 일류샤는 페레즈본을 보고 한눈에 이 개가 쥬치카라고 확신하며 매우 기뻐한다. 그 개가 정말 쥬치카였는지는 아무도 모른다. 연구자 사이에도(그런 연구를 한다는 것 자체가 놀라운데) 여러 설이 있다고 한다.

이 이야기가 왜 이반의 주장에 대한 반박이 되는가? 이반의 문제 제기는 설혹 미래에 구원이 도래하더라도 이 아이의 고통은 결코 치유될 수 없다는, 존재의 고유성에 관련된 물음이기 때문이다. 쥬치카와 페레즈본의 우화는 바로 그 '이것임' 자체가 해체되고 해소되는 순간을 묘사한 것이라

『우편적 불안들 β』郵便的不安たちβ, 河出文庫, 2011에 수록. 나는 이 논문에서 조금 전에 다룬 이반과 알료샤의 대화를 언급하고 훗날 '우편'으로 직결된 '확률'이라는 키워드를 제시했다. 그리고 반바는 자신의 책에서 내가 약 20년 전에 쓴 책인 『존재론적, 우편적』으로부터 원용한 고유명사론의 틀로 쥬치카에 관한 야마시로의 문제 제기를 다시 풀어낸다. 즉 야마시로와 반바는 둘 다 위의 저작들에서 내 과거 작업을 언급하면서 도스토옙스키를 독해해 이반의 논의를 극복하려고 한 것이다. 8장의 논의는 그런 그들에 대한 회답이기도 하며, 또 그들의 문제 제기를 더 확장하려는 목적도 갖는다.

할 수 있다.

일류샤는 쥬치카를 사랑했다. 그 쥬치카는 저 쥬치카뿐
이다. 그렇기에 쥬치카를 잃은 상처는 결코 아물지 않는다.
실제로 일류샤도 처음에는 다른 개를 키우자는 제안을 거
부했다.

그런데 도스토옙스키는 이 상처가 아무는 기적의 순간
을 묘사한다. 야마시로와 반바가 지적하는 바와 같이 일류
샤가 페레즈본이 쥬치카라고 믿었는지 또 실제로 페레즈
본이 쥬치카인지는 중요하지 않다. 중요한 점은 페레즈본
이 페레즈본인 동시에 쥬치카일 수도 있다는 것, 일류샤가
그런 사유의 가능성을 깨달았다는 것이다. 쥬치카가 쥬치
카였던 것은 생각해 보면 그 자체가 우연이다. 애초부터 쥬
치카는 한 마리 들개에 불과했기 때문이다. 따라서 우리는
쥬치카가 죽은 후에도 다시 쥬치카적 존재를 찾아 새로운 관
계를 모색할 수 있고 또 그래야 한다. 그것이 살아간다는 것
이다. 야마시로는 다음과 같이 썼다. "페레즈본이 쥬치카가
됨으로써, 그것〔일류샤와 콜랴의 관계—아즈마〕이 완전히
새로운 다른 관계, 카라마조프적 형제애로 바뀐 것이다. 모
리 아리마사가 '부활'이라고 부른 것은 페레즈본, 콜랴, 일
류샤의 '해후'를 통해 탄생한 사태인 이 새로운 관계를 가리
킨다."[31]

나는 이 나일 수밖에 없고 쥬치카는 저 쥬치카일 수밖에
없으므로 그 상처는 결코 미래의 나와 다른 개의 구원을 통
해 아물지 않는다. 지하 생활자는 이를 이유 삼아 유토피아

---

31 야마시로 무쓰미, 『도스토옙스키』, 587~588쪽.

를 부정했고 이반=스타브로긴은 신의 존재를 부정했다. 알료샤는 이를 논리적으로 반박하지 못했다. 하지만 도스토옙스키는 이 좁은 길을 통과할 수 있는 다른 사유의 가능성을 이야기의 형태로 제시했다는 것이 야마시로와 반바의 생각이다.

그리고 이 다른 사유는 앞서 다룬『카라마조프가의 형제들』의 마지막 장면, 일류샤의 장례식에서 다시 한번 결정적인 역할을 하게 된다. 일류샤의 아버지는 아들의 죽음을 애통해한다. 이는 "죽는 일류샤가 왜 저 일류샤여야 했나? 내 자식이 내 자식이었던 이유는 무엇일까?"라는 애통함이며,[32] 이반의 주장과도 같은 유형의 질문이다. 이 애통함은 결코 치유되지 않는다. 이는 사람을 고독 속에 가둔다. 그리고 이반=스타브로긴을 허무주의로 이끈다.

그렇다면 여기서 다시 한번 쥬치카의 죽음이 페레즈본을 통해 극복된 것처럼 일류샤의 죽음 또한 극복할 길이 제시되어야 한다. 그리고 야마시로와 반바는 도스토옙스키가 이를 위해 마지막 장면에서 콜랴로 하여금 "카라마조프 만세"를 외치게 했다고 본다. 반바는 다음과 같이 썼다. "일류샤가 일류샤였다는 것 자체가 애초에 순전히 우연이다. 새로운 '착한 아이'가 등장해 아버지와 함께 새로운 관계를 맺게 될 가능성은 충분히 있다. 부활한 쥬치카가 새롭게 페레즈본으로 등장했던 것처럼, 새로운 일류샤도 교환 가능한 우연한 존재로 등장해 아버지와 함께 우연을 필연으로 바꾸어 가는 새로운 운동을 시작할 것이다."[33] 한 아이가 우연

---

32 같은 책, 606쪽.

히 태어나 우연히 죽는다. 그리고 또 새 아이가 우연히 태어나 어느새 필연의 존재로 바뀌어 간다. 일류샤의 죽음은 그런 운동을 통해 극복할 수 있다. 우리는 이 운동을 보통 가족이라고 부른다.

따라서 아이들에게 둘러싸인 불능적 주체는 불능이긴 하나 결코 무력하지 않다. 세상은 아이들이 바꾼다. 인간은 인간을 고독 속에 가두는 '이것임'의 중력에서 벗어나 운명을 아이들에게 맡길 때 비로소 이반=스타브로긴의 허무주의를 탈피할 수 있다.

가메야마는 알료샤가 불능적 아버지가 되어 이반을 극복한다고 보았다. 존재하지 않는 2권에 관한 공상은 현존하는 1권에 대한 야마시로와 반바의 위와 같은 사변을 서사적으로 구성한 것이라고 말할 수도 있을 것이다.

6

사회주의자에서 지하 생활자로, 초인으로, 그리고 아이들에게 둘러싸인 불능적 아버지로. 자유주의에서 공동체주의로, 자유지상주의로, 그리고 관광객으로. 혹은 보편주의에서 국가주의로, 개인주의로, 그리고 오배 공간으로. 이 장에서 나는 도스토옙스키의 작품으로부터 네 가지 주체를 추출해 이행 메커니즘을 밝힘으로써 1부와는 다른 각도로 관광객의 철학에 접근했다.

마지막으로 다시 한번 요약하겠다. 이 장에서 전하려 한

---

33   반바 사토시, 『도스토옙스키와 소설의 물음』, 319쪽.

메시지 하나는 '우리는 지하 생활자나 스타브로긴처럼이 아니라, 부모가 아이를 접하듯이 세계를 접해야 한다'는 것이다. 달리 말해 공동체주의자나 자유지상주의자처럼이 아니라, 가족 유사성에 근거해 신생아를 접할 때처럼 타자와 접해야 한다.

나는 이 책을 타자에 관한 논의로 시작했다. 우리는 왜소한 지하 생활자가 자유주의의 위선을 끊임없이 지적하고 자유지상주의적인 사디스트들이 현실 질서를 지배하는 시대를 살고 있다.

과거에 자유주의는 타자 원리를 갖고 있었다. 하지만 이제 그 힘을 잃었다. 한편 지금 우위를 점하고 있는 공동체주의(내셔널리즘)와 자유지상주의(글로벌리즘)에는 아예 타자 원리가 없다. 2017년 현재 타자에 대한 관용을 지탱할 철학 원리는 이제 가족 유사성밖에, 또는 '오배'밖에 없다. 이것이 내 인식이다. 따라서 나는 가족의 이념과 그 가능성을 철학이 더 진지하게 그리고 포괄적으로 검토해야 한다고 생각한다. 독자 여러분에게 가족이 있는지, 아이가 있는지 여부와는 상관없이 철학적인 의미에서 그러하다. 그래서 나는 이 2부를 썼다.

아이는 섬뜩한 존재다. 신생아의 얼굴은 섬뜩하다. 아이는 우리 자신에게 가장 친밀한 존재인 동시에 확산되고 증식해 어느새 낯선 장소에 도달하고 우리 인생을 내부에서부터 무너뜨리는 존재다.

어느 시대에나 철학자는 아이를 싫어했다. 그러나 우리 모두 예전에는 아이였다. 우리 모두 섬뜩한 존재였다. 우연의 아이였다. 우리는 분명 실존적으로 죽는다. 죽음은 필연이다. 하지만 탄생은 필연이 아니며 우리 중 누구도 태어났을 때는 실존이 아니었다. 따라서 우리는 필연에 도달하는 실존이 되는 것에 그치지 않고, 우연에 노출되어 다음 세대를 만드는 부모가 되어야 삶을 완수할 수 있다. 아이 입장에서 사유하는 한 체르니셉스키, 지하 생활자, 스타브로긴이라는 세 가지 선택을 벗어날 수 없다. 하이데거의 오류는 그가 여러 아이를 낳는 부모 입장이 아니라 혼자 죽어 가는 아이 입장에서 철학을 구상한 데서 온 것이다.

아이로 죽는 데 그치지 말고 부모로서도 살아가라. 2부에서 내가 하고 싶었던 말은 한마디로 이것이다. 물론 여기서 부모는 생물학적 부모만을 의미하는 것이 아니다. 상징적 또는 문화적 부모도 존재할 것이다. 아니 오히려 그런 부모가 내가 말하는 부모 개념에 가깝다. 왜냐하면 부모가 된다는 것은 오배를 일으킨다는 것이고 우연의 아이들에게 둘러싸인다는 것이기 때문이다.

이 책도 가능한 한 많은 우연의 아이를 만들어 미래의 철학으로 이어지기를 바란다.

보론

9장
촉시적 평면에 대하여

『관광객의 철학』 초판은 앞 장에서 마무리되었다. 이번 장과 다음 장은 이 책을 간행한 후 관련된 주제를 각각 따로 논한 에세이를 다듬은 것이다. 따라서 초판과 직접 연결되는 내용은 아니다.

이를 전제로 첨언하면 이 9장은 7장의 논의를 좀 더 전개한 것이라고 할 수 있다. 7장에서는 주체와 통치의 현대적 관계를 사유하는 데 '이미지와 상징을 동등하게 취급하는 컴퓨터의 평면'이 지닌 특징이 중요하다고 논했다. 어느 시대에도 사람은 미디어(매개체)를 통해 세계를 인식한다. 거꾸로 말하면 세계상의 변화는 가장 먼저 미디어의 변화로 나타난다. 그렇다면 관광객의 시대에는 이 시대 특유의 미디어가 있고, 그 특성은 관광객이라는 주체의 존재 방식과 밀접한 관련이 있을 것이다. 이러한 착상에 근거해 이 장에서는 터치 패널과 인터페이스의 '철학적 의미'를 고찰한다.

단 이번 증보판에서도 이 주제를 심층적으로 논하지는 못했다. 본격적인 논의는 앞으로의 과제로 삼기로 하고, 여기서는 일종의 중간 보고로서 아이디어를 제시한다.

1

현대는 터치 패널의 시대다. 어느 영상 기기 기업의 웹사이트에 따르면 터치 패널은 "화면을 직접 만져 컴퓨터를 조작할 수 있는 장치"로 "표시와 입력의 두 기능을 융합한 기기"를 가리킨다.[1]

이 간략한 정의 안에 이 장에서 다루고자 하는 터치 패널의 특징이 모두 담겨 있다. 첫째, 접촉과 관련되어 있다. 둘째, 정보 기기에 능동적으로 개입한다(기기를 조작할 수 있다). 셋째, 출력(표시)과 입력의 양면성을 갖추고 있다.

이 특징들은 터치 패널의 본질이 기존의 '스크린'과는 매우 다르다는 것을 알려 준다. 터치 패널은 영어로는 터치스크린이라 불린다. 실제로 일상적인 감각으로는, 터치 패널은 '만질 수 있는 스크린'이므로 역사적으로 '스크린'이라 총칭되어 온 영화, TV, 컴퓨터 등의 영상 출력 장치가 한 단계 진화한 것으로 보인다. 둘 다 네모난 평면이라는 점도 연속성을 강하게 느끼게 한다.

하지만 실제로 터치 패널은 앞서 확인한 세 측면에서 스크린과 본질적으로 다른 특징을 지닌 평면이다(여기부터는 터치 패널과 스크린을 대비시켜 논하므로 터치스크린이라는 명칭은 사용하지 않겠다). 스크린은 출력 전용 평면이지만 터치 패널은 입력도 가능하다. 스크린에 비친 영상은 만질 수 없었지만 터치 패널에 비친 영상은 만질 수 있다. 스

---

1 EIZO 주식 회사의 웹사이트. URL=http://www.eizo.co.jp/eizolibrary/other/itmedia02_08/.

크린의 영상은 만져도 변화하지 않지만 터치 패널의 영상은 만지면 변화한다. 스크린이 터치 패널로 진화하는 과정에서 영상을 보는 주체와 영상의 관계가 크게 바뀐 것이다.

터치 패널의 영상은 만질 수 있다. 그리고 만지면 변화한다. 이처럼 '만질 수 있고 조작할 수 있는 영상'의 출현은 기존의 영상론과 미디어론을, 나아가 이를 지탱하는 전통적인 패러다임을 크게 뒤흔들 가능성이 있다. 멀리는 플라톤의 동굴 우화까지 거슬러 올라갈 수 있는 것처럼, 서양 철학은 전통적으로 그림자와 실체, '가짜'와 '진짜', 혹은 '보이는 것'과 '보이지 않는 것'의 대립을 중심으로 논리를 구성해 왔다. 눈이나 귀로 지각 가능한 세계는 그림자에 불과한 '가짜'고 감각되지 않는 영역, 즉 지각할 수 없는 세계야말로 실체이자 '진짜'라는 발상이 철학의 중심에 도사리고 있다.

7장에서 언급했듯 이러한 이분법은 20세기의 정신 분석과 영화론에도 계승되었다. 영화 스크린에 비치는 영상(보이는 것)은 만질 수 없다. 이는 그림자이고 '가짜'에 불과하다. 그림자는 만질 수도 조작할 수도 없다. 따라서 학문은 그림자에 현혹되지 않고 그림자를 만드는 카메라(보이지 않는 것)를 지향해야 한다. 정신 분석의 용어를 쓰자면 상상계가 아니라 상징계를 지향해야 한다. 이는 20세기에 들어서도 인문적 지식을 지탱하는 근본적인 이분법이었다.

터치 패널의 영상, 즉 '만질 수 있고 조작할 수 있는' 그림자의 출현은 바로 이 이분법을 위협한다. 왜냐하면 '가짜'를 '가짜'인 채로 만지고 조작함으로써 '진짜'를 변화시키고 말기 때문이다.

이는 결코 추상적인 얘기가 아니다. 오히려 매우 구체적인 얘기다. 사진가 오야마 겐이 지적한 바와 같이 원래 사진은 손가락으로 만지는 대상이 아니었다.[2] 오히려 지문이 묻지 않게 가장자리를 잡고 들여다보는 대상이었다. 물론 만져도 아무런 변화도 일어나지 않았다. 사진에 있어 '진짜'는 네거티브 필름(혹은 촬영 시 사용하는 여러 기기의 설정)에 있고, 일반적으로 사진이라 불리는 것은 이를 인쇄한 것에 불과했으니까. 그런데 지금은 그렇지 않다. 요즘 '사진'이라고 하면 많은 경우 인쇄한 것이 아니라 스마트폰의 터치 패널에 표시되는 영상을 의미한다. 누구나 사진 자체를 만지고, 크기를 바꾸고, 회전시키고, 색상을 조정하고, 스탬프를 누르고, 필터를 적용하고, 인터넷에 올린다. 표시 화면이라는 '가짜'를 만지는 것이 데이터라는 '진짜'를 변경하는 것과 직결된다. 스마트폰의 출현으로 사진은 보이지만 만질 수 없는 것에서 보이면서 만질 수 있는 것으로 바뀌고 말았다. 이 변화는 물론 새로운 사진 표현도 낳고 있다.

이는 매우 큰 변화임에도 불구하고 그 의미를 밝히려는 시도는 거의 없는 실정이다. 표상 문화론이나 미디어론에서는 레프 마노비치가 2001년에 간행한 『뉴 미디어의 언어』를 아직도 참조한다. 하지만 이 책은 터치 패널touch screen을 한 번도 언급하지 않고 만진다touch는 단어조차 거의 등장하지 않는다.[3] 『뉴 미디어의 언어』는 1920년대의 러시아 영화 감독 지가 베르토프를 다루며 시작해 '뉴 미디어'를 내세우지만 어디까지나 스크린 시대의 영상론에 머무른다. 그러나 지금 우리에게 필요한 것은 이 스크린의 한계

2　오야마 겐大山顯, 『신사진론』新写真論, ゲンロン, 2020, 204쪽 이하.

를 명확히 하고 그 너머를 논하는 영상론일 것이다.

우리는 더 이상 스크린(만의) 시대를 살고 있지 않다. 20세기의 스크린은 수동적이고 시각적인 평면일 뿐이었다. 21세기의 터치 패널은 여기에 능동성과 촉각성을 추가한 새로운 평면이다. 익숙하지 않은 표현이긴 하나 이러한 터치 패널의 성격을 촉시적觸視的이라는 말로 표현하겠다. 촉각과 시각이 결합된 복합적 감각이라는 뜻이다. 촉시적 평면의 탄생. 바로 이것이 20세기 후반부터 21세기에 걸쳐 일어난 매우 중요한 미디어의 변화라는 것이 내 가설이다.

2

현대는 터치 패널의 시대라고 썼다. 과장이라고 느낀 독자도 있으리라. 터치 패널이 주변에 널린 것은 사실이다. 무엇보다 스마트폰이 터치 패널이다. 하지만 영화, TV, 게임 등 일상적으로 접하는 화면은 대체로 단순한 스크린이다. 그리고 스크린을 전제로 한 엔터테인먼트 또한 거대 산업이다. 앞으로 모든 것이 터치 패널로 대체될 일도 없을 터이니 스크린 시대가 계속된다고 보아야 하지 않을까?

맞는 말이다. 나도 모든 표시 기기가 터치 패널로 바뀔 것이라고 생각하지 않는다. 앞으로도 스크린은 많이 쓰일 것

---

3 레프 마노비치レフ・マノヴィッチ, 『뉴 미디어의 언어』ニューメディアの言語, 호리 준지堀潤之 옮김, みすず書房, 2013〔서정신 옮김, 커뮤니케이션북스, 2014〕. "touch", "touch screen"은 영어본 Kindle판으로 검색했다. Lev Manovich, *The Language of New Media*, Reprint Edition, MIT Press, 2002.

이다. 그럼에도 나는 현대를 터치 패널의 시대라고 주장한다. 왜냐하면 스크린이 여전히 많이 쓰이고 있지만 거기에 비추는 영상 자체가 점점 터치 패널을 모방하는 방향으로 변하고 있기 때문이다. 이제 영화, TV, 게임 모두 '터치 패널처럼' 제작된 영상을 적극적으로 비추고 있다.

예를 들어 언젠가부터 공중파 TV의 뉴스나 버라이어티 쇼의 화면을 가득 메우게 된 표시 창이나 아이콘 모양의 이미지, 자막을 표시하기 위한 ㄴ자 모양 화면 등 보조적 기호 표현을 떠올려 보기 바란다.

TV 스크린에 아이콘을 표시해 봤자 만질 수가 없으니 의미는 없다. 그럼에도 마치 사용자가 아이콘을 만진 것 같은 효과를 가미해 영상을 변화시킨다. 많은 독자가 이런 연출을 접한 적이 있을 것이다. 이는 현재의 영상 제작자가 수동적이고 일방 통행적인 스크린을 표시 미디어로 쓰면서도 쌍방향적인 영상 체험을 모방하려 함을 의미한다. 실제로는 터치 패널에 표시되는 것이 아니더라도 마치 터치 패널에 표시되는 것처럼 영상을 연출하는 편이 지금의 시청자에게 '리얼'하게 느껴진다.

'터치 패널 같다'란 무슨 뜻일까? 표시 창이나 아이콘을 예로 들었는데, 구체적으로 말하자면 컴퓨터의 인터페이스 디자인을 닮은 영상을 뜻한다.

인터페이스는 원래 컴퓨터와 인간의 매개를 넓게 의미하는 말이다. 마우스와 키보드와 같은 물리적 기기도 인터페이스의 일부다. 하지만 이 장에서는 특히 그래피컬 유저 인터페이스GUI를 가리키는 용어로 쓰겠다.

현재의 GUI는 1970년대에 기본 설계가 등장해 1980년대에 애플이 상품화한 것이다. 바탕 화면이라 불리는 평면과 창이라 불리는 네모난 영역이 있고, 마우스로 커서를 움직여 스크린에 비친 아이콘 등의 이미지를 조작해 정보 기기를 조작하는 컴퓨터 입력 지원용 시각 디자인을 뜻한다.

GUI는 터치 패널이라는 기기를 전제하지 않는다. 1970년대의 컴퓨터 화면은 터치 패널이 아니었기 때문이다. 하지만 GUI의 본질은 앞의 단순한 설명에서 알 수 있듯이 '가짜'(스크린에 비친 이미지)를 만져 '진짜'(프로그램)를 움직이게 하는 촉시성의 실현에 있다. 그런 의미에서 GUI야말로 터치 패널적인 것의 기원이라 할 수 있다. 아니, 터치 패널이 출현함으로써 GUI의 정신이 비로소 기술적으로 완성되었다고 하는 것이 더 정확할지도 모른다.

터치 패널 같다는 것은 인터페이스 같다는 말이다. 이와 같이 의미를 넓히면 현대가 터치 패널 시대라는 주장은 더 설득력을 갖지 않을까? 터치 패널은 세계를 뒤덮고 있지 않을지 모르지만 인터페이스는 세계를 뒤덮고 있다. 과거의 스크린은 영상을 비출 뿐이었다. 영상을 제어하려면 영사기와 같은 다른 기기를 조작해야 했고, 스크린에 표시된 '보이는 것'과는 관계가 없었다.

그러나 지금의 스크린은 제어 장치에 GUI가 채용된 경우가 많으며 그런 점에서 터치 패널과 유사하게 기능한다. 예를 들면 가정용 TV의 설정 화면이 그렇다. 지금의 TV는 단순한 스크린이 아니다. 화질, 음량 등을 GUI로 조정한다. 본질적으로 컴퓨터를 내장하고 있는 것이며 시청할 때는 과거의 브라운관과 마찬가지로 영상만 비추는 것처럼 보이나 실제로는 GUI가 표시하는 하나의 창을 '전체 화면'으로 비추고 있는 것에 불과하다. 거리에 넘쳐 나는 디지털 사이니지나 자동차의 조작 화면도 마찬가지다. 이제는 영상을 조정하려면 명령어를 입력하거나 배선을 변경해야 하는, GUI로 제어되지 않는 스크린을 찾기가 더 힘들 것이다.

우리는 터치 패널 또는 인터페이스의 시대를 살고 있다. 이를 여기서는 촉시적 평면의 시대라고 표현하겠다.

촉시적 평면이란 '보이는 것'이 그냥 보여지는 것에 그치지 않고 만지면 '보이지 않는 것'을 조작할 수 있도록 표시되는 평면을 가리킨다. 실제로는 터치 패널같이 조작할 수 없지만 영상을 터치 패널처럼 만들면 '리얼'하게 느끼는 것도 이러한 조작 감각이 현대인이 지닌 세계 경험의 기초로 자리 잡았기 때문이다.

알기 쉬운 예를 하나 들어 보자. 2018년에 개봉한 「서치」라는 영화가 있다.[4] 모든 장면을 PC와 휴대 전화 등 모바일 기기 화면을 캡처해 만들어 화제가 된 작품이다. 감독은 1991년생 어니시 차건티, 영화를 제작하기 전에는 구글에서 근무했다.

이 작품의 영상은 2000년대 초의 윈도우 OS 바탕 화면으로 시작한다. 화면 가운데의 커서가 움직여(이 영화에서 조작하는 인간은 끝까지 화면에 나오지 않는다) 제어판을 열고 '새 사용자 추가'를 선택한다. 입력란에 '마고'가 입력되고

---

4   일본 개봉 시의 제목은 「search/서치」지만 여기서는 「서치」라고만 표기한다. 원제목은 Searching이다.

이어서 비디오 캡처 창이 열린다. 창에는 젊은 부부와 어린 여자 아이가 비치고, 그들의 대화(소리는 PC 마이크를 통해 들리는 설정일 것이다)와 익숙한 인터페이스를 통해 영화의 관객은 마고가 딸의 이름이며 그들이 어린 딸의 사용자 아이콘을 만들기 위해 얼굴 사진을 촬영하는 장면임을 알 수 있다. 마고는 미소 짓고 있고, 아빠가 카메라를 손가락으로 가리킬 때 찰칵 하고 사진이 찍힌다. 여기에서 화면은 어두워지고 제작 크레디트로 바뀐다.

이 1분도 안 되는 장면에 이 영화가 전하려 하는 세계 감각이 응축되어 있다. 그리고 이는 바로 이 장에서 촉시적 평면의 시대라고 부르는 시대의 세계 감각이기도 하다. 「서치」의 세계에서 아이를 만드는 것은 '새 사용자'를 만드는 것이다. 그리고 자녀를 키우는 것은 달력에 예정을 입력하고, 촬영한 사진과 동영상을 저장해 폴더에 정리하는 것이다. 제작 크레디트가 끝나면 영화는 마고의 성장을 기록하는 바탕 화면을 계속해서 비춘다. 관객은 마고가 행복하게 자랐고 피아노를 배웠으며 엄마(패멀라)는 마고가 초등학생 때 림프선 종양으로 죽었음을 알게 된다. 엄마의 죽음도 바탕 화면상에서의 폴더 조작을 통해 표현된다.

패멀라의 죽음은 도입부로, 본편은 그녀가 죽고 몇 년이 지난 시점부터 시작된다. 주인공은 마고의 아빠, 데이비드다. 패멀라가 죽은 후 부녀 관계는 약해졌다. 생활 패턴도 달라 연락은 메시지로만 주고받는다. 그런 어느 날 마고가 실종된다. 하지만 데이비드는 딸의 일정은 물론 친구 연락처도 모른다. 할 수 없이 그는 딸의 노트북을 켠다. 그리고 페이스북, 동영상 서비스의 계정에 접속해 딸의 생활을 재구성하면서 실종의 실체를 파악해 간다.

더 이상의 소개는 이 장의 논의에 필요 없으니 생략하지만, 주인공 데이비드가 딸의 실종이라는 심각한 사태에 처했는데도 줄곧 검색과 전화만 할 뿐이라는 사실이 이 작품을 감상한 후 강하게 뇌리에 남는다. 그는 딸에 관한 정보조차 구글로 수집하려 하고 네트워크 바깥으로 거의 나가려 하지 않는다. 물론 이것은 모든 장면을 화면 캡처로 구성한다는 작품 자체의 구상이 요청하는 시나리오일 것이다. 하지만 동시에 현대인의 삶을 매우 현실적으로 묘사하고 있다는 느낌도 받는다. 데이비드는 미국 서해안에 거주하는 시스템 엔지니어다. 감독 자신이 구글에서 근무했다는 것을 감안하면 통렬한 풍자가 담겨 있다.

현대인의 삶은 촉시적 평면에 지배되고 있다. 친구와의 대화도 일에 관한 연락도 일정 관리도 신문 구독도, 그리고 죽은 가족의 추억을 정리하는 것까지도 모두 PC와 모바일 기기의 인터페이스를 통해 이루어진다. 「서치」는 이런 현실을 예리하게 영상화했다.

3

현대는 촉시적 평면의 시대다. 사진과 영화 시대를 살던 사람이 카메라 파인더를 들여다보듯 세계를 바라보았다면, 지금 사람들은 인터페이스를 조작하는 것처럼 세계를 접한다. 우리는 촉시적 평면을 통해 세계를 인식하고, 촉시적 평면을 통해 세계에 관여한다.

언제부터 이런 시대가 시작되었을까? 여기에서 인터페이스의 역사를 간략히 살펴보자. 지금 우리가 문제로 삼고 있는 인터페이스, 즉 GUI는 정보 기술 혁명이 일어나는 데 꼭 필요했던 기술이다. 과거의 컴퓨터는 키보드로 글자(명령어)를 입력하는 방식으로만 조작할 수 있었고, 따라서 전문가만 조작할 수 있는 특수한 기기였다.

명령어를 입력한다는 것은 코드를 쓰는 것이므로, 지금도 이 방식이 쓰인다. 그런 직종에 몸담는 엔지니어들의 급여 수준이 여전히 높다는 사실은 이 방식의 특수성을 증명한다. 만약 GUI가 개발되지 않아 명령어로만 조작해야 했다면, 아무리 반도체 가격이 낮아지고 연산 속도가 빨라졌더라도 이토록 많은 사람이 컴퓨터를 가지고 다니는 세계가 오는 일은 없었을 것이다. 실제로 GUI가 존재하지 않은 시대의 SF 작가는 PC나 스마트폰의 보급을 예견하지 못했다. 그들은 컴퓨터를 흰옷을 입은 과학자나 군인이 다루는 복잡한 장치라고 여겼기 때문이다.[5]

지금 쓰이는 인터페이스 디자인에는 몇 가지 기원이 있다. 최초의 GUI는 군사 목적으로 개발되었다. 세계 최초의

5　로버트 하인라인이 1949년에 발표한 유명한 단편 「심연」은 얼마 안 되는 예외적인 작품이다. 하인라인은 이 작품에서 지금의 PC을 연상케 하는 소형 정보 단말기가 네트워크로 연결된 모습을 묘사했고, 소년 시절의 앨런 케이에게 영향을 미쳤다.
하지만 이 단편 자체가 버니바 부시라는 엔지니어가 1945년에 발표한 MEMEX 구상에서 착상을 얻어 쓰인 것으로, 단순히 작가의 상상력이 시대를 예고한 예라고 보기는 힘들다. MEMEX는 부시가 구상한 마이크로필름 아카이브와 개인용 호출 단말기를 연결한 기계 장치로, 하이퍼텍스트 개념의 기원으로 평가받는다. MEMEX 구상은 더글러스 엥겔바트와 테드 넬슨의 성과에 큰 영향을 끼쳤다.

민간 목적 GUI는 아이번 서덜랜드가 1963년에 개발한 '스케치패드'로 여겨진다. 스케치패드는 전용 펜으로 입력할 수 있었다. 이어서 컴퓨터를 조작하는 필수 요소가 되는 포인팅 디바이스, 소위 '마우스'를 더글러스 엥겔바트가 발명한다.

하지만 GUI의 역사에서 가장 중요한 인물로 꼽히는 것은 1940년생 계산기 과학자 앨런 케이다. 그의 이름은 7장 후반부에서도 간단히 언급했다.

케이는 1970년대에 제록스의 팔로 알토 연구소PARC에서 '다이나북'이라 불리는 개인용 컴퓨터의 아이디어를 제창한 것으로 유명하다. 후에 일본의 가전 제품 회사가 같은 이름의 상품을 판매하지만 이와는 상관이 없다. 케이의 다이나북은 A4 공책 정도의 크기로, 한 손으로 들 수 있고 많은 서류를 저장할 수 있으며 그림이나 음악을 다룰 수 있고 어린이도 조작할 수 있는 저렴한 정보 기기로 구상되었다. 시제품을 보면 키보드가 달린 아이패드 같은 모양을 하고 있다. 당시의 기술로 케이의 구상을 실현하기는 어려웠으나 연구 과정에서 다양한 기술이 탄생했다. 예를 들어 지금도 우리가 사용하는 이더넷 사양이 그렇고, 세계 최초의 객체 지향 프로그래밍 언어 '스몰토크'도 만들어졌다.

그리고 케이는 1973년에 제작한 시제품 '알토'로 이 신기술들과 서덜랜드, 엥겔바트 등의 아이디어를 통합해 지금에 직결되는 최초의 GUI를 완성한다. 알토의 OS는 바탕 화면에 여러 창이 열리고, 이들 창 안에서 마우스로 특정 문자열을 골라 편집하거나, 마우스로 특정 그림을 다른 창으로 옮겨 다른 그림과 연결하는 등의 작업을 직감적으로 할 수 있었다. 개발 시에는 테스트 사용자로 어린이를 골라 명령어에 대한 지식이 없어도 기본적인 조작을 할 수 있게 하는 것을 목표로 삼았다.

이러한 케이의 연구는 상품화되지 않았지만, 그 설계 사상은 동시대의 엔지니어에게 큰 영향을 끼쳤고 1980년대 개인용 컴퓨터의 성공으로 이어진다. 1979년 가을, 아직 이십 대 중반이었던 스티브 잡스는 PARC를 방문해 알토의 데몬스트레이션에서 영감을 받았다. 이 영감을 바탕으로 개발한 것이 1983년의 리사Lisa와 1984년의 매킨토시다. OS에 GUI를 표준으로 적용한 매킨토시는 폭발적인 성공을 거둬 윈도우와 같은 추종자를 낳았고, 전 세계의 스크린을 창, 아이콘, 메뉴로 가득 채우게 된다.

앞서 나는 GUI의 본질은 촉시성의 실현이고 그 정신은 터치 패널의 출현으로 비로소 완성되었다고 했다. 이에 의문을 품은 독자가 있을지도 모른다. GUI는 어디까지나 스크린에 비친 창과 아이콘의 조합에 불과하다. 이는 '보이는 것'에 불과한 것이다. 그런데 GUI에 이미 촉각에 대한 지향이 포함되어 있었다는 것은 무슨 말일까?

이 의문에 답하기 위해서는 GUI를 거쳐 컴퓨터를 조작한다는 것이 무엇을 의미하는지 더 자세히 살펴볼 필요가 있다. GUI가 보급되기 전에는 키보드를 두드려 명령어를 입력해 프로그램을 구동했다. 이런 입력 방법을 커맨드라인〔명령줄〕 인터페이스CLI라고 한다.

CLI와 GUI 모두 컴퓨터를 조작하려면 스크린에 표시된 글자와 이미지를 보는 데 그치지 않고 '손'으로 입력해야 한다. 전자는 키보드를 손가락으로 두드린다. 후자는 마우스와 같은 포인팅 디바이스를 손으로 쥐고 움직이고, 필요에 따라 버튼을 손가락으로 클릭한다.

하지만 이 둘은 '눈'과 '손'의 경험을 조합하는 방식이 다르다. CLI의 경우 손가락으로 누르는 것은 스크린에 글자를 표시하기 위한 것으로(프로그램이 실행된 결과 영상이나 소리가 출력될 수도 있으나 이는 명령어를 입력하는 과정에서의 표시와는 다르다) 손과 눈의 관계는 일방통행이다. 한편 GUI의 경우 마우스를 조작하는 행위는 손의 움직임과 연동한 포인터의 연속적인 이동을 가져와 사용자에게 '보이는 모습에 따라 손의 움직임을 바꾸는' 피드백 체험을 준다. 여기서는 손과 눈 사이에 쌍방향적 관계가 성립하며 결코 손이 일방적으로 우위에 있는 관계성이 아니다. 이 차이는 다음과 같은 극단적인 케이스를 생각하면 쉽게 이해할 수 있다. CLI의 경우 타이핑할 수 있다면 눈을 감고도 컴퓨터를 웬만큼 조작할 수 있다. 하지만 GUI의 경우에는 눈을 감고는 초보적인 조작도 할 수 없다.

즉 GUI 체험의 본질은 입력하기 위해 '눈'과 '손'을 오가는 감각 횡단적인 쌍방향성에 있다. 손의 움직임이 스크린 위에 형상화된 이미지의 움직임을 낳고 그 이미지의 움직임이 손의 움직임을 유도한다. 이 연쇄를 통해 설혹 명령어를 전혀 모르는 사람이라도 자연스레 컴퓨터 조작법을 습득해 간다. 케이는 이를 이상으로 여겼다.

따라서 나는 GUI의 본질은 시각성에 있는 것이 아니라 시각성과 촉각성의 조합(촉시성)에 있으며, 그 이상은 터치패널의 출현으로 비로소 완성되었다고 주장하는 바다. 이렇게 이해하면 왜 GUI 개발이 '모든 것이 보이는 것'을 이념으로 삼았는지 그 이유를 알 수 있다.

GUI 개발의 역사를 보면 WYSIWYG라는 말이 나온다. 이는 What You See Is What You Get의 머리글자로, 한마디로 스크린에 표시된 것과 사용자의 조작 결과가 될 수 있는 한 일치하게 해야 한다는 설계 사상이다. CLI의 경우 기기에 명령어를 입력할 때 사용자는 컴퓨터 내부에서 무슨 일이 일어나고 있는지 거의 지각할 수 없다. 하지만 GUI를 이용하면 사용자는 지금 자기가 논리 계층의 어디에 있고 어떤 문서나 애플리케이션을 처리하려고 하는지 시각적, 직감적으로 이해할 수 있다. 이것이 WYSIWYG가 뜻하는 바로, 이와 같은 사상이 등장한 것은 앞서 논한 것처럼 GUI의 본질이 '눈'과 '손'을 오가는 데에 있기 때문이다. 시각과 촉각의 피드백을 만들기 위해서는 손을 움직인 결과가 모두 실시간으로 이미지로 바뀌어 눈에 비쳐야 한다. PARC를 방문한 잡스는 알토에서는 "모든 것이 시각적"이며 이 점이 훌륭하다고 흥분하며 말했다고 하는데,[6] 이는 동시에 '모든 것을 만질 수 있음'을 의미했던 것이다.

GUI의 탄생은 촉시적 평면의 탄생이며 이는 '모든 것이 보이고 모든 것을 만질 수 있다'는 세계관의 탄생이기도 했다. 이런 해석이 결코 무리한 억측이 아님을 제시하기 위해 마지막으로 케이 자신의 말을 인용하겠다. 그는 1984년에 내놓은 논문에서 다음과 같이 썼다.

---

6   앨런 케이, 『앨런 케이』, 200쪽 참조.

우리는 어릴 적에 두 손으로 점토를 만져 어떤 모양도 만들 수 있다는 것을 발견한다. 컴퓨터로 이와 유사한 것을 배우는 사람은 거의 없다. 컴퓨터의 소재는 인간의 경험과 너무도 동떨어져 있어 마치 원격 모니터를 보면서 버튼과 집게로 조작해야 하는 방사성 물질 덩어리 같기 때문이다. 신체적 접근과 이토록 동떨어져 있는데 과연 감정적인 접촉을 만들 수 있을까?

우리는 '사용자 인터페이스'UI를 통해서만 컴퓨터라는 점토clay of computing를 느낄 수 있다. 이는 인간과 프로그램을 매개하는 것으로, 프로그램은 컴퓨터를 특정한 목적을 위한 도구로 변형시킨다. [⋯] UI가 가장 중요한 이유는 익숙하지 않은 사람이든 전문가든 상관없이 누군가의 감각에 제시된 것이야말로 그 사람에게 있어 컴퓨터이기 때문이다. 시스템이 어떻게 움직이는가, 다음에 무엇을 해야 하는가를 설명(그리고 추측)하기 위해 누구든 단순화된 스토리=신화myth를 형성한다. 제록스의 팔로 알토 연구소에서 동료와 나는 이를 '유저 일루전'user illusion이라고 불렀다.

일루전을 확장하기 위해 개발한 원리와 장치 중 상당수는 이제 소프트웨어 디자인의 당연한 전제로 자리 잡았다. 아마 가장 중요한 원리는 WYSIWYG일 것이다. [⋯] 이는 스크린상의 이미지가 항상 일루전의 충실한 표상이 된다는 원리다. 이미지를 특정한 방법으로 조작하면 곧바로 기계 상태에 (사용자의 상상대로) 예측 가능한 그 무언가를 가져온다. 지금 유행하는 유저 일루전은 '창', '메뉴', '아이콘', 그리고 포인팅 디바이스를 갖춘 것이다. [⋯]

이러한 모든 것이 유저 일루전을 활용하는 새로운 세대의 대화형 소프트웨어를 만들어 내고 있다. 목적은 사용자의 시뮬레이션 능력을 키우는 데 있다. 과거에는 단순한 워드프로세서를 구동하는 데도 숨겨진 프로그램을 필요로 했다. 그와 같은 추상적인 매개를 거치지 않고 일루전을 조작할 수 있다면 사람은 자기 능력을 몇 배나 증폭시킬 수 있을 것이다.[7]

여기서 케이는 컴퓨터 조작을 점토 놀이에 비유하고, 이를 방사성 물질의 원격 조작과 대비시킨다. 케이는 컴퓨터 조작을 점토 놀이와 유사한 것으로 만들고자 했다. 한편 명령어를 입력해 '숨겨진 프로그램'을 거쳐 애플리케이션을 작동시키는 기존의 입력 방법은 모니터 너머로 원격 조작하는 집게로 방사성 물질을 집는 것과 같은 추상적인 행위였다. 이는 너무도 "동떨어져" 있기 때문에 "감정적인 접촉"을 동반하지 않는다. 이런 문제 의식하에 GUI 개발을 시작했다.

GUI의 본질이 '눈'과 '손'의 관계성을 바탕으로 한 경험의 재구축에 있음은 여기서 이미 분명히 드러난다. 케이는 컴퓨터 조작을 점토 놀이와 가까운 것으로 만들기 위해 새 인터페이스를 만들었다. 따라서 그러한 인터페이스 사상이 보급되어 촉시적 평면에 둘러싸인 우리 시대는 단순한 영상 우위의 시대가 아니라 모든 것을 점토처럼 '만질 수 있는'

---

7 같은 책, 100~101쪽. 번역문은 웹에 공개된 논문의 원문을 참조해 일부 손질했다. Alan Kay, "Computer Software", *Scientific American*, Vol.251, No.3, 1984, URL=http://www.vpri.org/pdf/tr1984001_comp_soft.pdf.

것으로 느끼는 시대라고 여겨야 할 것이다. 이 점에서 영상의 폭증만을 문제 삼는 기존 미디어론은 핵심을 놓치고 있다. 인스타그램, 틱톡 등 우리는 스마트폰에 표시되는 영상을 말 그대로 손가락으로 '만질' 수 있으며 바로 그 사실이 중요하다.

이와 함께 케이가 '인터페이스'와 '일루전'의 관계를 논하고 있는 점에 주목하고 싶다. 그는 일루전을 "단순화된 스토리", "신화"라고도 부른다. 다시 한번 말하지만 케이는 컴퓨터 조작을 점토 놀이처럼 만들고 싶어 했다. 그러나 컴퓨터의 소재인 프로그램이나 계산은 점토와 달리 "인간의 경험과 너무도 동떨어져" 있다. 사람은 프로그램이나 계산의 움직임을 직접 지각할 수 없다. 이에 컴퓨터를 이해할 수 있도록 이야기=일루전을 만든다는 것이 케이의 생각이었다.

이를 전제로 케이는 GUI가 가시화하는 것은 어디까지나 일루전이지 컴퓨터의 동작 자체가 아님을 강조한다. CLI의 시대에 전문가는 머릿속에서 일루전을 만들었다. 하지만 이것이 가능한 사람은 한정되어 있다. 따라서 케이는 일루전을 보이는 것으로 변환함으로써 "사용자의 시뮬레이션 능력을 키우"려 시도했다. 이것이 WYSIWYG를 지탱하는 철학이다.

이 인용문은 이 장 앞 부분에서 논한 '가짜'와 '진짜'의 관계 변화에 케이가 자각적이었음을 보여 준다. 그는 컴퓨터의 움직임 전체를 가시화하려 한 것이 아니다. 프로그램이나 계산은 어차피 가시화할 수 있는 대상이 아니다. 스크린에는 '가짜'만 비출 수 있을 뿐이다. 다만 그는 이 '가짜'와 '진짜'의 관계를 바꾸었다. CLI 시대의 전문가는 '진짜'를 조작하기 위해 '가짜'와는 거리를 두고 머릿속의 보이지 않는 스토리에 기대야 했다. GUI는 이 스토리를 보이는 것으로 바꾼다.

하지만 이는 '진짜'를 비추게 되었음을 뜻하지 않는다. 창이나 아이콘은 어디까지나 '가짜'에 불과하다. 케이는 이를 모두 이해한 상태에서 그 '가짜'를 '가짜'인 채로 만지고 조작함으로써 '진짜'를 변화시키는 세계 감각을 구축하려고 했던 것이다.

4

이상과 같이 이 장에서 논하는 '촉시적 평면의 시대' 패러다임은 철학적 억측이 아니라 인터페이스의 역사 속에서 구체적으로 예고되었던 것이다. GUI 개발은 '가짜'를 만지고 조작해 '진짜'도 변화시키고 마는 새로운 세계 감각을 구현하는 미디어의 창출이었다.

따라서 이러한 미디어의 보급은 '가짜'와 '진짜', '보이는 것'과 '보이지 않는 것'의 대립에 관한 감각을 크게 바꾼다. 이는 정치와 사회의 관계에도 영향을 미칠 것이다. 이것이 7장에서 "이미지와 상징을 동등하게 취급하는 컴퓨터의 평면"이 만들어 내는 '포스트모던적 주체'라는 표현으로 문제 제기하려 했던 내용이다.

이 촉시적 평면의 출현은 정치와 사회의 관계를 구체적으로 어떻게 바꿀까? 이를 명확히 논하려면 긴 논고가 필요하며 아직 준비가 부족하다.

그렇지만 마지막에 논점을 하나 제시하고 싶다. 스크린 시대에서 촉시적 평면의 시대로 이행하면서 인문적 지식인의 존재 양태는 크게 바뀔 것이다.

7장에서도 언급했듯 20세기의 학문은 '동일화'를 열심히 논했다. 사람은 아버지(지금 생각하면 젠더 면에서 문제가 있는 개념인데, 당시에는 무슨 이유에서인지 아버지 얘기를 많이 했다)나 그 대체적 인물과 자신을 동일화해 어른이 되며, 그 과정에서 실패하면 이런저런 병이 생긴다고 여겼다.

그리고 기묘하게도 정신 분석이 인간을 분석하기 위해 구상한 이론과 영화 비평 담론 사이에는 구조적 유사성이 있었다. 정신 분석 이론에 따르면 사람은 눈앞에 있는 아버지(보이는 것)와 동일화하는 것만으로는 부족하고, 그 배후에 있는 상징적 가치(보이지 않는 것)와 동일화해야 한다. 이와 같은 이중화가 적절하게 작동하지 않으면 사람은 정신적으로 성장하지 못한다. 마찬가지로 영화 비평에서도 관객은 스크린에 등장하는 배우(보이는 것)와 동일화하는 것에 그치지 않고 각 장면을 촬영하는 감독=카메라의 시선(보이지 않는 것)에 주목하지 않으면 작품의 가치를 제대로 이해할 수 없다고 했다. '보이는 것'을 뛰어넘어 '보이지 않는 것'을 향함으로써 사람은 비로소 어른이 되고 진정한 지식을 손에 넣을 수 있다. 이런 전제하에 20세기의 지식인은 '사람은 눈앞에 보이는 것에 쉽사리 속으니 보이지 않는 것을 논하며 더 나은 세상을 만들자'며 행동해 왔다. 여기에서 스크린이라는 미디어 구조와 동시대의 인간관이 깊이 공명한다.

그렇다면 스크린이 촉시적 평면으로 대체되면서 이와 같

은 인간관도 바뀔 것이고, 정치와 사회에 대한 담론도 바뀔 것이다. 구체적으로는 방금 논한 '보이는 것'과 '보이지 않는 것'의 대립에 기초를 둔 행동 원리, 즉 사람은 보이는 것에 쉽사리 속으니 보이지 않는 것을 논하자는 지침 자체가 실효성을 잃어 가지 않을까?

실제로 이런 현상이 지금 여러 곳에서 관찰된다. 이를테면 이 책 일본어판의 초판 간행 몇 개월 전, 미국에서는 도널드 트럼프가 대통령이 되었다. 포퓰리스트인 트럼프는 성 차별, 인종 차별 발언이 잦고 정책도 임기응변적이라 많은 비판을 받는다. 그럼에도 2016년에 대통령이 되었고 2020년 대선 패배 후로도 큰 영향력을 유지하고 있다.

전문가들에게도 2016년 트럼프 선풍은 예상 밖의 현상이었다. 진보적 성향의 인물들은 당초에 트럼프 지지자들이 유명하고 부자라는 화려한 이미지(보이는 것)에 속고 있을 뿐이며 지리멸렬한 실체(보이지 않는 것)가 알려지면 영향력도 약해질 것이라고 생각했다. 하지만 그렇지 않았다. 많은 지지자가 아무리 진실이 알려져도 거짓을 계속 믿었고(페이크 뉴스), 진보파의 집요한 비판은 오히려 지지자들 내부에 악질적인 음모론의 유행을 가져왔다. 트럼프는 '가짜'에 불과하고 보이지 않는 곳에 '진짜'가 있다는 지식인의 호소는 한편으로는 '가짜'면 어떠냐는 반발을 불렀고, 다른 한편 우리에게는 우리 나름의 '진짜'가 있다는 독자적인 세계관을 낳는 것으로 귀결되고 말았다.

촉시적 평면의 시대에 사람은 '가짜' 너머에 '진짜'가 있다고 생각하지 않는다. 지금은 '가짜'를 '가짜'인 채로 만지고 조작하고 가공하며 많은 사람이 그 조작 자체에 쾌락을 느끼는 시대고, '가짜'를 계속 만지다 보면 언젠가 '진짜'에 도달한다고 믿는 시대다. 모든 것을 보고 만질 수 있다고 믿는 시대에 보이지 않는 것을 논하는 사람은 신뢰를 잃는다. 그런 시대에 지식인은 무엇을 행동 원리로 삼아야 할까? 상당히 어려운 문제다.

달리 말하면 촉시적 평면의 시대에 '리터러시'란 무엇인지 묻는 문제이기도 하다. 스크린 시대에는 보이는 것을 의심하고 보이지 않는 것을 사유하는 것이 리터러시였다. 촉시적 평면의 시대에 그런 의심의 정신은 어디로 가게 될까? 마지막으로 짧게 언급하겠다.

앞서 나는 「서치」라는 영화를 소개했다. 이 영화는 인터페이스에 지배되는 현대인의 삶을 절묘하게 스토리로 구현했다. 하지만 이 작품에서 정말 놀라운 점은 우리가 이를 스토리로 독해할 수 있다는 점이다. 소개할 때 말한 것처럼 이 영화는 화면 캡처로만 구성되어 있다. 한 시간 반 이상의 상영 시간 동안 우리가 보는 것은 바탕 화면 위를 움직이는 커서, 열렸다 닫히는 창, 보이지 않는 손가락이 입력하는 스마트폰상의 글자다.

인간의 얼굴이 등장하지 않는 것은 아니다. PC나 스마트폰에 얼굴이 비치는 경우도 있으니까. 특히 주인공 데이비드는 엔지니어라는 직업 특성 때문인지 페이스타임을 자주 이용한다. 이 덕에 군데군데에서 배우가 나누는 대화가 비추어지고, 이런 부분이 이 작품의 오락성을 뒷받침한다.

하지만 이들 대화가 언제 어디에서 어떤 목적으로 이루어진 것인지를 정확하게 이해하려면 페이스타임 창에 비친 데이비드의 얼굴을 보고 대화를 듣는 것만이 아니라 부수적으로 표시되는 시간, 사용자 아이콘, 함께 열려 있는 메일, SNS를 비롯한 여러 창과의 논리적 일관성 등 다양한 메타 정보를 제대로 독해할 필요가 있다. 때로는 여기에 중요한 복선이 숨겨져 있고 스토리의 마지막에 큰 역할을 한다. 물론 대부분의 관객은 이런 독해 과정을 의식하지도 않을 것이다. 하지만 영화는 이 독해 능력을 전제로 제작되었다. 만약 관객이 구글, 페이스북, 유튜브, 그리고 윈도우나 맥 OS를 모른다면 「서치」는 영화로서 성립조차 안 되었을 것이다. 작품의 성패 이전에 이 영화의 스토리가 무엇인지 관객은 전혀 이해하지 못했을 것이다.

이런 영상 작품이 등장해 상업적으로도 성공했다는 사실은 앞서 내놓은 질문에 중요한 힌트를 준다. 거듭 논한 바와 같이 스크린 시대의 영상 작품의 경우 관객은 배우(보이는 것)와 동일화할 뿐만 아니라 카메라(보이지 않는 것)와도 동일화해야 했다. 이와 유사한 이중화가 「서치」에서도 작용한다.

단 그 대상이 다르다. 여기서도 관객이 배우(보이는 것)와 동일화하는 것만으로는 부족하다. 복선은 숨어 있다. 그렇다고 해서 반드시 카메라(보이지 않는 것)를 의식해야 하는 것은 아니다. 예를 들어 히치콕의 스릴러에서는 종종 카메라 워크 자체가 복선으로 기능하는데 「서치」에서는 그렇지 않다. 애초에 이 영화는 모든 장면이 화면 캡처이기 때문에 고전적인 의미에서의 카메라 워크가 존재하지 않는다. 오히려 관객에게 요구되는 것은 글자나 기호가 제공하는 메타 정보라는 '또 하나의 보이는 것'의 존재를 의식하고 이를 해독해 논리적 일관성을 검토하는 능력이다. 같은 화면에 비친 두 개의 창, 즉 페이스타임과 메일 (또는 SNS) 사이의 불일치가 스토리를 구동하는 의심의 핵으로 기능한다. 7장에서 니코니코 생방송을 예로 들며 유사한 불일치를 논했는데, 이번 예가 더 이해하기 쉬울 것 같다.

촉시적 평면에서는 모든 것이 보인다. 그리고 만질 수 있다. 적어도 사람들은 그리 생각한다. 케이가 말하는 일루전이다. 그래서 '가짜' 너머에 '진짜'가 있다고 주장하며 후자를 추구하는 것이 중요하다고 주장하는 담론을 신뢰하지 않는다. 오히려 두루뭉술하게 평면적으로 펼쳐진 '가짜' 세계를 그대로 받아들이고, 이어서 각기 다른 논리로 구성된 여러 하위 세계를 발견해 이들 간의 모순을 찾아내는 능력을 필요로 한다. 이것이 앞으로 지식인이 갖추어야 할 행동 원리를 사유하는 데 참고가 될지도 모르겠다.

첨언하자면 나는 「서치」를 극장에서 보지 못해 27인치 아이맥으로 감상했다. 매우 기묘한 체험이었다. 전체 화면 표시 모드로 변경하면 디스플레이 가득 「서치」 화면이 표시된다. 그런데 그 화면도 (정확한 해상도는 모르겠지만) 거의 비슷한 크기의 맥 OS 바탕 화면인 것이다.

물론 차분하게 생각하면 이 둘을 구분할 수 있다. 「서치」에 등장하는 OS의 표시 언어는 영어지만 내 OS는 일본어니까.

하지만 「서치」 재생을 잠시 멈추고 바탕 화면으로 돌아갔다가 다시 재생하면, 지금 내가 보고 있는 것이 「서치」의 화면인지 「서치」를 재생하고 있는 OS의 화면인지 영 점 몇

초 동안 감각이 혼란을 일으킨다. 「서치」라는 영화를 재생할 생각으로 「서치」화면에 비친 커서를 움직이려 마우스를 움직이곤 했다. '가짜'가 '가짜'인 채 세계를 움직이고 마는 시대에 '진짜'란 무엇일까? 이 체험에 중요한 힌트가 숨겨져 있는 것 같은데, 아직 생각이 정리되지 않았다.

초출

「촉시적 평면의 탄생」, 「관광객의 철학 여백에」, 9회, 『겐론 β 21』, 2018.

「촉시적 평면의 탄생(2)」, 「관광객의 철학 여백에」, 10회, 『겐론 β 22』, 2018.

「촉시적 평면의 탄생(3)」, 「관광객의 철학 여백에」, 12회, 『겐론 β 27』, 2018.

「촉시적 평면의 탄생: 번외편」, 「관광객의 철학 여백에」, 13회, 『겐론 β 35』, 2019.

위 네 원고를 통합해 대폭 개고했다.

10장
우편적 불안에 대하여

마지막 장에서는 1부의 주제로 돌아가 '우편적 다중' 개념을 보완하는 짧은 논고를 수록한다.

오배가 낳는 새로운 의사 소통에 마음을 열자. 이것이 한 줄로 정리한 이 책의 메시지인데, 당연히 오배는 '도착하지 않을지도 모른다'는 불안을 내포한다. 새로운 불안이 생기면 새로운 권력도 생긴다. 그 출현에 대비하는 것도 중요하다.

확률(우편) 개념이 낳는 권력에 대해서는 이 책의 자매편인 『정정 가능성의 철학』 2부에서 루소의 '일반 의지'와 연결 지어 자세히 논했다. 함께 읽어 주길 바란다.

나는 「솔제니친 시론」이라는 논고로 1993년에 데뷔했다. 소련 시대 러시아의 반체제 작가 알렉산드르 솔제니친의 문학을 논한 글로, '확률의 감촉'이라는 부제목을 달았다.[1] 그때부터 확률은 내 철학의 숨은 키워드였다.

재해가 있었을 때, 또는 전쟁이나 학살이 일어났을 때 누

---

1 『비평 공간』批評空間, I기 9호, 福武書店, 1993. 8장 주 30에서 언급한 것처럼 지금은 『우편적 불안들 β』에 수록되어 있다.

군가가 죽을 수도 있으나 안 죽을지도 모른다. 때로 그 선택은 오로지 '확률적'으로 정해진다. 우리는 자신의 죽음에서 여러 의미나 필연성을 찾아내려 하지만, 사실 이 '~일지도 모른다'는 감각이 더 중요하지 않을까? 나는 근 30년 동안 이를 여러 형태로 주장해 왔다.

이 확률이라는 개념을 철학적으로 고찰하면 까다로운 성질이 드러난다. 확률은 영어로 probability다. 이 명사는 probable이라는 형용사에서 파생되었다. 그리고 probable은 판단을 지칭할 때도, 대상을 지칭할 때도 쓰인다.

이를테면 재해가 일어났을 때 시신이 발견되지는 않았지만 상황을 고려하면 어떤 사람이 이 재해로 사망한 것이 충분히 있을 수 있는 상황이라고 치자. 이때 영어로는 '이 인물이 사망한 것은 probable이다'라고 표현한다. 하지만 다른 사용법도 있다. 앞으로 재해가 일어나면 이 사람을 포함한 많은 사람이 죽는다고 예측했다고 치자. 이때도 '이 인물이 사망하는 것은 probable이다'라고 표현한다.

딱히 이상한 일은 아니다. 'probable이다'에 '있을 수 있다'를 대입하면 둘 모두 아무 문제없는 일본어 문장이 된다. 그러나 차분히 생각해 보면 이는 기묘한 일이다. 전자의 예에서 재해 때문에 누가 죽었는지는 이미 정해진 상태다. 해당 인물이 죽었는지 여부는 사실 차원에서 이미 정해졌고, 불확실한 것은 '인식'의 측면일 뿐이다. 다른 한편 후자의 예에서는 누가 죽을지 아직 정해지지 않았다. 불확실한 것은 현실 자체다. 그럼에도 불구하고 같은 probable이라는 말을 쓴다. 여기서는 영어의 예만 들지만 probable에 해당하는 프랑스어, 독일어, 러시아어 단어도 마찬가지다.

따라서 probability라는 말은 확정된 현상에 대한 인식이 불확정적임을 가리킬 때도, 아직 현상 자체가 확정되지 않았음을 가리킬 때도 쓰인다. 이 애매모호함은 과학 발전의 장애물이기도 했다. 예를 들어 주사위 도박은 고대부터 있었다. 그럼에도 확률의 수학적 이론화는 17세기의 파스칼과 페르마에 이르기까지 이루어지지 않았다. 과학사가 이언 해킹은 그 이유를 probability라는 말이 갖는 애매모호함에서 찾는다.[2]

인식과 관련된 probability를 사유한다는 것은 '불충분한 증거에서 어떻게 올바른 판단을 도출할 것인가' 하는 추론법을 사유함을 뜻한다. 그 검토는 수학보다는 법학이나 변론술과 관련이 있다. 따라서 확률의 수학적 이론이 성립하기 위해서는 '현실의 probability'를 '인식의 probability'로부터 분리시켜 지적 대상으로 삼는 환경이 필요했던 것이다. 해킹은 푸코의 『말과 사물』을 참조하며 이것이 이른바 '고전주의 시대'의 에피스테메와 관련된 것임을 시사한다.

인식의 probability와 현실의 probability. 조금 더 알기 쉬운 표현을 쓰자면 주관적 probability와 객관적 probability. 일본에서는〔한국에서도〕이 둘을 대체로 '개연성'과 '확률'로 구분해 번역한다. 따라서 두 개념의 근접성을 의식하지 않는다.

하지만 앞서 '있을 수 있다'를 예로 든 것처럼 일본어 화

2　이언 해킹, 『확률의 출현』確率の出現, 히로타 스미레広田すみれ, 모리모토 료타森元良太 옮김, 慶應義塾大学出版会, 2013. 원서는 1975년 출간. 푸코에 대한 언급은 일본어판 권말에 수록된 「2006년판 서론」에 적혀 있다.

자도 이 혼란에서 벗어날 수 있는 것은 아니다. 더 일상적인 말로 '~일지도 모른다'가 있다. 우리는 '저 사람은 죽었을지도 모른다'와 '저 사람은 죽을지도 모른다' 양쪽 다 위화감 없이 쓴다. 주관적인 개연성과 객관적인 확률의 혼동은 누구나 갖고 있는 뇌의 습성 같은 것이 아닐까.

　여기서는 개연성이 낳는 불안과 확률이 낳는 불안을 구별한다. 자기가 죽는 것은 이미 정해져 있지만 그것이 언제일지는 모른다. 이는 개연성(주관적인 심리)이 낳는 불안이다. 한편 어떤 상황에서 통계적으로 희생자가 몇 명 나올지는 정해졌지만, 내가 죽을지 당신이 죽을지 여부는 아직 미정인 사태가 낳는 불안도 있다. 이는 확률(객관적 현실)이 낳는 불안이다.

　데뷔작을 썼을 때의 나는 아직 이 두 불안의 차이를 명확히 이해하지 못한 채 논의를 전개했다.

　논점은 나치의 홀로코스트에서 유대인이 느낀 불안과 소련의 스탈린주의하에서 체포된 사람이 느낀 불안의 차이였다. 홀로코스트와 스탈린주의 모두 수백만 명의 희생자를 낳았다. 유대인도 소련의 체포자도 모두 정당한 이유 없이 자유를 빼앗기고, 모욕당하고, 죽임당했다. 이에 일반적으로 양자를 비슷한 틀로 이해해 왔다.

　하지만 내 생각에 둘 사이에는 본질적인 차이가 있다. 홀로코스트에 있어 유대인은 죽임당할 것이 정해져 있었다. 죽임당하는 이유도 정해져 있었다(단순히 유대인이라는 이유만으로 죽임당했다). 단 그들은 죽음이 언제, 어떻게, 누구에 의해 주어질지는 몰랐다. 그들의 불안은 죽음이 운명으로 정해져 있음에도 불구하고 그 도래 시기를 모르는 것에 기인했다. 이는 주관적인 probability에 의한 불안, 즉 개연성의 불안이라 할 수 있다.

이에 반해 스탈린주의의 체포자는 죽임당할지 여부가 정해져 있지 않았다. 그들은 죽을 수도 죽지 않을 수도 있다. 죽임당해도 이유를 알 수 없다. 솔제니친은 『수용소 군도』에서 소련의 수용소 체계가 얼마나 '엉망'이었는지 웅변적으로 묘사한다. 그렇다면 스탈린주의하의 체포자가 안고 있던 불안은 홀로코스트의 유대인이 느꼈던 불안과 질적으로 다르다고 보아야 하지 않을까? 여기서 죽음은 운명이 아니다. 그들의 불안은 오히려 그러한 운명의 결여, 즉 우연성에 기인한다. 이는 객관적 probability, 즉 확률이 낳는 불안이다.

30년 전의 나는 이 차이에 대해 홀로코스트의 유대인은 '실존적' 불안을 느꼈고 스탈린주의의 체포자는 '확률적' 불안을 느꼈다고 설명했다. 지금은 위와 같이 조금 더 명확하게 정리할 수 있다.

유대인과 소련의 체포자 모두 내일이라도 죽게 될지 모른다는 강한 불안을 느끼며 살았다. 하지만 전자의 불안은 운명이 언제 도래할지 모른다는 인식의 불완전성에서 기인한 반면, 후자의 불안은 애초에 죽음이 운명인지 여부조차 알 수 없고 모든 것은 통계적 현상이라는 우연적 현실에 기인했다.

실존의 불안과 숫자의 불안. 개연성의 불안과 확률의 불안. 나중에 나는 자크 데리다라는 프랑스 철학자를 연구해 그의 철학을 하이데거의 존재론과 대비시키면서 '우편적'이라는 개념을 키워드로 사용하기 시작했다.[3] 이를 참조하자면 실존의 불안은 '존재론적 불안', 확률의 불안은 '우편적 불안'이라고 부를 수 있겠다. 존재론적 불안은 하이데거의 개념이고, 우편적 불안은 내가 만든 개념이다. 불완전한 인식이 낳는 실존적이고 존재론적인 불안과는 별개로, 현실 자체의 확률적 성격이 낳는 수학적이고 우편적인 불안이 있는 것은 아닐까? 이것이 내가 오랫동안 고민해 온 주제다.

그런데 이 주제를 이해해 주는 사람이 별로 없다. 숫자의 불안을 논해도 많은 독자는 실존의 불안을 논하는 것으로 오해한다. 내가 죽을지 당신이 죽을지, 그 불확실성이 중요하다고 주장해도 '맞아요. 목숨은 하나니까요. 언제 죽을지 모르는 것은 무섭죠'라는 답이 돌아오는 것이다. 그게 아니라고 반론하려 해도 존재론적 불안과 우편적 불안의 차이를 설명하는 것은 의외로 어렵다. 두 가지 probability 문제와 마찬가지로, 사람에게는 두 가지 불안을 혼동하는 습성이 있는 것인지도 모른다.

최근에는 확률적/우편적 불안 문제가 철학적 중요성 이상으로 정치적 중요성을 갖는 것 같다는 데에 생각이 미쳤다. 내가 죽을지 당신이 죽을지 그 불확실성이 중요하다는 인식에 이르려면, 우선 한 사람 한 사람의 죽음에서 '고유성'을 박탈해 내 죽음과 당신의 죽음 모두 하나의 샘플로 처리하는 잔혹한 통계 처리의 장場을 실감해야 한다. 이런 장

3　아즈마 히로키, 『존재론적, 우편적』.

을 실감하지 않으면 우편적 불안의 문제 제기가 너무 추상적으로 느껴질지도 모른다.

한 사람 한 사람의 죽음에서 고유성이 박탈당하고, 내 죽음도 당신의 죽음도 모두 하나의 샘플로 처리되고 마는 장. 전쟁이나 재해에서 그런 상황을 겪는 일이 많지만 그에 국한된 것은 아니다.

푸코는 1970년대에 '생명 권력'이라는 개념을 제안했다. 이는 한마디로 인간을 숫자로 환원해 가축처럼 관리하는 권력을 가리킨다. 생명 권력은 19세기에 탄생해 근대적 통치의 중심축이 된다.

생명 권력의 대두는 해킹이 다른 연구에서 제시했듯 통계학의 발전과 불가분의 관계에 있다.[4] 전술한 바와 같이 유럽은 17세기에 두 가지 probability를 분리해 객관적 probability＝확률에 관한 수학을 성립시켰다. 19세기 들어 이 이론은 다시 주관적 probability＝개연성과 관련을 맺게 된다. 인구 조사를 실시해 많은 시민의 데이터를 수집하게 되자, 이를 바탕으로 범죄율이나 자살률 등 아직 확정되지 않은 현상에 대해 틀림없이 옳다고 단언할 수는 없으나 대체로 '옳아 보이는' 명제를 도출하는 수학적 이론의 탐구가 부상했다. 바로 통계학이다. 그리고 국가는 이와 같은 추론을 바탕으로 한 사람 한 사람에게 명령을 내리고 처벌할 뿐만 아니라 집단 자체를 교묘하게 특정 방향으로 유도하게 된다. 그 예가 공중 위생학이나 도시 계획이다.

이와 같은 생명 권력은 누구나 스마트폰을 소지하고 빅

---

4 해킹, 『우연을 길들이다』.

데이터가 끊임없이 축적되는 21세기에 19세기와 비교할 수 없을 정도로 팽창했다. 우리는 이제 죽음이 샘플로 처리되는 것에 그치지 않고 연령, 성별, 자산 현황, 취미나 기호까지 온갖 개인 정보를 분석하고 삶을 통째로 통계적 예측 대상으로 삼는 알고리즘의 시대를 살고 있다. 이 시대에 우리는 자기 욕망과 능력에 딱히 고유성 따위는 없고 세상에 '자기와 비슷한 사람'이 가득하며 그 속에서 성공할지 실패할지는 결국 운에 좌우되는, 매우 가혹한 현실과 날마다 직면한다.

따라서 우편적 불안은 생명 권력과 함께 커지는 불안일지도 모른다. 운명을 예감하는 불안이 아니라 운명의 결여에 절망하는 불안. 자기가 집단의 일부인 것에 대한 불안. 주사위 던지기로 모든 것이 정해지는 것에 대한 불안. 우리는 생명 권력과 우편적 불안의 시대를 살고 있다.[5]

내가 30년 전에 『수용소 군도』에 관심을 가진 이유 중 하나는 솔제니친이 그 작품에 스탈린주의하의 과잉 체포가 오로지 '목표 수치 달성'을 위한 것이라고 썼기 때문이다.[6] 소련은 '과학적'인 국가였다. 사적 유물론을 믿었다. 그리고 그 과학을 믿는다면 특정 시점에 특정 국가의 특정 지역에서 몇 명의 범죄자가 나올지를 밀 수확량과 마찬가지로

---

5 앞에서 언급한 『정정 가능성의 철학』 2부에서는 빅데이터의 시대인 지금은 정확히 말해 고전적인 의미에서의 생명 권력의 시대가 아니라 그중 한 특징이 강화된 '알고리즘적 통치성'의 시대로 파악해야 한다고 주장했다. 하지만 이 새 권력도 통계에 의존한 권력이라는 점에서는 변함이 없고 여기에서의 주장과 모순되지 않는다.
6 알렉산드르 솔제니친, 『수용소 군도』收容所群島, 1권, 기무라 히로시木村浩 옮김, 1975, 28쪽〔김학수 옮김, 열린책들, 2020, 35쪽〕.

예측할 수 있어야 했다. 이에 소련의 비밀 경찰은 현실을 그 예측에 맞추기 위해 죄 없는 시민을 열심히 체포했다는 것이다. 스탈린주의의 비극은 이런 의미에서 통계학과 생명 권력의 비극이었다. 우편적 불안은 이러한 비극이 낳은 불안이기도 하다.

우편적 불안은 내 죽음과 당신의 죽음을, 또는 내 삶과 당신의 삶을 교환 가능한 샘플로 취급하는 숫자의 폭력에 일상적으로 노출되어 생기는 불안이다. 마지막으로 덧붙이자면 이는 2023년 현재 매우 실천적인 문제이기도 하다.

이 책 초판을 간행한 후, 2020년에 코로나19 팬데믹이 발생했다. 날마다 언론 매체에 통계가 오르내리고 확률이라는 말이 불안을 자극하는 3년을 보냈다. 통계는 분명 과학이다. 하지만 그 과학이 낳는 권력과 불안에 대해서는 따로 철학적 검토가 필요할 것이다.

초출

「우편적 불안과 생명 권력」, 「관광객의 철학 여백에」, 21회, 『겐론 β 51』, 2020. 수록하면서 개고했다.

옮긴이 후기

1

『관광객의 철학』은 사유의 스케일이 굉장히 큰 책이다. 제목에서도 알 수 있듯 '철학'을 전면에 내세운 아즈마 히로키의 저작으로 일본에서 2017년에 간행되었다. 이 책을 읽으며 옮긴이는『존재론적, 우편적』을 처음 읽었을 때와 비슷한 지적 스릴과 강렬함을 느꼈다.『존재론적, 우편적』은 일본에서 1998년에 간행된 아즈마 히로키의 데뷔작으로, 후기구조주의를 대표하는 프랑스 철학자 자크 데리다를 비평적으로 논한 책이다. 당시 일본 비평계에서도 큰 화제가 되었고, 1980년대에 뉴아카데미즘으로 일세를 풍미한 아사다 아키라는 '이 책으로 말미암아 이제 내가 전에 쓴 책(『구조와 힘』)은 완전히 과거가 되었다'며 높이 평가하기도 했다.

『존재론적, 우편적』은 난해한 철학 용어를 구사해 언어행위론과 후기구조주의, 하이데거와 가라타니 고진 등 정통 철학을 다뤘다. 기존 현대 철학이 '존재론적' 사유에 치우친 것을 비판하고 후기 자크 데리다에게서 '우편적' 가능성을 읽어 낸 책이었다. 옮긴이는 2002년에 이 책을 읽고 '복잡하고 다양한 현대 철학의 흐름을 이렇게 정리해 낼 수 있구나!' 하고 감탄했고 그때부터 아즈마 히로키에게 큰 관심을 갖게 되었다. 그때 받은 충격의 강렬함은 가라타니 고진의 『일본 근대 문학의 기원』에 버금가는 것이었는데, 『관광객의 철학』을 읽고 모처럼 비슷한 충격을 받았다.

한편 『존재론적, 우편적』과 『관광객의 철학』 사이에 존재하는 큰 차이 또한 언급하지 않을 수 없다. 마찬가지로 '철학'을 논하는 책이지만 전자는 전문 철학 용어로 가득한 반면 『관광객의 철학』은 훨씬 평이한 용어와 문체로 쓰였다. 『존재론적, 우편적』은 원래 가라타니가 주도했던 『비평공간』이라는 사상 잡지에 연재되었던 글로, 현대 철학의 용어에 익숙한 사람들을 독자로 상정하고 있었다. 달리 말해 특정한 독자 공동체 내부에서 읽히는 것을 전제한 책으로 문맥 의존적인 요소가 강했다. 따라서 정통 인문학에 친숙한 독자라면 『존재론적, 우편적』이 얼마나 큰 주제를 다루고 있고 얼마나 흥미진진한 논점을 제시하고 있는지 알 수 있을 테지만, 현대 철학의 용어나 핵심 주제에 친숙하지 않은 독자에게는 큰 매력이 없을 책이기도 하다. 비유하자면 전문 서적 읽기는 그 분야 내부에 공유된 코드를 통한 일종의 암호 해독과 다를 바 없는데 『존재론적, 우편적』은 그런 독해를 요구하는 책이다.

반면 『관광객의 철학』은 문맥 의존적인 측면이 약하고 쓰는 용어도 평이하다. 즉 독해 코드의 공유를 전제하지 않는다. 한정된 분야의 특정 독자를 상정하고 쓴 책이 아니라 다양한 분야의 불특정 독자를 향해 쓴 책이기 때문이다. 이는 제목에서도 잘 드러난다. '존재론'은 중후한 철학 용어지만 '관광객'은 누구나 일정 기간 동안 가질 수 있는 특성이다. 대중을 위한 철학이라고도 할 수 있겠다. 이는 『관광객의 철학』의 일본어판 제목이 『겐론 0: 관광객의 철학』인 것과 깊이 관련된다. 『존재론적, 우편적』은 사상 잡지에 기고했던 글이지만 『관광객의 철학』은 아즈마 본인이 대표를 맡고 있던 독립 출판사 겐론에서 일반 대중을 향해 내놓은 책이다. 겐론과 『관광객의 철학』의 관계 등에 대해서는 이 책의 「들어가며」 외에도 옮긴이가 아즈마를 인터뷰한 책 『철학의 태도』(북노마드, 2020)를 참고하기 바란다. 현재 아즈마는 겐론 대표직에서 물러나 편집장을 맡고 있다.

볼테르, 칸트, 헤겔 등의 근대 철학자를 평하고 슈미트, 아렌트를 거쳐 네그리와 하트를 논하며 때로는 프로이트, 라캉, 푸코, 들뢰즈, 가라타니까지 언급하지만 결코 독자에게 철학적인 사전 지식을 요구하지 않는 책이라는 점이 놀랍다. 마찬가지로 인문학 독자에게는 익숙지 않을 와츠, 바라바시 등의 네트워크 이론가를 다루지만 아즈마 특유의 논리정연함 덕에 어렵지 않게 이해할 수 있다. 나아가 SF 소설가 필립 K. 딕과 근대 문학의 대가 도스토옙스키에 대한 독해를 제시하는 2부에서는 소설 비평과 사회 철학의 새로운 결합 가능성까지 엿볼 수 있다. 아즈마가 도스토옙스키를 다루는 것이 의외로 느껴지는 독자가 있을지도 모르겠으나 그가 처음 세상에 내놓은 논고가 「솔제니친 시론」이었다는 사실을 상기하면 달리 보일 것이다. 『관광객의 철학』의 내용에 대해 더 이야기하는 것은 사족이 될 것 같으니 이 정도로 해 두겠다.

2

아즈마의 이력을 다시 살펴보면 데뷔작『존재론적, 우편적』다음에 서브컬처 비평서『동물화하는 포스트모던』을 펴냈고, 이 또한 서브컬처 비평 분야에 강렬한 인상을 남긴 책이 되었다. 그와 함께 2000년대에 아즈마는 인터넷을 비롯한 새로운 정보 기술이 인간과 사회에 미치는 영향에 꾸준히 큰 관심을 보이고 이를 주제로 다양한 글을 집필했는데 안타깝게도 그런 글들은 한국에 소개되지 못한 것 같다.

정보 기술과 사회에 대한 그의 관심이 결실을 맺어 나온 결과물 중 하나가 2011년 일본에서 간행된『일반 의지 2.0』인데, 한국어판은 옮긴이의 번역으로 2012년에 간행되었다. 아즈마가 2000년대에 정보 기술과 사회에 관해 어떤 생각을 했는지에 대해서는 한국어판『일반 의지 2.0』의「옮긴이 해제」를 통해 논한 바 있다. 한마디만 덧붙이자면 아즈마가『관광객의 철학』에서 말한 것처럼 그의 "오타쿠론은 원래 정보 사회론의 일부로 구상되었다". 즉『동물화하는 포스트모던』은 서브컬처를 논하는 것을 목적으로 한 책이 아니라 서브컬처 분석을 통해 '정보 환경의 변화'와 '현대를 살아가는 인간과 사회'의 관계에 새로이 접근하려 했던 책이다.

아즈마는 철학, 서브컬처, 정보 기술, 문학 등 다양한 분야를 횡단하며 활동해 온 비평가이기 때문에 그 사상의 전모를 파악하기는 쉽지 않으며 그만큼 사람들의 오해를 받기 쉬운 비평가이기도 하다. 옮긴이는 2004년 일본으로 건너온 이후 계속 일본에 살고 있어서 아즈마가 한국에서 어떻게 수용되었는지 자세히는 알지 못하지만, 번역된 책들로 미루어 아무래도 서브컬처 중심으로 읽혀 온 것이 아닌가 싶다. 하지만 옮긴이 생각에 아즈마 사유의 뼈대는 『존재론적, 우편적』에서 갖춰졌고, 2000년대에 그가 쓴 정보 기술과 사회에 관한 글들(앞서 말한 것처럼 『일반 의지 2.0』은 그 성과 중 하나일 뿐이다)도 매우 중요한 의미를 갖는다. 그런 의미에서 『존재론적, 우편적』과 2000년대 정보 기술론의 핵심을 최근 시점에서 다시 음미해 새로운 철학으로 제시한 『관광객의 철학』은 아즈마 히로키의 현시점 '총결산'이라 해도 과언이 아니다.

가라타니는 어느 책에서 '마르크스는 『독일 이데올로기』를 쓰고 나서 『자본』을 썼지만, 우리는 『자본』이 있기에 『독일 이데올로기』를 읽는다'는 취지의 말을 했는데, 아즈마의 경우는 아예 데뷔작인 『존재론적, 우편적』이 『자본』의 위치를 점해 왔다. 그러나 이제는 아니다. 가라타니의 비유를 빌리자면 『관광객의 철학』이 있기에 아즈마의 다른 저작을 읽게 된다고 평해도 될 것이다. 특히 그가 특정 분야의 독해 코드를 전제하지 않는 깊이 있는 철학서를 내놓은 것의 의의는 여러 번 곱씹어 볼 가치가 있다.

3

옮긴이는 학부에서 정치학을 전공했고 대학원에서는 현대 일본 문학과 비평을 전공했지만 읽은 책으로 보면 마르크스주의, 역사학, 인류학, 사회과학 분야가 많았고 그중에서도 철학의 비중이 컸다. 인간의 의식이란 무엇이고 앎이란 무엇인가? 어떻게 사는 것이 옳고(적어도 그릇되지 않고), 앎의 한계는 어디에 설정해야 하는가? 이런 질문들에 대한 답을 찾고자 했다. 물론 그 답은 찾지 못했지만 이런 질문들을 어떻게 체계적으로 구체화할지에 대해 좀 더 뚜렷한 방향성을 갖게 되었다.

옳고 그름을 섣불리 판단하지 않는 것, 자신의 판단은 항상 결여를 내포하고 있음을 겸허히 인정하는 것, 즉 지금의 자신을 절대화하지 않고 변화할 여지를 남겨 두는 것—이것이 지금 옮긴이가 믿고 있는 '바른 삶'을 위한 절대적인 조건이자 최소한의 조건이다. 그렇기에 『관광객의 철학』을 옮기면서 그 내용에 공감하는 바가 컸다. 철학은 자신의 신념을 굳건하고 예리하게 하기 위해서만 존재하는 것이 아니다. 오히려 자신의 껍질을 깨고 나오기 위해 존재해야 할 것이다. 아즈마가 관광객이라는 말로 논한 '오배'는 이 껍질을 깨는 계기에 붙여진 이름이다.

4

이 책을 번역할 기회를 얻은 것은 옮긴이로서 굉장한 기쁨이었고 옮기며 큰 보람을 느꼈다. 『관광객의 철학』에서 아즈마가 제시하고 있는 사유의 씨앗 역할을 한 『약한 연결』의 번역을 맡았고, 또한 아즈마를 직접 만나 『일반 의지 2.0』과 『관광객의 철학』에 대한 인터뷰를 했던지라 더욱 그러하다. 이 지면을 빌려 리시올 출판사의 관계자 여러분과 리시올에 『관광객의 철학』 번역자로 옮긴이를 추천한 선정우 씨에게 깊은 감사의 뜻을 전하고 싶다.

한편 번역에 문제가 있다면 이는 옮긴이의 불찰과 역량 부족 때문이다. 혹시 문제점을 발견한 독자가 있다면 기탄 없는 의견을 보내 주시기 바란다(트위터 @aniooo). 소중한 가르침을 받는 자세로 경청할 것이고, 지금까지 옮긴이가 번역한 과거의 책과 마찬가지로 개인 블로그(https://aniooo.wordpress.com)를 통해 바로잡아 가겠다.

2020년 7월 30일

안천

찾아보기

관광객의 철학

1판 1쇄 2020년 8월 10일 펴냄
증보판 1쇄 2025년 3월 20일 펴냄

지은이 아즈마 히로키. 옮긴이 안천. 펴낸곳
리시올. 펴낸이 김효진. 제작 상지사.

리시올. 출판등록 2016년 10월 4일 제2016-
000050호. 주소 경기도 고양시 화신로 298,
별빛마을 802-1401. 전화 02-6085-1604.
팩스 02-6455-1604. 이메일 luciole.book@
gmail.com.

ISBN 979-11-90292-29-0 03300